本书得到国家社科基金的资助（项目编号：14BZX047）

尊朱辟王思潮
与明清学术转型

道、学、政之间的
程朱陆王之争

张天杰　著

ZHEJIANG UNIVERSITY PRESS
浙江大学出版社
·杭州·

图书在版编目（ＣＩＰ）数据

尊朱辟王思潮与明清学术转型 ：道、学、政之间的程朱陆王之争 / 张天杰著. —— 杭州 ：浙江大学出版社，2025.6
ISBN 978-7-308-24603-3

I. ①尊… II. ①张…III. ①思想史－研究－中国－明清时代 IV. ①B248.05

中国国家版本馆 CIP 数据核字(2024)第 029555 号

尊朱辟王思潮与明清学术转型
——道、学、政之间的程朱陆王之争

张天杰　著

责任编辑	周烨楠
责任校对	吴　庆
封面设计	项梦怡
出版发行	浙江大学出版社
	（杭州市天目山路 148 号　邮政编码 310007）
	（网址：http://www.zjupress.com）
排　版	杭州浙信文化传播有限公司
印　刷	杭州宏雅印刷有限公司
开　本	710mm×1000mm　1/16
印　张	27
字　数	422 千
版 印 次	2025 年 6 月第 1 版　2025 年 6 月第 1 次印刷
书　号	ISBN 978-7-308-24603-3
定　价	145.00 元

序

　　17世纪明清之际的中国发生了重要转型，学术思想上的转变表现得尤为显著。或以为清代学术是对宋明理学的"反动"，或以为清代学术在转变宋明理学的过程中又有"每转益进"的现象，或以为宋明向清代转变之际隐伏着一条"内在理路"，或以为明清转型意味着宋明儒学的精神遭遇了一场严重的"挫折"：有关明清思想转型的这些看法都持之有故，至今仍不乏影响。

　　本书以"尊朱辟王"为关键词来考察17世纪明清之际所发生的"学术转型"问题，认为清初有一股理学思潮并非对宋明理学的全面"反动"，相反，在总体上表现为由明代王学向宋代朱学的回归。这深化了明清转型问题的思想史讨论，拓展了我们对清初理学思想样态的认知。作者在书成之后，希望我为此作序。因为该书是作者在复旦大学博士后阶段完成的出站报告，至少在名义上，我是作者的"合作"者。既然如此，我就聊叙几句有关清代学术思想的感想，权作序言。

　　十多年前，我曾在《从"宋明"转向"明清"——就儒学与宗教的关系看明清思想的连续性》一文中提出了一个基本看法，认为明清思想既有断层又有"连续性"，应当将明清思想与宋明理学的研究视域衔接起来。然而事实上，我对明清转型问题虽有长年的关注，但并没有专题性地深入考察，因此我无法对清代学术的转型提出总体性的思想评估。不过，就清代学术转向而言，我以为还是应当以顾炎武"经学即理学"这句命题的提出作为最重要的标志。

　　钱穆认为顾炎武的"舍经学无理学"等论学旨趣及其学术精神，即便是当时的"并世学者"如黄梨洲、王船山、孙夏峰、颜习斋等都不足以"并肩"，终成为"乾嘉考据学派所群归仰"，因而"足以领袖一代之风尚"（《中国近三百年学术史》），这是不可轻忽的论断。不仅是"经学即理学",更重要者,顾炎武"读九经自考文始,考文自知音始"的观点,不啻是整个清代考据学信奉的由训诂通向义理这一学术总原则的滥觞。

就语言表述上看,"经学即理学"似乎意味着经学与理学可以画上等号;然而就事实看,经学与理学在内涵及外延上都无法完全等同。当顾炎武说"古之理学,经学也"之际,其脑海隐伏着的基本想法应当是:经学涵盖理学,而非相反。就是说,经学在外延上远大于理学,理学不过是经学中的某个分支;经学才是儒家学术的基础,理学须立基于经学之上。在此意义上,"经学即理学"无非是说理学的全部内涵可以由经学所涵摄,游离于经学之外本没有所谓理学。

如果说,当全祖望将顾炎武所言"古之理学,经学也"归纳为"经学即理学"(《亭林先生神道表》)并没有与顾炎武的本意发生矛盾冲突,那么可以想见,经全祖望的提示,"经学即理学"一语产生了额外的效应:经学与理学不是被接续起来,相反,两者被对立了起来。何以故?因为任何一句思想命题往往可以区分出表层及深层的意思,这就需要我们深入其内部,挖掘其隐藏的深意。从表面看,"经学即理学"是对理学的肯定;然而实际上,在这层意思背后,却隐藏着对"今之理学"的全面否定。至少就顾炎武的措辞看,所谓"今之理学"就是指向整体的宋明理学。另一方面,与"今之理学"相应的所谓"古之理学"则是指古圣贤的儒家经典之学,具体是指汉代经学,即他认为在古代经典学当中存在一般意义上的理学。因此,回向经学也就意味着重新恢复理学的本然形态。

如果我们的分析属实的话,那么对于"经学即理学"的命题首先必须诉诸"古今之别"才能获得正当的解释。显然,"古今之别"不仅构成了顾炎武学术思想的根基,同时也应当是清代中期经学考据学得以成立的基础。要言之,在 17 世纪出现的"经学即理学"这句命题恰恰是要求在严格分判"古之理学"与"今之理学"的前提下,向经学传统整体转移。无疑地,正是这句命题对清代学术的转型起到了某种引领的作用。

应当承认,经学与理学之间的理论张力,其实贯穿于广义宋明理学的历史中。这里的广义宋明理学当然涵括宋元明清整个思想时代,不可想象理学家可以在经典传统之外另创一套所谓的义理之学。问题在于注重义理的宋明理学家与注重训诂的清代考据学家之间，对于何谓训诂何谓义理、何谓经学何谓理学等问题自有一套不同的评判标准。正是由于这套评判标准的不同，因此产生了各种思想学术的歧义。在训诂问题上，由于训诂学有着固有的学术规范，较易达成一致的理解；而在义理问题上，则会因为立场不同而发生种种分歧，基于某种义理立场的经典解释，甚至会被认为已远远偏离经典本意。

平实地说，"经学即理学"的主张，意在将主观性的义理之学纳入客观性的经学体系加以重新规定。由此，顾炎武理解的理学必然不同于宋明儒的新"理学"。讲到这里，我联想起戴震以及焦循对"义理"一词有高度的敏感，或许在他们的内心深处隐藏着一种意识，即认为他们从事的训诂学所孜孜以求的正是义理学。

据传，戴震曾对人说过一句"临终之言"，说是"生平读书，绝不复记，到此方知义理之学，可以养心"。引述者以为戴震晚年发生了"排斥古学"的思想转向，然而焦循则以为不然。他抓住其中的"义理之学"一词，认定这是戴震"自得之义理"，而不是宋儒以来"讲学家《西铭》《太极》之义理也"（《雕菰集》卷七《申戴》）。然而义理何以能"养心"的问题，焦循却未深究，对于义理养心说可能源自二程也一字不提。也许对焦循而言，汉宋之争已构成其潜意识。当然，戴震晚年的确相信义理才是词章、训诂的渊源，其晚年所著《孟子字义疏证》也确是一部义理之书，而戴震所理解的义理自然不同于宋明之儒的义理。然而关于"义理养心"的问题，二程的看法却值得关注。与焦循注重"义理"不同，二程更注重何以"养心"，以下我们略说几句。

我们知道孟子有"理义之悦我心，犹刍豢之悦我口"之说，表明孟子相信"理义"是有益于"养心"的。关于这一问题，《二程集》中有大量相关的讨论，一方面肯定了孟子以来"义理养心"的传统，然而另一方面，二程也尖锐地指出，古之学者将"养其体"和"养其心"并重，相比之下，"今之学者，只有义理以养其心"（《程氏遗书》卷十五）。在二程看来，养体工夫是养心工夫的必需环节，仅仅依靠义理养心是不够的，因为这并不是人在修养上的全面发展。这里仅举程颐一句话为例:"学莫大于致知,养心莫大于礼义。古人所养处多,若声音以养其耳,舞蹈以养其血脉。今人都无,只有个义理之养,人又不知求。"(《程氏遗书》卷十七)很显然,对于今人只知"义理之养",程颐是竭力反对的。在程颐看来,脱离了耳目血脉之"养"而追求所谓"义理之养",完全有可能沦为不切实际的修养论。由此可以看出,程颐并不关心其所谓义理与孟子时代的义理有何不同,他所关心的却是养体与养心在工夫上的统一。

这里引出"义理养心"的问题,意在表明"义理"——也就是顾炎武所说的"理学"——自明清转型之后,就一直成为整个清代学术思想的核心议题。尽管戴震、焦循已然是乾嘉考据学派中人,他们身处的学术环境与清初理学已大不相同,然而有一点却是相通的:不论是清初理学还是乾嘉考据学,不论是回向程朱理学还是复归汉代经学,自清初开始,思想学术上就出现了一股重建经史传统的思潮;在此学术背景下,理学开始被重新纳入经学。因此可以说,明清学术转型的标志性现象便是经学突起而理学隐没。尽管突起或隐没往往需要一段漫长的过程,不可能在突然之下便宣告完成。

清初开始,学术思想已有转型迹象;在反思理学的过程中,朱子学的传承仍在延续。但正如冯友兰所指出的,清代讲朱子理学者主要是"传述",而"传述者亦只传述,俱少显著的新见解"(《中国哲学史》下册)。本书的旨意在于揭示清初朱子学出现了一些复兴的新气象,推进了朱子学的多元发展,呈现出经世之学的新风尚,只是到了乾隆时期随着考据学的兴起,朱子理学才又一次出现倒转,被经学考据的势头所淹没。不过从总体看,清初理学对儒学发展的学术贡献仍然值得我们正视。因此,作者对清初理学思想所作的整体性研究很值得向大家推荐。在清代理学研究尚不充分的今天学术界,本书具有很高的学术价值,这一点是可以肯定的。

吴 震

2024 年 10 月 15 日

目 录

绪　论

宋明理学发展到了晚明清初，出现了一个由王返朱的学术转型，其中表现出来的程朱、陆王异同之争论，理学、心学之辨析，以及最后朱子（1130—1200）配享的升格与《性理精义》《朱子全书》等书的御纂，成就了朱子学的再度独尊。学界对于清初的儒学史，虽也有所关注但成果不多，多半是从王学修正的角度，围绕孙奇逢（1584—1675）、黄宗羲（1610—1695）、李颙（1627—1705）三大儒加以讨论；至于从尊朱辟王的角度以及清初的朱子学者诸如张履祥（1611—1674）、张烈（1621—1685）、吕留良（1629—1683）、陆陇其（1630—1692）等人，则鲜有专门的研究。然而若是转换视角，从尊朱辟王思潮的兴起与发展的角度来看清初儒学的流变，以及当时道、学、政之间的紧密关联，再来看那些儒者的程朱、陆王学术异同之辨析，将会有许多重要的问题有待重新思考，并有待在此基础上去拓展宋明理学、清代学术等领域研究的深度与广度。

一、研究的背景与意义

自宋以降，程朱、陆王之争时隐时现，贯穿了宋、元、明、清四朝，成为中国学术发展历程之中的一条主线。从宋元时期的朱陆异同，到明代中叶以后的"朱王异同"，自始至终都是理学、心学两系不断发展的一个重要动因。而在明清之际，则因为明亡的教训，加之学术与政治的深度纠缠等，问题变得越来越复杂了。朱、王两派理论与实践的得失成了当时学术最为重要的问题，于是乎在思想家群体之中产生了"明亡于王学"的假设，进而发生了由王返朱这一理学内部的学术转型。当时的学者，或崇朱，或崇王，或朱王调和，具体而言则有两大派：以黄宗羲、孙奇逢、汤斌（1627—1687）为代表的朱王调和派，以张履祥、吕留良、张烈、陆陇其、熊赐履（1635—1709）为代表的尊朱辟王派。这两派时有论辩。[①] 后来尊朱辟王一派渐趋主流，最终王学式微而朱学重新成为学术正统。

说到学术思潮，往往一代有一代之"显学"。明代中后期阳明心学风行，成为儒学中的显学。《明史·儒林传》就说："宗守仁者曰姚江之学，别立宗旨，显与朱子背驰，门徒遍天下，流传逾百年，其教大行，其弊滋甚。嘉、隆而后，笃信程、朱，不迁异说者，无复几人矣。"[②] 晚明的东林、蕺山两大学派都有尊朱辟王之举，然而还不够彻底；到了清初，则由王返朱逐渐形成大趋势。梁启超先生在《清代学术概论》中指出"清代思潮"是"对于宋明理学之一大反动"[③]，在《中国近三百年学术史》中则对此"反动"作了进一步的解说："从顺治元年到康熙二十年约三四十年间，完全是前明遗老支配学界。他们所努力者，对于王学实行革命。""王学反动，其第一步则返于程朱，自然之数也。"[④] 推尊朱子的运动，由民间的学者开始，再与官方互动而制度化、意识形态化。康熙五十一年（1712）将朱子从祀孔庙的地位加以升格，则可以看作"独尊朱子"的标志性事件："宋儒朱子配享孔庙，本在东庑先贤之列，今应遵旨升于大成殿十哲之次。"[⑤] 雍正二年（1724），增加从祀孔庙先儒的名单之中，除了孔孟弟子之外，其他的都是程朱后学，如尹焞（1071—1142）、魏了翁（1178—1237）以及陆陇其等人，其中陆陇其是清代本朝儒者获得从祀殊荣的

---

① 如仔细考辨，清初较为纯粹地崇王的学者几乎没有，或者说崇王的学者不敢大张崇王之旗帜；而在崇朱的学者之中，却有部分对于王学有所同情，但也不敢将其同情王学的一面表现得太过明显。
② 《儒林一》，《明史》卷 282，中华书局 1974 年，第 7222 页。
③ 梁启超：《清代学术概论》，《梁启超全集》第 10 集，汤志钧、汤仁泽编，中国人民大学出版社 2018 年，第 216—220 页。
④ 梁启超：《中国近三百年学术史》，《梁启超全集》第 12 集，第 326、397 页。
⑤ 《圣祖仁皇帝实录》卷 249，康熙五十一年二月丁巳条，《清实录》第 6 册，第 466—467 页。

第一位，① 而陆王后学则一个都没有。可以说，雍正朝沿袭了康熙朝的做法，虽不打压陆王一派，但通过增祀之举，宣示了本朝教化。②

关于学术异同问题，早在南宋有朱熹（1130—1200）、陆九渊（1139—1193）的鹅湖之会与太极无极之辨等等；到了宋元之际则又有朱、陆二学的早、晚异同之辨；明代则有程敏政（1445—1499）《道一编》、王阳明（1472—1529）《朱子晚年定论》都主张朱、陆早异而晚同。特别是《朱子晚年定论》，该书一出世即影响甚大，王阳明的弟子罗洪先（1504—1564）已表示疑义，朱学阵营里的罗钦顺（1465—1547）去信加以驳斥，王阳明则回信辩护。王的回信被收录于《传习录》，罗的去信以及其他相关论说则被收录于《困知记》。经过王阳明的"搅局"，朱陆异同之辨已经转变为更为复杂的程朱、陆王异同之辨了。晚明陈建（1497—1567）的《学蔀通辨》则取朱子年谱、行状、文集、语类以及朱、陆往来书札，逐年编辑，而后提出朱、陆早同晚异，与王阳明等人的看法正好相反。此书因此而成为辟王学的代表作，使得程朱、陆王异同之辨达到了一个新的高度。到了清初，民间则有张履祥为"辟王学的第一个人"；至于对朱陆异同有专门研讨的官方学者，当以张烈为代表。对此问题进行研究的还有陆陇其、熊赐履、孙承泽（1593—1676），以及年代稍晚的王懋竑（1668—1741）、李绂（1675—1750）等人。

论及清初学术，学界多将其视为考据学的滥觞，此外还有从启蒙思潮、经世实学思潮等角度来进行研究的，凸显的则是顾、黄、王三大家以及颜李学派。作为学术史上程朱、陆王"大决战"的由王返朱转型，与清初的理学一样，往往被相关学术史或哲学史、思想史一笔带过，以至于倡导尊朱辟王的理学家，如张履祥、吕留良、张烈、陆陇其、熊赐履、张伯行（1651—1725）等在学术史、哲学史、思想史著作之中几乎少有提及，即便提及也论述不多、评价不高。

---

① 《世宗宪皇帝实录》卷 23，雍正二年八月甲午条，《清实录》第 7 册，第 374 页。此外还有黄幹、陈淳、何基、王柏、赵复、金履祥、许谦、陈澔、罗钦顺、蔡清等人。

② 参见王进兴：《优入圣域：权力、信仰与正当性》，中华书局 2010 年，第 239—241 页。

学界对于清初朱子学的冷漠，陈荣捷先生已经有过注意，他曾指出："大多史家，均以程朱学派为钦定正统，而不以此派有其重要性。"①钱穆与冯友兰几乎置此段程朱学派于不顾；梁启超仅提及少数程朱派儒者；日本的森本竹城之《清朝儒教史概说》有提到，然重点在此派的最后消失；张君劢与蒋维乔则与森本相似，都因为理学被朴学取代而简单提及，认为这仅仅是过渡期，故几无讨论之价值。因此，陈先生强调："诸学者中，从无一人视程朱运动有何积极之贡献。此实一严重之疏失，不仅曲解程朱学派之真象，亦曲解十七世纪一般中国思想之真象。"陈文除了指出《性理精义》一书为程朱哲学的再疏证与再确认之外，还说十七世纪的程朱学派有其独立之价值、复苏程朱思想之真精神，亦有贡献于随后儒学之发展。

事实上，理学在清代的地位与影响不容忽视。清初学术"多元"，理学内部也呈现"多元"，而其时代热点则是"尊朱辟王"。整个清初理学在儒学发展史上承上启下的意义也值得作进一步的探析，而其中的最关键一环，即朱子学何以成为"独尊"，就值得从学术与政治的关系入手进行深入探讨。在学术研究日益精进的今天，对由王返朱转型以及与尊朱辟王思潮相关的理学家对于程朱、陆王学术异同之辨析等理学思想作精深、细致的研究具有十分重要的意义。下面再分四点概述之。

第一，清初由王返朱学术转型，是宋元明清儒学史研究不可或缺的一环。对于当时学界的热点如何从阳明学转向朱子学等相关问题的探讨，可以更好地揭示明清学术转型的特点。

第二，梳理清初的"朱王之争"，即当时学人如何批判阳明心学、推尊程朱理学，对其中的原因、过程、特点，以及黄宗羲、汤斌、张烈、陆陇其、毛奇龄等人围绕《明史·道学传》的论辩，陆陇其与汤斌就如何"尊朱"的争辩，结合相关学术著作与事件加以分析，则对于更好地认识朱、王两大理学流派理论特质与实践价值的异同、得失具有重要意义。

---

① 陈荣捷：《〈性理精义〉与十七世纪之程朱学派》，《朱学论集》，华东师范大学出版社 2007 年，第 249—272 页。事实上钱穆先生对张履祥、吕留良等明遗民理学家评价较高，详见下文论述。

4

第三，将张履祥、陆陇其、熊赐履、张伯行等尚未得到充分研究的理学家，放在尊朱辟王的思想运动之中来加以研究，才能更好地展示其思想特点与历史意义，以及他们与清初的社会、文化之间的关系。

第四，由王返朱的学术转型渐趋停顿，"朱王之争"转为"汉宋之争"，清初朱子学"独尊"的背后儒学内部发生转型而考据学兴起，以及清代中叶文史传统开始重建等，这些问题之间复杂的互动关系也将在一定程度上得到廓清。

二、研究现状

相比于宋代与明代，学界关于清初理学的关注实在太少，即便是现有的研究也较多地集中于王学一系或朱王调和一系，比如对于黄宗羲、李颙、孙奇逢、李绂等人的理学思想的研究已经较为成熟。对于尊朱辟王一系，即主张推尊朱学、批判王学的这一系，研究相对而言还很不够。比如对张履祥、吕留良、陆陇其、张烈、熊赐履、张伯行等人的专题研究较少；将他们与清初"由王返朱"的学术转型联系起来，并且探究其中的复杂关系，则尚无专论。下面回顾一下清初理学以及由王返朱转型的研究现状。①

其一，梁启超与钱穆等人关于由王返朱转型的研究。梁启超关于清初理学的论述还有《清代学术概论》与《儒家哲学》第五章，而其主要观点体现在《中国近三百年学术史》中。他指出，从顺治元年（1644）到康熙二十年（1681）约四十年间，完全是前明遗老支配学界，清初学术的特点就是由王返朱。其中有修正王学的，如黄宗羲与孙奇逢、李颙及之后的李绂；也有程朱学派，如张履祥、陆世仪

---

① 20世纪的清初理学研究，曾有学者作过梳理，参见朱昌荣：《20世纪中国大陆清初程朱理学研究回顾》，《中国史研究动态》2006年第3期。故此书的梳理更侧重于最近的十多年。

（1611—1672）、陆陇其、王懋竑。然该书对后者的介绍较为粗略。①钱穆在《〈清儒学案〉序》中也指出晚明清初的学术趋势是由王返朱，认为从明末东林学派开始，就有向朱、向王、调和折中三种情况；但顺康雍朝倡导正学，而理学成为压束社会之利器。②钱穆《中国近三百年学术史》分章论述的只有黄宗羲与李绂，附带提及吕留良与王懋竑等人，还特别关注黄宗羲对王学的看法以及清初的朱陆异同问题。③此外，论及清初由王返朱转型的，还有余英时、郑宗义、王汎森、艾尔曼以及笔者的相关专著。④

其二，涉及清初理学、哲学、实学、儒学的几种通史。侯外庐、邱汉生、张岂之主编的《宋明理学史》已论及部分清初理学，对陆世仪、陆陇其与李光地（1642—1718）有分章研究，而在李光地章中关注到了康熙朝的理学名臣。⑤王茂等主编的《清代哲学》将清初理学分为三种类型："殿堂理学"（有熊赐履、李光地）、"馆阁理学"（有陆陇其）、"草野理学"（有张履祥）。该书认为尊朱辟王由熊赐履开端，陆陇其、张烈继之，王学一系的黄宗羲、毛奇龄等起而申辩，从而推动了由思辨到考据的转变。⑥陈鼓应、辛冠洁、葛荣晋主编的《明清实学思潮史》也论及清初的朱子学，将其分为官方与民间两种，前者包括"魏裔介、魏象枢、汤斌、熊赐履、李光地、张伯行、张烈、陆陇其"，后者包括"刁包、陆世仪、张履祥、吕留良、党成、张夏"。⑦汪学群所著《中国儒学史》（清代卷）将张履祥、陆世仪、李光地作为清初朱子学的代表加以研究。⑧陆宝千所著《清代思想史》也有一章论及

① 梁启超：《中国近三百年学术史》，《梁启超全集》第12集，第326、397—400页。
② 钱穆：《中国学术思想史论丛》卷8，九州出版社2011年，第543—546页。
③ 钱穆：《中国近三百年学术史》，九州出版社2011年。
④ 参见余英时：《论戴震与章学诚：清代中期学术思想史研究》，生活·读书·新知三联书店2000年；郑宗义：《明清儒学转型探析：从刘蕺山到戴东原》，香港中文大学出版社2000年；王汎森：《晚明清初思想十论》，复旦大学出版社2004年；艾尔曼：《从理学到朴学》，江苏人民出版社1995年，此外还有笔者的《蕺山学派与明清学术转型》，中国社会科学出版社2014年。
⑤ 侯外庐、邱汉生、张岂之：《宋明理学史》（下册），人民出版社1987年。
⑥ 王茂：《清代哲学》，安徽人民出版社1992年，第16页。
⑦ 陈鼓应、辛冠洁、葛荣晋：《明清实学思潮史》，齐鲁书社1990年。
⑧ 汪学群：《中国儒学史》（清代卷），北京大学出版社2011年。

清初的朱子学，对其主要人物以及特点等作了概述。① 杨朝亮所著《清代陆王心学发展史》则梳理了清代的陆王心学以自身逻辑演进的历史，其中几未涉及程朱一系的理学家，然对陆王心学的后继者如何修正则作了详细阐述，补充了清代理学史的研究。②

其三，在清初理学的研究领域，有较多新的看法的几种专著。陈祖武《清初学术思辨录》对于清初学术的发展有所涉及，其重点则在史学、考据学方面。其中关于吕留良、黄宗羲、李颙等理学家以及由王返朱问题的讨论，该书指出这一过程是由张履祥、吕留良诸人开其端，经陆陇其等人而渐入庙堂，至熊赐履、李光地推波助澜而最终形成。龚书铎主编、史革新著《清代理学史》（上册）将清初理学分为"高居庙堂的理学家"（如熊赐履、陆陇其、李光地）与"民间的理学家"（如陆世仪、张履祥、吕留良）。该书对于清初的理学研究较为广而深，全面梳理了清初理学的发展现状，也关注到了朱学与王学的此消彼长等问题。③ 林国标《清初朱子学研究》沿着陈祖武先生指出的道路，将清初朱子学视为一个动态发展过程，将其分为"遗民"期（有陆世仪、张履祥）、"重塑"期（有陆陇其、熊赐履）、"官学"期（有汤斌、李光地）。该书是目前讨论清初朱子学较为全面的著作，对上面提及的理学家也有较为具体的分析。④ 杨菁《清初理学思想研究》论及康熙对朱学的提倡以及魏裔介、魏象枢、汤斌、陆陇其、熊赐履、张伯行等人的理学思想，也是近年来研究清初理学的力作。⑤ 方遥《清初福建朱子学研究》重点研究了清初福建地区的朱子学者李光地、蔡世远、蓝鼎元等人与王学、经学、实学等学术思想的关系，而且在讨论他们义理思想的同时，也注意到了他们的社会政治实践活动。⑥

其四，本书涉及的几位主要人物的研究现状。关于张履祥的研究成果除了笔者

① 陆宝千：《清代思想史》，台湾广文书局 1978 年。
② 杨朝亮：《清代陆王心学发展史》，商务印书馆 2018 年。
③ 史革新：《清代理学史》（上册），广东教育出版社 2007 年。
④ 林国标：《清初朱子学研究》，湖南人民出版社 2004 年。
⑤ 杨菁：《清初理学思想研究》，台湾里仁书局 2008 年。
⑥ 方遥：《清初福建朱子学研究》，中国社会科学出版社 2016 年。

的专著《张履祥与清初学术》外，还有何明颖《晚明张杨园先生学术思想研究》、陈海红《乱世君子：理学大家张履祥评传》、程宝华《理学真儒：张履祥学术思想研究》三种研究专著，分别对于张履祥的生平以及主要的理学思想、经世实践做了研究。① 目前没有研究吕留良理学思想的专著，但涉及理学问题较多的有徐宇宏的《吕留良》一书，其中有一章论及其尊朱辟王思想；② 史景迁《雍正王朝之大义觉迷》涉及吕留良思想对雍正朝的影响；③ 杨念群《何处是江南？》其中一章讨论了吕留良，但重点在于作为遗民，其生存的复杂多面性，就其理学思想则指出了其崇朱的特点；④ 日本学者伊东贵之《中国近世的思想世界》其中有两章从政治化的朱子学的角度对吕留良的理学思想有所阐发。⑤ 有关陆陇其的研究，较早且较为全面地评述其学术思想的是陈来与董平相关专著之中的论述；⑥ 至于研究专著，则只有余龙生《陆陇其与清初朱子学》，该书对陆陇其理学与政治的关系讨论较多，也指出了他理学的朱学倾向，不过就陆陇其作为清初由王返朱的关键人物而言，对其尊朱辟王思想的讨论还很不够。⑦ 关于李光地的研究，杨菁《李光地与清初理学》对李光地的理学思想有较详细的阐述，还指出其对清代理学的贡献；⑧ 许苏民《李光地传论》则对李光地理学在人性论上的意义有较多论述。⑨ 至于熊赐履与张烈、张伯行则几乎没有专题研究的专著，只在某些专著中得到提及，或在期刊论文、学位论文中得到一

---

① 何明颖：《晚明张杨园先生学术思想研究》，台湾花木兰文化出版社 2009 年；陈海红：《乱世君子：理学大家张履祥评传》，中国民主与法制出版社 2012 年；程宝华：《理学真儒：张履祥学术思想研究》，中国市场出版社 2013 年。

② 徐宇宏：《吕留良》，云南教育出版社 2009 年。

③ 史景迁：《雍正王朝之大义觉迷》，广西师范大学出版社 2011 年。

④ 杨念群：《何处是江南？——清朝正统观的确立与士林精神世界的变异》，生活·读书·新知三联书店 2010 年。

⑤ 伊东贵之：《中国近世的思想世界》，杨际开译，台湾大学出版中心 2015 年。

⑥ 董平：《浙江思想学术史——从王充到王国维》，中国社会科学出版社 2005 年，第 311—317 页；陈来：《中国近世思想史研究》，生活·读书·新知三联书店 2010 年，第 625—649 页。

⑦ 余龙生：《陆陇其与清初朱子学》，吉林人民出版社 2010 年。

⑧ 杨菁：《李光地与清初理学》，台湾花木兰文化出版社 2008 年。

⑨ 许苏民：《李光地传论》，厦门大学出版社 1992 年。

定的研究。另外，论及吕留良、陆陇其、张伯行等人的研究还有几篇硕士学位论文。

综上所述，上述论著对由王返朱转型以及相关理学家有所涉及：梁启超与钱穆指出了清初理学以及由王返朱转型的基本特征；几种涉及清初理学、哲学、实学的通史拓展了清初理学特别是朱子学的研究范围；几种讨论清初学术、理学、朱子学的专著则对个别理学家以及由王返朱作了专题讨论，部分问题的研究已经较为深入；张履祥、吕留良、陆陇其等理学家也已经有相关专著，其中也涉及了由王返朱相关问题。

但是，已有的论著从王学修正的角度讨论较多，从尊朱辟王或朱子学的角度则鲜有专论，至于由王返朱的具体进程以及理学家各自的作用等相关研究的深度与广度都还不够，故很有必要围绕尊朱辟王对清初由王返朱的儒学转型作一专题研究。

三、研究思路与方法

本书共包括绪论、结语以及正文的八章二十多节。

绪论概述选题的背景与意义，回顾学术史上本选题的研究现状，以及介绍研究思路与方法。

第一章概述从崇儒重道到尊朱辟王的变化。顺治、康熙两朝大力推行"崇儒重道"的文化政策，到了康熙朝中后期则进一步推尊朱子，其标志为朱子配享的升格。康熙帝具有深厚的理学素养，以理学治国；康熙朝涌现出一批理学名臣，除了在经筵日讲中弘扬程朱理学，还参与《性理精义》《朱子全书》等书的御纂。还有《明史》纂修工程，《道学传》设与废以及对王阳明及其后学的尊与贬，成为史馆开局之初的问题焦点。主张废置的除了张烈、陆陇其外，还有黄宗羲与汤斌以及毛奇龄、朱彝尊等人，而支持徐乾学（1631—1694）、徐元文（1634—1691）兄弟的很少。论辩之中尊朱、尊王以及考据各派议论"有相合者，有相反者"，正好反映出清初儒家的基本面貌。

第二章梳理尊朱辟王的著述以及传播。以张烈、陆陇其、张伯行为代表的官方学者与以张履祥、吕留良为代表的民间学者，都积极从事于尊朱辟王的著述及其刊刻，如张烈《王学质疑》、陆陇其《学术辨》《松阳讲义》与张伯行《正谊堂全书》、吕留良天盖楼版"程朱遗书"，以及当时书院的程朱理学讲会与出版活动等，共同推动了朱子学的广泛传播。

第三章到第六章，则为讨论程朱陆王之辨。宋元以来的朱、陆异同，演变为朱、王异同。这是本书的核心问题，故而分四章来作具体展开。

第三章为"学风辨"。主张尊朱辟王的学者，对于朱子、王阳明异同的问题，关注最多的就是王阳明的《古本大学旁释》《朱子晚年定论》两种书，比如张烈就说"援《古本大学》以为据，此挟天子令诸侯之智也。著《朱子晚年定论》，此以敌攻敌之术也"，其他学者也认为其中有涉学风不正问题。相关的还有王阳明及其后学与佛、道二氏的关系，以及为人为学的问题，如张履祥就说王阳明"三教一门"，"一部《传习录》，只'骄吝'二字可以蔽之"。

第四章"学理辨"承接上一章，梳理清初的理学家辨析朱、王二系差异的四组命题："心即理"与"即物穷理"、知行先后、"无善无恶"与"道性善"、"尊德性"与"道问学"。这些辨析进一步明晰了程朱理学、陆王心学这两系不同的理论指引下不同的道德实践路径。

第五章"门户辨"，选择了观点不同的三位学者展开讨论：主张"独尊朱子"的民间学者代表吕留良与官方学者代表陆陇其，以及主张跳出门户之争的陈确（1604—1677）。吕留良与陆陇其都倡导尊朱辟王，然而到了雍正朝，陆陇其成为清代本朝第一位从祀孔庙的儒者，吕留良则沦为文字狱批判的对象。他们尊朱有同有异。吕留良在程朱理学与遗民节操的固守上毫无假借，从节义之道引申而发展了朱子学。陆陇其更注意程朱道统论而发挥其"卫道"之功：一则辨析为何朱子之学即孔子之学，尊朱子即尊孔子；一则辨析为何顾宪成（1550—1612）、高攀龙（1562—1626）与黄宗羲、孙奇逢以及汤斌等人调停朱、王的态度不可取。与黄宗羲、张履祥一样，陈确也是刘宗周（1578—1645）的重要弟子，但他被认为是"反理学"的代表。他指出宋明诸儒未免杂禅，而《大学》则是伪书，故反对门户之争而回归孔、孟，以求"知行合一"。

第六章"道统辨"首先分析了张烈的"朱陆同异，乃陆之异于朱耳"这一观点，他认为陆学"猖狂自恣""侮圣蔑经"，故非正学；张履祥"学术王霸"论、陆陇其"源流清浊"论也基于各自对宋明学术史的认识来维护程朱道统。为了重新梳理儒学道统，官方学者熊赐履、魏裔介（1616—1686）、张伯行等编纂了《学统》《圣学知统录》《圣学知统翼录》《伊洛渊源续录》等著作辨析程朱道统。而清朝统治者需要阐明"得天下之正"，所以康熙帝为了实现"治统、道统萃于一人"，特别看重朱子学道统观对于政治统治的意义。他抛出了"理学真伪论"，考问那些以道学、道统自居的"理学名臣"。其中除了以实学、实行来阐发何为"真理学"外，还涉及满汉关系以及康熙帝垄断道统的"帝王之术"，故而这是一个缠绕在学术、道德、政治之间的复杂而重要问题。

第七章讨论由王返朱转型中的学者心路。清初由王返朱转型的学术运动之中的理学家，比如张履祥、陆陇其、汤斌、李光地等人，其自身学术探索的心路历程之中也有着由王返朱的转型过程，而其中不同的曲折程度则体现了朱、王抉择的复杂性。陆陇其与汤斌并称"汤陆"，然从祀孔庙的时间却相差了一百多年，就与此中曲折密切相关。不同的理学家也会因为尊朱辟王而彼此影响。从辟王学的第一人张履祥，到吕留良，再到陆陇其，三人之间的交游以及思想承继、尊朱辟王的理论与实践，使我们对于清初学术转型的发生、发展有了更为具体、明晰的认识。

第八章分析由王返朱的学术转型。当时的儒者在学风上的共同倾向是从玄虚走向笃实，也即讲求实学与实行：一是普遍重视个人的道德践履；二是倡导经世致用，官方理学家多为经世之能臣，民间理学家也多有从事下层乡村的经世实践主张；三是以经学补理学，部分理学家也有考据学的著作。

结语对明清学术转型过程之中的"理学"进行再思考。特别是在从理学到朴学的转型过程之中，义理之学与考据之学的关系究竟如何，由王返朱转型本身的意义何在，都是极为复杂的问题，值得仔细加以分辨。何况理学并未从整体上转变为考据学，作为官方意识形态重要组成部分与作为士大夫个体修身实践依据的理学，其实都是清代学术的主体，只是学界的热点已转换为考据学了。相关的思考，必须结合学界关于明清学术转型的不同观点来进一步阐述。

就研究方法而言，在本选题的研究之中，除了哲学史、思想史与文化史、社会史的结合，还应注意政治史研究方法，因为清初朱子学再度成为官学，学术、政治、道德纠结之深广超过以往的任何时代；还有诠释学的方法，因为理学、经学著述与社会文化关系复杂，特别需要注意如何进行文本诠释。

在研究之中，适当照顾时序线索，作整体"面"的研究，将清初由王返朱转型过程相关问题——讨论，全方位地梳理学术思潮相关的源流、特点、影响，反映出学术思想与政治制度、社会文化的复杂关系。然后以问题为主，作细部"点"的研究。推动清初由王返朱转型的理学家有民间的也有官方的，他们都关注"辟王"与"尊朱"，都对程朱、陆王之异同作了一些辨析，但也有各自特点。所以，本书的研究还特别关注以下三个方面：第一，"时世·人生·学术"。"了解之同情"，注意其特殊时世与人生。由于入清时段的不同，理学家的学术立场与实践方式都有不同。第二，"著述·思想·践履"。清初理学重经典的考证与儒学史的梳理，重践履于个人道德以及下层社会、上层政治，因此研究清初理学要注意著述的考辨与文本的诠释，也要注意对人物在道德修养与上下层经世等方面作多角度的分析。第三，"学术·道德·政治"。这更是研究明清学术转型的关键。清初的朱子学再度成为官学，学术与政治纠结之深广，超过以往的任何时代，所以政治史的研究方法需要多加吸收。然而一旦学术牵涉到了政治，就还有道德的因素在其中，故而需要注意这些理学家本人的道德，或帝王如何看待他们的道德等问题。

明清之际，特别是清代的康熙朝，在由王返朱学术转型过程之中，理学家们进行了程朱、陆王异同得失的大论辩，而朱子学的独尊也进入最高潮。故本书以尊朱辟王思想运动为研究对象，为宋明理学史的研究增补上了清初这一重要环节，同时拓展了清代哲学史、思想史、学术史的研究。重要的创获，又可归结为如下两个大的方面：一方面，全方位梳理由王返朱转型的过程，说明其缘起、形成、发展、终结的相关问题，如民间与官方、学术与政治等内外多重原因，朱子学为何再度成为儒学正统、官方意识形态，"朱王之争"为何又会转为"汉宋之争"，等等，展现明清之际儒学转型的思想特征。特别是对于朱、王两系的理论异同与实践价值的多角度辨析，反映出学术思想、个人道德、政治制度以及社会文化之间的复杂关系。另一方面，对学界长期忽视、似乎在学理上"并无太多发明"的张履祥、吕留良、陆陇其、张烈、熊赐履、魏裔介、李光地、张伯行等尊朱一系的理学家，结合他们在尊朱辟王思想运动之中的作用、地位、影响加以研究，看到他们的学术个性，以及学术著作与实践活动所具有的独特思想价值。

第一章　从崇儒重道到尊朱辟王

　　明清之际由王返朱学术转型的形成，当是官方与民间互动的结果，而官方的主导作用则值得特别关注。顺治、康熙两朝，大力推行崇儒重道的文化政策，到了康熙朝中后期，则进一步发展成为尊朱辟王的思想运动。康熙帝幼年就接受了良好的理学教育，具有深厚的理学素养，随着其本人对理学认识的深化以及政治统治的需要，最终形成了以程朱理学为主体的统治思想，也即所谓以理学治国。当时还涌现出一批理学名臣，他们除了在经筵日讲等活动之中大力弘扬程朱理学外，还参与了《性理精义》《朱子全书》等书的御纂。而康熙朝推尊朱子学最重要的标志，则是朱子配享的升格。

　　此外还有情形较为复杂的《明史》纂修工程，而其中《道学传》的设与废以及对王阳明及其后学的尊与贬则成为史馆开局之初的问题焦点。主张废置的除了张烈、陆陇其外，还有黄宗羲与汤斌以及毛奇龄、朱彝尊等人，而支持徐乾学、徐元文兄弟的很少。论辩之中尊朱、尊王以及考据各派诸家议论"有相合者，有相反者"，反映了清初儒学的基本面貌。事实上，康熙朝修《明史》与编《性理精义》《朱子全书》等书，都是为了巩固作为官方思想的程朱理学，故而尊朱辟王必然是其中不变的基调。

第一节　清初的崇儒重道政策以及朱子配享的升格

清朝立国之初，即开始推行崇儒重道的文化政策，其目的自然在于缓和满、汉民族矛盾，进一步巩固其政治统治。

顺治九年（1652）九月，顺治帝亲临太学，举行释奠大典，对儒学表示了极大的尊崇；下一年即颁谕礼部，正式提出崇儒重道："各地方设立学宫，令士子读书各治一经。"① 顺治十二年（1655），再谕礼部："朕惟帝王敷治，文教是先，臣子致君，经术为本。自明季扰乱，日寻干戈，学问之道阙焉未讲。今天下渐定，朕将兴文教、崇经术，以开太平。"② 到了顺治十四年（1657）九月初七，举行了清代的第一次经筵盛典。十月，初开日讲，祭祀孔子于弘德殿。由此可知，顺治帝主张"兴文教、崇经术"，提出了崇儒重道的国策，也建立起了经筵、日讲制度。

然而，顺治帝虽本人较为重视汉化，并有心推广儒学，但受到了满清皇族的阻扰；再者，顺治帝亲政的时间较短，当时国家也尚未稳定，故而崇儒重道的政策未能得到很好的落实。

到了康熙朝，崇儒重道的国策才得以真正落实。康熙朝的崇儒重道，也就是对儒学特别是对朱子学的推崇，大致可分三个阶段。第一阶段，康熙帝亲政初期。康熙八年（1669）四月十五日，康熙帝首次率礼部诸臣前往国子监视学，并举行临雍大典：

> 朕惟圣人之道，高明广大，昭垂万世，所以兴道致治，敦伦善俗，莫能外也。……今行辟雍释奠之典，将以鼓舞人才，宣布教化。③

① 《世祖章皇帝实录》卷68、卷74，顺治九年九月辛卯条、顺治十年四月甲寅条，《清实录》第3册，中华书局1985年，第538、585页。
② 《世祖章皇帝实录》卷91，顺治十二年三月壬子条，《清实录》第3册，第712页。
③ 《康熙政要》卷16《崇儒》，康熙八年，台北华文书局1969年，第720页。

强调"圣人之道"能够"昭垂万世",也充分表达了他对儒学的尊崇。到了第二年,更是开展了多项推崇儒学的活动。康熙九年(1670)八月,恢复翰林院;十月,再谕礼部,重申崇儒重道的国策,并颁布了以"文教是先"为核心的《圣谕十六条》;十一月,重开经筵与日讲:"礼部遵旨议复,经筵应照顺治十四年例,每年春秋二次举行,择于明年二月十七日午时开讲。……日讲日期,择于本年十一月二十一日巳时开讲。"① 已经中断多年的经筵典礼,此后每年春秋二次即成为定制;日讲一开始为隔日举行,后又改为日日举行。

第二阶段,康熙朝中期。康熙十七年(1678)举"博学鸿儒":"自古一代之兴,必有博学鸿儒,振起文运,阐发经史,润色词章,以备顾问著作之选。"② 第二年开《明史》馆,其中的主体即"博学鸿儒"科录取的那些人物,当时虽然有顾炎武、吕留良、孙奇逢、傅山等誓不屈从,然而汤斌、张烈、朱彝尊、施闰章等大批的儒家学者已经被网罗其中,故此举对儒学的推崇也有着积极的意义。康熙二十三年(1684)十一月,康熙帝又在南巡途中,过曲阜,诣阙里,到孔庙参谒,并于大成殿行三跪九叩之礼,赐"万世师表"匾额,并举行讲学活动。据《清会典》记载,该年康熙帝"巡幸江浙,问銮至山东,躬诣阙里,亲制祝文,致祭先师孔子,讲书于诗礼堂"③,并且下谕:"至圣之道,与日月并行,与天地同运,万世帝王,咸所师法,下逮公卿士庶,罔不率由。"④ 古代帝王亲自到曲阜参谒的极少,故此次参谒活动进一步推动了儒学的发展。

第三阶段,康熙朝后期。这一阶段发生了崇儒重道最重要的事件,就是朱子配享的升格。

康熙五十一年(1712),《朱子全书》修成之后,康熙帝便将朱熹从祀孔庙的地位加以升格。康熙帝下诏:

---

① 《圣祖仁皇帝实录》卷34,康熙九年十一月丙辰条,《清实录》第4册,第462—463页。
② 《康熙政要》卷16《崇儒》,康熙十七年,第724页。
③ 《清会典事例》卷311《礼部二二·巡幸》,中华书局1991年,第669页。
④ 《康熙政要》卷16《崇儒》,康熙二十三年,第727页。

朕自冲龄笃好读书，诸书无不览诵，每见历代文士著述，即一句一字于理义稍有未安者，辄为后人指摘。惟宋儒朱子，注释群经，阐发道理，凡所著作及编纂之书，皆明白精确，归于大中至正。经今五百余年，学者无敢疵议。朕以为孔孟之后，有裨斯文者，朱子之功，最为弘钜。……宋儒朱子配享孔庙，本在东庑先贤之列，今应遵旨升于大成殿十哲之次。①

康熙帝升格朱子在孔庙之中的地位，此举有多方面的意义，其一则是为了消解程朱、陆王之争对于学术乃至国家的意识形态的负面影响，保证程朱理学的独尊地位。

康熙帝的原意是将朱熹的牌位放到颜回等四配之后，李光地上奏："朱子造诣，诚与四配伯仲，但时世相后千有余载，一旦位先十哲，恐朱子心有未安。"②所谓"朱子心有未安"，其实是说升格太过则难以平衡朝野之间朱学与王学的势力。于是，康熙帝下谕将朱熹的牌位从孔庙东庑的先贤祠之列当中请出，升至大成殿四配十哲之次。本来，大成殿中从祀者除颜回、子思、曾参、孟子所谓"四配"之外，还有"孔门十哲"，分别为闵损（闵子骞）、冉耕（冉伯牛）、冉雍（仲弓）、宰予（宰我）、端木赐（子贡）、冉求（冉有）、仲由（子路）、言偃（子游）、颛孙师（子张）、卜商（子夏），朱熹的牌位进入大成殿，排在卜商之后，于是构成了"十一哲"。乾隆三年（1738），又将孔子弟子有若从祀孔庙大成殿，位在朱熹之先，于是形成"四配十二哲"的格局。③见下表。

---

① 《圣祖仁皇帝实录》卷249，康熙五十一年二月丁巳条，《清实录》第6册，第466—467页。
② 李清植：《文贞公年谱》卷下，载《榕村全书》第10册，第89页。
③ 宫衍兴、王政玉：《孔庙诸神考》，山东友谊出版社1994年，第119页。

朱熹升祀孔庙配祀表

孔子		
西位东向		东位西向
曾参	四配	颜回
孟轲		孔伋
冉耕	十二哲	闵损
宰予		冉雍
冉求		端木赐
言偃		仲由
颛孙师		卜商
朱熹		有若

此后，康熙五十二年（1713）修成《朱子全书》，共六十六卷；康熙五十四年（1715）修成《周易折中》，共二十二卷；康熙五十六年（1717）修成《性理精义》，共十二卷。这是康熙朝"御纂"的程朱理学相关经典之中，成书最后、最重要的三部，并且都为康熙帝授意，李光地实际负责修撰。[①]《性理精义》一书，对于朱子的推尊格外重要，陈荣捷先生认为，"《性理精义》之作，不啻为程朱哲学之记载，再疏证与再确认"，"朱子之在《性理精义》一书中，已成儒门中心"。[②]

朱子配享的升格以及后续的一系列推尊运动，可以说是中国学术史上的一次标志性事件，标志着程朱理学无可争议地成为独尊的官学，朱子也达到了空前绝后的尊崇地位。当世以及之后的士大夫对此皆多有注目，比如李光地后裔李清馥在《闽中理学渊源考》中说："我朝推崇特厚，至表章朱子，典礼尤超越前代。"[③]从此，朱子得到了空前的尊崇，被定于一尊。朱子学者以及附和者，趁机而起，推波助澜，

① 康熙朝"御纂"的程朱理学为主体的经典，还有《日讲四书解义》《日讲五经解义》等。《日讲四书解义》成书于康熙十六年；《日讲五经解义》包括《日讲诗经解义》《日讲书经解义》《日讲礼记解义》《日讲易经解义》《日讲春秋解义》，成书时间不等，其中最早的《日讲书经解义》成书于康熙十九年，而《日讲诗经解义》文津、文渊阁本原藏有匣无书。参见张忱石：《学林漫录》，中华书局1981年，第240页。
② 陈荣捷：《〈性理精义〉与十七世纪之程朱学派》，载《朱学论集》，华东师范大学出版社2007年版，第258、259页。
③ 李清馥：《闽中理学渊源考》，凤凰出版社2011年，第238页。

掀起尊朱辟王之思潮；加之当时大多学者的兴趣逐渐转移至经史考证之学，于是形成了朱子学高踞庙堂之上，而阳明学则在暗晦之中潜移转化，影响力逐渐消退的局面。

儒学，特别是宋明以来的理学，对于清代的意义，似乎可以套用包弼德的一个解释。他认为，理学不仅仅是一种"学说"，更是一种"身份认同"。[①] 理学本属士大夫的共同信仰，清初的统治者想要团结汉族士大夫，就必须对士大夫的信仰表示"认同"，甚至使自己也具有理学家的"身份"。康熙帝自觉接受理学修养，并且任用了一批理学名臣，等等，自然也就能够得到汉族士大夫的大力支持。至于后来康熙帝所谓集道统与治统于一身，也与理学所带来的"身份认同"有关，详见下文论述。

第二节　康熙帝对尊朱辟王的态度：从经筵日讲到"几暇格物"

康熙帝本人以理学修身与治国，与之同时就出现了一大批理学名臣。似乎在康熙朝，儒家内圣外王的理想得以真正实践了。康熙帝本人的态度对朱子学的发展有着极其重要的影响。反之，以朱子学为核心的儒学，对于康熙朝乃至整个清初的政治以及社会文化，也有着极其重要的影响。康熙帝本人改革了经筵日讲制度，认真研习儒家经典，还曾著《几暇格物编》，又为《朱子全书》等书作序，对于朱子学的格物穷理之道有着深切的体会，显示出了深厚的理学素养。

一、康熙帝研习理学的历程

康熙帝的勤奋好学，在古代帝王之中也是特别出名的。从他自己回顾的学术历

---

① 包弼德:《历史上的理学》，浙江大学出版社 2010 年，第 97—98 页。

程来看，其中与研习理学相关的既是一个重点，又特别有会心之处：

> 朕自五龄即知读书，八龄践祚，辄以《学》《庸》训诂询之左右，求得大意而后愉快。日所读书，必使字字成诵，从来不肯自欺。及四子之书既已通贯，乃读《尚书》，于典谟训诂之中，体会古帝王孜孜求治之意，期见之施行。及读《大易》，观象玩占于数，圣人扶阳抑阴，防微杜渐，垂世立教之精心，朕皆反复探索，必心与理会，不使纤毫扞格，实觉义理悦心，故乐此不疲耳。①

康熙帝五岁开始读书，八岁时就学习了《大学》与《中庸》，然后就是通贯四书，最后才开始研习《周易》。亲政以后，依旧经常研习儒学经典，还曾手批《性理大全》，"一字一句评阅精详"②，"及至十七八，更笃于学，逐日未理事前，五更即起诵读，日暮理事稍暇，复讲论琢磨，竟至过劳，痰中带血，亦未少辍"③。到了晚年，康熙帝依旧每日"手不释卷"，对于读书的益处深有感慨：

> 朕自幼好看书，今虽年高，万几之暇，犹手不释卷，诚以天下事繁，日有万几。为君者一身处九重之内，所知岂能尽乎？时常看书，知古人事，庶可以寡过，故朕理天下事五十余年，无甚差忒者，亦看书之益也。④

他还说："尔等试思，虽古圣人岂有生来即无所不能者？凡事俱由学习而成，务学必以敬慎为本，朕之学业，皆从敬慎中得来，何得谓天授非人力也。"⑤ 由此可见康熙帝勤于读书，且受到程朱理学的影响，认为为学当以"敬慎为本"，"敬慎"才能使

---

① 《康熙起居注》第 3 册，康熙二十三年十一月初四日，东方出版社 2014 年，第 115 页。
② 《康熙起居注》第 3 册，康熙二十四年三月初八日，第 161 页。
③ 《康熙政要》卷 7《论勤学》，康熙五十四年，第 349 页。
④ 《康熙政要》卷 7《论勤学》，康熙五十四年，第 349 页。
⑤ 《康熙政要》卷 7《论勤学》，康熙五十四年，第 344 页。

其治理天下五十余年而"无甚差忒"。理学与康熙朝的政治有着莫大的关系。

二、经筵日讲

经筵日讲，为康熙帝亲政之后力推的一项重大决策。清朝的经筵，原本是顺治朝所定的年例，也即讲读清朝列位先帝"祖训"的"经筵大典"。康熙帝则将"经筵大典"改为"经筵日讲"，选拔日讲官于御前每日进讲四书、五经等经典；每隔数月，还举行大典交流进讲，令满朝文武拱立竦听。

对于康熙帝理学思想的形成，经筵日讲有着很大的关系。康熙帝认为，作为帝王必须"以讲学明理为先务"，所以他改革了之前已有的日讲制度：

日讲关系重大，今停讲已久，若再迟，恐致荒疏。日月易迈，虽当此多事之时，不妨乘间进讲，于事无所废误。工夫不间，裨益身心非浅。[①]

人主临御天下，建极绥猷，未有不以讲学明理为先务。朕听政之暇，即于宫中披阅典籍，殊觉义理无穷，乐此不疲。向来隔日进讲，朕心犹未为足，嗣后尔等须日侍讲读，阐发书旨，为学之功，庶可无间。[②]

康熙皇帝是历代帝王之中最为重视日讲的一位。日讲原本隔日一开，后改为日日进讲，而且也不愿意因为多事而停讲，可见其特别勤奋好学。康熙帝不但坚持日讲，还亲自参与讲解：

谕大学士等曰："帝王之学以明理为先，格物致知，必资讲论。向来日讲，

---

① 《康熙起居注》第 1 册，康熙十三年九月初一日，第 155—156 页。
② 《康熙起居注》第 1 册，康熙十二年二月初七日，第 70—71 页。

> 惟讲官敷陈讲章，于经史精义，未能研究印证，朕心终有未慊。……今思讲学，必互相阐发，方能融会义理、有裨身心。以后日讲，或应朕躬自讲朱注，或解说讲章，仍令讲官照常进讲。尔等会同翰林院掌院学士议奏。"寻大学士等议覆："讲官进讲时，皇上随意或先将四书朱注讲解，或先将通鉴等书讲解，俾得仰瞻圣学。讲毕，讲官仍照常进讲，则理义愈加阐发而裨益弘多矣。"从之。①

当时康熙帝认为，只是讲官讲解，对于经史精义还是不能很好地"研究印证"，故而主动提出参与讲学以求"互相阐发"。他向大学士们提出这个要求之后，经协商重新制定规则，改为康熙帝随意讲解四书或《通鉴》等书，讲完之后讲官"照常进讲"，以及相互阐发义理。

关于日讲的官员的职责，朱彝尊曾说："今天子复立起居注兼充日讲官，凡视朝听政，郊祀燕饮，靡弗趋侍，至瀛台避暑，则侍立双金螭畔，去黼座尤近。士之预是选，亦荣矣。"② 由于日讲官员的特殊地位，当时的儒臣都有所期许。然而讲官并不好当，汤斌曾在当时的家书中提到当时日讲的内容："皇上圣学日茂，近来工夫更加精密，每日讲《春秋》十条、《礼记》二十条，读史五十页，更研究性理之旨，词臣不能望其厓岸，当今官之难称职未有如词臣者也。"③ 日讲以儒家经典以及性理之学为主，这就不是一般的只懂得文学的词臣所能胜任的，只有像熊赐履、汤斌这样的理学名臣才能成为合格的日讲官员。关于经筵，其重要性自宋儒以来就十分突出，所谓"天下治乱系宰相，君德成就责经筵"。④ 康熙帝对经筵十分重视："朕于政务余闲，惟日钻研经史，念经筵日讲，允属大典，宜即举行，尔部其详察典例，择吉具仪以闻。"⑤ 经筵作为朝廷崇儒重道的盛典，每次都有六部官员等参与其中。

---

① 《圣祖仁皇帝实录》卷67，康熙十六年五月己卯条，《清实录》第4册，第857页。
② 朱彝尊：《严中允瀛台侍直诗序》，《曝书亭集》卷37，《景印文渊阁四库全书》第1318册，台湾商务印书馆1983—1986年，第78页。
③ 汤斌：《寄示诸子家书》，《汤子遗书》卷4，《汤斌集》，中州古籍出版社2003年，第218页。
④ 程颐：《论经筵第三》附《贴黄》，《河南程氏文集》卷6，《二程集》，中华书局2004年，第540页。
⑤ 《康熙政要》卷7《论勤学》，康熙五十四年，第319页。

康熙帝曾说："从来经筵之设，皆帝王留心学问，勤求治理之意，但当期有实益，不可止饰虚文。……盖经筵本系大典，举行之时，不可以具文视也。"①康熙帝认为经筵盛典，传递出帝王关心儒学，探求治理之术的意思，所以要讲求"实益"，不可以徒有"虚文"。

经筵日讲，作为清代帝王教育培养制度而确立，给了汉臣们宣讲理学较为固定的时机与场所，同时也为理学争取到了合法而正统的历史地位。之后，理学名臣们也为康熙朝讲学之盛而欢欣鼓舞。汤斌说："讲官所职者大，君心正而天下治，如天之枢纽转运众星而人不之见，讲官又是默令枢纽能转运底是何等关系。"②在他们看来，通过讲学可以实现宋儒所谓"格君心"的目标，"根本切要之地端在我皇上之一身"，为君王讲明理学，"为当今第一要务"。③康熙帝对理学名臣的态度，虽然也有时目之为"假道学"，然而总的来看还是特别器重的，比如对熊赐履的评价就非常之高："学问既优，人品亦端。"④陆陇其去世之后，康熙帝曾感叹："本朝如这样人，不可多得了。"⑤至于李光地，情况则稍为复杂，然而在其病故之后，康熙帝曾说："李光地谨慎清勤，始终一节，学问渊博。朕知之最真，知朕亦无过光地者。"⑥其中熊、李二人都因为理学，对康熙帝乃至清初的政治文化有着极为重要的影响，所谓"康熙朝儒学大兴，左右圣祖者，孝感、安溪，先后相继"⑦。

康熙帝本人晚年之时，曾回顾经筵日讲的意义：

> 朕御极五十年，听政之暇，勤览书籍，凡四书、五经、《通鉴》、《性理》

---

① 《康熙政要》卷7《论勤学》，康熙五十四年，第329—330页。
② 杨椿：《年谱定本》，康熙二十一年，载《汤斌集》，第1769页。
③ 熊赐履：《应诏万言书》，《经义斋集》卷1，《四库全书存目丛书》集部第230册，第221页。
④ 《清史列传》卷7《熊赐履传》，中华书局1987年，第506页。另载《圣祖仁皇帝实录》卷239，康熙四十八年十月乙丑条，《清实录》第6册，第387页。
⑤ 吴光西、郭麟、周梁：《陆陇其年谱》附《殁后垂恤》，中华书局1993年，第197页。
⑥ 《清史稿》卷262《李光地传》，中华书局1976年，第9899页。
⑦ 徐世昌：《清儒学案》卷40《安溪学案》，中华书局2008年，第1531页。

等书,俱经研究,每儒臣逐日进讲,朕辄先为讲解一过,遇有一句可疑,一字未协之处,亦即与诸臣反覆讨论,期于义理贯通而后已。①

此处康熙帝还回顾了曾经研读的经典,以及与日讲官员的讲求讨论,务必等到"义理贯通而后已",可见态度之严谨。康熙帝还说:

朕自八龄,雅好典籍,无论细旃广厦,讽咏古训,日与讲臣共之,即至銮车帐殿之间,罔废图史,寻味讨论,弗敢畏其艰深而阻焉,弗敢鹜于外物而迁焉,盖初终如一日也。②

康熙帝十分喜好读书,又与主持日讲的大臣讨论,不因学问的艰深或外物的引诱而有所改变,这是康熙帝学问有成的关键。

关于清初的经筵与日讲,孟森先生曾总结说:

康熙间讲学之风大盛,研求性理,此时已用熊赐履开其先声,纂修经义,明习天文算学,皆于此开其端,以天子谆谆与天下通儒为道义之讲论,实为自古所少,其足以系汉人之望者如此。而考其时势,则正复黔、秦、蜀、湘尽陷,东南浙、闽、两广、江西蠢蠢思变,方于十三年岁杪议征而未发之时,无论其为镇定人心与否,要能无日不与士大夫讲求治道,其去宦官宫妾蔽锢深宫之主远矣。③

康熙朝在熊赐履等人的倡导之下,皇帝与大臣共同推崇儒学,修纂经典,讲明性理。

---

① 《康熙政要》卷7《论勤学》,康熙五十四年,第329—330页。
② 《康熙政要》卷7《论勤学》,康熙五十四年,第335—336页。
③ 孟森:《明清史讲义》第4编第2章,商务印书馆2011年,第535页。

作为满人的康熙帝为崇儒重道所做的努力确实"自古所少"，对于当时社会的稳定必然有着积极的意义。林存阳先生说：

> 日讲的施行，不仅为帝王修身养性、治国平天下提供了思想依据；身为讲官的儒臣，亦得由上通下达，以其思想直接或间接影响帝王，促使其对文化政策加以调整。这一积极意义，对清初动荡的社会局势来说，是极为关键的。①

康熙朝的日讲，有着重大的意义：对于康熙帝而言，提供了修身与治国的理论支持；对于主持日讲的儒臣而言，提供了上下通达的渠道，可以对当时的政治、文化政策产生影响；对于儒学而言则更是意义非同小可，由日讲而产生了一批理学名臣，由日讲而成书的《日讲四书解义》《日讲五经解义》成为清朝的重要御纂经典，可以说日讲直接推动了儒学的传播，特别是推动了程朱理学在清初的发展。

主持日讲的大臣之中，熊赐履著有《学统》等书，积极向康熙帝宣讲程朱正学；也有其他多名大臣向康熙推荐朱子学，如牛钮、陈廷敬曾上奏说："至宋，周、程大儒倡明绝学，而朱子继之集其成，折衷诸儒之说，发明先圣之道，授徒讲学，实为千古道学之宗，有功于天下后世。"②牛、陈二臣认为道学本于经学，而朱子则是集大成者，为道学之宗，这一观点与康熙帝本人的思想也是一致的。

三、几暇格物

康熙帝对于理学特别重视，甚至说康熙朝以理学治国也不为过。康熙帝说：

---

① 林存阳：《清初三礼学》，社会科学文献出版社 2002 年，第 287 页。
② 《康熙起居注》第 2 册，康熙二十一年八月初八日，第 277 页。

朕兢兢业业，一日二日万几，惟恐隐微之地，有一端未善，故日讲求于先儒性命之学，以务尽其诚意正心之功，而犹恐未得其要也。孜孜从事于敦颐之所谓思，张载之所谓豫，朱熹之所谓敬，劼毖罔懈，庶几慎独之方，可企而全欤！由斯以观，《易》与《书》之言几，犹《大学》之言独，《中庸》之言微显也，其道总不外乎一慎而已矣。①

康熙帝讲求宋儒的"性命之学"，确实就如何"尽其诚意尽心之功"下过一番苦功，钻研的书目有《周易》《尚书》与《大学》《中庸》，钻研的宋儒有周敦颐（1017—1073）、张载（1020—1077）与朱子，其关注点都是心性修养方面的问题，如思、豫、敬、慎独、微显等等。他除了特别推崇朱子之外，还对周敦颐特别欣赏："朕在宫中，博观典籍，见宋儒周敦颐所著《太极图》，义理精奥，实前贤所未发。"②

康熙帝本人推崇宋儒的理学，更推崇朱子学。他说："每思二帝、三王之治本于道，二帝、三王之道本于心，辨析心性之理，而羽翼六经，发挥圣道者，莫不详于有宋诸儒。"③宋儒辨析心性，"羽翼六经"，从而将二帝、三王以来的圣人之道阐发殆尽，所以讲求儒学就必须重视宋儒。在宋儒之中，则唯有朱子集其大成：

自宋儒起而有理学之名，至于朱子能扩而充之，方为理明道备。后人虽杂出议论，总不能破万古之正理。所以学者当于致知格物中循序渐进，不可躐等。④

康熙帝认为理学产生于宋儒，而朱子则将其"扩而充之"，从而实现了"理明道备"，理学得以完善。康熙帝所说的"杂出议论"的"后人"，当指王阳明等学者。康熙帝认为这些对朱子学有所不满的学者"总不能破万古之理"，所以后学还得遵循朱

---

① 《康熙政要》卷16《论理学》，康熙五十四年，第771页。
② 《康熙起居注》第1册，康熙十二年十一月初七日，第120页。
③ 《性理大全序》，《圣祖仁皇帝御制文集》第4集卷19，《景印文渊阁四库全书》第1299册，第184页。
④ 《理学论》，《圣祖仁皇帝御制文集》第4集卷21，《景印文渊阁四库全书》第1299册，第532页。

子学去"循序渐进"。康熙帝亲撰的《朱子全书序》则对朱子更为推崇备至：

> 至于朱夫子集大成，而继千百年绝传之学，开愚蒙而立亿万世一定之规。穷理以致其知，反躬以践其实。释《大学》则有次第，由致知而平天下，自明德而止于至善，无不开发后人而教来者也。五章补之于断简残篇之中，而一旦豁然贯通之为要，虽圣人复起，必不能逾此。问《中庸》名篇之义，则不偏不倚，无过不及之名。未发已发之中，本之于时中之中，皆先贤所不能及也。若《语》《孟》，则逐篇讨论，皆内圣外王之心传，于世道人心之所关匪细。如五经则因经取义，理正言顺，和平宽宏，非后世浅见而轻议者同日而语也。至于忠君爱国之诚，动静语默之敬，文章言谈之中，全是天地之正气、宇宙之大道。朕读其书、察其理，非此不能知天人相与之奥，非此不能治万邦于衽席，非此不能仁心仁政施于天下，非此不能内外为一家。①

康熙帝认为朱子集宋学之大成，奠定了新的万世之规；朱子学既有穷理致知又有反躬践实，至于其四书与五经的新经典诠释体系，"理正言顺，和平宽宏"，都是内圣外王的"心传"，关乎世道人心，故朱子著述"全是天地之正气、宇宙之大道"，成为治万邦、修仁政的依据。康熙帝对于朱学的关注，还有一条记录值得注意："朕观《朱文公家礼》，丧礼不作佛事。今民间一有丧事，便延集僧道，超度炼化，岂是正理？"② 这是熊赐履讲学之时的发问，可见康熙帝对朱子之书还是下了相当细密的功夫的。

还有必要说明一下的是，康熙帝除了"性理宗濂洛"，将程朱一系的理学定为儒门正学，排斥陆王一系的心学之外，还反对佛、道之学，《圣谕十六条》之中就

---

① 《朱子全书序》，《圣祖仁皇帝御制文》第 4 集卷 21，《景印文渊阁四库全书》第 1299 册，第 534—535 页。
② 《康熙起居注》第 1 册，康熙十二年十月初九日，第 114 页。

有"黜异端以崇正学"一条。他认为"自古人主好释、老之教者，无益有损"①。康熙帝还说：

> 圣人立言必浑沦切实，后人求其说而过之，每蹈虚寂之弊，如释、老之书，朕向亦曾浏览，深知其虚幻，无益于政治。《易》曰：有君臣父子上下，然后礼义有所措。今释、道之教，弃绝五伦，根本既失，其余言论，更何着落？《易》曰：天地之大德曰生，天地人并列而为三，今释、道之教，生生之理已绝，是使三才且有时而穷，此皆其大体错谬，不待辨而自明者也。②

康熙帝认为佛、道之书虚幻不实，不能裨益于政治。他列举"弃绝五伦""生生之理已绝"，认为"大体错谬"。康熙二十五年（1686），康熙帝下谕礼部翰林院说：

> 自古经史书籍所重发明心性，裨益政治，必精览详求，始成内圣外王之学。朕披阅载籍，研究义理，凡厥指归，务期于正。诸子百家，泛滥诡奇，有乖经术。今搜访藏书善本，惟以经学史乘，实有关系修齐治平助成德化者，乃为有用。其他异端诐说，概不收录。③

康熙帝认为经史都要发明心性，而心性之学则有裨益于政治；至于"诸子百家"之流，往往"有乖经术"，与其他"异端诐说"一起都在排斥之列。可见其特别推崇理学，也是从政治的角度出发的。

后人对于康熙帝推崇理学的评价甚高。我们先看《清史稿》的说法："圣学高深，崇儒重道。几暇格物，豁贯天人，尤为古今所未睹。而久道化成，风移俗易，

---

① 《康熙起居注》第 1 册，康熙十一年二月二十八日，第 21 页。
② 《讲筵绪论》，《圣祖仁皇帝御制文集》初集卷 27，《景印文渊阁四库全书》第 1298 册，第 230 页。
③ 《康熙政要》卷 16《崇儒学》，康熙二十五年，第 733 页。

天下和乐，克致太平。"① 此处的"几暇格物"，可以理解为康熙帝的那本《几暇格物编》，也可以理解为对于康熙帝整体的理学修养的评价。当然，《几暇格物编》原为《康熙御制文集》中的零散篇目，为后人所辑，主要内容为天文、地理、数学、农学、医学等，近于晚明时期传教士所用的"格物"或"格致"一词；其中理学的内容相对较少，然与朱子学的"格物"精神一致则是无疑的，何况其中还有一篇名曰"文章体道亲切惟有朱子"②。康熙以理学修身，再至于治国平天下，所以才能天下太平。再看个别学者的看法：

> 仁皇凤好程、朱，深谈性理，所著《几暇余编》，其穷理尽性处，虽凤儒耆学，莫能窥测。所任李文贞光地、汤文正斌等，皆理学耆儒。尝出《理学真伪论》以试词林，又刊定《性理大全》《朱子全书》等，特命朱子配祠十哲之列。故当时宋学昌明，世多醇儒耆学，风俗醇厚，非后所及也。③

此处总结称，康熙皇帝"深谈性理"，其理学修养远非一般人所及；而康熙朝有李光地、汤斌等理学名臣，还曾出过"理学真伪论"这一题目来考试臣子，又有《性理精义》《朱子全书》等理学名著，又有将朱子的配祠升格至十哲之列，故此时堪称"宋学昌明"的时代。学术昌明则风俗醇厚也。总之，康熙帝及其时理学名臣，为朱子定一儒学史上的至尊地位，为朱子四书以及五经之学定一儒学诠释史之正统地位。程朱理学的复兴，对于清王朝的统治以及风俗礼教的端正，其积极作用当是不言而喻的。

---

① 《清史稿》卷 8《圣祖本纪三》，第 305 页。
② 《康熙几暇格物编译注》，李迪译注，上海古籍出版社 2007 年。
③ 昭梿：《崇理学》，《啸亭杂录》卷 1，中华书局 1980 年，第 6 页。

四、尊朱而不辟王

康熙帝对于推尊朱子，以及程朱理学在清代的复兴，确实是不遗余力的。然而他对于阳明心学的态度，却是比较微妙的。在此补充一个例子。

康熙二十二年（1683）四月初九日，当时任侍读的汤斌遵旨进其所著诗文，其中就有一篇《学言篇》，涉及《明史》馆中关于王阳明的争论问题：

> 又至《学言篇》，上阅数行，顾斌曰："汝试言此篇大意。"斌对曰："自周子至朱子，其学最为纯正精微，后学沉溺训诂，殊失程、朱精意。王守仁致良知之学，返本归原，正以救末学之失，但语或失中，门人又以虚见失其宗旨，致滋后人之议。臣窃谓先儒补偏救弊，各有深心，愿学者识圣学之真，身体力行，久之当自有得，徒竞口语无益也。"上颔之。①

汤斌在康熙帝面前，特意出示论及王阳明的《学言篇》，强调了周敦颐、朱子之学最为纯正，然而程朱末学则有"沉溺训诂"之弊病；王阳明正是为了救正程朱末学之失，方才提出"致良知"之学；但阳明论学之语偶有"失中"之嫌疑，也即容易导致门人产生"虚见"以至于失去宗旨，方才发生后来的诸多议论。汤斌认为无论朱子、阳明"各有深心"，关键在于学者本人的"身体力行"以求自得，不必在口头论辩上头花费太多工夫。这一点其实也是汤斌一贯的为学态度，得到了康熙帝的肯定。

当时同在史馆中供职的王士禛，也在其笔记之中记载了此事，然略有不同：

---

① 《康熙起居注》，康熙二十二年四月初九日，第374页。汤斌本人记载文字略有异同，汤斌：《乾清门奏对记》，《汤子遗书》卷3，《汤斌集》，第129页。

　　王文成公为明第一流人物，立德、立功、立言皆踔绝顶。康熙中，开《明史》馆，秉笔者訾謷太甚，亡友叶文敏方蔼时为总裁，予与之辩论，反复至于再四。二十二年四月，上宣谕汤侍读荆岘斌，令进所著诗文，且蒙召对。中有《王守仁论》一篇，上阅之，问汤意云何？汤因对以守仁致良知之说，与朱子不相剌谬，且言守仁直节丰功，不独理学。上首肯曰：联意亦如此。睿鉴公明，远出流俗之外，史馆从此其有定论乎！①

此处的记载，当来自汤斌；至于《王守仁论》，或为汤斌《学言篇》当中的一篇。汤斌特意在其所进的诗文之中放入此篇，其用意就是反映《明史》馆中持续日久的争论。经过他的讲述之后，史馆之中如何评价王阳明之学，大略有了一个定论。

　　就整个康熙朝而言，康熙帝本人，或者说官方的态度，主要就是尊朱而不辟王，对于朱子学的推尊是极其明确的；对于阳明学则未见公开的表彰，也极少谈及阳明学，甚至对喜好讲阳明学的儒臣如崔蔚林等多有批评。然而不废置王阳明的从祀孔庙，则可以说是不辟王的微妙表达。当然，有大批官方学者积极地尊朱辟王，阐扬程朱一派的理学道统论，则实际上得到了康熙帝以及后来的雍正帝的默许，这也是极其明确的。此事特别表现在《明史·道学传》之争上。

第三节　康熙朝诸儒对尊朱辟王的态度：以《明史·道学传》之争为中心

　　康熙十八年（1679）的博学鸿儒之征举，为笼络汉族士人的一项重要的举措。被选为鸿儒的士人，后来大多入了翰林院；清廷开《明史》馆后，这些士人就被

----

① 王士祯：《王文成》，《池北偶谈》卷9，中华书局1982年，第201—202页。

安排参加《明史》纂修工作。令人意想不到的是，在制订《修史条议》之时，《明史·道学传》设立与废除的问题，却成了史馆之中争论的焦点。关于此问题，最早的研究是史家黄云眉先生的《明史编纂考略》。在他看来这主要是出于门户之见："若张烈、陆陇其之反对立《道学传》，与徐元文等主张立《道学传》，其目的皆在排挤王学，修史而出以门户私见，固不足以言史法矣。"①

事实上，《道学传》的立与废，确实不只是史法问题，还有更深层的对道统之关照在其中。当时主张废置《道学传》的除了张烈、陆陇其，还有黄宗羲、汤斌、毛奇龄、朱彝尊等人，支持徐乾学、徐元文兄弟的很少。张、陆固然是尊朱的，黄、汤则较偏向于王学，而毛、朱主要从事经史考据之学，他们反对的理由其实相异极大。对于这一点，清末的缪荃孙也看得很清楚：

> 夫史，二体六家，均以班孟坚纪、传、表、志为正格，自汉至明皆因之。而门类则视其时之所重，如《明史》之阉党、土司，前史所未有，而不妨独创。道学，前史所有，而可以裁。诸家之议论，有相合者，有相反者，各就其言而推其理，自可增识见而定其是非。②

《明史》之纂修，确实与前史有同有异。出于时代的特点，围绕《道学传》的诸家议论，其观点"有相合者，有相反者"。推究其中的道理，则主要在于对于有明一代诸儒的看法，特别是对于王阳明及其后学的看法，故而还需要将相关文献再作梳理，将各家各派围绕程朱道统的观点再作一番细致的考察。

---

① 黄云眉：《明史编撰考略》，《史学杂稿定存》，齐鲁书社1980年，第132—133页。相关研究值得注意的还有几篇论文，如雷平《朱陆之辨在清初的延续——由〈明史〉"道学传"引发的争议》，《湖北大学学报》2011年第2期；吴海兰《试析清初〈明史·理学传〉的论争》，《南开学报》2011年第4期；最为完整的则是黄圣修的专著《一切总归儒林：〈明史·儒林传〉与清初学术研究》，台湾新文丰出版社2016年，第21页。雷平对于朱陆之辨较为敏感，但对问题的梳理仍较为简单，而吴文与黄著则以考辨相关事实为主。

② 缪荃孙：《明史例案序》，《明史例案》，民国四年（1915）吴兴刘氏嘉业堂刊本，文物出版社1982年影印，第1页。刘承干编的《明史例案》共九卷，搜集《明史》编撰条例等文献较全。

我们先讨论徐氏兄弟的《修史条议》四款之中，设置《道学传》的具体理由；再分析黄宗羲针对此四款而作的《移史论不宜立理学传书》，以及汤斌的支持意见；然后讨论张烈与陆陇其分别对设置《道学传》的批评，毛奇龄与朱彝尊也持批评态度，然观点则与上述学者都有不同；最后则看其结果，也即最后完成的《明史》废置《道学传》之后，落实在《儒林传序》以及《王阳明传》中的写法如何。重点则是探讨围绕"废置"的相关论辩之中，尊朱、尊王以及考据各派各自对于明代诸儒的认识以及修史的态度，以及他们各自对于朱、王两派以及儒家"道统"的认识。

一、设置《道学传》的理由：尊朱辟王

康熙十八年，徐乾学被任命为《明史》监修的总裁官，彼时其弟徐元文已经在担任监修官了。在此期间，徐氏兄弟共同讨论，制订了《修史条议》六十一条。[①]关于此《条议》的写作经过，徐乾学说：

> 时舍弟都御史为监修，……因日夜搜罗群书，考究有明一代史乘之得失，随笔纪录，以示同馆诸公。未几，……某被命同学士陈、张二公、侍读学士孙公、汤公暨门人王庶子为总裁官，而舍弟罢柏府之职，留领史事，益以向所讨论者详为商榷，得六十一条。[②]

---

① 据曹江红的考证，徐乾学此文当作于康熙十八年七月，而后被收入《憺园集》；序文则撰写于康熙二十三年，或可说《条议》之定稿也完成于康熙二十三年。参见曹江红《黄宗羲与〈明史·道学传〉的废置》，《中国社会科学院研究生院学报》2002 年第 1 期。黄圣修则认为《明史》馆实际开馆于康熙十八年十一月，此文则撰写于康熙十九年初，黄圣修：《一切总归儒林：〈明史·儒林传〉与清初学术研究》，台湾新文丰出版社 2016 年，第 21 页。

② 徐乾学：《修史条议序》，《憺园集》卷 19，《续修四库全书》第 1412 册，上海古籍出版社 1995 年，第 561 页。

由此可知，此《条议》先由徐元文搜罗群书，考辨得失，然后起草，后由徐乾学等人共同讨论确定下来。其中有四条就是关于《明史》设置《理学传》，也即论辩中所指的《道学传》。也正因为论辩的参与者不约而同地将论述的焦点指向"道学传"三字，故下文的讨论一般都使用"道学传"一词。[1] "道学"，其实涉及的是"道统"之辨析问题，这是清初学界的一个重大学术论辩，几乎涵盖了当时最为重要的儒学流派。

下面先就此四条，分别作一具体的说明。第一条，提出以程朱一派为正统，故另立《理学传》：

> 明朝讲学者最多，成、弘以后指归各别，今宜如《宋史》例，以程朱一派另立《理学传》，如薛敬轩、曹月川、吴康斋、陈剩夫、胡敬斋、周小泉、章枫山、吕泾野、罗整庵、魏庄渠、顾泾阳、高景逸、冯少墟，凡十馀人外；如陈克庵、张东白、罗一峰、周翠渠、张甬川、杨止庵，其学亦崇程朱，而论说不传，且别有竖，亦不必入。[2]

徐氏兄弟将明朝的理学以成化、弘治为界，也即以王阳明心学的出现为界，认为此后"指归各别"，也即此前都是以朱子为"指归"。然而有意思的是，他们又将程朱一派分为两类：一是薛瑄（1389—1464，敬轩）、曹端（1376—1434，月川）、吴与弼（1391—1469，康斋）、顾宪成（泾阳）、高攀龙（景逸）等十三人可以入《理学传》；陈选（1429—1486，克庵）、张元祯（？—1506，东白）、罗伦（1431—1478，一峰）等六人则不必入《理学传》，理由则是"论说不传"，后来便遭到了来自《明儒学案》的作者黄宗羲的质疑。

---

[1] 对于"理学传"或"道学传"的名称之辨析，参见黄圣修：《一切总归儒林：〈明史·儒林传〉与清初学术研究》，第 21 页。

[2] 徐乾学：《修史条议》，《憺园集》卷 14，《续修四库全书》第 1412 册，第 491—492 页。下同。

第二条，指出白沙、阳明、甘泉三派，宗旨不同且"皆未合于程朱"者当如何处理：

> 白沙、阳明、甘泉，宗旨不同，其后王、湛弟子又各立门户，要皆未合于
> 程朱者也，宜如《宋史》象山、慈湖例，入《儒林传》。白沙门人湛甘泉、贺
> 医闾、陈孝廉其表者，庄定山为白沙友人，学亦相似。王门弟子江右为盛，如
> 邹东廓、欧阳南野、安福四刘、二魏，在他省则有二孟，皆卓越一时。罗念庵
> 本非阳明弟子，其学术颇似白沙，与王甚别。许敬庵虽渊源王、湛，而体验切
> 实，再传至刘念台，盖归平正，殆与高、顾契合矣。阳明、念台功名既盛，宜
> 入《名卿列传》，其余总归《儒林》。

明代的心学三派，因为不同于程朱一派，故而徐氏兄弟认为当效仿《宋史》，心学学者都归入《儒林传》。接着又梳理了白沙、王门、甘泉三派的弟子，此处所指的都是其较为认同的、卓越一时的学者，如江右的王门弟子如邹守益（1491—1562，东廓）、欧阳德（1496—1554，南野）、刘邦采（生卒年不详）、魏良器（生卒年不详）、孟化鲤（生卒年不详）等，特别是罗洪先（念庵）、许孚远（1535—1604，敬庵）以及刘宗周（念台），到刘宗周那里则几乎与高攀龙、顾宪成这两位程朱学者相合。换言之，虽从心学一脉而出，然而为学亦有切实、平正者，若是《明史》立《理学传》则如何划分也有难度。这一点，徐氏兄弟已经注意到了，于是提出王阳明、刘宗周二人因为"功名既盛"而入《名卿列传》，其余则"总归《儒林》"。

第三条，指摘"浙东学派最多流弊"，而其目标则还在阳明后学：

> 阳明生于浙东，而浙东学派最多流弊，王龙溪辈皆信心自得，不加防检。
> 至泰州王心斋，隐怪尤甚。并不必立传，附见于江西诸儒之后可也。

此处所谓"浙东学派"，其实应当指晚明以来的浙东学派，或与徐氏兄弟本人出自

浙西学派有一定的关联。徐乾学认为浙东学派"最多流弊",主要是指王畿(1498—1583,龙溪)以及周汝登(1547—1629,海门)一系。还有与浙东类似的泰州学派的王艮(1483—1541,心斋),在他看来"隐怪尤甚"。这两支为阳明后学之中有必要赶出《儒林传》的,故而不必立传,仅仅附在王门的江西诸儒之后也就可以了。

第四条,照应第一条,强调"学术源流宜归一是",这是设置《理学传》的依据;同时又进一步指摘阳明后学:

> 凡载《理学传》中者,岂必皆胜于《儒林》,《宋史》程朱门人,亦多有不如象山者。特学术源流宜归一是,学程朱者,为切实平正,不至流弊耳。阳明之说,善学则为江西诸儒,不善学则为龙溪、心斋之徒,一再传而后若罗近溪、周海门之狂禅,颜山农、何心隐之邪僻,固由弟子寖失师传,然使程朱门人,必不至此。[①]

其实明代阳明学之盛,是关注明代儒学者不得不面对的事实,设置《理学传》必然就要将阳明学派加以贬抑。于是徐氏兄弟提出"学术源流宜归一是"的原则,理由则是学程朱者不至于会有流弊,因为程朱之学"切实平正",故而不会失去"师传";学阳明者便要区分善学、不善学,善学可以成为王门之江西诸儒,不善学则是王畿、王艮之徒,再传则为罗汝芳(近溪)、周汝登(海门)陷入"狂禅",颜钧(山农)、何心隐陷入"邪僻",在他看来这都是因为失去了王阳明的"师传"。

总的来说,徐氏兄弟提出设置《理学传》,就是为了强调明代理学有着朱、王二派的学理上的差异,因为王学容易导致流弊,故而不可入《理学传》,哪怕是善学王阳明者与程朱一派"论说不传"、不太著名的学者一起列入《儒林传》。至于王阳明与刘宗周这两位在清初依旧影响极大的学者,不入《儒林传》则入《名卿列传》。

---

① 徐乾学:《修史条议》,《憺园集》卷14,《续修四库全书》第1412册,第491—492页。

当时最为支持徐氏兄弟的是博学鸿儒科第一名的彭孙遹，他赞同立《道学传》以彰显"道学之统"。他认为二程、朱子接尧、舜与孔、孟的道统，故对于明代学术醇正的程朱一派的名儒要加以表彰。他在《明史立道学忠义二传奏》中说：

> 历代之史，凡儒学诸臣皆载《儒林列传》，独《宋史》于《儒林传》之前，复立《道学列传》一篇，专以记大儒程颢、程颐、朱熹为主，其及门弟子悉为编载。盖以道学之统，自尧、舜至于孔、孟，代相授受，孔、孟没后千有余年而得程子、朱子发明六经之蕴，远契列圣之心，其学至醇，其功至巨，故特立此传，以衍孔、孟之真传，明正学于天下，诚非无见也。明时名儒辈出，其于程朱之学，或异或同，各有所见，然究其所自，皆以孔子为宗。……照仿《宋史》例，将明儒学术醇正，与程朱吻合者编为《道学传》，其他有功传注及学术未醇者仍入《儒林传》中，则大道不致混淆而圣谟独高于今古矣。①

彭孙遹一方面认为明代名儒辈出，然其中观点则与程朱之学"或异或同"；另一方面又强调照仿《宋史》之例，必须将所谓的"学术醇正"者，也即"与程朱吻合者"编入《道学传》，其他治经学而"有功传注"者，或是"学术未醇"者，都列入《儒林传》。可见其观点接近于徐氏兄弟，设立《道学传》的目的就是区别程朱与非程朱。支持徐氏兄弟的，另外也还有人在，比如当时任讲官的牛钮、陈廷敬曾上奏说：

> 自汉、唐儒者专用力于经学，以为立身致用之本，而道学即在其中。至宋，周、程大儒倡明绝学，而朱子继之集其成，折衷诸儒之说，发明先圣之道，授徒讲学，实为千古道学之宗，有功于天下后世。故元人修《宋史》，特为道学

---

① 彭孙遹：《明史立道学忠义二传奏》，《松桂堂全集》卷35，《景印文渊阁四库全书》第1317册，第269—270页。

立传，不为无见。[①]

他们认为宋代的周敦颐、二程以及朱子，"实为千古道学之宗"，故而《宋史》为"道学"立传，非常恰当，言下之意即《明史》也有必要效仿。所以说，徐氏兄弟以及其他康熙朝的官员，之所以赞同设立《道学传》，就是为了顺应当时官方尊朱辟王的意图，借此而凸显作为官方意识形态的程朱理学的独尊地位。他们其实并未考虑修史之传统问题，也未考虑到宋明以来儒学的传统问题，故而引来了尊朱或朱王调和等学术主张不同的学者的纷纷批评。

二、黄宗羲与汤斌：来自朱王调和派的批评

关于《明史》是否应当设置《理学传》的问题，批评最为详尽的就是黄宗羲，而汤斌基本的意见与黄宗羲一致。黄、汤二人虽然分别属于蕺山学派、夏峰学派，一南一北，但都是主张朱王调和的，故而将二人放一起讨论，何况在此事上二人多有关联。

黄宗羲被卷入《明史·道学传》之争，其实有两个原因。其一，康熙十九年（1680）二月，徐元文以《明史》监修官的名义，向康熙帝上书"纂修明史，宜举遗献"，奏请延致绍兴府名儒黄宗羲入京。吏部议复说："如果老疾不能就道，令该有司就家录所著书送馆。"[②]后来黄宗羲的弟子万斯同（1638—1702）、万言（生卒年不详）以及黄宗羲之子黄百家（1642—1709）入《明史》馆，黄宗羲本人的意见也由此而上达。[③]其二，此前就在《明史》馆任职的汤斌，恰好在康熙二十年（1681）

---

① 《康熙起居注》第 2 册，康熙二十一年八月初八日，第 277 页。
② 《圣祖仁皇帝实录》卷 88，康熙十九年二月乙亥条，《清实录》第 4 册，第 1116 页。
③ 全祖望：《梨洲先生神道碑文》，《鲒埼亭集》卷 11，《全祖望集汇校集注》，第 220 页。

六月奉命前往浙江主持乡试，并与黄宗羲有书信往来。故最大的可能就是通过汤斌，黄宗羲得以读到徐氏兄弟的《修史条议》；然而又是通过汤斌，其书信传入了史馆。① 此时的黄宗羲正在修订《明儒学案》，故而有人询问，他自然有话要说了。

黄宗羲《移史论不宜立理学传书》的开篇说：

> 顷有传《修史条约》理学四款，在局皆名公巨卿，学贯天人，诚非草野荒陋所当与议。然有空隙一介之知，私以告于同学，幸勿出之广座，徒兹纷纭也。夫圣学之难，不特造之者难，知之者亦难。其微言大义，苟非工夫积久，能见本体，则诸儒之言，有自得者，有传授者，有剽窃者，有浅而实深者，有深而实浅者。今以场屋时文之学，处诸儒于堂下，据聚讼成言门户意见而考其优劣，其能无失乎？

此书信原本为私下议论，将其对于明代理学的认识告知同学之友，故而讲得非常直接。黄宗羲强调，儒家圣学，不只是"造之者难"，"知之者亦难"。如果没有在修养工夫上积累深久，也就看不出诸儒之言中哪些是自得，哪些是传授或剽窃等等。特别是官场的所谓"名公巨卿"，貌似"学贯天人"，实际只是精通"场屋时文之学"而已。此段直接点名了徐氏兄弟的四条，因"门户意见"而有失修史之法则。接着，此书信针对徐氏兄弟的四条，分别作了非常详尽的驳斥。

先看第一条论以程朱一派为正统之不可行，因原文较长，故再将之分为三个小问题。第一问：如何能够保证列入《理学传》的十余人都是程朱一派之嫡传？黄宗羲说：

> 其一，以程朱一派为正统，是矣。薛敬轩、曹月川、吴康斋、陈剩夫、胡

---

① 据曹江红的考证，黄宗羲的《移史馆论不宜立理学传书》当撰写于康熙二十一年二月，参见曹江红《黄宗羲与〈明史·道学传〉的废置》，《中国社会科学院研究生院学报》2002 年第 1 期。

敬斋、周小泉、章枫山、吕泾野、罗整庵、魏庄渠、顾泾阳、高景逸、冯少墟十余人，诸公何以见其滴骨程朱也？①

其中"诸公何以见其滴骨程朱也？"这一反问，确实厉害。明代程朱一派的学者，若是在王阳明之前，诸如薛瑄、曹端之类还好说，王阳明之后则难说其学术还能纯正了。黄宗羲举了这十余人中的多位，分别指出他们与朱子学不类之处。

先是罗钦顺与魏校二人：

> 如整庵之论理气，专攻朱子。理气乃学之主脑，则非其派下明矣。
> 庄渠言："象山天资高，论学甚正，凡所指示，坦然如由大道而行。昔疑其近于禅学，此某之陋也。"② 若使朱、陆果有异同，则庄渠亦非朱派。

在黄宗羲看来，罗钦顺之学的特点就是论理气且又"专攻朱子"。若就此也然，则不可以说罗钦顺为程朱一派。至于魏校，黄宗羲以其论学书中曾对陆九渊（象山）多有称道，故而认为其亦非程朱一派。当然罗、魏二人之为学，与朱子必然不会完全相同；对朱子有所批评，对陆九渊有所赞赏，其实都是正常的，毕竟朱、陆并非形同水火、毫不相容。所以平心而论，黄宗羲的辩驳不见得能服徐氏兄弟等人之心。

再看第二组顾宪成与高攀龙。黄宗羲说：

> 唐仁卿以从祀议阳明，泾阳谓之曰："《大学》言致知，文成恐人认识为知，走入支离，故就中间点出一'良'字。孟子言良知，文成恐人将此作光景玩弄，

---

① 黄宗羲：《移史论馆不宜立理学传书》，《黄宗羲全集》第 10 册，第 219—223 页。标点多有调整，主要是将黄宗羲所引之文补上句号以便区分。下同。
② 此段文字《崇仁学案三》有收录。此处除文字略有不同外，还缺了"但气质尚粗，锻炼未粹，不免好刚使气，过为抑扬之词，反使人疑"一句。黄宗羲：《崇仁学案三》，《明儒学案》卷 3，第 63 页。

走入玄虚，故就上面点出一'致'字，其意最为精密。"① 若使阳明之学可疑，则泾阳皆可疑矣。

程、朱格物，为学之要，景逸谓"才知反求诸身，是真能格物者也"，此即杨中立所说"反身而诚，则天下之物无不在我"。② "朱子九条"中甚辨其非，颇与阳明之格物相近，而差排程、朱之下乎？

若仅看此处所引顾宪成的话，确实可以认为顾宪成非常认同王阳明的"致良知"之学。如将王阳明排除在《理学传》外，那么顾宪成也是"可疑"的了。再看黄宗羲论高攀龙的格物说，认为高所理解的程、朱格物说，与杨时（中立）的"反身而诚"之说接近，然而"朱子九条"之中却对杨时之说多有辩驳。王阳明《传习录》则说："凡某之所谓格物，其于朱子九条之说，皆包罗统括于其中。"对于这一点，吴震先生作了解说："在阳明看来，朱子'九条'所涉及的格物致知说完全可以被统摄在'致吾心之良知于事事物物'的格物论当中。"③ 显然黄宗羲认同王阳明的说法，于是得出结论，既然高攀龙的格物说与杨时、王阳明都相近，与朱子却不同，又怎么能将高攀龙置于程朱一派呢？

再看张元祯，黄宗羲说：

东白之学，其言"是心也，即天理也"，即阳明"心即理"也；其言"斯

---

① 此段文字在《明儒学案》卷42《甘泉学案六》唐伯元（仁卿）传中有收录，文字略有不同。唐伯元因为不赞同王阳明从祀而被贬职，然听完顾宪成的话后却说："假令早闻足下之言，向者论从祀一疏，尚合有商量也。"《明儒学案》，第1003页。按，《黄宗羲全集》"大学"作"夫学"有误，据《明儒学案》改正。
② 黄宗羲：《东林学案一》，《明儒学案》卷58，第1402页。按，唐伯元说世之訾王阳明者六点：一曰道不行于闺门也；一曰乡人不信也；一曰宸濠之功状疑似也；一曰守仁之学，禅学也；一曰守仁之儒，霸儒也；一曰守仁良知之旨，弄精神也。唐伯元以五千言的篇幅攻击王阳明其人其学，当不会为顾宪成三言两语所打动。唐伯元：《从祀疏》，《醉经楼集》，朱鸿林点校，中华书局2013年，第173—174页。
③ "朱子九条"原载《大学或问》，相关说明可参见吴震先生的解读。王阳明：《传习录》，第175条，吴震解读，国家图书馆出版社2018年，第316—317页。吴震先生点校比他版更为精准，故本书所引《传习录》皆用此书。

道在天地，不患践之弗力，所患知之弗真"①，即阳明"知行合一"也。已先发阳明之蕴，若阳明果异程、朱，则东白亦异程、朱矣。

此处所引的两句张元祯的话，确实与王阳明论及"心即理"与"知行合一"相关的话很相近，说其已经先发明了阳明心学之意蕴也有道理。若就片言只语来看，张元祯确实很难说是程朱一派。

至于徐氏兄弟第一条中提到的陈选（克庵）、张元祯（东白）、罗伦（一峰）等六人因为"论说不传"而不必入《理学传》，黄宗羲说：

> 又言"陈克庵、张东白、罗一峰、周翠渠、张甬川、杨止庵，其学亦宗程朱，而论说不传"。六子之论说最多，其学术俱可考究，言不传者，偶未之见耳。

这六个人其实保存下来的论说文字最多，他们的学术是否真的"宗程朱"也是可以考究的，只是徐氏兄弟"偶未之见耳"！

再看第二条论"白沙、阳明、甘泉宗旨不合程朱"，黄宗羲说：

> 其二言白沙、阳明、甘泉宗旨不合程朱，此非口舌可争，姑置不论。其言"象山、慈湖例入《儒林》"，按《宋史》，慈湖未尝入《儒林》也。又言"庄定山为白沙友人，学亦相似"，按白沙云定山人品甚高，恨不曾与我问学，遂不深讲，其出处之际，白沙深责之，不可言其相似。又言"罗念庵本非阳明弟子，其学术颇似白沙，与王甚别"，《阳明年谱》为念庵所定，钱绪山曰："子于师门不称门生，而称后学者，以师存日未得及门委贽也。子谓古今门人之称，其义止于及门委贽乎？子年十四时，欲见师于赣，父母不听，则及门者其素志也。

---

① 黄宗羲：《诸儒学案上三》，《明儒学案》卷45，第1082页。所引张元祯这两句，文字略有不同。

> 今学其学者，三纪于兹矣，非徒得其门，所谓升堂入室者，子且无歉焉。于门人乎何有？"念庵于是始称门人，当日之定论如此。今言与王甚别，不如其别者安在也。且不知白沙、阳明学术之异又在何等也。

三家之宗旨是否合于程朱"姑置不论"，黄宗羲首先指明《宋史》之中的陆九渊入于《儒林传》，而杨简（1141—1226，慈湖）却并未入。还有将庄昶（1437—1499，定山）认作陈献章（1428—1500，白沙）之友人，这也是错误的。由此两条即可见徐氏兄弟对《宋史》并未真下功夫。说罗洪先"本非阳明弟子"，黄宗羲特意将钱德洪（绪山）证明罗洪先为门人的一大段"定论"抄录，也是为了证明徐氏兄弟的说法不确切；至于罗洪先之学与王阳明、湛若水有别，与陈献章相近，更是无从说起了。这三点，黄宗羲的辩驳确实非常到位。

关于此条，黄宗羲还进一步指出了徐氏兄弟安排刘宗周、王阳明"宜入《名卿列传》"的逻辑谬误：

> 又言先师蕺山"益归平正，殆与高、顾符合，阳明、念台功名既盛宜入《名卿列传》"，古来史法，列《儒林》《文苑》《忠义》《循吏》《卓行》诸门，原以处一节之士，而道盛德备者无所俟此，故儒如董仲舒而不入《儒林》，忠如文天祥而不入《忠义》。既于《儒林》之中，推其道盛德备者而揭之为《道学》，则与前例异矣。今于高、顾诸先生则入之，于阳明、蕺山则曰功名既盛宜入《名卿列传》。高、顾功名，岂不盛乎？朱子之功名，岂不及王、刘二先生乎？

黄宗羲指出，自古以来修史，不设《道学传》，那么"道盛德备者"原本不必入《儒林》《忠义》之类为"一节之士"而设的列传，比如儒臣之董仲舒、忠臣之文天祥，都因此而归入《名卿列传》；但是特立了《道学传》，那么就与自古之修史不同了，比如《宋史》就将朱熹列入《道学》。如今将高攀龙、顾宪成列入《道学传》，却又以另一套标准将王阳明、刘宗周列入《名卿列传》，在逻辑上就有问题了。难道朱熹的功名反而不及王阳明与刘宗周二人吗？其实徐氏兄弟特立《理学传》以示对明代理学家的尊崇，却将刘宗周与王阳明列入《名卿列传》，其实就是为了对刘、王二人名尊而实贬。

第三条则是针对"浙东学派最多流弊"一句。黄宗羲不无激愤地说：

> 其三言"浙东学派最多流弊"，有明学术，白沙开其端，至姚江始大明，盖从前习熟先儒之成说，未尝反身理会，推见至隐，此亦一述朱，彼亦一述朱。高景逸云"薛文清、吕泾野语录中皆无甚透悟"，亦为是也。逮及先师蕺山，学术流弊，救正殆尽。向无姚江，则学脉中绝，向无蕺山，则流弊充塞，凡海内之知学者，要皆东浙之所衣被也。今忘其衣被之功，徒訾其流弊之失，无乃刻乎？

黄宗羲将自己《明儒学案》所贯穿的对于明代学术的认识，特别是对于王阳明（姚江）与刘宗周（蕺山）两大儒的认识，借此作了精辟的发挥。此处引述高攀龙《高子遗书》的"薛文清、吕泾野语录中皆无甚透悟"一句，就是告知世人，即便是程朱一派的代表，也自认为诸如薛瑄、吕柟等程朱一派的学者本来就无所发明。故之所以要高度评价王、刘二人，是因为要表明浙东学派之于有明学术的贡献：一则延续白沙学派之道路、真正彻底改变"此亦一述朱，彼亦一述朱"之状况的，正是浙东的王阳明；一则救正王学自身流弊的，正是浙东的刘宗周。换言之，明代理学"皆东浙之所衣被"，浙东学派内部不但充满自我生发之动力，还充满自我调整之动力。故而不去关注浙东学派生生不息的动力，而去关注王学的几个末流之流弊，实在是刻薄了。更何况在黄宗羲看来，流弊主要来自被他归入泰州学派的罗汝芳、周汝登与颜钧、何心隐；浙东学派即便有弊病，也在江右之助力下得到了救正。所以"浙东学派最多流弊"这一观点，黄宗羲是断断不能接受的。

第四条，关于王学容易滋生流弊的问题，黄宗羲说：

其四言学术流弊，宜归一是，意不欲稍稍有异同也。然据《宋史》所载道学，即如邵尧夫，程子曰："尧夫犹空中楼阁。"曰："尧夫豪杰之士，根本不帖帖地。"是则尧夫之学，未尝尽同于程子也。

又言阳明之后，流弊甚多，程、朱门人必不至此。按朱子云："游、杨、谢三君子初皆学禅，后来余禅犹在，故学之者多流于禅，游先生大是禅学。"必是程先生说得太高，故流弊至此，是程子高第弟子已不能无流弊。刘安上、贾易人品皆在下中，至于邢恕、陆棠且为奸臣盗贼矣。而云程、朱门人必不至此，岂其然也？如以弟子追疑其师，则田常作乱之宰予，杀妻求将之吴起，皆足为孔、曾累矣。此据条约所及者言之，其间如江右之王塘南、毗陵之孙淇澳，皆卓然圣学，岂可埋没。

此条中，徐氏兄弟原文是说"学术源流宜归一是"，而黄宗羲说"学术流弊，宜归一是"，略有不同。此处指出，《宋史·道学传》中人物，如程颢与邵雍（尧夫），依照程颢的说法则二人"未尝尽同"；再依照朱熹的说法，则程颢"说得太高"以至于产生"游、杨、谢三君子""多流于禅"这样的流弊；还有程、朱门人也有"人品皆在下中"或"为奸臣盗贼"等等。黄宗羲几乎都用程、朱自己的说法来驳斥所谓"学程朱者，为切实平正，不至流弊"一句，颇为得力。至于强调王时槐（塘南）、孙慎行（淇澳）"卓然圣学"，则是反过来证明学阳明者未必"流弊甚多"。

黄宗羲对徐氏兄弟这四条的逐一批评，主要就是强调区分程朱、陆王门户是错误的。他讲到第一条的时候还说了一句："盖诸公不从源头上论，徒以补偏救弊之言，视为操戈入室之事，必欲以水济水，故往往不能尽合也。"这也就是他经常说的"以水济水，岂是学问"，讲求"一本万殊"之学，则决不可苛求于学者。若一定要依照程朱一派，而将学术归于一是，既不可能，也不必要；至于想要"补偏救弊"，去做"操戈入室"之事，也是没有意义的。论学还得从源头上论，才能将学问看得明白。

于是，黄宗羲提出了自己对于修史的独到看法：

夫"十七史"以来，止有《儒林》。以邹、鲁之盛，司马迁但言《孔子世家》《孔子弟子列传》《孟子列传》而已，未尝加以"道学"之名也。《儒林》亦为传经而设，以处夫不及为弟子者，犹之传孔子之弟子也。历代因之，亦是此意。周、程诸子，道德虽盛，以视孔子，则犹然在弟子之列，入之《儒林》正为允当。今无故而出之为《道学》，在周、程未必加重，而于大一统之义乖矣。统天地人曰儒，以鲁国而止儒一人，儒之名目，原自不轻。儒者，成德之名，犹之曰贤、曰圣也。道学者，以道为学，未成乎名也。犹之曰志于道，志道可以为名乎？欲重而反轻，称名而背义，此元人之陋也。且其立此一门，止为周、程、张、朱而设，以门人附之。程氏门人，朱子最取吕与叔，以为高于诸公，朱氏门人，以蔡西山为第一，皆不与焉。其错乱乖谬，无所折衷可知。圣朝秉笔诸公，不自居三代以上人物，而师法元人之陋，可乎？

此处黄宗羲的话有三层意思。其一，从正史之源《史记》开始比较了各史的做法。《史记》为表彰孔子以及孔门弟子、孟子，分别列传。《史记》并无"道学传"之名称；至于《儒林传》，所收都是"传经"之儒，乃传孔子的弟子们所传之经。后来的"十七史"大多因袭《史记》的意思。再说《宋史》，周敦颐、程颢、程颐"道德虽盛"，但比起孔子"犹然在弟子之列"，所以说周、程等入《儒林传》比较恰当。无故而设置《道学传》，则与《史记》以来的"大一统"的义理有所乖违了。其二，说到"儒"，也即"儒林"与"道学"两个名称孰优孰劣。黄宗羲认为"儒"为统贯天、地、人三才之"成德"者，也即"贤""圣"，故而说"儒之名目，原自不轻"；至于"道学"，"以道为学"的说法不太成立，孔子也只说"志于道"。故而区别《儒林传》而设《道学传》是元人修史时的陋习，反而将周、程等人物看轻了。其三，《宋史·道学传》存在"错乱乖谬"之处，比如程氏门人中，朱子认为吕大临（与叔）最高，却未被收入；朱氏门人中，蔡元定（西山）第一，也未被收入。所以说，徐氏兄弟拟订《修史条议》，要在《明史》之中设置《理学传》，正是不学《史记》等史书的优良传统，而效仿《元史》陋习的做法。

黄宗羲谈了自己的几条修史的具体意见：

> 某窃谓《道学》一门所当去也，一切总归《儒林》，则学术之异同皆可无论，以待后之学者择而取之。若其必欲留此，则薛、胡、陈、王，有明业以其理学配享庙庭，诸公所修者《明史》也，《明史》自合从明，而有所去取其间，犹如明朝阁部，其位一定，今以阁部不当从而颠倒其位，可乎？不可乎？

黄宗羲提出两种解决办法：一是将《道学传》去掉，上述的学者都归入《儒林传》，这样就避免了徐氏兄弟所说的那些似是而非的学术异同之论。究竟异同如何可以等后来之学者自行去抉择，这也就是《明儒学案》的编撰宗旨。另一办法，若一定要设置《道学传》，那么薛瑄、胡居仁、陈献章、王阳明四人，他们在明代就已经因为其理学而配享于孔庙两庑，既然要修《明史》，自然应当合于明朝阁部对儒者的去取；如今若不合于明朝，反而"颠倒其位"，自然是非常不合适的。

汤斌，字孔伯，别号荆岘，晚又号潜庵，河南睢州人，官至内阁学士、江宁巡抚、礼部尚书，为康熙朝著名的理学名臣。他在收到黄宗羲此文之后，在答复黄宗羲的信中说：

> 读《论理学传书》，辩论精详，至当不易，与鄙见字字相合。四年以来，与同事诸公谆谆言之，主持此事者，皆当代巨公名贤，弟生长僻陋之乡，学识不足动人，争之不得。今得先生大篇，益自信所见之不谬矣。[①]

汤斌于康熙十八年三月入《明史》馆，到此时正好四年了，对于《道学传》一事早有自己的意见，且与同事多有商议，然担心自己对于理学一事还有点人微言轻，故而未作争辩，如今看到黄宗羲的详细而有理的答复，便信心陡增了。全祖望（1705—

---

① 黄宗羲：《黄梨洲文集》附录十九，陈乃乾编，中华书局1959年，第521—522页。

1755）说：

> 其论《宋史》别立《道学传》，为元儒之陋，《明史》不当仍其例，时朱检讨彝尊方有此议，汤公出其书以示众，遂去之。[①]

他认为黄宗羲此一书信就是通过汤斌传入《明史》馆的，应当是在后者接到此书之后不久便公布了。黄宗羲、汤斌以及朱彝尊等人，看法都是一致的。于是乎《道学传》被废置，成为定论。[②]

汤斌的观点与黄宗羲基本相同。在汤斌所撰写的《明史稿》之中就有一篇《凡例议》，其中说：

> 汉《史》以后止有《儒林传》，独《宋史·儒林传》外特立《道学传》，以其时周、程、张、朱继洙泗之传，不可同于诸儒，故特立一传，以表正宗。[③]

他强调，《史记》之后，诸史只设《儒林传》，唯独《宋史》又特立了《道学传》，以表示周、程、张、朱的"正宗"地位。接着又分析了为何陆九渊等未入《道学传》，以及吕祖谦（1137—1181）、胡安国（1074—1138）等"学术最正，著述最有功"者同样未入，反倒朱子门人有多人得以列入，于是指出，《宋史》之特立《道学传》，"可见当时史臣，特别表程朱之统系，而未尝一一较量其学术之高下也"。这实际是说徐氏兄弟《修史条议》的四款论及王阳明以及后学的学术高下，其实没有什么意义。

接着，汤斌便谈了自己对于明代理学的看法：

---

① 全祖望：《梨洲先生神道碑文》，《鲒埼亭集》卷11，《全祖望集汇校集注》，第223页。
② 关于黄宗羲是否能够一锤定音，也有学者质疑。参见魏伟森《宋明清儒学派别争论与〈明史〉的编纂》，《杭州大学学报》1994年第1期；吴海兰：《试析清初〈明史·理〉的论争》，《南开学报》，2011年第4期。
③ 汤斌：《明史稿·〈明史〉凡例议》，《汤斌集》，第827—828页。下同。

> 明之儒者，纯粹正大，莫如薛文清公，而门人阎子与白尧佐不足大发明其学。曹月川著书立教，在文清之先，泾野、枫山、虚斋、整庵，虽与文清之学相近，要皆独有心得，非师弟相传授。其时，程朱之学大明于世，有志圣贤者皆能寻绎得之，非如宋之濂洛、龟山、延平、紫阳，确有渊源也。白沙、敬斋同出康斋之门，而学术迥别，可见学者贵自得，不专在师传也。

论及明代的程朱一派，汤斌首先肯定了薛瑄的"纯粹正大"，然后指出诸如曹端、吕枏等虽然与薛瑄之学相近，但都来自"独有心得"而非"师弟相传授"，故而并不如同《宋史》之《道学传》一般都是"确有渊源"；更何况陈献章与胡居仁，他们同出于吴与弼之门却"学术迥别"。所以，汤斌总结道："学者贵自得，不专在师传。"

关于明代的王阳明一派，汤斌说：

> 正、嘉之间，王文成倡良知之宗，其门人为独盛。后顾、高诸先生虽亦尝驳正无善无恶之说，大端末始与阳明为异。盖阳明之学直截透快，略近象山，而与孔、孟不悖，实足为驰骛书册、忘却本心者下一箴砭。其立言有过处，门人有流弊，不能为之讳，至其见地光明，发明本心，如拔本塞源诸论，圣人复起，不能易也。不然，岂百余年高贤大儒，尽为所惑。从祀庙庭，经举朝会议，尽雷同附和与。

汤斌对王阳明之看法有四点需要注意：其一，认为正德、嘉靖之间王阳明（文成）倡导良知心学，其后门人"独盛"，即便是顾宪成、高攀龙等人驳正王学的"无善无恶之说"，就根本大端而言，并未与王阳明有大的差异；其二，强调阳明之学"直截透快"，与孔、孟并不相悖，却对于"驰骛书册、忘却本心"的学者极有针砭意义；其三，即便王阳明的立言会有过度之处，其门人也会有流弊之处，不能为其讳言，但正如"拔本塞源"论等，即便是孔、孟"圣人复起"也不能改易；其四，又以王阳明之后一百多年的"高贤大儒"为什么都被王学吸引，并获得从祀孔庙等来说明王阳明学说在明代的地位。

至于如何修史，汤斌提出了两种建议。其一，如果依照《宋史》设置《道学传》，则应当分为三卷：

> 今日修史，如依《宋史·道学传》例，则当以薛文清、曹月川、吕泾野、胡敬斋、蔡虚斋、罗整庵等为一卷，王文成、邹东郭、钱绪山、罗念庵等为一卷，顾泾阳、高景逸、冯少墟、刘念台等为一卷。《道学传》不便用多人。诸公以道学为重，亦不必入前大传矣。大约成、弘以上，文清之派为盛；嘉、隆之际，文成之派为盛；万历以后，高、顾诸君子终焉。

他认为依照《宋史·道学传》之例，当将明代最盛的儒者分为三批：一是薛瑄、曹端、吕柟、胡居仁、蔡清、罗钦顺等归入一卷，代表的是程朱一派；二是王阳明、邹守益、钱德洪、罗洪先等归入一卷，代表王阳明及门人；三是顾宪成、高攀龙、冯从吾、刘宗周等归入一卷，则是晚明的儒者。

其二，如果不设立《道学传》，则应当分为两部分：

> 如不立《道学传》，止称《儒林传》，则薛以相臣，王以勋封，俱入大传，《儒林》则以曹月川、陈白沙、陈克庵、胡敬斋、罗念庵、王龙溪、罗近溪诸公可得一二十人，与注经释传者先后并列焉。

不设立《道学传》，则将之分为两部分：一是薛瑄与王阳明二人的地位与众不同，故而"俱入大传"；一是曹端、陈献章等一二十人，可与那些以注释经传著称的儒者一起并列在《儒林传》之中。

最后关于学术流弊的问题，汤斌说：

平叙一代之学统，而序中论其学术之同异，稍稍言及流弊，固无妨也。

修史与专家著述不同，专家著述可据一人之私见；奉旨修史，必合一代之公评，未可用意见肆讥弹也。

他认为可以在《儒林传》的序中，将有明一代的学统，也即"学术之同异"论述一番，并指出流弊的问题。最为关键则是明白修史与专家的著述不同，因为专家的著述可以根据个人的私见进行，修史则必须符合"一代之公评"，决不可以个人私见肆意"讥弹"。此书所谓"一代之公评"当是指上文所述的明代本朝的"高贤大儒"以及推尊王阳明从祀孔庙的阁臣们。若从后来《明史》实际的编撰来看，汤斌的第二种建议，其实是被实行了；至于前一种，体现的是将程朱与王阳明二派平等看待，自然得不到徐氏兄弟等人的认同。

三、张烈与陆陇其：来自尊朱辟王派的批评

张烈举博学鸿儒试，列一等三名，任翰林院编修，预修《明史》，"时推其有史迁笔意"[1]。张烈虽然崇尚朱子学，然而却不主张设立《道学传》。他认为《道学传》"惟《宋史》宜有之"，因为后世的理学家皆不敢比于程、朱，但关键还是因为王阳明。康熙二十年（1681）前后，张烈完成了关于《明史》编撰的《读史质疑》五篇等著作，后来附录于《王学质疑》一同刊行，其中就详细谈了他对于《明史·道学传》的态度。张烈说：

《宋史》有《道学传》，惟《宋史》宜有之。周、程绍先圣之绝绪，朱子集诸儒之大成，以"道学"立传，宜也。余则笃学如蔡西山父子，高明如陆子静

---

[1] 《张烈传》，《清史列传》卷66，中华书局1987年，第5290页。

兄弟，纯粹有用如真西山，仅列之《儒林》，此为《宋史》者有识也。[①]

在他看来，宋代的周敦颐、二程以及朱子，或"绍先圣之绝绪"，或"集诸儒之大成"，因其学高，故而适宜专列《道学传》；此外的宋儒，"笃学"如蔡元定、蔡沈（西山）父子，"高明"如陆九渊（子静）、陆九韶兄弟，"纯粹"如真德秀（西山），《宋史》都只是列入《儒林传》。言下之意，后世儒者如果连蔡沈、陆九渊等人都不如，自然是没有资格列入《道学传》的。

接下来说到了元儒：

元儒如许鲁斋、刘静修、吴草庐、许白云、金仁山，皆有功圣门，而许为最，然终不敢比于程、朱，故不立《道学传》，此为《元史》者有识也。

元代大儒许衡（1209—1281）、刘因（1249—1293）、吴澄（1249—1333）、许谦（1269—1337）、金履祥（1232—1303）等人，于儒学之功最大的就是许衡，"终不敢比于程、朱"，因此《元史》不立《道学传》颇为有识，因为正是看到了元儒与宋儒各自的定位不同。

再说明儒，则情况更为复杂：

若有明一代，堪立《道学传》者谁乎？纯正如曹月川、薛文清，不能过真西山、许鲁斋；而光芒横肆如阳明者，假孔、孟以文禅宗，藉权谋以标道德，破坏程、朱之规矩，蹂躏圣贤之门庭。嘉、隆而下，讲学者遍天下，人人各树宗旨，卒之纳降于佛老，流遁于杂霸，总以成其争名利、攘富贵之私，辱圣门莫甚焉。而溯其原始，阳明实为首祸。如此而列之道学，恐天下后世稍知圣人

---

① 张烈：《读史质疑三》，载《王学质疑》，《历代"朱陆异同"典籍萃编》第 3 册，上海古籍出版社 2017 年，第 468 页。

之道者，必以史臣为无识矣。愚故疑《道学传》可不立也。

《明史》更不应该设立《道学传》。先看程朱一派，即使是学术纯正的曹端、薛瑄也尚不能及真德秀、许衡，故不适合进入《道学传》；再看"光芒横肆"的王阳明，其学术中有"禅宗""权谋"等因素，"破坏程朱之规矩，蹂躏圣贤之门庭"，自然更不适合入《道学传》；此外晚明的讲学者，不但有佛老、杂霸的弊病，还有争名利、攘富贵、辱圣门等情况，在他看来都是因为受到阳明学的影响。所以说，如果在《明史》之中设立《道学传》，后人一定会笑话，"必以史臣无识"。

那么王阳明应该如何处置？张烈既反对设立《道学传》，又反对黄宗羲等人提出的"一切总归儒林"，也即反对将其列入《儒林传》。如何尽量回避阳明之学的巨大影响？张烈赞同《修史条议》，认为王阳明应当列入《功臣传》。他的理由是：

> 阳明宜立何传？曰：功在社稷，子孙世封，列之《功臣传》，宜也。
>
> 阳明一出而尽变天下之学术，尽坏天下之人心，卒以酿乱亡之祸。彼乃以天下崇尚朱学比于崇杨、墨，指正学为洪水猛兽，欲身起而救之，不知其为倡乱之首。悲夫！我朝鼎新文教，始有倡明程、朱之学者，而论者犹曲为阳明讳，欲挽朱、陆而一之。此不深究其本末，徒为世俗瞻徇之态，非所语于学也。有识者将黜阳明之从祀，何《道学传》之有？[1]

对于王阳明，张烈只肯定其功勋，也即"功在社稷"，故而可列入《功臣传》。至于王阳明的学术，张烈则全然是批判的态度，认为王阳明的学术"尽坏天下之人心"，甚至明朝的"乱亡之祸"也要由他来承担。在张烈看来，王阳明将崇尚朱子之学者比作崇尚杨、墨，乃至将朱子正学比作洪水猛兽，于是起身救之，但其实王阳明才是"倡乱之首"。此处当是张烈对王阳明有所误会，因为王阳明自以为其学术并不

---

[1]　张烈：《读史质疑四》，载《王学质疑》，《历代"朱陆异同"典籍萃编》第3册，第469、472页。

与朱子学相悖，故而才有《朱子晚年定论》之作。张烈还认为清朝倡明程朱之学，应当有人站出来，将王阳明从孔庙从祀之列中清除出去，如此自然也就不必将王阳明列入《道学传》了。张烈的论辩，其对象就是那些为王阳明庇护，倡导程朱、陆王和会而一的学者。

总的来说，张烈认为《明史》不能设立《道学传》，一是因为明代程朱一派儒者，不可与宋代的周、程及朱子相互比肩；一是因为明代出了王阳明，虽然达到了"尽变天下之学术"的影响力度，然却非儒门正学，不立《道学传》正好是规避阳明学的一个好办法。后来陆陇其也赞同张烈的说法，并同样站在尊朱辟王的立场上加以论证。

陆陇其介入《明史·道学传》之争，已经是康熙二十三年（1684）八月。[①] 当时徐氏兄弟听说陆陇其是尊朱的理学名臣，特意拜会陆陇其。陆陇其当时还在灵寿知县任上，急于回去，故并未深谈，而是作了一通详细的书信作为答复：

> 至蒙下询《明史·道学传》，陇其向虽好窃窥先儒绪余，然自汩没簿书以来，久矣茅塞，何足以议此？间尝见张武承《读史质疑》云："《明史·道学传》可不立。"初甚骇其论，潜玩味之，觉此言非孟浪。[②]

陆陇其接到徐氏兄弟的询问，便谈到了张烈的《读史质疑》。张烈认为不可以设立《明史·道学传》，从尊朱的角度来看，似乎有点令人吃惊，然仔细玩味则觉得此言并非孟浪。

> 尝窃因其意推之，史有特例，后人不必尽学。如司马迁作《孔子世家》，

---

① 黄圣修据信中"我已行年六十"而认为此信作于康熙二十八年（1689）。参见黄圣修：《一切总归儒林：〈明史·儒林传〉与清初学术研究》，第 310 页。
② 陆陇其：《答徐健庵先生书》，《三鱼堂文集》卷 5，《陆陇其全集》第 1 册，第 120—122 页。下同。

所以特尊大成之圣，后世儒者述孔子之道，不必尽列《世家》也。《宋史》作《道学传》，前史所未有，盖以周、程、张、朱，绍千圣之绝学，卓然高出于儒林之上，故特起此例以表之，犹之以世家尊孔子耳。后世儒者述周、程、张、朱之道，不必尽列《道学传》也。非必薛、胡诸儒，不及周、程、张、朱，但"作"与"述"，则须有辨。道学未明，创而明之，此"作者"之事也；道学既明，因而守之，此"述"者之事也。虽其间辟邪崇正，廓清之功不少，要皆以宋儒所已明者而明之，初非有加于宋也。于《明史》中去此一目，以示特尊濂、洛、关、闽之意，亦可以止天下之好"作"而不好"述"，未尝窥见先儒之源委本末，而急欲自成一家者。

陆陇其认为历代修史，每每因故而有特例，后世不必都学。比如司马迁《史记》设立《孔子世家》，特为尊崇孔子；后世的儒者都是在继承孔子，故而后世的史书不必都设立《世家》。同样，《宋史》设立《道学传》，特别尊崇周敦颐、二程、张载、朱子，因为他们"绍千圣之绝学，卓然高出于儒林之上"，与司马迁尊孔子是一个道理；到了宋代以后，则都是在继承周、程、张、朱等宋儒之道，也就不必设立《道学传》了。也不是说薛瑄、胡居仁等明儒之学术一定不如周、程、张、朱，只是要区分"作"与"述"，也即宋儒是创立道学，后世是继承道学。虽然明儒也做了许多"辟邪崇正"的"廓清之功"，但基本的道学问题都是宋儒所已经发明的，明儒只是再次讲明，并未新创多少。所以说，《明史》之中不设《道学传》一目，正好表示特别尊崇宋儒的濂、洛、关、闽之学。所谓"作"与"述"当有区别，方能堵塞"天下之好作而不好述"的弊病，去除"自成一家"的功利之心。

关于"儒林"与"道学"二分的问题，陆陇其说：

> 且以"道学"二字论之，道者，天理之当然，人人所当学也。既为儒者，未有可不知道学；不知道学，便不可以为儒者。自《儒林》与《道学》分，而世之儒者，以为道学之外，别有一途，可以自处；虽自外于道，犹不失为儒。

遂有俨然自命为儒，诋毁道学而不顾者。不知《宋史》"道学"之目，不过借以尊濂、洛诸儒，而非谓儒者可与道学分途也。今若合而一之，使人知道学之外，别无儒者，于以提醒人心，功亦不小。尊道学于儒林之上，所以定儒之宗；归道学于儒林之内，所以正儒之实。《宋史》《明史》相为表里，不亦可乎？不识先生以为何如？

陆陇其认为"道学"本是探讨"天理之当然"，故而人人都应当学，更是儒者的分内之事，儒者不可以不懂道学。然而《儒林传》与《道学传》的二分，导致了有些儒者认为道学之外，还有其他的儒者自处之道，甚至有儒者起来诋毁道学。也就是说，《儒林传》与《道学传》二分导致了许多弊病的发生。当然，陆陇其早已指出《宋史》设立《道学传》"借以尊濂、洛诸儒"，即所谓"定儒之宗"，就宋代道学之评定而言有其积极意义；然而到了明代则不必再二分，《明史》不设立《道学传》可以"使人知道学之外别无儒者"，即所谓"正儒之实"，对于明儒之评定以及儒门学风之端正都有重要的意义，所以要"归道学于儒林之内"。

接着，陆陇其便进一步指出为什么《明史》不设立《道学传》更好。他说：

> 至以诸儒之学言之，薛、胡固无间然矣。整庵之学，虽不无小疵，然不能掩其大醇。其论理气处可议，其辟阳明处不可议。薛、胡而下，首推整庵，无可疑者。仲木、少墟、泾阳、景逸，守道之笃，卫道之严，固不待言，然其精纯，恐皆未及薛、胡。景逸、泾阳，病痛尤多，其于阳明，虽毅然辟之，不少假借，然究其实，则有未能尽脱其藩篱者。其所深恶于阳明者，无善无恶一语，而究其所谓善，仍不出虚寂一途，言有言无，名异实同。故其大节彪炳，诚可廉顽立懦，而谓其直接程、朱，则恐未也。以《宋史》尊程、朱之例尊之，亦不无可商。因承下问而妄言之，不自揣其非分也。

在陆陇其看来，明代儒学只有薛瑄与胡居仁最为纯正，罗钦顺论理气之处有可以争议之处，辟王阳明之学则无可争议。至于顾宪成、高攀龙，则因为辟王阳明"不少假借"，也就是说顾、高之学未能完全脱离阳明学的藩篱；针对王阳明"四句教"中的"无善无恶心之体"一句多有辩驳，但仍旧喜欢讲求"虚寂"之学，故而不可称东林之学"直接"程朱一脉。因此，明代理学史之中尚无可以像《宋史·道学传》之"尊程、朱之例"来尊崇的人物。无论薛、胡还是顾、高，都有问题。

陆陇其针对徐氏兄弟的询问，其回答其实与张烈非常接近，然讲解得更加道理明晰。陆陇其的核心观点有三：其一，强调历代修史偶有特例，后人不必都学，《史记》设立《孔子世家》，《宋史》设立《道学传》，分别因为孔子或周、程、张、朱在儒学史上有创立之功，而明儒则只有继承而已，这也即"作"与"述"之区分；其二，《儒林传》与《道学传》二分容易导致以为道学在儒学之外等弊病，甚至发生诋毁道学的情况，所以应当"归道学于儒林之内"，从而端正儒学；其三，对于明代诸儒的评定，不论王阳明，除薛瑄与胡居仁较为纯正之外，罗钦顺论理气尚有争议，顾宪成、高攀龙则尚未脱离阳明学的藩篱，故而并没有真正可以如《宋史·道学传》尊程、朱一般值得特立而尊崇的人物。

四、毛奇龄与朱彝尊：来自考据派的批评

对于《明史·道学传》的问题作出较多辨析的，还有第三组人物——毛奇龄与朱彝尊。此二人一生从事的学术主要是经学，当属于考据一派，对于程朱、陆王异同等问题虽有所涉及，然兴趣不大，或者说他们是用考据的方法来解决问题的。

毛奇龄（1623—1716），字大可，号秋晴，学者称西河先生，萧山人。与张烈一样，他也在康熙十八年（1679）举博学鸿儒后，授翰林院检讨，并任《明史》纂修官。

说到《明史·道学传》问题，当时论辩的中心就是王阳明该如何传。毛奇龄的《折客辨学文》中说：

既而文成一传，馆中纷纷有言宜《道学》者，有言宜《儒林》者，有言宜
《勋臣》者。总裁断曰："《勋臣》而已。"又曰："前史无《道学传》，惟宋有之，
今何必然请。无立《道学》名，但立《儒林》，而屏阳明之徒于其中。何如？"
众皆唯唯，独予不谓然，然而不能挽也。①

由此记载可知，王阳明到底该如何传，史馆中人说法极多，《道学》《儒林》《勋臣》，
各有各的道理，最后总裁徐元文确定下来，入《勋臣》，也即《修史条议》所说的
《名卿列传》。至于原定的《道学传》或《理学传》，则又因为《宋史》之前并无《道
学传》故而决定不设立；还有王阳明的门人，也都归入《儒林传》。对此安排，唯
独毛奇龄不以为然。

关于《明史·道学传》的论辩，毛奇龄其实有两种主张，一种就是对王阳明表
示推崇。毛奇龄可以算当时官方理学家之中，对于王阳明表示支持的代表之一。他
曾将自己的观点与史馆总裁徐乾学讲述过。

他接着说：

总裁尝召予曰："闻子说知行，右阳明而左紫阳，有之乎？"曰："无之。从
来论文成者，皆谓其不合紫阳，而予独曰否，请试言之。……万历十二年，诏
申时行等定论新建从祀，时行上言：'守仁致知出大学，良知本孟子，未尝禅
也。或者谓崇守仁则废朱子，不知道固有互相发者，且朱与陆并祀矣，朱学不
闻以陆废，今独以王废乎？'时神庙得疏，叹曰：'皇祖尝称王守仁有用道学，
国家能得一有用道学，虽不合宋儒，其又何疑？'然则旧儒论王学，皆谓与朱
学不合，而独予则倡之曰：知行合一，实朱子言之，而王子述之。且朱子不自
践其言，而王子践之。是右朱学者莫如予，而反曰左之何也？"总裁推案起曰：
"此事非吾辈所能定也。"他日总裁诸儒臣于内廷供奉之次，间论诸儒学术同异。

① 毛奇龄：《折客辨学文》，《西河集》卷120，《景印文渊阁四库全书》第1321册，第305—308页。

皇上谕之曰："守仁之学过高有之，未尝于诸儒有异同也。"众皆俯首颂扬而退，盖至是而文成之学有定论矣。

毛奇龄认为自己关于"知行合一"的诠释，并非"右阳明而左紫阳"。他强调的是，王阳明与朱子在"知行合一"的问题上是相合的，也即"知行合一"的意思在朱子那里就已经包含，只是朱子并未将之落实与践行。此外，毛奇龄还就晚明、清初各家的看法加以罗列，表示即便提倡朱子之学，也不必将王阳明之学排斥在外，比如万历朝的申时行就主张王阳明从祀孔庙，万历皇帝也认为王阳明讲的是有用道学，即便与朱子不合，也不必怀疑其学之有用。最后总裁说，朱、王之学术异同"非吾辈所能定"。最后是康熙帝的上谕，认为王阳明之学，有说得太高的地方，然而并未与诸儒有太大的不同。此处诸儒当包括孔、孟以及朱子等宋儒，于是史官们便不再议论王阳明之学的问题。

毛奇龄另外还说：

> 至若道学统宗，则自馀干、新会而后，凡海门周氏、浮峰张氏诸学者，俱以新建直接周、程之统。即崇祯末，东林学长如念台刘公，所在讲学立圣学统谱，以周、程、张、朱、王五子相禅，但录《朱子晚年定论》于谱中，以示合一。即国朝，学儒如容城孙钟元、上蔡张沐辈，纂《圣学宗传》《道一录》诸书，其说亦然。然则王学之在天壤，昭昭如此，况道学是非已定之至尊圣鉴之中，泾渭秩然，讹言虽多，不足摇惑。

此处毛奇龄讲了四点：其一，自从馀干的胡居仁、新会的陈献章之后，诸如周汝登（海门）、张岳（浮峰）等学者，都已认为王阳明可直接周敦颐、程颢以来的道统。其二，到了崇祯末年，刘宗周（念台）讲学之时所定的"圣学统谱"，就列了周敦颐、程颢、张载、朱子、王阳明"五子"，还收录了王阳明的《朱子晚年定论》，表达朱王合一的意思。此处毛奇龄所说的"圣学统谱"，当指刘宗周所编的《圣学宗要》，然而其中并未收录《朱子晚年定论》，这一点需要指出。其三，清代本朝学者孙奇逢的《圣学宗传》、张沐的《道一录》都是将朱、王二人在道学或圣学的谱系之中加以合一的。其四，对于道学的是非问题，也即如上所述，王阳明之学的评定已经得到康熙帝的裁定了。

毛奇龄关于《明史·道学传》的另一种主张，则是直接反对"道学"这个提法。他在《辨圣学非道学文》中指出：

> 圣学不明久矣。圣以道为学，而学进于道，然不名道学。凡"道学"两字，六经皆分见之，即或并见，亦只称"学道"而不称"道学"。
>
> 惟道家者，流自鬻子、老子而下，凡书七十八部，合三百二十五卷。虽传布在世，而官不立学，不能群萃州处，朝夕肄业，以成其学事，只私相授受以阴行其教，谓之道学。道学者，虽曰以道为学，实道家之学也。……两汉始之，历代因之，至华山而张大之，而宋人则又死心塌地以依归之，其为非圣学，断断如也。[①]

毛奇龄以考据之法来论断，提出儒家圣学，"道"字与"学"字在六经之中都是分开的，合在一起则只有"学道"之说法，原本并无"道学"之说法。只是在儒学之外，还有道家学派，因为不被列为官学，所以在私相授受之时称道家之学为"道学"，故而"道学"就是指"道家之学"。若宋人死心塌地要说"道学"，那就不是儒家圣学了。他的这个说法，若就"道学"二字的源头来说，当然是没有问题的，只是将从宋人程颢、程颐开始的新的名词与"道家之学"的老名词相混淆了。故而以此反对《道学传》，虽也有理，然并未能说服欲沿袭《宋史》而设置《道学传》的学者。

---

① 毛奇龄：《辨圣学非道学文》，《西河集》卷122，《景印文渊阁四库全书》第1321册，第321—322页。下同。

毛奇龄自己非常看重这一辩驳，在此文中便提及他与徐乾学的一次问答：

> 向在史馆，同馆张烈倡言阳明非道学，而予颇争之，谓道学异学，不宜有阳明，然阳明故儒也。时徐司寇闻予言，问道学是异学，何耶？予告之，徐大惊，急语其弟监修公暨史馆总裁，削《道学》名，敕《明史》不立《道学传》，只立《儒林传》，而以阳明隶《勋爵》，出《儒林》外。于是《道学》之名，则从此削去，为之一快。当是时，予辨阳明学，总裁启奏，赖皇上圣明，直谕守仁之学过高有之，未尝与圣学有异同也，于是众论始定。

若以毛奇龄的记载，则他与张烈的论辩，除了《折客辨学文》中提及的关于《王阳明传》的问题外，还有这篇《辨圣学非道学文》当中"道学为异学"这一点。徐乾学听说后，找毛奇龄再度询问；毛奇龄详告以故之后，徐乾学大惊，急忙告知其弟徐元文，让他削删了《道学传》，只立一个《儒林传》，王阳明则列入《勋爵传》。甚至毛奇龄辨明阳明学的主张，也是通过徐乾学而上奏至康熙帝，方才对王阳明有了定论。

若以本书的论述，则可知《明史·道学传》的废置以及王阳明的评定，本是多方力量作用的结果；毛奇龄自己这两篇鸿文的记载恐怕与史实不符，他对张烈的贬抑其实也有偏见的成分在。

朱彝尊（1629—1709），字锡鬯，号竹垞，浙江秀水（今嘉兴）人，明代大学士朱国祚曾孙。与张烈、毛奇龄一样，他在康熙十八年（1679）举博学鸿儒后，授翰林院检讨，并任《明史》纂修官。其实只有朱彝尊才是最早读到徐氏兄弟的《修史条议》初稿的人，因为他在该年五月《明史》馆开局之后，就参与了许多条议的起草。他曾有系列《史馆上总裁书》，在第五书之中说：

> 昨过高斋，值阁下他出，阍者延客坐，案有阁下手疏史目，盖体例初稿。取而诵之，有《儒林传》，又有《道学传》。阁下讲明正学，探洛、闽之渊源，

欲为道学立传，固宜。然彝尊窃以为不必也。[①]

当时朱彝尊经常出入徐元文府邸，看到书案上的条议初稿分《儒林传》与《道学传》二者，明白这是想要凸显程朱一派的"道学"，也即张大"洛、闽渊源"，然而他却以为不妥。他的观点是从经学的角度展开的：

> 传《儒林》者，自司马氏、班氏以来，史家循而不改，逮宋王偁撰《东都事略》，更名《儒学》，而以周、张、二程子入之。元修《宋史》，始以《儒林》《道学》析而为两，言经术者入之《儒林》，言性理者别之为《道学》，又以同乎洛、闽者进之《道学》，异者置之《儒林》。其意若以经术为粗，而性理为密，朱子为正学，而杨、陆为歧途，默寓轩轾进退予夺之权，比于《春秋》之义。然六经者，治世之大法，致君尧、舜之术，不外是焉。学者从而修明之，传心之要，会极之理，范围曲成之道，未尝不备。故《儒林》足以包《道学》，《道学》不可以统《儒林》。

史书之中有《儒林传》，这是从司马迁、班固以来通行的做法。宋代王偁改为《儒学》。元代修《宋史》，方才分为《儒林》与《道学》：讲经学的进入《儒林》，讲性理的进入《道学》；其学与程、朱相同的进入《道学》，相异的进入《儒林》。这样的划分，就有点将经学看作粗陋，而性理之学看作精密的嫌疑；还有程、朱一派为正学，杨简、陆九渊一派则为歧途，那么修史就带有了"进退予夺之权"，好比《春秋》大义。这其实正是徐氏兄弟本来的用意所在。然而朱彝尊则强调经学本身的重要性：六经是"治世之大法，致君尧、舜之术"，故而更为根本，是所有学者都应当修明的学问。所以他指出，"'儒林'足以包'道学'，'道学'不可以统'儒林'"。

---

① 朱彝尊：《史馆上总裁第五书》，《曝书亭集》卷32，《景印文渊阁四库全书》第1318册，第16—17页。下同。

朱彝尊接着又说：

> 夫多文之谓儒，特立之谓儒，以道得民之谓儒，区别古今之谓儒，通天地
> 人之谓儒，儒之为义大矣，非有逊让于道学也。且明之诸儒讲洛、闽之学者，
> 河东薛文清而外，寥寥数人。薛公立传，当在《宰辅》之列，今取余子标为
> 《道学》，上不足拟周、程、张、朱，下不敌《儒林》之盛，则莫若合而为一，
> 于篇中详叙源流所自，览者可以意得。此彝尊前书所云，体例不必沿袭也。狂
> 简之言，不知所裁，惟阁下审择之。

朱彝尊考据了"儒"的诸多定义，多文、特立、以道得民、区别古今、通天地人等
等，都可以说是"儒"，故不仅仅为"道学"，这是其一。其二则看明代诸儒，程朱
一派的嫡传似乎只有薛瑄，而薛瑄则应当列入《宰辅传》中，列入《道学传》既不
能与宋代的周敦颐、二程等人相比，也不能与其他列入《儒林传》中的人物相比。
因为这两点，朱彝尊认为不如将《儒林传》与《道学传》合二为一，只要在《儒林
传》之中将有明一代儒学的源流加以详细讲述，读此传的人能够一看就明白也就可
以了。

五、张烈与毛奇龄、汤斌之间的论辩

张烈在《明史》馆之中，应当属于活跃人物。据毛奇龄的记载，张烈与毛奇龄
以及汤斌三人之间曾有过一场围绕《明史》之王阳明传的论辩，其中涉及"知行合
一"与"格物"等问题，然毛的记载多有不实之处，故需要略作辨析。

毛奇龄在《折客辨学文》之中说：

> 往在史馆时，同官尤悔庵题得《王文成传》，总裁恶传中多讲学语，驳令

删去。同官张武承，遂希意极诋阳明。予曰："何言之？"曰："知行合一，圣人之学乎？"予曰："知行合一有二说，皆紫阳之言，然紫阳不自践其言，而文成践之。……此非阳明之言不合紫阳，紫阳之言不自合也。"武承大怒，诉之总裁。归即作讦阳明一书，将进之，乃连具三札：一曰孝宗非令主，二曰东林非君子，三曰阳明非道学。三札齐进，同馆官并起而哗之。会徐健庵庶子方入都，总裁咨之，健庵大惊曰："阳明已耳，孝宗、东林岂可令史馆是非颠倒至此？倘在明代，京朝内外共得以逐之矣。"总裁遽毁札而罢。其后武承不甘，复与汤潜庵侍读争辨格物，上书潜庵。潜庵但致书于予，竟不之答，而武承已死。[①]

当时的史馆总裁为徐元文，对尤侗（悔庵）所作的《王文成传》史稿不满意，因为其中收入了太多的讲学之语，故令其删改。按照毛奇龄的说法，此时的张烈便借故极意诋毁王阳明，于是他就站出来为王阳明辩护。张烈反对王学，特别针对"知行合一"，认为阳明学之"知行合一"与朱子不合，故而非圣人之学。于是毛奇龄便强调，"知行合一"有两种理解，且都出自朱子，但朱子并未将"知行合一"加以践行，故而这并不是王阳明与朱子不合，而是朱子本人言行之间有不合之处。于是张烈大怒，向史馆总裁申诉，又作了一本攻讦王阳明的书，也即《王学质疑》；还写了三通关于《明史》的书札，分别批评明孝宗、东林党人以及王阳明，特别是主张将王阳明排除在《道学传》之外。此时徐乾学得知之后大惊，认为张烈对明孝宗、东林党人的批评极不妥当，于是将张烈的书札销毁了。

若据现存的《王学质疑》所附录的《读史质疑》来看，当时张烈上陈《明史》馆的书札共有五通。其一论"孝宗"，张烈说："孝宗令主，众君子满朝，而灾异迭见，为阴胜之征，其故何也？曰：咎其在阉宦乎？"张烈其实并非说"孝宗非令主"，只是明孝宗对于阉宦太过宽容了。其二论正德朝李东阳对刘瑾的处置问题。其三论《明史·道学传》可以不立，其四论王阳明宜立何传，这两通书信详见上文论述。

---

① 毛奇龄：《折客辨学文》，《西河集》卷120，《景印文渊阁四库全书》第1321册，第305—308页。

其五也即所谓"东林非君子"，张烈说：

> 自学术不正，人心乖张，其号为君子者，喜事好争，不复知有恻怛平情之论，而所遇者，天下国家最难区处之事，安望其不至于决裂而糜烂也。……夫保护元子，不使君有废长立幼之失而已。不居其名，此忠臣之用心也。以保护元子为名，而必欲彰其君宫闱之私，使之父子、兄弟不能相保，伤人骨肉之恩，成己名利之计，此忮心所发耳，非忠臣所为也。况踵事深文，因之为门户，宁丧国而不悔为小人者，无足怪矣。不知当日之君子，诚何心也。①

此处论万历朝的"争国本"之事件，在张烈看来，正是因为阳明学的影响。"学术不正，人心乖张"，于是东林党人"号为君子"，但多有不能"恻怛平情之论"。作为忠臣，应当注意到君主的"骨肉之恩"，然而东林党人"必欲彰其君宫闱之私，使之父子、兄弟不能相保"，具体做法多有不妥；作为君子，应当"不居其名"，然而东林党人仍旧有"成己名利之计"。此外还涉及"踵事深文"以及门户之争等问题，故而说"东林非君子"，也有一定的道理。

陆陇其说：

> 末一篇，言万历间争国本、争挺击之事，谓当日诸君子，不免过于深文，无以处神宗，皆由学术之疏，此论亦甚正。又论国本，以委婉、密陈者为宜；论挺击，以风颠、蔽辜为深得国体，此则有说焉。读者不可以文害辞，先生之意，非谓主委婉、主风颠者，贤于深文诸君子也。天下固有议论非，而心术光明者；有议论是，而心术晻昧者。自学术既坏，一二正人君子，虽怀忠义之心，而议论偏拗，适为晻昧者藉口。②

---

① 张烈：《读史质疑五》，载《王学质疑》，《历代"朱陆异同"典籍萃编》第 3 册，第 473 页。
② 陆陇其：《读史质疑跋》，《三鱼堂文集》卷 4，《陆陇其全集》第 1 册，第 100 页。

陆陇其认为，张烈批评东林党人的"踵事深文"影响了明神宗的父子之情，这一点说得很对。至于张烈认为"争国本、争挺击"二事应当"委婉密陈"与"风颠蔽辜"，也即不可过于彰显君主"宫闱之私"，陆陇其认为主张"委婉"与"风颠"者并不见得比东林党人发议论更好，因为发议论的，有"心术光明"，也有"心术暗昧"，也就是说，采取何种做法的背后，还有人的心术问题必须注意。陆陇其也认为张烈对于东林党人的批评，虽有道理，然亦不够全面。

在毛奇龄看来，张烈与其论辩似乎处于下风，心有不甘，又与另一偏向王学的学者，即当时也在史馆任职的汤斌（潜庵）论辩"格物"，还曾有书信给汤斌。然后汤斌便写信给毛奇龄讲述此事。后来，汤斌还没来得及回复张烈，张烈便已经去世了。事实上，汤斌有《答张承武书》，只是并未详细讨论格物或朱王之辨的问题。书信之中说：

> 前在史馆，因施愚老疑"格物"二字，止见于《大学》，而"格"字古经书无训。穷至字者，历举诸说，而究归于朱子之说为正，未尝疑朱子之说为未尽也。先生坐稍远，想未听真耶。乃烦台札开示，敬谢敬谢。
>
> 弟虽无所知，生平服膺朱子最切。阳明之学当时争论已多，近日名公卿声明权力震天下，辟之不遗余力矣。先生以孔、孟自任，距邪卫道，以阳明为少正卯、杨墨，自无不可，弟愚陋无似，不能测阳明之藩篱，实未敢，亦未暇也。[1]

此处的叙述很明晰，论"格物"是施闰章（1618—1683，号愚山）发起的。当时汤斌也未对朱子之说提出怀疑，只说经书当中没有明确的训解。张烈因为坐得较远而误听了，于是写信谈了自己对于格物的认识。这么说来张烈并非因为朱王之争而故意刁难汤斌。汤斌也强调自己服膺于朱子，但对于此时张烈等人的争论，以及朝中公卿的辟王，并不感兴趣。在汤斌看来，张烈将王阳明比作少正卯或杨朱、墨子

---

① 汤斌:《答张承武书》,《汤子遗书续编》卷1,《汤斌集》,中州古籍出版社2002年，第726页。

"自无不可"。这样说其实也是一种委婉的批评，因为纯粹出于卫道，而非出于学术自身的认识。至于汤斌自己虽说是"愚陋"或"不能测阳明之藩篱"，但关键则是"未敢"与"未暇"："未敢"是因为对阳明也多有认同之处，"未暇"是因为其本人更看重践履，学术之异同则无暇顾及了。

关于张、汤之间的论辩，李光地的记载则说：

> 汤潜庵亦向姚江，张武承烈全在紫阳。张每于朝堂与汤辩，汤不甚与人争，但冷笑不然而已。一日，张在朝班向汤殷勤云："何许时不见？"汤曰："顷数日闭门格物。"哄然作笑，汤党大喜，以为妙语，至今笔之于书。[①]

李光地早年与汤斌思想接近，主张朱王调和，故而特意记载此"妙语"。在当时的李光地看来，汤斌与张烈，一向王学，一向朱学；而张烈经常与人争论，汤斌多半是"未敢漫然附和"，此处的答复则为嘲讽朱子学的格物之说了。当然，若以毛奇龄的记载，张烈当时在《明史》馆之中对王阳明的批评似乎有些过分，对《明史》的认识似乎也有点偏激，故而史馆中人大多不会认同。

六、《明史》之《儒林传序》与《王阳明传》之解读

关于《明史·道学传》的争论，最终的结果应当就是黄宗羲、汤斌等朱王调和派，张烈、陆陇其等尊朱辟王派，以及毛奇龄、朱彝尊等考据派等三派的观点达成一致，也就是说薛瑄、王阳明等作为名卿、勋臣单独列传，其他一切皆归于《儒林传》。然后又在《儒林传》的序言之中，对于有明一代的儒学，作了详细的评述：

---

① 李光地：《榕村续语录》卷9，《榕村全书》第7册，第200页。

> 粤自司马迁、班固创述《儒林》，著汉兴诸儒修明经艺之由，朝廷广厉学
> 官之路，与一代政治相表里。后史沿其体制，士之抱遗经以相授受者，虽无他
> 事业，率类次为篇。《宋史》判《道学》《儒林》为二，以明伊雒渊源，上承洙泗，
> 儒宗统绪，莫正于是。所关于世道人心者甚巨，是以载籍虽繁，莫可废也。①

在《明史》馆臣看来，司马迁、班固创立《儒林传》，主要是讲明诸儒的经学，而
当时朝廷设立学官，经学与政治也就互为表里了。后世史书也沿袭了这样的体制，
以表彰经学为主。到了《宋史》，则分了《道学》与《儒林》二传，主要是为了章
明伊洛渊源，也即认为周敦颐、二程以及朱子之学是孔、孟以来最为纯正的儒学。
这一区分关系到世道人心甚大，故而对于《宋史》而言，《道学传》不可废。

接下来两大段，是关于明代儒学的评价。先是讲了明代儒风的整体变迁：

> 明太祖起布衣，定天下，当干戈抢攘之时，所至征召耆儒，讲论道德，修
> 明治术，兴起教化，焕乎成一代之宏规。虽天亶英姿，而诸儒之功不为无助也。
> 制科取士，一以经义为先，网罗硕学。嗣世承平，文教特盛，大臣以文学登用
> 者，林立朝右。而英宗之世，河东薛瑄以醇儒预机政，虽弗究于用，其清修笃
> 学，海内宗焉。吴与弼以名儒被荐，天子修币聘之殊礼，前席延见，想望风采，
> 而誉隆于实，诟谇丛滋。自是积重甲科，儒风少替。白沙而后，旷典缺如。

馆臣们将明代的儒风分为三个阶段。其一即明初，明太祖之时"征召耆儒"，通过
"讲论道德，修明治术"来实现教化之兴起，完成一代之宏规，诸儒对于国家有助
力，开科取士"一以经义为先"，也能网罗硕学名儒，故"文教特盛"。换言之，程
朱之学作为官方思想带来了文教的兴盛。其二为明中叶，程朱之学已经出现一些问
题了。此处举了两个代表：一是薛瑄，号称"醇儒"，能够成为"预机政"的名臣，

---

① 《明史》卷 282《儒林一》，中华书局 1974 年，第 7221 页。下同。

且又能"清修笃学",于是成为明代诸儒之表率;另一是吴与弼,也是一代名儒,被荐举入朝,然而却有"誉隆于实"的诟病。这里其实隐含了对吴与弼之学带有心学倾向的一种批评,因为陈献章(白沙)正是出自吴与弼的崇仁之学。其三为明末,此处只用"积重甲科,儒风少替"来形容,确实自陈献章之后,少有礼聘名儒等旷典。朝廷只看重科举是一方面,儒风不行则是另一方面。究其言下之意,阳明学兴起之后的儒风与此前大不相同,当是将王阳明看作对明末儒风影响最大的人物。简言之,正是因为王阳明,馆臣们才会对明代中后期的儒学整体评价不高。

接下来的一大段更加具体地从宗朱、宗王两个方面来谈明代儒学,而其特别指向则是阳明学所带来的流弊:

> 原夫明初诸儒,皆朱子门人之支流余裔,师承有自,矩矱秩然。曹端、胡居仁笃践履、谨绳墨,守先儒之正传,无敢改错。学术之分,则自陈献章、王守仁始。宗献章者曰江门之学,孤行独诣,其传不远。宗守仁者曰姚江之学,别立宗旨,显与朱子背驰,门徒遍天下,流传逾百年,其教大行,其弊滋甚。嘉、隆而后,笃信程、朱,不迁异说者,无复几人矣。要之,有明诸儒,衍伊、雒之绪言,探性命之奥旨,锱铢或爽,遂启歧趋,袭谬承讹,指归弥远。至专门经训授受源流,则二百七十余年间,未闻以此名家者。经学非汉、唐之精专,性理袭宋、元之糟粕,论者谓科举盛而儒术微,殆其然乎。[1]

《明史》馆臣认为明初的诸儒,都是朱子门人的"支流馀裔",故而"师承有自,矩矱秩然";而其代表便是曹端、胡居仁,他们的学术谨守"先儒之正传,无敢改错"。明代学术分化,作为官学的程朱之学失去了士人的关注,也正是从陈献章、王阳明开始的。陈献章的江门之学传承得不太远;王阳明的姚江之学因为"别理宗旨",显然与朱子背道而驰,后来"门徒遍天下",百年之后流弊滋生。嘉靖、隆庆

---

[1] 《明史》卷 282《儒林一》,第 7222 页。

之后，真正笃信程朱之学而不受阳明学影响者"不复几人"。上述对明代宗朱、宗王两派的表述，基本是事实。接着又说，明代诸如传承宋代的伊洛之学，探求性命之奥旨，发生了偏差，以至于"袭谬承讹"，越走越远了。至于明代的经学，馆臣则认为二百七十年间没有出过以此名家的大儒。最后定论：经学未得汉唐的"精专"，理学仅得宋元的糟粕；究其原因则是"科举盛而儒术微"。这些评判恐怕并不符合明代儒学的实际。即便是明代的经学，其实也大有可观之处，当是清代经学发达的前奏；至于理学，则对明代最有创造力的阳明学的贬抑太过。

这篇序言的最后一段说：

> 今差别其人，准前史例，作《儒林传》。有事功可见，列于正传者，兹不复及。其先圣、先贤后裔，明代亟为表章，衍圣列爵上公，与国终始。其他簪缨逢掖，奕叶承恩，亦儒林盛事也。考其原始，别自为篇，附诸末简，以备一代之故云。

正是因为考虑到了明代儒学的实际状况，又以前代的史书为准，才只设立《儒林传》；而王阳明等人则因为"有事功可见"者列入"正传"，不在《儒林传》之中重复。然而此处所谓"差别其人"，差别对待有明一代的儒者，其实是将《儒林传》分为三部分：第一卷为程朱一系，也即薛瑄、胡居仁、曹端、吴与弼等人；第二卷为心学一系以及其他，主要包括陈献章、湛若水以及诸多的阳明后学；第三卷则为孔子后裔衍圣公以及其他先圣、先贤后裔，因为明代也"亟为表章"，便考辨其原始，附在《儒林传》之后了。所以说，《明史·儒林传》尊程朱而抑陆王的意图，还是非常明显地表现了出来。故其中虽不分"道学"与"儒林"，但实际上则是区分着的。无《道学传》之名而有《道学传》之实，加强了《明史·儒林传》的程朱

70

理学的道统地位。①

《明史·王阳明传》篇幅不可谓不多，然论及王阳明治学经历以及为学宗旨的却只有一小段：

> 守仁天姿异敏。年十七谒上饶娄谅，与论朱子格物大指。还家，日端坐，讲读五经，不苟言笑。游九华归，筑室阳明洞中。泛滥二氏学，数年无所得。谪龙场，穷荒无书，日绎旧闻。忽悟格物致知，当自求诸心，不当求诸事物，喟然曰："道在是矣。"遂笃信不疑。其为教，专以致良知为主。谓宋周、程二子后，惟象山陆氏简易直捷，有以接孟氏之传。而朱子《集注》《或问》之类，乃中年未定之说。学者翕然从之，世遂有"阳明学"云。②

若与《儒林传》中的人物相比，很明显收录的讲学语录极少，甚至可以说只是记录了王阳明治学如何从朱子学转而自得"致良知"之学，还说王阳明认同陆九渊"简易直捷"，传承孟子，以及认为《四书集注》与《四书或问》为朱子"中年未定之说"。也即对王阳明为学基本宗旨略有说明，至于他的具体的学术主张都没有展开说明。

接着还有较长的一段话，讲到了廷臣桂萼等人对王阳明的议论：

---

① 黄圣修认为，张廷玉纂修之后的《明史》回归了徐乾学《修史条议》之"理学四条"的原则，对《儒林传》所收各传作了大的调整：一是薛瑄回归《儒林传》，另一是原拟入《理学传》者都入《儒林传》卷一以示尊崇，而其他则入《儒林传》卷二、三。黄还认为，《明史》所遵循的原则就是陆陇其所说的"尊道学于儒林之上，所以定儒之宗，归道学于儒林之内，所以正儒之实"，首卷为尊则是尊道学于儒林之上，将全部儒者归于儒林，以示儒林不能自外于道学，似乎有推论过度之嫌。黄圣修：《一切总归儒林：〈明史·儒林传〉与清初学术研究》，第190—195、第313页。

② 《王守仁传》，《明史》卷195，第5168—5169页。下同。黄圣修将王鸿绪《明史稿》与张廷玉《明史》的两种王阳明传作了比较，认为王版收录了大量王阳明论学文字，张版则几乎全作删节，这也表明张廷玉纂修之后的《明史》回归了徐乾学《修史条议》，也即仅彰显王阳明的"勋臣"定位。黄圣修：《一切总归儒林：〈明史·儒林传〉与清初学术研究》，第245—251页。

　　萼等言："守仁事不师古，言不称师。欲立异以为高，则非朱熹格物致知之论；知众论之不予，则为朱熹晚年定论之书。号召门徒，互相倡和。才美者乐其任意，庸鄙者借其虚声。传习转讹，背谬弥甚。但讨捕剿贼，擒获叛藩，功有足录，宜免追夺伯爵以章大信，禁邪说以正人心。"帝乃下诏停世袭，恤典俱不行。

此处所引桂萼的长篇大论，其实都是在批评王阳明的"非朱熹格物致知之论"以及《朱子晚年定论》，称王门弟子多有"借其虚声"以及"转讹"与"背谬"者，一是批评王阳明的背离朱子，一是批评阳明后学的流弊滋生。此外还有对其事功的批评，以至于嘉靖帝下诏停了世袭。

下面讲述王阳明的从祀问题：

　　隆庆初，廷臣多颂其功。诏赠新建侯，谥文成。二年予世袭伯爵。既又有请以守仁与薛瑄、陈献章同从祀文庙者。帝独允礼臣议，以瑄配。及万历十二年，御史詹事讲申前请。大学士申时行等言："守仁言致知出《大学》，良知出《孟子》。陈献章主静，沿宋儒周敦颐、程颢。且孝友出处如献章，气节、文章、功业如守仁，不可谓禅，诚宜崇祀。"且言胡居仁纯心笃行，众论所归，亦宜并祀。帝皆从之。

隆庆初年，首次议论王阳明的从祀问题。当时从祀只准了薛瑄一位。到了万历年间，申时行等人经过努力，且主要肯定王阳明从《大学》与《孟子》而出，"气节、文章、功业"三方面都很难得，且并非禅学，方才使王阳明得以从祀。就整篇《王阳明传》来看，确实如徐氏兄弟等人的态度一样，王阳明入功勋系列，讲述的主要就是他的事功，故几乎不收论学语录；又将桂萼的批评、从祀的曲折加以讲述，正好说明阳明之学多有流弊，当时就多有争议了。

　　若是对照徐氏兄弟《修史条议》关于设立《理学传》的四条理由来看，则可以明白，虽然说《明史》最后还是采纳了众人的意见，废置了《道学传》，但是纂修《明史》时处置有明一代诸儒的核心思想依旧没有改变：《儒林传》分三卷，而其卷首仅为程朱一系的诸儒，卷二则为陆王一系以及其他，卷三为先圣、先贤后裔，尊朱的意图非常明显；《王阳明传》的撰写宗旨也沿袭了徐氏兄弟当初的主张，只肯定其功勋的一面，极少论及其儒学。故以徐氏兄弟为主导的馆臣，其学术思想的导向正是尊朱辟王。当然也有与《修史条议》不同的处置，比如顾宪成、高攀龙并非如薛瑄列入《儒林传》，而是如王阳明、刘宗周列入"勋臣"系列。又因为《儒林传》中多有阳明之后学，故在《儒林传序》之中对于王阳明及其后学加以贬抑，而一再强调诸如薛瑄、曹端、胡居仁等程朱一派的儒者"清修笃学""矩矱秩然"；还有就是认为明代儒学之源头为伊洛之学，故程朱之学非常稳固地作为官学的明前期还是"文教特盛"，自陈献章、王阳明之后，士人们渐渐背离了朱子之学，以至于流弊滋生。所以说，《明史·道学传》之争，虽然也经过了诸如黄宗羲等主张朱王调和的学者的辩驳，然而无法动摇其尊朱辟王的主导思想，这也可以说预示了整个清初儒学的发展特点。换言之，康熙朝纂修《明史》，与编纂《性理精义》等书一样，都是为了使程朱理学再度成为官方思想，故而必然主张尊朱辟王，必然会对王阳明作一定的肯定之后，对阳明学加以贬抑。

第二章　尊朱辟王的著述以及传播

康熙朝除了有在经筵日讲等活动之中大力弘扬程朱理学的理学名臣外，还有以熊赐履、李光地、张烈、陆陇其、张伯行等人为代表的官方学者，以张履祥、吕留良以及祝洤（1702—1759）等人为代表的浙西民间学者。他们都积极从事于尊朱辟王的著述及其刊刻。如张烈的《王学质疑》与陆陇其的《学术辨》《松阳讲义》，张伯行的《正谊堂全书》与吕留良的天盖楼版"程朱遗书"，还有各类书院的程朱理学讲会与出版活动等，共同推动了朱子学的广泛传播。

第一节　从熊赐履、李光地到张伯行

清初的官方学者之中，倡导尊朱辟王而著述颇丰的学者主要有熊赐履（字敬修，湖北孝感人）、李光地（字晋卿，号厚菴，福建安溪人）与陆陇其（字稼书，浙江平湖人）、张伯行（字孝先，河南仪封人）。

一、熊赐履与李光地

梁启超据全祖望《陈汝咸墓志》而认为孙承泽（号退谷，山东益都人）辟王：

"清初排陆王的人，他还是头一个领袖。"①然而，从学术史上看，真正对尊朱辟王产生重要影响的理学名臣还是熊赐履。熊赐履的代表作有《学统》五十六卷，在道统上将阳明列为杂统，几近全盘否定。此书有着明确的卫道、明统的意识。他在自序中说：

> 予不揣猥，起而任之，占毕钻研，罔间宵昼，务期要归于一是，爰断自洙泗，暨于有明。为之究其渊源，分其支派，审是非之介，别同异之端，位置论别，宁严毋滥，庶几吾道之正宗，斯文之真谛，开卷了然，洞若观火。计凡十阅寒暑，三易草稿而后成。②

熊赐履还著有《闲道录》，四库馆臣说此书"大旨以明善为宗，以主敬为要，力辟王守仁良知之学，以申朱子之说"③。此外，熊赐履还著有《下学堂札记》与《经义斋集》《澡修堂集》等，其中也不乏倡导尊朱辟王的论述。与熊赐履相似的则有魏裔介，著有辨正儒家道统的《圣学知统录》《圣学知统翼录》与《希贤录》等书，都在清初有着重要的学术影响。

　　李光地是清初理学家之中著述最为丰富的一位，有些已经是考据学的著述了。收录其著作最多、最全的辑本为《榕村全书》，包括了文集、别集、语录、续语录等几乎所有著述。其中与理学相关、倡导尊朱辟王的主要有《榕村语录》《榕村续语录》与《榕村四书说》，还有他编纂的《朱子礼纂》《二程子遗书纂》等书。至于《御纂朱子全书》《御纂性理精义》《御纂周易折中》等书，则是在康熙帝的授意之下，以朝廷的名义，由李光地独立或与熊赐履等人共同主持编纂的；虽然参与编纂者大部分都是李光地的门生、亲信，但不能完全代表李光地的思想。

---

① 梁启超：《中国近三百年学术史》第 9 章，《梁启超全集》第 12 集，第 403 页。
② 熊赐履：《学统序》，《学统》，凤凰出版社 2011 年，第 1 页。
③ 《子部儒家类存目三》，《四库全书总目》卷 97，《景印文渊阁四库全书》第 3 册，第 129 页。

二、陆陇其与张烈

陆陇其《学术辨》与张烈《王学质疑》则是康熙朝辟王学的代表作。

陆陇其，原名龙其，字稼书，谥清献，浙江平湖人，曾任嘉定知县、灵寿知县、四川道御史。他是清初的理学名臣，在康熙朝被称为"本朝理学儒臣第一"①，到了雍正朝又成为第一个从祀孔庙的本朝学者。作为一个中下层官员，之所以受到清廷的诸多礼遇，就是因为他在"卫道"上的突出贡献，特别是在尊朱辟王相关著作的刊行与传播方面。

陆陇其则是积极传播尊朱辟王思想的另一种代表性理学家。他不仅本人有多种相关著述，还刊刻了多种他人的著述，在当时学界有着广泛的影响。陆陇其本人撰有《学术辨》《松阳讲义》等著作。《学术辨》分上、中、下三篇，收录于《三鱼堂文集》之中：上篇辨析王学与程朱儒学的异同，并指出调和朱王的学者也提出了批评；中篇批判王学"以禅之实而托于儒"及其危害；下篇辨析阳明其人与其学之关系。《松阳讲义》则是陆陇其四书学的代表作，其中除了对四书的诠释之外，学术主旨之一即尊朱辟王，在对程朱之学加以发挥之外，还结合相关问题对阳明学的流弊作了批判。陆陇其的著述在当时影响颇广，甚至在他去世多年之后依旧有较大影响，比如彭定求（1645—1719，字勤止，江苏长洲人）的《姚江释毁录》就说"当湖陆侍御以清德名儒，著书讲学，天下宗之"，然而彭定求本人主张朱、王二系"互相唱提"，故读《三鱼堂文集》而"不觉恫心骇目"，特撰此书而为王学辩护。②

陆陇其在自己著述之余，还修订了明代的陈建（字廷肇，号清澜，广东东莞人）的《学蔀通辨》，并与张烈的《王学质疑》一起刊行。陈建《学蔀通辨》将佛学、陆学、王学作为学之三蔀，以程朱理学的立场进行辩驳，其中特别针对王学流

---

① 吴光酉、郭麟、周梁：《陆陇其年谱》，中华书局1993年，第1页。

② 彭定求：《姚江释毁录》，《历代"朱陆异同"文类汇编》第4册，第305页。

弊。张履祥以及他的反王学友人如吕留良等都很欣赏此书。张履祥在与友人书信里说:"《学蔀通辨》笔舌不得和平，是诚有之。但方此人心胥溺，虽以大声疾呼犹苦聋聩，不直则道不见，彼虽动于意气，在我则视为十朋之锡可耳。"① 他认为此书是"救时之书也，亦放龙蛇、驱虎豹之意"②。陆陇其也说:"陆王之学，不必多辨，已有《学蔀通辨》在也。"③ 有了这书，他就不必再对陆王之学多加辨析了。他还亲自进行校订并加以刊行:"是书有明东莞陈清澜氏所作，以崇正斥异端者也。先生重加较订。"④

　　从陆陇其的年谱及其文集、日记来看，他晚年在刊刻了《学蔀通辨》《王学质疑》等著作之后，经常将书赠送学者，特别是较倾向于王学的学者。比如康熙二十六年（1687），陆陇其在拜会孙奇逢之弟子魏一鳌（1613—1692，莲陆）之时，就当面赠送了《王学质疑》，并且自称此行动为"惜其质美，欲砭其学术之偏"。⑤除了当面拜会时的赠送外，他还不失时机地通过书信往还寄送两书，故而在《三鱼堂文集》之中保存着多通"强行"赠书的书信记载，如《答秦定叟书》《答山西范彪西进士书》《答柏乡魏荔彤书》，为分别赠书给秦云爽（生卒年不详，字开地，号定叟，浙江钱塘人）、范鄗鼎（1626—1705，字彪西，山西洪洞人）以及魏裔介之子魏荔彤（1670—? ，字念庭，柏乡人）的书信记录。陆陇其甚至在去世之前两天，仍然不忘尊朱辟王相关著作之刊行。他与门人赵凤翔说:"《性理大中》卷末，将阳明议论逐段批驳却好。将来要将此卷另刻，名曰《王学考》与《王学质疑》并行。"⑥应㧑谦所著的《性理大中》末尾部分，对王阳明的话有逐段的批驳，陆陇其认为非常难得，故而想要重新编辑为《王学考》并与《王学质疑》一同刊行。然此事未及完成。现其文集中存有为此书所作的序。

---

① 张履祥:《答徐敬可二十六》，《杨园先生全集》卷 8，中华书局 2002 年，第 236 页。
② 张履祥:《备忘二》，《杨园先生全集》卷 40，第 1094 页。
③ 吴光酉、郭麟、周梁:《陆陇其年谱》，第 190 页。
④ 吴光酉、郭麟、周梁:《陆陇其年谱》，第 73 页。
⑤ 吴光酉、郭麟、周梁:《陆陇其年谱》，第 143 页。
⑥ 吴光酉、郭麟、周梁:《陆陇其年谱》，第 191 页。

张烈，字武承，一字庄持，大兴人，康熙庚戌进士，授内阁中书；己未，召试博学鸿词，改授翰林院编修，与修明史。

张烈的代表作《王学质疑》撰稿于康熙二十年（1681），定稿于康熙二十二年（1683）四月。在此书中，张烈对王学进行了较为系统的批判："按《传习录》中条举大要而详绎之，用存所疑，以待正于君子。"①《王学质疑》主要有五卷：前三卷辨析"心即理也""致知格物""知行合一"；卷四"杂论"，包括张烈自己的《与人论学书》以及对王阳明《答陆原静书》《答罗整庵少宰书》之中相关言论的辨析；卷五"总论"。附录之中还有《朱陆同异论》与《读史质疑》，其中《读史质疑》之三、四篇专门讨论《明史·道学传》之不可立等问题。

《王学质疑》中所论也与陆陇其较为接近。如张烈认为王学泛滥之后，"若以是鄙弃一切，长傲恣胸，决堤防，破崖岸，蹈擎拳竖拂，呵祖骂佛之余智，则圣门之罪人也"②。他也认为必须尊朱辟王，重新建立礼教的"堤防""崖岸"。他说："若朱子之言，如食可致饱，衣可御寒，宫室之蔽风雨，药饵之疗疾病，皆实用也。"③

康熙二十二年八月，张烈曾向陆陇其请教。《陆稼书先生年谱》记载："先生庚戌同年友，深以阳明之学为非。谓在嘉、隆之际，其弊犹未见，而辟之也难；在今日其弊已著，而辟之也易。因出《王学质疑》《史学质疑》等书请正。先生俱许可，并为《王学质疑》作序授梓，以嘉惠后学。"④康熙二十二年八月，张烈约会陆陇其，出示《王学质疑》等书。康熙二十四年（1685），张烈去世；第二年，陆陇其将此书刊行。陆陇其在为此书所作的序中说：

> 张武承先生示余《王学质疑》一卷，其言良知之害，至明至悉，特不尽扫龙溪、海门之毒，而凡梁溪之所含糊未决者，一旦如拨云雾、见白日。盖自罗

---

① 张烈：《王学质疑·自序》，《王学质疑》，《历代"朱陆异同"典籍萃编》第 3 册，第 432 页。
② 张烈：《总论》，《王学质疑》，《历代"朱陆异同"典籍萃编》第 3 册，第 454—455 页。
③ 张烈：《自序》，《王学质疑》，《历代"朱陆异同"典籍萃编》第 3 册，第 432 页。
④ 吴光酉、郭麟、周梁：《陆陇其年谱》，第 90 页。

整庵、陈清澜而后，未有言之深切著明如斯者也。[①]

陆陇其对此书评价很高，认为此书不但能够扫尽王畿、周汝登之遗毒，而且辨明了高攀龙"含糊未决"的那些讲法，故而是罗钦顺《困知记》、陈建《学蔀通辨》以来最为"深切著明"的著作。

陆陇其后来在与其他学者交往时，也常常推荐《王学质疑》。比如《陆稼书先生年谱》中提到了他给范彪西的回信："嘉靖中广东陈清澜先生有《学蔀通辨》一书，备言其弊，不识先生曾见之否？近有舍亲刊其书，谨以呈览。又有大兴张武承著《王学质疑》一编，言阳明病痛，亦甚深切著明。仆新为刊之，今并附呈。"[②] 可见陆陇其经常在与友人论学之时，向他们介绍、赠送《学蔀通辨》《王学质疑》等书。正是由于陆陇其对尊重辟王著述十分重视，通过他的努力，多种辟王之书都得到了广泛的传播。

到了康熙后期，张伯行又将《王学质疑》一书与陆陇其的著作一起收入了《正谊堂丛书》。正是因为陆陇其、张伯行一前一后的推广，张烈的《王学质疑》才能影响渐广。

张伯行对《王学质疑》的评价也相当高。张伯行并没有见过张烈，他是通过阅读陆陇其的著作了解到张烈及其《王学质疑》的。张伯行于康熙二十四年（1685）中进士，不久后丁父忧返乡。康熙四十五年（1706）任江苏按察使，此时方才有机会托人前往陆陇其的老家平湖，从其后人那里得到《读礼志疑》《读朱随笔》《问学录》《松阳钞存》以及《三鱼堂文集》等著作，同时得到了陆陇其刊行的张烈的《王学质疑》。后来张伯行在福建巡抚任上，建了鳌峰书院，又刊刻了《正谊堂丛书》，其中就包括上述陆陇其与张烈的书。

张伯行在《王学质疑序》中说：

---

① 陆陇其：《王学质疑序》，《三鱼堂文集》卷8，《陆陇其全集》第2册，第255页。
② 吴光酉、郭麟、周梁：《陆陇其年谱》，第161页。

> 武承张先生品行卓然，不随流俗，初出入于王学者有年，既而翻然自悔，洞彻底里，著为《质疑》一书以问世，盖真能勇于抉择者。余一再披阅，不禁喟然叹曰：何其忧道之深、觉世之切也。①

可见其对于张烈的品行，特别是他在朱、王二学之间的"勇于抉择"，评价极高。所谓"忧道之深、觉世之切"，确实可以看作张烈晚年学术的旨归之所在。

到了后来的《清儒学案》中，张伯行对张烈的评价也极高：

> 清初诸儒，惩明儒末流之弊，亭林、梓亭、杨园、三鱼皆尊朱抑王，蔚为大宗，而攻阳明最烈者，孜堂也。陆清献引为同志，表章其书，张清恪、唐确慎皆力守其说。②

尊朱辟王，顾炎武（亭林）与陆世仪（梓亭）也有之，张履祥（杨园）与陆陇其（三鱼）则表现更为突出，并已将此思潮拓展而"蔚为大宗"。然而，他们都不如张烈（孜堂）攻击激烈，陆陇其将其"引为同志"。然后就是张伯行以及晚清的唐鉴（1778—1861，确慎）守护陆陇其、张烈等人的学说，维护程朱理学的地位了。

至于张烈的朱陆异同论，观点比大多朱子学者更为严苛、犀利。他强调王学即陆学，以王学面目出现的陆学在明中叶后大行天下，创立新说、变乱儒学，从而败坏名教、风俗以至于明亡，所以清初之际最为重要的事情就是辨正学术，即严辟王学而独尊朱学。故而朱学一系的学者对《王学质疑》评价极高。陆陇其对此书进行初刻，后来张伯行又将此书编入《正谊堂丛书》，从而使其影响更广，成为尊朱辟王的范本；这对于朱子之学在康熙朝独尊地位的取得，也有着重要的推动作用。应该说，《王学质疑》一书在清初学术史上较有典型意义，一方面使得程朱、陆王二

---

① 张伯行：《王学质疑序》，《王学质疑》，《历代"朱陆异同"典籍萃编》第3册，第428页。
② 徐世昌：《孜堂学案》，《清儒学案》卷23，中华书局2008年，第881页。

系学术异同之辨析更为深化、细化，有助于理学问题的探究；另一方面，特别是在由王返朱的学风转换之中，该书所发挥的重要作用与所占有的特殊地位，都是值得加以重视的。

三、张伯行与《正谊堂全书》

张伯行是康熙朝后期积极推动尊朱辟王思潮的重要理学家。钱穆先生说："稼书同时稍后，有仪封张伯行孝先，亦循吏著政声，刻《正谊堂全书》，有功正学，亦得从祀圣庙。然刻程、朱书为之流传，亦吕晚村先为之。朝廷之意，从我者乃正学，背我者即大逆，而特以朱子为之幌。是则正学之兴，未必稼书之功；其衰，亦未必稼书之罪也。"① 清初程朱理学著述较大规模的刊刻，主要有吕留良的天盖楼版"程朱遗书"系列，可以说是发其先声；其后则有张伯行的《正谊堂全书》，规模更大，体系更完备。吕留良的刊刻，到了雍正朝因为文字狱案而影响式微。吕氏本在弘扬朱子，却因其夷夏之防而被清廷记仇，其弘扬朱子之功也被遗忘了。关于吕留良详见下文分述。

张伯行的刻书活动在清初的官方理学家之中最具代表性。据杭世骏《道古堂集·张尚书传》，张伯行一生著书、辑书共计一百余种。以其所辑书为主、间杂其本人若干著述汇编而成的《正谊堂全书》，可以说是宋明理学总结性的丛书。此后的学者若想要研习程朱理学，此丛书也就成了必由之径。张伯行校刊完成的《正谊堂全书》共计五十五种，分为立德部、立功部、立言部、气节部、名儒粹言、名儒文集六类。到了同治五年（1866），左宗棠到福建，设立正谊堂书局，搜罗到张伯行所刊的书共四十九种，再加上张伯行著述共十四种，共计六十三种，重新合刊为

---

① 钱穆：《中国近三百年学术史》第七章，第293页。

《正谊堂全书》。① 《正谊堂全书》总目如下：

甲、立德部

《周濂溪集》十三卷，宋·周敦颐撰

《二程文集》十二卷，宋·程颢、程颐撰

《张横渠集》十二卷，宋·张载撰

《朱子文集》十八卷，宋·朱熹撰

《杨龟山集》六卷，宋·杨时撰

《尹和靖集》一卷，宋·尹焞撰

《罗豫章集》十卷，宋·罗从彦撰

《李延平集》四卷，宋·李侗撰

《张南轩集》七卷，宋·张栻撰

《黄勉斋集》八卷，宋·黄干撰

《陈克斋集》五卷，宋·陈文蔚撰

《许鲁斋集》六卷，元·许衡撰

《薛敬轩集》十卷，明·薛瑄撰

《胡敬斋集》三卷，明·胡居仁撰

乙、立功部

《诸葛武侯文集》四卷，蜀·诸葛亮撰

《陆宣公集》四卷，唐·陆贽撰

《韩魏公集》二十卷，宋·韩琦撰

《司马温公集》十四卷，宋·司马光撰

丙、气节部

《文山集》二卷，宋·文天祥撰

---

① 此丛书中各书的刊刻情况，杨菁曾作过梳理，多有参考。杨菁：《清初理学理想研究》，台湾里仁书局 2008
年，第 401—403 页。

《谢叠山集》二卷，宋·谢枋得撰

《方正学集》七卷，明·方孝孺撰

《杨椒山集》二卷，明·杨继盛撰

丁、名儒粹言

《二程粹言》二卷，宋·杨时编

《伊洛渊源录》十四卷，宋·朱熹撰

《上蔡语录》三卷，宋·谢良佐述、宋·鲁𫍢录、宋·胡安国录、宋·朱熹删定

《程氏家塾读书分年日程》三卷，元·程端礼撰

《朱子学的》二卷，明·丘浚编

《学蔀通辨》十二卷，明·陈建撰

《读书录》八卷，明·薛瑄撰

《居业录》八卷，明·胡居仁撰

《道南源委》六卷，明·朱衡撰

《困知记》四卷，明·罗钦顺撰

《思辨录辑要》二十二卷，清·陆世仪撰

《王学质疑》六卷《附录》一卷，清·张烈撰

《读礼志疑》六卷，清·陆陇其撰

《读朱随笔》四卷，清·陆陇其撰

《问学录》四卷，清·陆陇其撰

《松阳钞存》一卷，清·陆陇其撰

戊、名儒文集

《石守道先生集》二卷，宋·石介撰

《高东溪先生集》二卷，宋·高登撰

《真西山先生集》八卷，宋·真德秀撰

《熊勿轩先生文集》六卷，宋·熊禾撰

《闻过斋集》四卷，元·吴海撰

《魏庄渠先生集》二卷，明·魏校撰

《罗整庵先生存稿》二卷，明·罗钦顺撰

《陈剩夫集》四卷，明·陈真晟撰

《张阳和文选》三卷，明·张元忭撰

《汤潜庵先生集》二卷，清·汤斌撰

《陆稼书先生集》二卷，清·陆陇其撰

己、张伯行辑、著

《道统录》二卷《附录》三卷，清·张伯行撰

《二程语录》十八卷，清·张伯行订

《朱子语类辑略》八卷，清·张伯行撰

《濂洛关闽书》十九卷，清·张伯行集解

《近思录》十四卷，清·张伯行撰

《广近思录》十四卷，清·张伯行撰

《困学录集粹》八卷，清·张伯行撰

《小学集解》六卷，清·张伯行撰

《濂洛风雅》九卷，清·张伯行编

《学规类编》二十七卷，清·张伯行撰

《养正类编》十三卷，清·张伯行撰

《居济一得》八卷，清·张伯行撰

《正谊堂文集》十二卷，清·张伯行撰

《正谊堂续集》八卷，清·张伯行撰

此外，该书目还缺立功部范仲淹的《范文正公文集》九卷、立言部的张伯行重订《唐宋八大家文钞》十九卷、气节部杨涟的《杨大洪先生文集》二卷，前二者列入采访书目，后者列入采访书存目。1968 年台湾艺文印书馆影印的《正谊堂全书》，除了补齐上述三书外，还收录了张伯行集解的《续近思录》十四卷与海瑞的《海刚

峰先生集》二卷。

　　张伯行除了选编、增订前人著述，还亲自购买、查访各种著述。比如他非常钦慕陆陇其，认为其是"程朱嫡派"，因此就在过嘉兴之时，"乃托别驾项君至其家求遗书"，最后获得了《读礼志疑》《读朱随笔》《问学录》等书。后来，陆陇其的著述有多种都被编入《正谊堂全书》。①

　　就《正谊堂全书》编纂方式来看，张伯行及其同人对所搜罗的书籍进行了一番简择、编排、集解、裁汰、删改。编订之书，题"仪封张伯行孝先甫编辑""仪封张伯行孝先甫订""仪封张伯行孝先甫重订"等②，其中选刻，如《黄勉斋集》，则在序言中加以说明："先生文集凡若干卷，余选而刻之，其义理精微，文章宏达，与文公气象不异。"③集纂之书，取多书中篇章合成一书，如《学规类编》《养正类编》，题"仪封张伯行孝先纂"。此外，如《道统录》一书，原为山西潞县人仇君熙所撰，张伯行对此书作了大量的增订，则题"仪封张伯行孝先甫著"。

　　值得注意的是，张伯行还对某些书籍进行了删订，如胡居仁的《居业录》："吾因梓是书，略为删订，以先生为明儒之最醇"④；罗钦顺的《困知记》原书六卷，张伯行"删其重复，择其精纯"⑤，编为四卷；陆陇其的《问学录》也有所删订，张伯行说："使天下知先生之书，实与考亭相表里，而于卷中特删去其辨难牵引之太繁者，如伊川先生置之不问之意，盖正学既明异端自息，初不必切然与较。而且聪明未一、识见未定之士，亦不至使是非邪正交杂于目前也。"⑥张伯行的这种删订，自然是出于理学传播的需要，是理学家编书的典型。但这种编刊方式后来受到了考

①　张师栻、张师载：《张清恪公年谱》，《北京图书馆藏年谱珍本丛刊》第 86 册，北京图书馆出版社 1999 年，第 531 页。
②　以上分别见《周濂溪集》第三卷卷首、《方正学集》及《学蔀通辨》各册首卷卷首，清同治五至九年福州正谊书局刊本。
③　张伯行：《黄勉斋集原序》，《正谊堂全书》，清同治五至九年福州正谊书局刊本。
④　张伯行：《居业录原序》，《正谊堂全书》，清同治五至九年福州正谊书局刊本。
⑤　张伯行：《困知记原序》，《正谊堂全书》，清同治五至九年福州正谊书局刊本。
⑥　张伯行：《问学录原序》，《正谊堂全书》，清同治五至九年福州正谊书局刊本。

据学家们的批评。比如关于陆陇其的《松阳钞存》，四库馆臣就说："仪封张伯行尝为刊板，删其与《问学录》重复者，仅存二十八条，殊失陇其之意，……陇其孙申宪《跋》亦谓伯行刻陇其遗书四种，惟《读礼识疑》《读朱随笔》为足本，此书及《问学录》均删节失真。"① 所谓汉、宋两种学风于此可见其差异，然应当注意的还是差异背后的目的。

张伯行编刊《正谊堂全书》的目的，与御纂《朱子全书》《性理精义》显然是合拍的，属于官方推尊程朱理学的一种手段，然而又有较强的学者自主性。此丛书有意重建程朱的道统，与其编撰《道统录》用意也是一样的。丛书所收的理学著作，从周敦颐、二程、张载、朱熹到薛瑄、胡居仁，都属于程朱一系，陆九渊、王阳明及其后学的著作一概不录；还收录了反映程朱理学的道统史的著作，如朱熹的《伊洛渊源录》、朱衡的《道南源委》与张伯行的《道统录》《濂洛关闽书》《广近思录》等等；又收录了辟王的代表作陈建的《学蔀通辨》、张烈的《王学质疑》以及陆陇其的著作。如果将《正谊堂全书》的选目与《宋元学案》《明儒学案》相比，其中程朱的门户意识还是非常明显的，此丛书的刊行对由王返朱转型的推动作用也不言而喻。

当然，此丛书还有另外一些特点，比如对于下学工夫特别重视，收录了《小学集解》《小学衍义》《养正类编》《养正先贤》《训蒙诗选》等蒙养类书，指导学者从洒扫应对等儒家基本礼仪做起，以求笃实地下学而上达；进一步，与此密切相关的，则收录了一些学规、家规类的书，如《学规类编》《学规衍义》《程氏家塾分年日程原本》《家规类编》《闺中宝鉴》等；也收录了大量理学的入门读物，如《近思录集解》《续近思录》《广近思录》《性理正宗》等。这些选题宽广、内容浅近而又实用的书籍的收录，自然也是以有效地传播程朱理学为目的。而且与御纂系列相比，《正谊堂全书》更贴近普通士人的生活实际，确实可以借此而循序渐进地提升理学的修养。诚如有些学者所指出的，《正谊堂全书》从价值理想取向、日常行为规范、文

---

① 《子部儒家类四》，《四库全书总目》卷94，《景印文渊阁四库全书》第3册，第71页。

化精神追求、家庭生活教育以及修辞表达，为整个文化秩序提供了更为有章可循的规范。①

第二节 从张履祥、吕留良到祝洤

清初民间的理学活动虽然多，然而明确提出尊朱辟王且对由王返朱转型有所推动的，还是以当时浙西的学者群体为代表。

清代中前叶的浙西一带，出现了一批传承有序的朱子学者。他们为了拯救风俗人心，起来尊朱而辟王，使盛行已逾百年、弊端丛生的阳明心学逐渐淡出士人的视野，朱子理学得以复兴。张履祥（字考夫，号念芝，学者称杨园先生，浙江桐乡人）作为"清儒中辟王学的第一个人"②，成为尊朱辟王思潮发展的关键人物。张履祥的影响可以归纳为两条线索：其一，通过友人吕留良（字庄生，又名光轮，字用晦，号晚村，别号耻斋老人、南阳布衣，暮年为僧，名耐可，字不昧，号何求老人，浙江石门③人）而影响了陆陇其等人，从而促进了康熙朝朱子学在官方的推行；其二，还是通过吕留良，以及吕留良的长子吕葆中（？—1707，初名公忠，字无党）与弟子柯崇朴（生卒年不详，字敬一，号寓匏，浙江嘉善人）、严鸿逵（生卒年不详，号寒村，浙江吴兴人）、车鼎丰（？—1733，一名道南，字迈上，号双亭，江苏上元人），外加私淑张履祥的祝洤（字人斋，初名游龙，字贻孙，浙江海宁人）等人，选编、刊行朱子学以及张履祥等朱子后学的著述，极大地推动了朱子学的重新诠释

---

① 王胜军：《清初庙堂理学研究》第三章第四节，岳麓书社 2015 年，第 219 页。

② 梁启超：《中国近三百年学术史》第 9 章，《梁启超全集》第 12 集，第 398 页。

③ 今属浙江桐乡。吕留良出生时，石门县还叫崇德县，清康熙元年（1662）改崇德县为石门县，崇德一带还有地名语水、语溪等。吕留良在石门县南阳村讲习理学的地方叫作东庄。清代后期为避免文字狱，传抄、刊刻张履祥、陆陇其等人著作，提到吕留良之处不敢用姓名字号，而用"石门""语水"或"东庄"。

以及朱子学在民间的传播。这第二条线索，学界尚未见关注，然而其影响面广、影响时间长，还具有朱子后学与朱子本人并重、《近思录》范式传承、以道德践履为旨归、以尊朱辟王为标识等四大特点，因此很有必要对其作细致的考察，从而更为全面地了解清代前期朱子学诠释系统的整体面貌。

一、张履祥与吕留良

张履祥与吕留良是重要的学术伙伴，他们二人一唱一和，对于朱子学在清初的传播有着极大的推动作用。

吕留良是张履祥晚年最重要的友人，他们二人的正式交往开始于康熙三年（1664）。那年冬，吕留良聘请张履祥到他家处馆，被辞却。第二年，吕留良又一再托张履祥的好友朱韫斯传递聘请之意，又被张履祥辞却。康熙六年（1667），吕留良就不别请塾师，虚席以待。这一年，张履祥与吕留良有书信往来，其中说："窃意令子春秋方盛，正宜强学励志，以规无疆之业，万不当以弟之故，久虚师席也。"[1]劝吕留良不要因为自己而耽误了子弟的读书。康熙八年（1669），张履祥才正式到吕留良家处馆。苏惇元（1801—1857）《杨园先生年谱》说："馆主人请自甲辰之冬，屡请屡辞，主人虚席待二年，今始就焉。"[2]张履祥本人在与友人书信中说：

> 吕氏之招，自甲辰冬已有此意，弟辞之。次年，韫斯又为我辞之。去冬，势若难已，又力辞之。今竟不别延师，虚其席以待，意亦勤矣，故不自揣量，欲一往以慰之，非有去静就喧之心也。[3]

---

[1]　张履祥：《与吕用晦一》，《杨园先生全集》卷7，第194页。
[2]　苏惇元：《张杨园先生年谱》，《杨园先生全集》附录，第1511页。
[3]　张履祥：《答徐敬可三十》，《杨园先生全集》卷8，第239页。

从吕留良聘请张履祥的一番盛情，可见他对于张履祥的敬重。这一敬重，在吕留良《与张考夫书》中也有表达：

> 今读手札所教，正学渊源，漆灯如炬，又自喜瓦声叶响，上应黄钟，志趣益坚，已荷鞭策不小矣。昔声始谓目中于此事躬行实得，只老兄一人，于时已知向往。……平生言距阳明，却正坐阳明之病，以是急欲求轩岐医治耳。……今承教，未可恝然，度贤者于去就之义，审之必精，不敢强也，亦惟洁己以待将来而已。①

吕留良对张履祥的向往，受到了他的姐夫朱洪彝（生卒年不详，字声始）的影响。朱洪彝与张履祥一样从事程朱之学，非程朱之书不读，对吕留良从事于程朱之学有一定影响。吕留良为了进一步医治"阳明之病"并深入钻研程朱之学，力请于程朱之学有"躬行实得"的张履祥到家中处馆。康熙八年（1669），张履祥开始在语水吕留良家处馆，一边教授吕留良的儿子与侄子等人，一边与吕留良相与论学。康熙十年（1671），何汝霖（1618—1689，字商隐，浙江海盐人）与吕留良商量："以先生年老，不应复有课诵之劳，宜以余年优游书籍，乃各具修俸，为先生家用。请先生往来语水、半逻间，相与讲论，住留任便焉。"②接下来的四年，由何、吕两家供给家用，张履祥就在两家之间走动，其中大多时间还是在吕家讲论理学。一直到康熙十三年（1674）七月二十三日，张履祥逝世前几天，他还在吕留良家，可见二人友谊之深笃，论学之投合。

张履祥与吕留良二人交往之后，进行了许多与朱子学相关的学术活动，除了参与何汝霖、王锡阐（1628—1682，字寅旭，号晓庵，江苏吴江人）、吴蕃昌（1622—1656，字仲木，浙江海盐人）等浙西一带的朱子学者共同举行的讲会活动之外，主

---

① 吕留良：《与张考夫书》，《吕晚村先生文集》卷1，《吕留良全集》第1册，第2页。
② 苏惇元：《张杨园先生年谱》，载《杨园先生全集》附录，第1512页。

要就是选编、刊行朱子学相关的著述。具体则有三个方面：其一，著《先朝名臣言行录》与评《传习录》；其二，刊刻《二程遗书》《朱子遗书》等理学著述；其三，选编《朱子近思录》《四子近思录》。此外，有必要提及的就是吕留良所著的《四书讲义》，此书也主张尊朱辟王。

其一，吕留良与何汝霖一起请张履祥撰《先朝名臣言行录》、评《传习录》。朱子曾编撰有《名臣言行录》一书，吕、何二人请张履祥依照朱子所创体例，将明代名臣的言行编撰成书，也是为了接续朱子的事业。吕留良在书信中说："若《言行》《传习》二者，……以为与伊川'别事做不得，惟有辑书有补'之义相当，故同商隐兄举此奉商。"①吕留良、何汝霖二人希望张履祥晚年能够效仿程颐，编辑这两种书。为了敦教化、易风俗，康熙十一年（1672），吕留良请张履祥著《先朝名臣言行录》，不过这书最后还是没有编成。关于《名臣言行录》，张履祥认为：

> 至于春间所商名臣言行之录，辗转思之，有未易从事者。非特耳目所及百无一二。又自揣量非著作才，而三百年间纪载，大都失实，不可信于后世，国史、家乘一耳。②

陈世效在《近古录引》中也说："昔何商隐、吕用晦两先生，欲先生作《先朝名臣言行录》，先生难之，以史书之不足信也。"③张履祥最后没有作《先朝名臣言行录》，原因就是通行的史书多半不可信，而可信史料又一时难以寻觅。但是在这之前，张履祥已经辑成了《经正录》《言行见闻录》《近古录》等有类似作用的书，特别是《近古录》，与《先朝名臣言行录》意义更相近。张履祥辑《近古录》，所用《见闻纪训》《先进遗风》《见闻杂记》《厚语》等史料都来自张履祥近乡的先儒。选

---

① 吕留良：《复张考夫》，《吕晚村先生文集》卷1，《吕留良全集》第1册，第3—4页。
② 张履祥：《与吕用晦六》，《杨园先生全集》卷7，第198页。
③ 陈世效：《近古录引》，载《杨园先生全集》卷43，第1219页。

取"去古未远者"可信的材料，才能"抑使后人稽览，知畴昔之世，教化行而风气厚，其君子野人，各能砥砺整束，以章国家淳隆之治"。编辑《近古录》的目的也是在于人伦教化，从而实现家国风俗纯正。张履祥在编辑时将史料分为"立身""居家""居乡""居官"四类，将《大学》的"修身、齐家、治国、平天下"通过亲近、可信的史料，实现程朱之学的教化作用。

康熙十一年秋，张履祥在吕留良家评《传习录》。这件事最初是由何汝霖提出的。苏惇元《杨园先生年谱》说："先是馆半逻时，何商隐请先生评之，以维斯道，以觉来学，先生谢不敢任。今四月，商隐复请。……至是，馆主人复请，先生谢不敏，三请，乃允。"[1] 此处的"馆主人"即指吕留良。经过吕留良的再三敦促，张履祥才开始评《传习录》。

张履祥迟迟不动笔，不是不敢，而是不愿。他在与吕留良信中说：

> 初夏，承商兄委批《传习录》，此固商兄斯世斯民之心，切切于出焚援溺，故不择人而呼号以属之。窃意人心胥溺之久，有未可以笔舌争者。抑中间诐淫邪遁之病在在而是，本原已非，末流之失盖有辨之不胜辨者，故亦未之举笔。[2]

最初张履祥不愿动笔，主要就是因为当时士人陷于王学弊病久而且人数多。即使以程朱之正学来重新评点《传习录》，做一番笔舌之争也恐怕难以有什么成效，更何况其中弊病"辨不胜辨"。

吕留良在回信中就著《言行录》与评《传习录》的意义进行了阐明：

> 然今日有学识之君子，不就其所知见而折衷之，将来日更泯没，又何所依傍哉？事关学术人心，同志商榷，不期行世，似非知小谋大、妄希表见者比。

---

① 苏惇元：《张杨园先生年谱》，载《杨园先生全集》附录，第 1513 页。

② 张履祥：《与吕用晦六》，《杨园先生全集》卷 7，第 199 页。

至于徇外为人，亦各求其志之所在，义之所归，恐不得于燔书而废烹饪之用也。惟先生所谓心力可惜，韶光无几，当玩心于先代遗经，则此义更有大于斯者，然则先生即以尊经实学指教后生，亦不可谓非其义所出矣。①

张履祥接此信后，虽然没有著《言行录》，但开始评《传习录》。由于他对王学的厌恶，此事进行得也不顺利。张履祥说："此等文字，屏而绝之，不接耳目者二十余年。今不得已为一展卷，每阅及一二条，心绪辄复作恶，遂尔中止者数四。"②

关于张履祥评《传习录》的经过，陈梓（1683—1759）《张杨园先生小传》有详细的记载：

> 澂湖何商隐先生延之家塾，出《传习录》请评，以维斯道，以觉来学，先生不敢任也。既而馆语水，主人复以请，先生复固辞。既乃慨然谓"东南坛坫，西北干戈，其乱于世，无所上下。东林诸公，气节伟然，而学术未纯。神州陆沉，天地晦盲，生心害政，厥由《传习》"。于是毅然秉笔，条分缕析，洞揭其阳儒阴释之隐，以为炯鉴。盖自此书出，而《闲辟》《通辨》《困知》皆所谓"择焉而不精"者矣。③

张履祥深知《传习录》关系到学术纯正，辟王就必须从《传习录》开始。与明代程瞳（生卒年不详）《闲辟录》、陈建《学蔀通辨》、罗钦顺《困知录》这三部著名的尊朱辟王著作相比，陈梓认为张履祥评《传习录》辟王更精。可惜此书后来遗失，仅《杨园先生年谱》辑录其《总评》和《评晚年定论》二篇。《杨园先生全集》附录"未列年谱书目"中有《王学辨》一种，小注说："海昌范北溟鲲刻先生《全书》，

---

① 吕留良：《复张考夫》，《吕晚村先生文集》卷 1，《吕留良全集》第 1 册，第 5 页。
② 张履祥：《答张佩葱十九》，《杨园先生全集》卷 11，第 318 页。
③ 转引自卞僧慧：《吕留良年谱长编》，永历二十八年条，第 227 页。

取《传习录》评语汇为一卷，题为此名。"①至少《王学辨》一卷当时应该曾有流行。关于张履祥评《传习录》，桐城派学者方东树（1772—1851）说："自朱子而后，学术之差，启于阳明。而先生闲邪之功，其最切者，莫如辨阳明之失。惜所评《传习录》不见，然就其总评及集中所论，皆坚确明著，已足订阳明之歧误矣。"②可见张履祥评《传习录》，对于尊朱辟王意义重大。

其二，张履祥劝勉吕留良刊刻程朱遗书。晚明以来，士人只读陆王之书或袁黄《了凡四训》等书，程朱之书竟然难以寻觅。张履祥对此现象深表忧虑：

> 百余年来，承阳明气习，程朱之书不行于世，而王陆则家有其书，士人挟册，便已沦浃其耳目，师友之论，复锢其心思，遂以先入之言为主。虽使间读程朱，亦只本王陆之意指摘其短长而已。谁复能虚心笃志，求所为穷理以致其知，践履以敏其行者？此种习尚不能丕变，窃忧生心害事之祸，未有艾也。③

> 或问："程朱之书，何以今人读之者少？"曰："王守仁推倒于前，袁黄扫除于后，至于今日，书尚不易得见，何从而读？虽有其书，父兄师长先有指摘批驳之言，充塞子弟之心，又安能笃信深求，而得其旨趣哉？"④

张履祥尊朱辟王，吕留良同样有这样的思想，所以张履祥劝吕留良刊刻程朱遗书，吕留良很快就答应，并且努力实施。

《杨园先生年谱》提到："先生馆语水数年，劝友人、门人刻《二程遗书》《朱子遗书》《语类》及诸先儒书数十种，且同商略。迄今能得见诸书之全者，先生力也。"⑤吕留良所刻《朱子遗书》有《近思录》《延平答问》《杂学辨》《中庸辑略》

---

① 苏惇元：《张杨园先生年谱》，载《杨园先生全集》附录，第 1525 页。
② 方东树：《重编张杨园先生年谱序》，载《杨园先生全集》附录，第 1488 页。
③ 张履祥：《备忘三》，《杨园先生全集》卷 41，第 1143 页。
④ 张履祥：《愿学记三》，《杨园先生全集》卷 28，第 781 页。
⑤ 苏惇元：《张杨园先生年谱》，载《杨园先生全集》附录，1512 页。

《论孟或问》《伊洛渊源录》《谢上蔡语录》等。其中最受重视的是《近思录》。张履祥就曾对门人姚琏说起："吕先生所刻《遗书》四种，最救时急务，有益学者。而《近思录》，某谓治经之阶梯，尤不可不熟复深造也。"① 吕留良认为："救正之道，必从朱子；求朱子之学，必于《近思录》始。……凡朱子之书有大醇而无小疵，当笃信死守，而不可妄置疑凿于其间。"② 吕留良所刊刻的《近思录》有吕氏家塾读本与《朱子遗书》本（即御儿吕氏宝诰堂重刻白鹿洞原本）两种，前一种是清代最早刊刻的《近思录》原文。这两种后来成为清代最流行、最重要的原文本。③

其三，选编《朱子近思录》《四子近思录》。《朱子近思录》的计划首先也是由张履祥提出来的。这一想法，他对其弟子姚琏与吕留良等都曾说过。姚琏记载："某欲取《朱子文集》《语类》两书，选定编辑，录其最切要精粹者，为《朱子近思录》一编，自问精力日衰，不能及矣。有志者，异日此意而敬成之可也。"④ 又附记说："先生辛亥岁选《朱子文集》，至壬子七月，命琏钞出选目。癸丑岁选《朱子语类》，至甲寅夏毕，琏亦钞出选目藏之。"从康熙十一年（1672）到康熙十三年（1674），张履祥只编辑出部分选目，没有完成全书就去世了。张履祥去世之后，吕留良还在继续做《朱子近思录》一书的补编、辑录工作，不过到他去世，这项工作也还没有完成。

除选编《朱子近思录》之外，张履祥另外还打算从明代曹端、薛瑄、吴与弼、胡居仁的著作中选编《四子近思录》，最后也只完成薛瑄的《读书录》、胡居仁的《居业录》二书的选编。这些选目后来也没有保存下来。⑤

---

① 张履祥：《训门人语三》，《杨园先生全集》卷 54，第 1473 页。
② 吕留良：《与张考夫书》，《吕晚村先生文集》卷 1，《吕留良全集》第 1 册，第 1 页。
③ 程水龙：《理学在浙江的传播》，上海古籍出版社 2010 年，第 150 页。
④ 张履祥：《训门人语三》，《杨园先生全集》卷 54，第 1484 页。
⑤ 苏惇元：《张杨园先生年谱》，载《杨园先生全集》附录，第 1515—1516 页。

二、吕氏门人

张履祥发端、吕留良续补的《朱子近思录》，到了吕留良的长子吕葆中那里得到部分完成。此书之名在张、吕二人生前未定，如姚琏称《朱子近思录》，吕葆中则称《续录》。后来吕葆中将张、吕二人从《朱子语类》中选编的部分加以刊刻成书，书名改为《四书朱子语类摘钞》。吕葆中在《序》中说：

> 昔者先君子与杨园张先生欲续朱子《近思录》，谓诸书皆经朱子手定，唯《语类》一编出于门人所记录，其间或有初年未定之说，且条多繁复，虽同出一时之言，而记者之浅深工拙不无殊异，精别之为难，遂相约采辑之功当自《语类》始。甲寅之春，先生坐南阳村庄，既卒业，乃掩卷叹曰："不知天假我年，得再看一过否？"然是岁而先生殁矣。癸亥之夏，先君子自知病势日亟，皇皇然唯以《续录》未成为生平憾事，乃取张先生所定本，重加简阅，易箦前数日，是书犹在几案，竟绝笔于《论语·泰伯》之篇。然则《语类》一书，为先君子与张先生未竟之绪，而实其平生志念之所系焉者也。①

从此序可知，张履祥与吕留良之所以要选编此书，是因为《朱子语类》过于繁复、采辑不精。张履祥生前已经大致完成选编，吕留良去世之前又加以重新修订。以此处记载来看，他的修改并不多。

吕葆中接续张、吕二人的事业，除了完成《四书朱子语类摘钞》之外，还整理并刊刻张、吕二人的著述，以及继续刊刻朱子学相关的著述。吕留良的《晚村先生文集》等著述大多是吕葆中整理刊刻的，这些都不必细说，此处简单说明一下吕葆中传播张履祥著述的事情。康熙二十六年（1687）四月，陆陇其偶然见到张履祥的

---

① 吕葆中：《四书朱子语类摘钞序》，载卞僧慧《吕留良年谱长编》，第343—344页。

《备忘录》一册，认为"其笃实正大，足救俗学之弊"，然后立即写信给吕葆中，其中就说："惠教行略，讲义，喜尊公先生正学不坠，得箕裘而益振，……更有望者，张考夫先生遗书，未有刊本。表章之责，非高明而谁哉？"① 两年后，康熙二十八年（1689）三月，陆陇其与吕葆中见面，吕葆中就说起张履祥还有《家训》一书，并且还说："考夫为人，以谦让为主，于老生多推以为胜己，于后生多方鼓舞。然少分寸，老生少年，往往居之不疑，反成病痛。此先君所不以为然也。"② 这应该就是对陆陇其关心张履祥遗书的反应，所以才说到《家训》，即《训子语》一书。陆陇其当时能够读到张履祥的《备忘录》与《家训》等书，了解到张履祥的思想，应该都与吕葆中有关，并且他还希望吕家能够尽早刊刻张履祥的遗著。

吕葆中在吕留良生前就是吕家天盖楼刻书事业的主要经营者，吕留良去世之后仍然在经营天盖楼的事业。他继续刊刻的朱子学著述应该很多，主要就是依据张、吕二人生前所制订的规划。此处重点提一下《近思续录》一书的刊刻。南宋蔡模（1188—1246，字仲觉，学者称觉轩先生，蔡沈之长子）编辑的《近思续录》是朱子后学依据《近思录》的体例将朱子的著述加以选编的早期《近思录》的续编本之一。蔡模《近思续录》原本今已失传，目前在国内能见到最早的《近思续录》刻本，就是天盖楼刻本。此书卷首有清康熙二十八年（1689）吕留良的弟子柯崇朴所作《近思续录序》，其中说：

> 朱子生平诸经之传注，交友之书疏，同堂之讲论，至精至详，惜后世更无有如朱子者起而述之。故其广大闳博者，犹散漫无统，惟忠宪高景逸先生集为《朱子节要》，然其明或未足及之，故我师吕晚村先生谋更为纂辑，会疾革不就。呜呼，岂天之无意斯文耶？何后起者之不得与于斯文也！犹幸是编尚存，崇朴

---

① 吴光酉、郭麟、周梁：《陆陇其年谱》，第151页。
② 吴光酉、郭麟、周梁：《陆陇其年谱》，第165页。

获购而读之。①

当时流传较广的朱子《近思录》续编本为高攀龙（号梁溪，江苏无锡人）《朱子节要》，然其体量不足，吕留良与张履祥都不满意，所以二人才打算重新续编。这个续编工作尚未完成，柯崇朴发现了蔡模的这个续编本，于是在当时由吕葆中经营的天盖楼书局将其刊刻。此书刊刻之后，在当时流传甚广。

严鸿逵是吕留良最为著名的弟子。严鸿逵编撰《朱子文语纂编》，与张履祥、吕留良一样，从朱子《文集》《语类》之中选择语录，并按照《近思录》体例编辑为十四卷：道体、总论为学、致和、存养省察、克治力行、齐家、出处、治体、治法、临政处、教人之法、警戒、辨异端、总论圣贤及古今人物。此编后来由吕留良的另一弟子车鼎丰于康熙五十九年（1720）刊刻于南京。后来因为吕留良文字狱案，《钦定续通志》卷一百六十、《钦定续文献通考》卷一百七十三仅著录"《朱子文语纂编》十四卷"而不著编辑者名氏。《四库全书总目》中也说："前后亦无序跋。盖草创未完之本也。"②

现存康熙五十九年刊本的卷首，刻有康熙五十七年（1718）七月严鸿逵的序文，其中说：

> 昔先师吕子尝病蔡觉轩《近思续录》，失之太简，至如《学的》《节要》等书，非编类杂集而少当，则采择略而不精。因欲除凡朱子所已成书外，约取《文集》《语类》二书为《朱子近思录》。书未成而遽殁，学者至今以为恨。鸿逵不敏，读朱子书患弗能记，自岁甲申始合二书，掇其精要纂录成帙。凡以自备遗忘，为朝夕观览之便而已。③

① 柯忠朴：《近思续录序》，载蔡模《近思续录》卷首，华东师范大学出版社 2015 年，第 1 页。
② 《子部儒家存目一》，《四库全书总目》卷 95，《景印文渊阁四库全书》第 3 册，第 83 页。
③ 严鸿逵：《朱子文语纂编序》，载《朱子文语纂编》卷首，康熙五十九年刊本，第 2 页，清华大学图书馆藏。

与柯崇朴一样，严鸿逵也提及吕留良不满意蔡模的《近思续录》，认为"太简"，还有李光地《朱子学的》、高攀龙《朱子节要》两书也是"略而不精"。他也提及吕留良原本计划选取朱子《文集》《语类》二书而编成《朱子近思录》，但书未编成，吕留良就去世了。由此可见张履祥与吕留良未完成《近思录》的续编工作之遗恨，在吕门弟子之中影响甚大。严鸿逵选编《朱子文语纂编》也是为了接续张、吕二人的事业。序文接着说：

> 稿凡数易，阅十年，癸巳之秋甫就稿。楚邵车遇上自金陵来，见之，便携归誊写，且约将付诸梓。鸿逵窃惟朱子之书广大精深，岂末学小生之所能窥顾？此编纂集之时，恐微言或有遗漏，故前后参互，不厌详复。盖所谓宗朝之美，百官之富，庶几于此尽在。世有默契道要，由博反约者，则近思之续，故将可以不外是而他求矣。因更与遇上反复商订而出之，愿与世之善读朱子书者共质焉。

严鸿逵在康熙五十二年（1713）编就之后，就与吕留良的另一弟子车鼎丰"反复商订"，到了康熙五十九年才正式刊刻。

车鼎丰于康熙五十七年秋为此书写序，其中说：

> 自有明中叶以迷，俗学束阁不观，良知家横肆讥诋陵夷，至于末季，而紫阳流传版本亦俱渐就磨灭，晦盲否塞莫此为甚。晚村吕子出，痛圣学之将灭，悯人心之陷溺，购刊遗书，广播宇内。于时文评语中辄为之厘正是非，大声疾呼以震醒聋聩，而朱子之学始较然复明于世。晚将辑《朱子近思录》以便学者朝夕诵览，赍志未遂。而其门人寒村先生起而承之，反复于两书者，盖十有余年而编始成。不以余为不肖，俯就商订，而余亦因得与闻决择之旨。虽其取舍次第不知于吕子何如，在寒村亦并不敢袭"近思"之名，谓能成吕子之志。而要其于朱子所谓求端用力，处己治人，辨异端、观圣贤之大略，亦庶几涂径井

然，可以得其门而入，而不为他岐所惑矣。[①]

车鼎丰指出晚明以来，王阳明良知之学传布太广，朱子之书少见流行，吕留良刊刻了大量程朱之书，又以朱子之学来进行时文评点。从文化传播而言，吕留良的天盖楼刻书事业对于朱子学的传播确实起到了很大的作用。吕留良选辑《朱子近思录》未能完成，门人严鸿逵接续老师的事业，经历十多年才编成。车鼎丰参与此书的修订工作，对于其中语录的取舍抉择也当多有讨论。书完成之后，二人还是感觉不满意，所以不敢用张、吕所定的《朱子近思录》的名字，也不敢认为已经实现了老师的遗志，只是希望此书对于后来的朱子学者能够有所助益，帮助他们从此入门；读完此书而后再读朱子的《文集》与《语类》当会容易许多。

不过此书编成之时，就有过于繁复的嫌疑，后来祝洤也说：《文语纂编》一书差为醇备而失之繁。"[②] 对此，车鼎丰的《序》中有过一番说明，其中说：

> 顾或犹有执《近思录》条数之无多，而病是编为太繁复者，不知朱子之书之流传较之周、张、二程本不啻数倍，又况其辨析毫芒，乐诲不倦，精微广大，实超出四子之上而集四子之大成，读其书者虽若浩无津涯，而逐辞条味之，无不根极理要，稳惬人心，协乎无过不及之中，而切于日用事物之实。盖其单词片语，皆如布帛菽粟之难以一日缺焉！寒村之为是编也，方惧多所遗漏，而世顾且病其太本繁，尚安望其熟复潜玩于《文集》《语类》之大全耶？此适足以见其信好之不笃，而朱子之书之悬日月而豁群蒙者，固不可以繁简论也。[③]

车鼎丰认为朱子之书本身数量颇多，但是"辨析毫芒，乐诲人不倦，精微广大"，

---

① 车鼎丰：《朱子文语纂编序》，载《朱子文语纂编》卷首，第2—3页。
② 祝洤：《下学编引》，《下学编》卷首，清乾隆刻本，第1页，中国科学院图书馆藏；另有《四库全书存目丛书》子部第29册影印本。
③ 车鼎丰：《朱子文语纂编序》，载《朱子文语纂编》卷首，第3页。

远远超过了周、张、二程而集大成。所以，即使读之感觉"浩无津涯"，但只要逐条去钻研，就会感觉"根极理要，稳惬人心"；朱子之书如同衣食一般，是一日都不可少的。这么说来，严鸿逵所编的《朱子文语纂编》虽已繁复还唯恐遗漏，没有决心读完此编的学者，很难说会对朱子本人的《文集》《语类》有兴趣。所以关键不在于繁简，而在于决心。

三、祝洤

祝洤生而未满周岁就成为孤儿。四岁时，其母吴孺人教他识字，首举"人"字，并说"人与天地并列，谓之三才，汝当知所以尽为人之道"。他听了之后暗暗记下，长大之后就自号人斋，以表示不忘母训。这些情形与张履祥十分相像。祝洤从小就励志于学，六经、四书之外，嗜好理学诸书，后来读到张履祥之书，心有戚戚焉，于是私淑之。祝洤与雷鋐、陈梓、陈凝斋等人为同志之友，都私淑于张履祥。①

祝洤存留的诗文不多，他的《日新书屋稿》卷一为诗集，其中就有两首表达了对张履祥的私淑之情。诗集第一首就是《读杨园张子遗书》：

> 邹鲁开万古，千载一考亭。微言绍绝学，鸿业托遗经。人心好奇异，坦道生荆榛。姚江扬洪波，流毒莽无垠。于维杨园子，好古识其真。岩岩想泰岳，浩浩观沧溟。私淑邈难逮，盛德讵终湮。抚卷再三读，慨然念斯人。②

祝洤与张履祥一样，对朱子学十分推崇，而对阳明学流弊滋生多有批评。祝洤私

---

① 钱馥：《祝人斋先生小传》，《小学庵遗书》卷 4。沈日富：《杨园渊源录》卷 4，《桐乡县志》光绪十三年刊本附录。

② 祝洤：《读杨园张子遗书》，《日新书屋稿》卷 1，道光十四年刊本，第 1 页上，南开大学图书馆藏。

淑张履祥，也就是因为他能够承继于朱子"好古"而能"识真"。祝洤另有《杨园张子遗书甚博既录其全为删订以示学者》，大概是将张履祥的遗书删订为《淑艾录》之后的感慨：

> 异代仰师表，吾生足楷模。德言传至味，教思在遗书。有斐方圭璧，无才竭步趋。斯文应未丧，下学是真儒。[①]

祝洤将张履祥晚年的著述《备忘录》，依照《近思录》的体例选编为十四卷：道体、为学大要、致知、存养、克己、家道、出处义利、治体、治法、政事、教学、警戒、辨异端、观圣贤。《淑艾录》卷首有祝洤乾隆九年（1744）写的序，其中说：

> 杨园先生，生于有明之季，慨然以斯道为己任。其所为学，一循孔门博文约礼、敬直义方之则，大要以为仁为本，以修己为务，而以《中庸》为归。为能有以正后儒偏陂之趋，而续古圣微茫之绪。百年以来，其道渐著，流风余韵，被及四方。虽以洤之固陋，尤得与闻而思奋也。盖尝读其遗书，昌言贞教，与子朱子先后一揆。读之愈久而味愈深长。其《备忘录》四卷，为先生晚年札记，充实之积，发为辉光。其切于日用，补于挽近，不啻粟帛之疗饥寒，钟镛之警聋聩焉！洤反复有年，弗能自已。既订其全书，乃秉朱子《近思录》义例，采辑精要以为此编，名曰"淑艾"，志私愿也。若夫先生圣德所至，回狂澜，砥中流，身困道亨，确乎不拔，实兼统乎河东余干诸君子，而为朱子以后五百年来闻知之一人。非洤之私言敢云尔也。读其书当有以见其概者。[②]

---

① 祝洤：《杨园张子遗书甚博既录其全为删订以示学者》，《日新书屋稿》卷1，第19页下。

② 祝洤：《淑艾录》，道光吴江沈氏世楷堂刻《昭代丛书》本，第1页，中国科学院图书馆藏；《四库全书存目丛书》子部第29册影印本，齐鲁书社1997年。

祝洤对张履祥评价特别高，称其书"昌言贞教，与子朱子先后一揆"，又称其人"朱子以后五百年来闻知止一人"。祝洤的这种赞扬后来被推崇张履祥的学者多次引用，张履祥为"朱子后一人"的说法就出自此处，对于张履祥在同治年间成为从祀孔庙的圣贤当有影响。

祝洤对张履祥的肯定有两个方面：一是肯定其个人的道德践履之笃实，能遵循"孔门博文约礼、敬直义方之则"等等；一是肯定其尊朱辟王之功，"正后儒偏诐之趋，而续古圣微茫之绪"，成为朱子学传承的关键人物。因此，祝洤才认为编订张履祥的遗书非常有价值。他参与了张履祥的全书的修订工作，又完成了《淑艾录》的选编。祝洤甚至认为张履祥的言论比朱子更为"痛切"。他在《下学编序》中说："今去朱子又五百余年，杨园先生危言苦口，视朱子尤多痛切，殆亦有不得已者乎！余之为《淑艾录》，既志向往亦欲俟论定于后世云。"① 因为张履祥曾经明清鼎革之乱，践履更为笃实，以"痛切"二字来评价其语录的特点当不为过；张履祥不事著述，所发言论都是"不得已者"，与一般儒者大不相同。祝洤精心编撰《淑艾录》，也是因为真切感受到张履祥著述之特殊价值所在。

《淑艾录》之后还有祝洤的同窗叶赫养善所作跋文，其中说："甲子秋，人斋复纂杨园之蕴为《淑艾录》。余反复读之，益有见夫杨园之学，精微广大，体实用宏。所谓祖述孔孟，宪章程朱者，诚不虚也。是书也，吾愿与天下共读之。"② 叶赫养善对祝洤选编此书的价值非常肯定，认为"精微广大，体实用宏"，把握了张履祥学术的精华。书后还有清道光二十一年（1841）沈楙德的跋文，其中说："张杨园先生精于理学，深得紫阳之奥。……后学之士未见杨园全书，得此录读之，可以尽窥其蕴而于学术不致混淆，其有补于世道人心，岂浅鲜哉！"③ 对于《淑艾录》传承朱子学的意义十分肯定，同时也指出此书的价值就是避免学者混淆于诸如阳明心学等等。

---

① 祝洤:《下学编序》,《下学编》卷首, 第 3 页。
② 叶赫养善:《淑艾录跋》, 载《淑艾录》, 第 81 页。
③ 沈楙德:《淑艾录跋》, 载《淑艾录》, 第 82 页。

祝洤编撰《淑艾录》，期望学者能够通过此书进而读张履祥本人之书，同时也期望学者能够通过张履祥进而读朱子之书，因为张履祥的学术笃实、正大，为接引至朱子正学的良途。祝洤在将张履祥的《备忘录》选编为《近思录》之续书的同时，也将朱子《文集》《语录》选编为《近思录》之续书。祝洤对蔡模等人所编并不满意，后来自己编撰完成《下学编》十四卷。此书卷首有祝洤在乾隆十六年（1751）写的《下学编引》，其中有对其他《近思录》续编本的评价：

> 自觉轩蔡氏纂子朱子精义为《近思续录》，五百年来嗣而之辑者日已众，朱子之道日尊，而朱子之教益晦。《文语纂编》一书差为醇备，而失之繁。梁溪《节要》简略矣，又多偏主之弊。其他迂疏灭裂，失其本来者什七八焉。[1]

祝洤认为蔡模续编《近思续录》之后五百年来也多有另外的续编者，但都离朱子之教太远。对于严鸿逵选编的《文语纂编》，他评价较高，虽醇、备但"失之繁"；至于高攀龙的《朱子节要》则相反，过于简略，又偏重于某一方向。所以，祝洤要重新选编一册。至于选编所应持有的态度，祝洤在此文中说：

> 嗟乎，古人之有传述非苟焉已也！夫其好学深思，追往哲之精神，而与为默契，体诸身心，验诸日用，必有所不能已。于天下后世之故，以隐相待者，而后沉观博取，会而通之，以折其衷。昔朱、吕作《近思录》，旬日而毕，观其本末具举，显微无间。此盖本于生平讲习之甚精，而操存践履之已熟，岂徒一时玩索探讨之力所能撷而取诸？后之人识力所至，未及撤斯道之藩篱，而遽欲窥室家之好而称量之，为己乎？为人乎？亦终无与而已矣。余读朱子文集，甚美且富，既浩博无涯埃，而诸家所录往往限于一隅，蔽亏胶固，罔识其可。夫以古大贤躬行心得之所存，为百世而下笃志求道之士所赖藉，而竟莫为之提

---

① 祝洤：《下学编引》，《下学编》卷首，第 1 页。

其要而识其归，见仁谓仁，见知谓知，混淆乖隔，余滋惧矣。

在选编之前，要做到真切理解，为先儒选编语录先要追思其精神，与之默契，并且体验于身心、日用；在选编之时，要从有益于天下后世着眼，泛观博览而后选择，所选择的语录又当能够会通、折中，不能自相矛盾。祝洤的这两个原则应该说是非常精良的。他又从朱子与吕祖谦二人当年选编《近思录》的实例来说明他的原则：朱、吕二人当年能够成功选编，关键就是生平讲习与操存践履做到精、熟。后人见识与践履都不足，盲目去做选编，自然很难做好，大多都局限于某一方面；所谓的"仁者见仁智者见智"，实际上是将朱子之学搞得混淆、乖违、间隔了。

祝洤接着就讲了对自己的选编的看法：

> 爰汇其全书，掇取精到切近之言，为初学者树之鹄。凡六百九十二条。杨园张先生曰："三代而下，群言淆乱，折衷于朱子而可矣。"是编之辑，犹此志也。遵《近思》之例，而以《下学》名，师其意不敢同其辞也。洤识浅力薄，兹所抄撮其能无差谬，惟是因其本然求其当然，内不敢执己，外不敢徇人，以期无失乎当日立言之旨，则自误误人，庶几其或寡也。志学之士诚使笃信力行，而不致徒倚于歧途，徘徊于方轨。庶乎朱子之学可得其门而入，即《大学》之明德新民，《中庸》之择善固执，由是而之焉，无异程矣。岂能废准绳、舍规矩，而别有所谓径捷要妙之术，可以量平直而测方圆者哉！

祝洤认真研读《朱子全书》，而且精选出 692 条，不似严鸿逵那么繁复。不敢与其他《近思录》续编本一样名之"近思"，则是因为不敢与朱子比肩，这意思与严鸿逵相似；"下学"之名，是希望学者能够"笃信力行"，从此而入门。祝洤选编此书也是为了遵循张履祥的教诲。张履祥曾说："朱子于天下古今事理，无不精究而详说之。三代以下，群言淆乱，折衷于朱子可矣。"①张履祥认为"三代以上，折衷于孔子"，三代以下则"折衷于朱子"，因为朱子真正做到了集大成，对于天下古今的事理都已经精究、详说，所以后来之学者不必多去著述或发明新说，只要遵照实践即可。祝洤非常赞赏张履祥的这些观点，所以他本人几无著述，一心编选先儒遗著与道德践履。

再看祝洤《下学编》，其编撰过程是非常严谨的，其体例也有自己的独特之处，对朱子原文作了一定的删改。他在乾隆二十一年（1756）所写的序中说：

> 是编始于戊辰，定于辛未，年来时复寻绎，恐学者不得其中曲折，重为增补。视原本加三之焉。……下学功夫所宜周详透彻，而不可务求简约也。朱子之书本诸躬行心得，而发见于文辞隐显、精粗无间也。志于道者，岂宜有所别异自为迫狭？今欲取资初学，分目类纂，即不能无删节焉。若门人所记繁复杂乱，全非古法。近日习为谨愿概置勿议，以云传述非其理也。是编间有改易，非敢妄作，期无悖当日立言大指而已。顾兹浅陋未能自信，谨附原本以便考校，惟有道之士匡其不逮而更正之。

祝洤选编《下学编》历经五年多，"时复寻绎"，"重为增补"。祝洤认为下学工（功）夫还是要周详透彻为好，但是因为朱子本来的文辞"精粗无间"，而门人的记载"繁复杂乱"，所以祝洤的选编既有"删节"，又有"改易"，选编者的个人色彩颇为浓重。这是《下学编》与其他《近思录》续本的不同所在。不过，祝洤在体现个人色彩的同时，也附上了原本，表示他"未能自信"，也为了方便学者"考校"。这个做法还是比较严谨规范的。

关于此删改，《四库全书总目》当中说：

---

① 张履祥：《备忘一》，《杨园先生全集》卷39，第1078—1079页；另见祝洤：《淑艾录》，第77页下。

其去取颇具苦心，然多窜易其原文。虽所改之处皆注其下，曰原作某句，然先儒之书，意有所契，简择取之可也；意所不合，附论是非，破除门户，无所曲阿亦可也。学未必能出其上，而遽改古书，其意虽善，其事则不可训矣。[①]

显然四库馆臣并不认同祝洤的删改，认为这种"窜易"虽然"颇具苦心"，也有注明，但是这样做有违先儒本意，所以这种做法不可取。可取的做法则是在选择先儒语录的时候有取有舍，或在先儒语录之下加以附论；直接去删改古书，确实不利于古书之传播。

祝洤完成《下学编》之后，也曾赋诗一首：

> 尼山始删述，邹孟托微权。
>
> 雄辨闲圣道，赤日丽中天。
>
> 斯文一以丧，古训徒简编。
>
> 运会有往复，昏蒙得昭宣。
>
> 濂溪既挺生，程张亦联翩。
>
> 显显考亭翁，百世明薪传。[②]

此诗主要就是赞扬在周、张、二程之后还有朱子薪火相传，这才使孔孟之圣道得以"昭宣"。

《下学编》的卷首也有祝洤的好友叶赫养善的序，其中说："在戊辰之岁，尝以授经与吾友祝子人斋相晨夕，因得读其所纂《下学编》者。当是时，余诚见其可为后学津梁也，谋欲付梓，而人斋执未可。数年以来，携之行箧，时一披诵，愈知朱子之文章一本于躬行心得之实而不可诬也。去年冬，人斋来粤，乃出此本见贻，余

---

① 《子部儒家类存目四》，《四库全书总目》卷98，《景印文渊阁四库全书》第3册，第146页。
② 祝洤：《辑朱子全书既复摘录精要为下学编》，《日新书屋稿》卷1，第21页上。

反复绀绎，益有以见夫朱子之学广大精微，无所不尽，而教人之道至完且密也。"①
由此可知，祝洤选编此书态度严谨，以及他本是为了自己与友人践履工夫之参考，
而不是为了著述传世或商业企图。

四、清初民间朱子学传播的几个特点

从张履祥、吕留良到吕氏门人，再到张氏的私淑弟子祝洤，这些生活在清代中
前期的浙西朱子学者，他们的学术是一脉相承的，而且在如何诠释朱子学、传播朱
子学上有诸多共同特点。

其一，朱子后学与朱子本人并重。张履祥、吕留良以及他们的弟子、私淑弟子，
都特别在意学术的传承。他们对朱子本人的著述加以特别推崇并重新诠释的同时，
也对朱子后学的著述特别重视。比如张履祥，他在传承朱子之时有两大计划：其一
是将朱子的文集、语录选编为《朱子近思录》；其二则是将曹端、薛瑄、吴与弼、
胡居仁的著述选编为《四子近思录》，这四位明代朱子学者当时其实很少有学者关
注，与张履祥有类似想法的学者也很少。再看祝洤，他首先是读朱子之书，但直接
读朱子并未真正入门，而是通过研习本朝的先儒张履祥的著述，才逐渐得以入门。
他先将张履祥的著述选编为《淑艾录》，再将朱子的著述选编为《下学编》。无论是
张履祥还是祝洤，都认为"三代以下，折衷于朱子"，也都认为可以将离自己年代
较近的朱子后学作为接近朱子的"阶梯"，而且此"阶梯"也有其特殊的时代价值。
另外，他们并不是希望选编本代替原著，选编本只是进入原著的"阶梯"而已。当
年朱子选编《近思录》，为的是将其作为四书之"阶梯"，张履祥等人也就是承继了
朱子的这个用意。

其二，传承《近思录》诠释范式。朱子一生创造了许多学术范式，比如《伊洛

---

① 叶赫养善：《下学编序》，《下学编》卷首，第1—2页。

渊源录》草创了"学案体"，《通鉴纲目》改进了"纲目体"，《近思录》与《名臣言行录》也可以说各创一体，都由历代后来者承继、续编。《近思录》的续编本尤其多，张履祥、吕留良以及吕留良的门人、张履祥的私淑弟子也都喜好《近思录》体例。他们首先想到的就是将朱子的文集与语录以此体例好好选编，其次才是朱子后学著述的选编；而且他们前一代未完成或做得不够到位，后一代就自觉接续，到了祝洤那里可以说是做到了最精良，将朱子所创《近思录》范式的妙处发挥得淋漓尽致。

值得补充的是，为什么《近思录》的范式得到普遍的认同？且看一种非《近思录》范式的朱子文摘，即明代丘濬的《朱子学的》。清代理学名臣张伯行将此书收入《正谊堂全书》并给予了高度的评价，认为其堪比《近思录》。① 《四库全书总目》有一段详细的评介：

> 是编上卷分《下学》《持敬》《穷理》《精蕴》《须看》《鞭策》《进德》《道在》《天德》《韦斋》等十篇，下卷分《上达》《古者》《此学》《仁礼》《为治》《纪纲》《圣人》《前辈》《斯文》《道统》等十篇。蔡衍鎤序曰："上编自《下学》以至《天德》，由事而达理，而终之以《韦斋》，所以纪朱子之生平言行，犹《论语》之有《乡党》也。下编自《上达》以至《斯文》，由理而散事，而终之以《道统》，所以纪濂洛关闽之学之所由来，犹《论语》之有《尧曰》也。"然濬阐朱子之言，以示学者，即仿朱子编《近思录》《小学》之体足矣，何必摹拟《论语》，使之貌似圣人？况扬雄、王通之僭经，朱子尝深讥之，濬之是编，岂朱子所乐受乎？②

《朱子学的》一书成书于王学尚未兴起之前，故受到朱陆异同之争的影响较小。

---

① 张伯行：《朱子学的》序，《正谊堂全书》本卷首页。
② 《子部儒家类存目一》，《四库全书总目》卷95，《景印文渊阁四库全书》，第90页。

朱鸿林先生指出，此书有三个传刻系统和十个现存可见的版本，意味着其在同类编纂中出类拔萃，在朱学发展史上具有里程碑的意义。① 然而，此书以《论语》的体例来编纂，四库馆臣说这是"使之貌似圣人"，"岂朱子所乐受"，对其编纂体例表示了批评。他们认为当效仿的是《近思录》而非《论语》，主要当是因为《近思录》的体例为朱子所亲定，而《论语》的体例系孔门后学所定；何况这是在选编朱子的文献，最佳体例无疑是《近思录》了。

其三，以道德践履为旨归。清代的民间朱子学者大多重视践履，他们关于朱子学的文字中也处处可见对践履的强调。张履祥对践履特别重视，是清代践履笃实的儒者的代表，尤其表现在"敬义夹持"的学说之中。② 祝洤关于朱子学的认识，在其文集里还有《书朱子圣学考略后》一文，其中说：

> 余尝读朱子书，观其所论为学居敬穷理、交养互发，与颜孟诸贤所以学孔子者，固先后一揆矣。即其早年，志在自强，策励奋发，作圣有基已见于此。其曰："学禅，盖屏山、籍溪之所渐染，而非有好异自便之图也。"及见延平，一切屏去。时则格致为先，读书为务，笃信好学，察识操存，所见日亲，求道愈力。往往于日用动静之际，致反身切己之功，而盖尽其刚健笃厚之才，以驯致乎全体大用之备，迨年至四十而学成矣。自是而后日进不已，义日益精，仁日益熟。孟子所谓充实而有光辉者，庶几近之。盖自志学以迄成德，阶级、次第未尝或失。岂真有所谓先迷后得，至晚乃定之事哉？后人不能下学，徇外务高，既不识此中甘苦，而于朱子所造不得其门，肆为臆说，辄据其一二谦己诲人之词，谓是固尝有所误而悔焉，何其陋也！③

---

① 朱鸿林：《〈朱子学的〉的流传与评价》，《儒者思想与出处》，生活·读书·新知三联书店2015年，第205—226页。

② 参见肖永明、张天杰《清初理学转向与张履祥"敬义夹持"的道德修养工夫》，《伦理学研究》，2011年第6期。

③ 祝洤：《书朱子圣学考略后》，《日新书屋稿》卷1，第1页。

此文主要是为了辨析朱子学禅一事。后人认为朱子早年曾学禅，所以套用《周易》而说朱子为学"先迷后得"。在祝洤看来，这种说法是学朱子而"不能下学，徇外务高"的那些人故意编出的"臆说"，为自己的不好学开脱而已。朱子谈及早年学禅的话，只是"谦己诲人之词"，其实朱子早年就已经"作圣有基"，学禅也只是受到早年两位老师的影响，并非出于自己的喜好。后来的学者学朱子，应当学其"笃信好学""日进不已"等等，努力做到阶级、次第的不失落，而不是奢谈什么"先迷后得"之类为自己不好学寻找借口。从这一文章可以看出，祝洤之所以潜心于朱子学，正是因为看到了朱子践履思想的笃实。

其四，以尊朱辟王为标识。张履祥是清初尊朱辟王的代表人物，他的经典诠释方向非常明确。张履祥尊朱辟王的思想观念多为吕留良所接受，此处不多讨论，重点分析一下已处清代中叶的祝洤的辟王持论之严苛。在《淑艾录》最后，有祝洤在乾隆二十二年（1757）春所作的后序，其中主要表达了对陆王一系学说的批判。此文对陆王的批判相当有代表性，故全文录入如下：

> 道一也。朱子言道不外人伦事物，而象山每曰卓尔，曰一贯。学亦一也。朱子言学在乎居敬穷理，而象山则曰主静，曰即心即理。泛观之，似乎语上谐下，各循其端，未可是此而非彼也。乃吾夫子则尝言学矣，曰时习；曰格物致知、诚意正心、修身齐家。夫子又尝言道矣，曰庸言之信，庸行之谨；曰君臣也，父子也，夫妇也，兄弟也，朋友之交也。何圣人所论只如是？其卑且迩邪。且所谓一贯，曾子、子贡而外不可得而闻也。所谓卓尔，颜子之所欲从而末由也。周子之主静以圣人言也。孔子从心不逾，七十以前未尝自任也。象山虽贤，未及此学，未及而辄疑其似君子之道，又宁有是邪？夫居敬穷理，即言乎格致诚正之实。而卓尔、一贯，初不越信言谨行之常。学者但从事于常且实者，以致其力。即静悟良知，其谬悠可立见耳。或者不察，以为学问之道不可偏废，均当取涵法，无事辨争。此其用心未尝不正，视彼欺世自高，立始异终同之论，为援朱入陆之谋者，固大不侔矣。然但知分门别户之为私意，而不昧明乎骑墙

穿穴之非。所以登堂，但知恭听立观之为广益，而不审夫陜蜡探幽之早违乎周道。譬诸所忧者饥寒，而所宝者曲蘖。当其始，非不充然意得也，久之，必受其病。杨园先生谓：初学功夫，辨惑为首。又谓：读朱子书，《杂学辨》不可不先看，于此见得分明，辨别得个纲领界分，庶不至为诐淫邪遁所惑。呜呼，先生之吃紧为人亦已至矣！学道者宜三复斯言。①

此文结尾处引了张履祥两条语录，认为这正是其"吃紧为人"之处，并说后之学者"宜三复斯言"。祝洤对张履祥学术的精神有非常好的领会。朱、陆都认为道一、学一，但是他们的途径不同。朱子重人伦事物、居敬穷理，象山则卓尔、一贯、主静、心即理。一个实，一个虚，祝洤以张履祥的思想而辨析分明。《四库全书总目》认为《淑艾录》本身"持论颇为纯正"，但是"其《后序》，则门户之见，尚坚持而不化。必欲灭尽陆王一派而后已，如不共戴天之仇，是未免于已甚矣！"②应该说四库馆臣的话，正好说出了从张履祥到祝洤这一系的朱子学者诠释经典的时候有尊朱辟王的鲜明标识。

---

① 祝洤：《淑艾录》，第80—81页。
② 《子部儒家类存目四》，《四库全书总目》卷98，《景印文渊阁四库全书》第3册，第146页。

第三章　程朱陆王之辨（一）：学风辨

处在由王返朱转型之中的学者，其学术著述最为关注的问题就是程朱陆王异同之辨。宋元以来的朱陆异同，演变为朱王异同。主张尊朱辟王的学者，额外最关注的就是王阳明提出的恢复《古本大学》及其所编的《朱子晚年定论》，纷纷对此展开讨论，然后又涉及阳明学者与佛、道二氏的关系问题，以及他们的为人为学等。本章通过对这些学风问题的辨析，使得程朱、陆王二系学术异同之辨析更为深化、细化。

第一节　《古本大学》与《朱子晚年定论》所涉的学风之辨

王阳明身处"后朱子时代"。面对朱子"心与理为二"的难题，他以"心即理"说来解答，这就与朱子学拉开了距离，于是不得不对朱子学的格物说等关键问题给出自己的看法。他说：

> 夫析心与理为二，此告子"义外"之说，孟子之深辟也。"务外遗内，博而寡要"，吾子既已知之矣。是果何谓而然哉？谓之玩物丧志，尚犹以为不可欤？①

---

① 王阳明：《传习录》，第135条，第212页。

王阳明提出心即理说，也就意味着与朱子的理学有了明确的区别，这在《答顾东桥书》当中就十分明确。他认为朱子之格物有"析心与理为二"之嫌疑，近于孟子"深辟"的告子"义外"之说，"务外遗内，博而寡要"，这批评已经很重了；至于"玩物丧志"，则更是将朱子格物说彻底否定了。然而明中叶还是一个"后朱子时代"，故而王阳明必须针对流行的朱子学做一个交代，最后终于在正德十三年（1518）刊刻了《大学古本旁注》与《朱子晚年定论》两部书，向当时学界表明了自己异于朱子学的立场，于是引来了诸多讨伐之声。

一、问题的缘起

《大学》原本为《大戴礼记》中的一篇，在宋代引起了理学家的重视。程颐、朱子都认为《古本大学》有错简、漏简等问题。朱子《大学章句集注》做了三个不同于一般的经典诠释的工作：其一，将之重新分章断句。朱子认为前七章为曾子所述孔子之言，为"经"；其余十章为门人所记曾子之意，也即曾子为"经"所作的"传"。其二，朱子相信"格物致知"一章的传亡佚不见，故而"窃取程子之意，以补之"；他本人将程颐的格物穷理之说加以发挥，补了"格物致知"传。其三，"大学之道，在明明德，在亲民"之中的"亲"字，朱子认为当作"新"，这就有改经之嫌疑了。

正德十三年，王阳明讨贼归来，"专意于朋友，日与发明《大学》本旨，指示人道之方"[1]。关于王阳明《大学古本》的核心思想，《年谱》中说：

> 先生在龙场时，疑朱子《大学章句》非圣门本旨，手录古本，伏读精思，始信圣人之学本简易明白。其书止为一篇，原无经传之分。格致本于诚意，原

---

[1]　钱德洪：《年谱一》，载《王阳明全集》卷33，第1253—1254页。

> 无缺传可补。以诚意为主，而为致知格物之功，故不必增一敬字。以良知指示
> 至善之本体，故不必假于见闻。至是录刻成书。①

王阳明是在自己反复琢磨《大学古本》多年以后，方才决心录刻成书的。他的核心
观点有四：一是《大学》原本不分经、传；二是因为"格致"的工夫本于"诚意"，
故《大学》并不缺失"格致"传；三是"致知格物"为"诚意"之工夫，故不必增
加一个"敬"字；四是《大学》的"致知"为"致良知"，指向"至善之本体"，故
不必如朱子格物说"假于见闻"。此外则还有"亲民"之辨，王阳明说："'亲民'犹
《孟子》'亲亲仁民'之谓，……说'亲民'，便是兼教养意。说'新民'，便觉偏
了。"②一则《大学》的古本原为"亲民"，一则与《孟子》等书的思想有关联，故而
他的主张很有道理。

此处重点讨论上面说到的第四点"致知"。王阳明曾说：

> 于事事物物上求至善，却是义外也。至善是心之本体，只是"明明德"到
> "至精至一"处便是。然亦未尝离却事物，本注所谓"尽夫天理之极，而无一
> 毫人欲之私"者得之。③

> 若鄙人所谓致知格物者，致吾心之良知于事事物物也。吾心之良知，即所
> 谓天理也。……致吾心之良知者，致知也；事事物物皆得其理者，格物也。是
> 合心与理而为一者也。④

王阳明早在《紫阳书院集序》之中，就已经指出朱子的格物说有着支离的弊病，而
他自己的格物说则可以补朱子之缺失。朱子将"格物"解释为"即凡天下之物，莫

---

① 钱德洪：《年谱一》，载《王阳明全集》卷33，第1254页。
② 王阳明：《传习录》，第1条，第30—31页。
③ 王阳明：《传习录》，第2条，第33页。
④ 王阳明：《传习录》，第135条，第212页。

不因其已知之理而益穷之"，最后实现"众物之表里精粗无不到，而吾心之全体大用无不明"，则还是将人心之本体的"至善"向外在的事事物物上去求，那么心与理无法合一，就是"义外"，就是"假于见闻"，这是搞错了方向。所以应该将"致知格物"解释为致良知，良知也即天理、至善。只有在心中讲求，方能心与理合一，具体做工夫就是"致吾心之良知于事事物物"，使其"皆得其理"，这也就是格物。

至于为什么必须重新解释格物说，王阳明曾说：

> 先儒解"格物"为格天下之物，天下之物，如何格得？且谓"一草一木，亦皆有理"，今如何去格？纵格得草木来，如何反来诚得自家意？我解"格"作"正"字义，"物"作"事"字义。……致知在实事上格。如意在于为善，便就这件事上去为；意在于去恶，便就这件事上去不为。去恶固是"格不正以归于正"，为善则不善正了，亦是格不正以归于正也。如此则吾心良知无私欲蔽了，得以致其极，而意之所发，好善去恶，无有不诚矣。诚意工夫，实下手处在格物也。若如此格物，人人便做得。[①]

王阳明首先指出朱子将"格物"解释为格天下之物，还说"一草一木，亦皆有理"等等，在学者而言往往不知如何做工夫，即使做了工夫也不知如何"反身而诚"。这还是在说"心与理为二"的问题。王阳明以"正"解释"格"字，以"事"解释"物"字，又强调"在实事上格"，也即在实际的应事接物之中求理之当、求为善去恶，换句话说就是"格不正以归于正"或"良知无私欲蔽了"。这样的格物说确实是"人人便做得"，确实解决了朱子格物说带来的困惑。

王阳明认为《大学》一书的主旨便是"诚意"。他在《大学古本序》之中说：

> 《大学》之要，诚意而已矣。诚意之功，格物而已矣。诚意之极，止至善

---

① 王阳明：《传习录》，第 317 条，第 493—495 页。

而已矣。止至善之则，致知而已矣。……然非即其事而格之，则亦无以致其知。故致知者，诚意之本也。格物者，致知之实也。物格则知致意诚，而有以复其本体，是之谓止至善。①

他一再强调"诚意之功，格物而已"，而"诚意"的目的，则是"止于至善"；要明了"止于至善"的法则就还需要"致知"，即致良知。具体而言，则需要在事物之上的格物，致良知于事事物物，这是实现诚意的根本所在。因此格物也就是诚意的实下手处，格物也就是事事物物上的正其意念之善恶。

关于《大学古本》的意义所在，王阳明还说：

圣人惧人之求之于外也，而反复其辞。旧本析而圣人之意亡矣。是故不务于诚意而徒以格物者，谓之支；不事于格物而徒以诚意者，谓之虚；不本于致知而徒以格物诚意者，谓之妄。支与虚与妄，其于至善也远矣。合之以敬而益缀，补之以传而益离。吾惧学之日远于至善也，去分章而复旧本，傍为之什，以引其义。庶几复见圣人之心，而求之者有其要。②

在他看来，圣人在古本（旧本）之中原本指点学者求之于内心，而改本则离析了古本的圣人之意。不讲诚意而只求格物有支离之病，同样不讲格物而只求诚意或不讲致知而只求格物诚意则有虚、妄之病，这些都远离了至善之道。因此王阳明要恢复古本，去掉朱子等先儒的分章，以求"复见圣人之心"。

朱子的《四书章句集注》从元代开始一直都是科举考试的主要参考书，属于钦定的官方思想，故而王阳明大力提倡《古本大学》，在当时属于十分大胆的举动。虽然多有怀疑者，但也有如湛若水等学者，从将信将疑到确信无疑者不少，其思想

---

① 王阳明：《大学古本序》，《王阳明全集》卷 7，第 242—243 页。
② 王阳明：《大学古本序》，《王阳明全集》卷 7，第 243 页。

史上的意义也是极大的。

关于朱、陆早晚异同的问题，是宋末以来朱、陆两系论辩的关键，也是后来朱、王两系论辩的一个出发点，特别是在王阳明《朱子晚年定论》一书出来以后。不过在王阳明生前，这就已经引起了怀疑；甚至在王门内部，就有罗洪先致书王阳明，将《何叔京书》《黄直卿书》的早晚问题辨析得极为明晰。当然，引起更多重视、几乎一辨而分明的，还是罗钦顺与王阳明的通信。王阳明在回信中说：

> 其为《朱子晚年定论》，盖亦不得已而然。中间年岁早晚，诚有所未考，虽不必尽出于晚年，固多出于晚年者矣。然大意在委曲调停，以明此学为重。平生于朱子之说，如神明蓍龟，一旦与之背驰，心诚有所未忍，故不得已而为此。"知我者，谓我心忧；不知我者，谓我何求"，盖不忍抵牾朱子者，其本心也，不得已而与之抵牾者，道固如是，不直则道不见也。执事所谓"决与朱子异"者，仆敢自欺其心哉？夫道，天下之公道也；学，天下之公学也。非朱子可得而私也，非孔子可得而私也。天下之公也，公言之而已矣。故言之而是，虽异于己，乃益于己也。言之而非，虽同于己，适损于己也。益于己者，己必喜之；损于己者，己必恶之。然则某今日之论，虽或于朱子异，未必非其所喜也。君子之过，如日月之食，其更也，人皆仰之，而小人之过也必文。某虽不肖，固不敢以小人之心事朱子也。[1]

对于《朱子晚年定论》一书之中某些书信的年岁早晚，王阳明也承认"诚有所未考"，所收录者"不必尽出于晚年"，只是"多出于晚年"。然而王阳明此信更为强调的还是编撰此书的目的，也就是其"不得已"之处，即希望于自己的学说与朱子学之间"委曲调停"。罗钦顺说王阳明"决与朱子异"，王阳明自己认为"虽或于朱子异，未必非其所喜"，因为讲明学术为"天下之公"，只问是否"言之而是"，不

---

[1] 王阳明：《传习录》，第176条，第318—319页。

问出于孔子、朱子与否。

王阳明的这种态度，后来得到了刘宗周与黄宗羲的认可。刘宗周说："至《朱子晚年定论》，文成谓'虽未必尽出于晚年，而得之晚年者居多'，亦确论也。若朱子，可谓善变矣。"[1] 黄宗羲则说：

> 阳明子为《朱子晚年定论》，虽或有出于早年者，其大意则灼然不失也。一辈学人，胸无黑白，不能贯通朱子意，但惊怖其河汉，执朱子未定之论，不敢信孔、孟，并不敢信朱氏，是岂朱子之所欲哉！[2]

刘宗周认为朱子本人一生为学"善变"，所以也就认为不必在意《朱子晚年定论》一书有"出于早年"者。黄宗羲则认为此书"大意则灼然不失"，因为为学之关键在于"贯通"，而不是疑为"未定"即"不敢信"，也就是说将其早中晚年之学加以综合理解，然后落实于自身的用得着。刘、黄从个人适用与否出发来看朱陆异同，观点与王阳明本人也相近，故未对《朱子晚年定论》提出批评。

到了清初的尊朱辟王系学者，态度则绝然不同了。上文已经讨论了朱陆异同的问题，此处重点分析清初学者对于王阳明所编撰的《朱子晚年定论》的批判，其核心问题是王阳明的为学方法。此外，王阳明倡《古本大学》，这也涉及为学方法，故相关的讨论也作适当展开。

二、陆陇其与张履祥、熊赐履等人的看法

陆陇其专门编撰了《读朱随笔》一书，就是针对朱陆异同问题的。据《年谱》

---

[1] 刘宗周：《与王右仲问答》，《刘宗周全集》第 2 册，浙江古籍出版社 2007 年，第 335 页。
[2] 黄宗羲关于朱子晚年的按语，《晦翁学案》，《宋元学案》卷 48，中华书局 1986 年，第 1555 页。

所述，此书作于康熙十九年（1680）陆陇其五十一岁之时："读《朱子文集》，因摘取《文集》数百条，语意精深，或易为异学所假托者，悉为阐发其微意，明示其指归。此书于朱子初中晚之说，非异说所得而颠倒者矣。"[①]

陆陇其的《学术辨》，也对《朱子晚年定论》之于学术的影响批评得较为详尽。其中说：

> 自宋以来，异端曲学知儒者之尊程、朱也，于是又托于程、朱以自行其说。我曰程、朱，彼亦曰程、朱，学者又莫从而辨其是非。程、朱言天理，则亦言天理，天理之名同而其所指则霄壤矣。程、朱言至善，则亦言至善，至善之名同而其所指则冰炭矣。程、朱言静、言敬，则亦言静、亦言敬，静、敬之名同，至所以为静、敬，则适越而北辕矣。程、朱之言有可假借者，则曰程、朱固若是也；有不可假借者，则曰此其中年未定之论也。黑白淆而雅郑混，虽有好古笃志之君子，力扶正学，亦止知其显叛程、朱之非，至其阳尊而阴篡之者，则固不得而尽绝矣。[②]

陆陇其回顾宋元以来理学发展的脉络，首先指出诸如陆、王之类的"异端曲学"也知道当尊程、朱，于是假托于程、朱自行其说，使学者们不知如何去辨别是非，因为都标榜程、朱，都在谈论天理、至善与静、敬，但其实则名同而实不同，如"天壤""冰炭"，甚至"适越而北辕"。进一步分析，程、朱之言有"可假借"与"不可假借"二类，异学之人如遇到前者就说"程、朱固若是"，也就是认为自己的学说与程、朱是一致的；如遇到后者，与己说格格不入，则说那些都是朱子"中年未定之论"。

陆陇其接着又说：

---

① 吴光酉、郭麟、周梁：《陆陇其年谱》，第 77 页。
② 陆陇其：《学术辨上》，《三鱼堂文集》卷 2，《陆陇其全集》第 1 册，第 25—26 页。

　　盖其弊在宋元之际即有之，而莫甚于明之中叶。自阳明王氏倡为良知之说，
以禅之实而托儒之名，且辑《朱子晚年定论》一书以明己之学与朱子未尝异。
龙溪、心斋、近溪、海门之徒从而衍之，王氏之学遍天下，几以为圣人复起。
而古先圣贤下学上达之遗法灭裂无余，学术坏而风俗随之。

陆陇其认为倡导"晚年定论"之说者从宋元之际开始，到明代中叶的王阳明那里达
到顶峰，所辑《朱子晚年定论》一书就是为了说明自己的学说与朱子学说并未相异，
也就是说王阳明将禅学混入儒学并假托为朱子晚年之定论。最后，这种假托朱子晚
年定论的王学，由于王畿、王艮等后学繁衍，最后王学遍天下，反而将"下学上达"
的程朱正学挤压，甚至"灭裂无余"，后果就是"学术坏而风俗随之"。陆陇其还认
为孙奇逢的《理学宗传》，"混朱、陆、阳明而一之，盖未知考正'晚年定论'也"①。
这也是说孙奇逢等人都被王阳明《朱子晚年定论》影响，对于所谓"朱子晚年定论"
到底如何未能加以考证，混同朱陆为一，主张朱王调和。

　　关于所谓朱陆异同问题的辨正，陆陇其说："程篁墩之《道一编》、王阳明之
《朱子晚年定论》，其意皆欲以朱合陆，此皆所谓援儒入墨，较之显背紫阳者，其失
尤甚。陈清澜、陈几亭论之甚详。"②他认为，程敏政的《道一编》与王阳明的《朱
子晚年定论》二书都主张以朱子之学和会陆九渊之学，这就相当于"援儒入墨"，
此行径其实比明显违背朱子更为可怕。接着陆陇其引述了陈建（清澜）与陈龙正
（几亭）对于朱陆异同的考辨。陈建认为朱、陆早年"去短集长，略有取焉"，晚年
则"益相冰炭"，而程敏政之书则"为颠倒、为变乱、为诬、为诳也"；陈龙正认为
王阳明之书将朱子"不尽出于晚年"者"取以自同"，"亦从数百载后遥断之"，还
有则是对于朱子之言的误读误解而已。

　　最后，陆陇其又有按语说：

---

① 陆陇其：《三鱼堂剩言》卷7，《陆陇其全集》第10册，第70页。
② 陆陇其：《问学录》卷1，《陆陇其全集》第10册，第163页。

二陈之言，盖皆本于《困知记》，合而观之，则朱陆异同，可不待辨而明矣。不然，如阳明之徒竟以《集注》《或问》为朱子中年未定之说，而谓其晚岁大悟旧说之非，使学者虽有信从朱子之心，而不能不惑于其言，天下何不幸而有此种议论也。①

陈建与陈龙正分别考辨《道一编》与《朱子晚年定论》，核心观点也与罗钦顺《困知记》接近，就基本问题而言，确实也已经讲得很清楚了。程、王二人取朱子早、中年之作而称之"晚年定论"，确实有诬、诳之嫌，二陈的反驳较为有理。所以，陆陇其认为朱陆异同"可不待辨而明"，故并不再多去展开讨论，只是再次强调了朱陆早异晚同说的危害，即使得晚明以来的学者被此说法迷惑，就算想要信从朱子，也难以真正进入朱子之学了。

此外再看民间学者张履祥。他也认为王阳明通过《朱子晚年定论》与《古本大学》来达到"排黜程朱"的目的，就其治学态度而言是一种"欺己诳人"的表现。他在《传习录总评》中有过评论："年之晚与不晚，论之定与不定，考之年谱自见。即此，姚江欺己诳人之罪，虽有仪、秦之辨，不能为之解矣。"②在他看来，王阳明的《朱子晚年定论》是以自己的意思去选择朱子的文章，造成朱子晚年倾向心学的假象；王阳明治学态度的不严谨，在这里已经明白无疑了。王阳明"排黜程朱"的另一个证据就是《古本大学》。张履祥认为："复《古本》，是姚江一种私意，大致只是排黜程、朱，以伸己说耳。"③王阳明试图通过《古本大学》与《朱子晚年定论》对宋明理学的学统进行改造，其中的治学态度确实也存在着弊病，给反王学的士人留下了把柄。张履祥进而怀疑王阳明的诚意之说："姚江谓：'大学之道，诚意而已。'今观其言，无非自欺欺人之语，诚于何有？"④为学不诚而倡诚意，便是自欺欺人。

---

① 陆陇其：《问学录》卷1，《陆陇其全集》第10册，第164页。
② 张履祥：《传习录总评》，载苏惇元：《张杨园先生年谱》，《杨园先生全集》附录，第1514页。
③ 张履祥：《上山阴刘念台先生书》，《杨园先生全集》卷2，第25页。
④ 张履祥：《备忘四》，《杨园先生全集》卷42，第1173页。

张履祥的这一批评，也抓住了为学态度问题，可谓相当尖锐。

熊赐履与张烈等人一样，对于"委曲调停"之说特别反感。他说：

> 嗟呼！学问之道，是是非非，毫厘不容差谬，亦乌容委曲调停于其间耶？天下之大，岂无有能读朱子之书，悉究其本末者，阳明未尝深思详考，而率易立说，是不知而作也，是欺己欺人，一遇明眼人，则支吾闪烁，都不成说话，论学何如事，而卤莽若此，其何以取信于天下后世？况朱子之言可信，则不当与之背驰；如不可信，则背之可，又安有所不忍，与有所不得已也哉？吾诚不能解于阳明之说矣。①

熊赐履认为王阳明编撰《朱子晚年定论》之时"未尝深思详考，而率易立说"，故属于"不知而作""欺己欺人"，所以遇见罗钦顺等"明眼人"就开始"支吾闪烁，都不成说话"。熊赐履还强调，论学不可"卤莽若此"，因为此书不能"取信于天下后世"。他特别反对王阳明不忍违背朱子，以及"不得已"之类的说法。熊赐履的批评是从如何为学的角度出发的，是张烈、陆陇其的很好补充。

张伯行也认为王阳明"倡立致良知之心说"，"知其不足以服天下，则又为《晚年定论》之书，附会牵合"。将王阳明与陆九渊相比，张伯行认为王阳明的祸害比陆九渊更大。他说：

> 姚江王氏祖述金溪，而以朱子之学为支离影响，倡立致良知之新说，尽变其成规，知其不足以服天下，则又为《晚年定论》之书，附会牵合，以墨乱儒，天下之谈心学者靡然响应，皆放佚准绳，不知名教中有何事，至启祯末年而世道风俗颓败极矣。盖比诸金溪之为祸，殆有甚焉。②

---

① 熊赐履：《下学堂札记》卷3，《四库全书存目丛书》子部第22册，齐鲁书社1995年，第80—81页。
② 张伯行：《性理正宗序》，《正谊堂续集》卷4，第216页。

张伯行所指出的王学祸害，即创立新说、变乱儒学，从而败坏名教；天启、崇祯末年的世道风俗之败坏，发端于王阳明。

关于《朱子晚年定论》一书，清初学者孙承泽的《考正晚年定论》二卷对此问题的考证最为翔实。四库馆臣说："乃取朱子《年谱》《行状》《文集》《语类》等书，详为考正。以宋孝宗淳熙甲午为始，朱子是时年四十有五，其后乃始与陆九渊兄弟相会。以次逐年编辑，实无一言于陆氏，亦无一字涉于自悔。因逐条辨驳，辑为是编。"① 当然，就考证的基本观点而言，孙承泽并没有比明代的罗洪先、罗钦顺，或清初的张烈、陆陇其等人更为丰富，对于《朱子晚年定论》一书的学术影响也没有多作梳理、辨正，故此处不作展开。此后，朱学一系的学者王懋竑编撰了《朱子年谱》以及《考异》，其中也对《朱子晚年定论》相关的书信早晚等作了考辨；王学一系的学者李绂编撰了《朱子晚年全论》，则针对孙承泽与王懋竑等人的观点，又作了支持王阳明的反驳。朱陆早晚异同问题，到了孙承泽、王懋竑与李绂，也就算真正告一段落了。

三、来自张烈的质疑

朱陆异同演变为朱王异同，张烈除了从"学"与"行"两方面来对程朱、陆王之异同加以辨析之外，还围绕《朱子晚年定论》与《古本大学》这两种文献展开讨论。张烈致力于对王学的质疑，故而对这两种文献也有较为系统的批判。

与《朱陆异同论》一样，对王阳明引为依据的两种文献，张烈在《王学质疑》最后的《总论》以及《读史质疑四》一文中，就其学风问题加以批判：

> 阳明恐人攻己，则援《古本大学》以为据，此挟天子令诸侯之智也。著

---

① 《子部儒家类存目三》，《四库全书总目》卷 97，《景印文渊阁四库全书》第 3 册，第 120 页。

《朱子晚年定论》，此以敌攻敌之术也。①

这里首先表明了他的态度，认为王阳明倡《古本大学》与辑《朱子晚年定论》，都是为了避免他人攻击其学术不正，故而是一种"智"或"术"。无论是"挟天子令诸侯"还是"以敌攻敌"，就为学而言，都非学术之正途。

先来看后者。张烈所谓"以敌攻敌"也即"以朱攻朱"。张烈认为王阳明编撰《朱子晚年定论》一书，就是为了实现其"以朱攻朱"的目的，然而此书多"委曲调停"，故其"心术"大有问题：

> 顾天下良知难泯，非之者不已也，则又以朱攻朱，著为《晚年定论》。实则以中为晚，以晚为中，与当日情事迥不相涉。锻炼舞文，诳词以欺天下。人不可欺，则又曰"年岁原未深考"，乃"委曲调停不得已"之心。夫大道如日中天，是则是，非则非，乃亦调停委曲乎？即此一言，心术叵测，何止遁之又遁乎？夫妄称"定论"，是意不诚也；不深考事实，是物不格也。此之谓物不格，知不至，故意不诚也。使其虚心逊志，从容详审，则无是弊矣。②

就为学态度而言，《朱子晚年定论》确实存在问题。当年的罗钦顺等人早就指出《何叔京书》《黄直卿书》等书信，王阳明所编存在"以中为晚，以晚为中"的情况，并不符合朱子思想演进的实际。于是王阳明便在与罗钦顺的书信中说："其为《朱子晚年定论》，盖亦不得已而然。中间年岁早晚诚有所未考，虽不必尽出于晚年，固多出于晚年者矣。然大意在委曲调停，以明此学为重。"③在张烈看来，王阳明这一回复，更说明其"心术叵测"，这就是"意不诚"，明知非"定论"而"妄称定论"；

---

① 张烈：《读史质疑四》，《王学质疑》附录，《历代"朱陆异同"典籍萃编》第3册，第470页。
② 张烈：《王学质疑·总论》，《历代"朱陆异同"典籍萃编》第3册，第456页。
③ 王阳明：《传习录》，第176条，第318页。

也是"物不格"，"不深考事实"而妄作事实。这两者也是相辅相成的：正是因为"不深考事实"方才得以"妄称定论"，正是想要"妄称定论"方才有意"不深考事实"。所以关键在于王阳明不愿接受事实，或原本就想歪曲事实，从而通过偷梁换柱来实现"以朱攻朱"。就为学态度而言，这确实是有问题的。如果做到"虚心逊志，从容详审"，也就没有这样子的弊病了。而张烈此处说因为"物不格"，所以"知不至"，故而导致"意不诚"，这虽是以朱子学的思路来作推论，但"诚意"二字也是王阳明所喜用的，故其笔锋也颇为犀利。

为什么会有如此错误发生？他接着说：

> 惟其占题太高，叛道已甚，骑虎不得下，不得不左支右吾，藉笔舌以塞人。一时之议，而前后矛盾，罅漏实多，既曰信孔子太过矣，又曰孔子之言亦不以为是也；既曰生平于朱子有罔极之恩矣，又曰天下宗朱如宗杨、墨也。如狡狯健讼之人，逢人即攀，遇事便借，口无一定之舌，笔无不牵之义，以此为诽张伭俩可矣，以此为战国纵横游说诡辩可矣，乃用此以讲学乎？然则王子之良知安在也？[①]

王阳明"占题太高，叛道已甚"，也就是说已经远离了儒门正学，"骑虎不得下"，就只能继续为其错误支吾，用似是而非的文献来作开脱。所以王阳明的言论多有"前后矛盾"，比如说自己"信孔子太过"，也说"孔子之言亦不以为是"，而要以自己的良知来判断；说朱子对其有"罔极之恩"，又说天下之人宗朱子就如同宗杨朱、墨翟。这些在张烈看来都是"狡狯健讼"。而所谓的"逢人即攀，遇事便借"，口无定舌、笔无"不牵之义"等，则都是说王阳明的《朱子晚年定论》几乎无一不错。张烈最后得出结论，王阳明这些做法类似战国纵横家的"游说诡辩"，故不适合讲学；如此讲学，则"良知安在"？此处张烈再次展现了他的犀利笔锋。

---

① 张烈：《王学质疑·总论》，《历代"朱陆异同"典籍萃编》第 3 册，第 456 页。

关于"挟天子令诸侯"的《古本大学》，张烈强调的是王阳明为学的故作"巧言"，借用了孟子的"良知"还不够，还翻出《古本大学》，将"致知"加以重新诠释而成其"致良知"之新说，从朱子之学的"反面"来"尽翻全案"。张烈说：

> 及人多不服，则借孟子"良知"二字，犹嫌其仅出孟子，遂窜入《大学》"致知"。至于攻者益众，又见象山之学竟为朱子所掩，计以为势不两立，非抵死作敌，尽灭朱子之道，则人犹以朱律我，故遂操戈反面，尽翻全案而后已。朱子如泰山乔岳，何可易摇！则以《大学》"古本"为据，曰："我非背朱，失于信孔太过也。"巧言如此。①

"致良知"的提法受到攻击，而陆学早在南宋就被朱学所掩盖，故而王阳明想要"尽灭朱子之道"，就要彻底翻案。然而朱学因为官方的支持，"如泰山乔岳"，想要撼动则谈何容易，于是王阳明便搬出比程朱《大学》"改本"更为古老的《大学》"古本"。强调"我非背朱"，也即"背朱"并非其本意。这当是指王阳明的一句话："盖不忍抵牾朱子者，其本心也；不得已而与之抵牾者，道固如是，不直则道不见也。"②"失于信孔太过"，则是说《大学》"古本"才是孔子本意。王阳明作有《大学古本傍释》，还说："旧本析而圣人之意亡矣。是故不务于诚意而徒以格物者，谓之支……吾惧学之日远于至善也，去分章而复旧本，傍为之释，以引其义。庶几复见圣人之心，而求之者有其要。"③王阳明反对"改本"，认为"改本"离析了"古本"而导致"圣人之意亡"，特别是不直接点名而实指朱子的"不务于诚意而徒以格物"，支离之学远离圣人之心，故而必须"去分章而复旧本"并"傍为之释"。而在张烈看来，王阳明以《大学》"古本"来反对朱子之学以及相关的诠释，都只是一种"巧

---

① 张烈：《王学质疑·总论》，《历代"朱陆异同"典籍萃编》第 3 册，第 455 页。
② 王阳明：《传习录》，第 176 条，第 319 页。
③ 王阳明：《大学古本序》，《王阳明全集》卷 7，第 270—271 页。

言"而已；正如《朱子晚年定论》一般，也是因为受他人攻击，方才故作翻案文章。

结合这两种文献的辨析，张烈的朱陆异同之论变得更为犀利，也确实指出了王阳明为学的弊病所在。王阳明辑《朱子晚年定论》确实存在诸多问题，张烈将之概括为"妄称定论"与"不深考事实"两大错。王阳明想要"以敌攻敌"，而将朱子书信的早晚故意颠倒，说其"诳词以欺天下"也有一定道理。王阳明倡《古本大学》，张烈分析其本意，当是为其"致良知"新说找到来自"圣人之意"的证据，故而翻出《古本大学》并凸显"诚意"一环；王阳明用的是"挟天子令诸侯"的策略，而本质上则是"巧言"。然而王阳明对这两种文献的改造，其实都是为了避免他人攻击其新说将佛老异学混入正学之中，故而只是一种"智"或"术"。

于是，张烈又指出：

> 阳明天资雄放，其于循循讲习，循规蹈矩，实所不耐。及一旦有得于佛老，与象山旨合，喜其与己便也，自私所好，亦可矣。不宜以此讲学，独辟宗旨，举圣贤经书，直欲以此意强贯之，真谓"六经注我"随意驱驾，何所不可！[1]

王阳明正是以其"天资雄放"，故而不耐烦"循循讲习，循规蹈矩"，这就与朱子完全不同了。张烈还认为王阳明将佛老宗旨拉入儒学，是因为其与陆九渊的学说相合，也是因为可以为自己不合规矩的讲学提供方便之门。而这种学术，作为私下爱好则可，作为讲学宗旨则不可。所以王学的根本问题就是以圣贤的经书来勉强贯通自己的宗旨。所谓"六经注我"，"随意驱驾"经典，则任何学说都可以打扮得道貌岸然。因此，程朱、陆王的异同之辨，在王阳明之后，因为牵涉《朱子晚年定论》与《古本大学》而变得更为复杂了。而对这两大文献的问题的辨析，也是张烈《王学质疑》的重点所在。

《朱子晚年定论》与《古本大学》二书彰显了王阳明的"智""术"与为学之弊，

---

[1] 张烈：《王学质疑·总论》，《历代"朱陆异同"典籍萃编》第3册，第455页。

所以清初学者必须严辟王学而独尊朱学。随着陆陇其、张伯行将张烈的《王学质疑》刊刻推广，此书在清初由王返朱的学风转换之中，发挥了重要的作用。

四、来自调和派的声音

当然，也有站在阳明学的立场，或者说持程朱、陆王折中调和的观点的学者，比如编有《理学宗传》的孙奇逢。在他的书里，程、朱、陆、王等十一子并入《传宗录》，他持有的就是"各具一得"的观点。他还说：

> 建安没，天下之实病不可不泄；姚江没，天下之虚病不可不补。守建安者，谓建安何病，病在姚江之支离。守姚江者，亦极言姚江无病。……朱则成其为朱，陆则成其为陆，圣贤豪杰，豪杰圣贤，即有不同，亦不失建安、姚江面目，又何病焉？
>
> 盖陆王乃紫阳之益友忠臣，有相成而无相悖。[1]

孙奇逢的观点很明确，程朱与陆王二者相资互补，"有相成而无相悖"；二学有不同，并不因此而失去自己的面目，故而都没有大的弊病。

还有编撰了《明儒学案》与《宋元学案》的黄宗羲，也持有同样的观点：

> 阳明子为《朱子晚年定论》，虽或有出于早年者，其大意则灼然不失也。一辈学人，胸无黑白，不能贯通朱子意，但惊怖其河汉，执朱子未定之论，不敢信孔、孟，并不敢信朱氏，是岂朱子之所欲哉！[2]

---

① 孙奇逢：《寄张蓬轩》《与魏莲陆》，《历代"朱陆异同"文类汇编》第4册，第1—2、4页。
② 黄宗羲、全祖望：《晦翁学案》，《宋元学案》卷48，第1555页。

他还说过："学问之道，以各自用得着者为真，凡倚门傍户、依样葫芦者，非流俗之士，则经生之业也。"① 所以他认为《朱子晚年定论》"大意则灼然不失"，为学之关键在于"贯通"，而不是疑为"未定"而"不敢信"。也就是说，将朱子早、中、晚年之学加以综合理解，然后落实于"各自用得着"即可，其中即便夹杂早年的文字也不必"惊怖"，更不必区分程朱、陆王如同"河汉"。这一观点其实与王阳明本人也相近，故未对《朱子晚年定论》明显的错误提出批评。

还有施闰章，他撰有《朱陆异同略》一文，其中说：

> 朱陆之立教不同，其同归于性学，一也。其归既同而不能无异者，同源而异流，其从入之门径然也。……异即不必讳也，亦不害其为同，以颜、曾、由、赐同出于夫子之门，所得不无小异，要不谬于圣人。夫子不云乎"殊途而同归，一致而百虑"？②

他所强调的也是不必太过在意二者之异；其异也只是门径之异，而非"性学"之异。所谓"同源而异流"，二者都是孔子传下的儒门正学。

就为学的方法的不严谨而言，王阳明这两个文本的选择，确实给后人留下了议论的话柄。清初尊朱一系的学者，在辨析朱陆、朱王之异同时，基本观点都与张烈非常接近，而其深度则往往不如张烈。他们认为王学与陆学一样，都掺入佛老，故而当为异学，且与朱学并无相合之处。他们观点背后的目的就是独尊朱学。他们抓住的一个把柄，就是王阳明为学态度不严谨。特别是王阳明所编定的《朱子晚年定论》与所倡导的《古本大学》以及对《大学》的新诠，应该说确实存在为学上的问题，这才是引发众多异同之辨的关键所在。持折中调停态度且偏向陆王一系的学者，

---

① 黄宗羲：《明儒学案发凡》，《明儒学案》卷首，第15页。
② 施闰章：《朱陆异同略》，《历代"朱陆异同"文类汇编》第4册，第119—121页。

除了比张烈等人稍晚的李绂之外，一般不多谈论《朱子晚年定论》与《古本大学》两大文献的是非，也较少对朱陆或朱王的异同加以讨论，只是含糊地强调异同不必辨，以及程朱、陆王本当殊途同归。

第二节　阳明学与佛道二氏

朱子虽然也曾出入释老，然而在后期对于异端的批判特别严苛，特别是针对释老之学。他曾说："异端之说日新月盛，以至于老佛之徒出，则弥近理而大乱真矣。"[1] 朱子认为二程既没，"其高弟多流于禅"[2]；也认为陆学即禅学，如"胸中无奈许多禅何""只是禅""本是禅学"[3] 等等。因此张立文先生说："尽管朱陆之争的问题不断深入变更，但朱熹指摘陆学为禅学始终不变。"[4] 当然，陆九渊也曾在给朱熹的信中说："尊兄两下说无说有，不知泄露得多少。如所谓太极真体、不传之秘、无物之前、阴阳之外、不属有无、不落方体、迥出常情、超出方外等语，莫是曾学禅宗，所得如此？"[5] 此条陆九渊说明的事实是，宋代流行的部分理学术语来源于禅学，这自然没有什么问题。总的来看，陆学指摘朱学佛禅，远远比朱学指摘陆学要少得多。进入明清之后，儒家与佛老的对峙持续着，程朱、陆王的对峙也持续着，将王阳明及其后学视为"禅"或"近禅"，自然也是一个普遍现象，而且具有压倒之势。此处的分析以张履祥、张烈这两位学者为例。

---

① 朱熹:《中庸章句序》,《四书章句集注》,中华书局1983年，第15页。
② 《朱子语类》,第8册,中华书局1986年，第2555—2556页。
③ 《朱子语类》卷124《陆氏》,第2978页。
④ 张立文:《心学之路：陆九渊思想研究》,人民出版社2008年，第237页。
⑤ 陆九渊:《与朱元晦》,《陆九渊集》卷2《书》,中华书局1980年，第30页。

一、张履祥批"阳儒阴释"

作为清初"辟王学的第一个人"，张履祥批判王学的主要观点就是：王学乃"阳儒阴释"。其后学陈梓认为张履祥所著的《评传习录》"洞揭阳儒阴释之隐，以为炯鉴。……障姚江之澜，直穷其窟"①。

事实上，张履祥特别注意学术的正邪、纯杂。他曾特别指出，朱子的《杂学辨》一书，学者们应当先读。他说："朱子集第六十七卷《杂学辨》学者不可不先看。于此见得分明，辨别个纲领界分，便能不为诐淫邪遁所惑。"②为学的第一步就是辨别"纲领界分"，然后才能不为异端的"诐淫邪遁所惑"。

关于佛老对儒学的影响之大，张履祥说：

> 世教陵夷，正学晦蚀，今人无论知愚，无不从事老佛者，然老终不如佛之盛。间有生质醇厚，于圣贤义理亦知慕悦之者，终不脱两取兼存之习，盖其胸中无主，虽不至明背圣贤，而实则重在老佛云尔。③

在他看来，明清之际，几乎"无不从事老佛"，且佛更盛于老，最终导致即使想去学习圣贤的义理，也不免受佛老影响，进而导致其虽学圣贤而非真的圣贤之学。而问题的关键则是佛学的影响力太大，若不严加防范，想回归圣贤也难免"胸中无主"了。

导致晚明以来"正学晦蚀"现象的关键就是王学的泛滥，也就是说王门讲学"阳儒阴释"的为学态度，使得王阳明及其后学对于佛道都太过随便，以至于"阐扬异教"，甚至倡"三教一门"。张履祥说：

① 陈梓：《张履祥小传》，载《杨园先生全集》附录《节录诸家评论》，第1528页。
② 张履祥：《备忘三》，《杨园先生全集》卷41，第1139页。
③ 张履祥：《备忘四》，《杨园先生全集》卷42，第1174页。

闪烁变幻，总不出"知行合一"之旨。"不排"二字，是三教一门本领。所论往往首是末非，或首尾俱非中间是，或首尾俱是中间非，正所谓假窃近似以文其奸也。岂知本领不是凭他覆盖掩饰，终不得而隐其情也。[1]

姚江大罪，是逞一己之私心，涂生民之耳目，排毁儒先，阐扬异教。而世道人心之害，至深且烈也。[2]

王阳明有出入佛道二氏的为学经历，自认为"于二氏有得"，对佛教、道教的理论有所吸收，带有三教合一的倾向；在治学过程中，因为吸收了各种思想资源而有"学之三变""教之三变"的变化。所以在张履祥看来，王阳明所论有"首是末非"等问题。王阳明论学在儒学中夹杂二氏，虽尽力"覆盖掩饰"，但还是"不得而隐其情"。这里所反映出来的还是王阳明治学不够严谨，其实质是逞一己"私心"，而使学术越来越不纯正。如果从阳明后学的表现来看，张履祥所指出的这些弊病确实存在，王学对于"世道人心"的危害也在后来渐渐明显起来。

张履祥还说：

昔之异端在正道之外，今之异端在正道之中。孟子辟邪说以正人心，正以圣人言仁义，杨墨亦言仁义，同是尧舜，同非桀纣，而所以不同处，则有淄渑白黑之判。今之为邪说者，莫不假托圣人之言，以文其说，犹所谓傅会经义也。约而言之，盖有数种：曰知行合一，曰朝闻夕死，曰殊途同归，曰体用有无，曰权以济经，曰大德不逾，小德出入，曰未发之中，曰求其放心，曰孔颜之乐，曰尽心知性，曰寂然不动，退藏于密。若此者，探本穷原，不出于释老，则出于功利，否则调停两可，执中无权而已。学术不明，祸乱肆起，率以比也。种

---

[1] 张履祥：《传习录总评》，载苏惇元：《张杨园先生年谱》，《杨园先生全集》附录，第1514页。
[2] 张履祥：《备忘三》，《杨园先生全集》卷41，第1138页。

种看破，方不为所惑乱。①

张履祥甚至还指出王学工夫论来自佛道"异教"："非信姚江也，信其言之出入于
释老，而直情径行，可以无所顾忌，高自许可，足以目无古人也。"② 具有"直情径
行"或"直捷径省"特点的工夫论，与王阳明"排黜程朱""阐扬异教"的为学态
度相关。

二、张烈力辟佛道的条分缕析

张烈是官方学者之中最为关注学术正邪问题的，对于佛道二氏的影响有着激烈
的批判。对于相关的问题，他的《王学质疑》讨论极多，特别集中在《王学质疑》
之四《杂论》里，几乎是条分缕析，故值得好好来探讨一番。

张烈认为，学术之正邪，是一个关系人心乃至天下国家的大问题。他说：

> 自学术不正，人心乖张，其号为君子者喜事好争，不复知有恻怛平情之论。
> 而所遇者天下国家最难区处之事，安望其不至于决裂而糜烂也。③

张烈之所以要批判学术，还是因为他看到了学术影响之下的士风。士人若心术不正，
则"天下不可为"。所以，张烈曾激烈地批判过隆庆、万历年间的士风：

> 当是时，几案有《楞严》《南华》者为名士；挟妓呼卢，裸而夜饮者为高

---

① 张履祥：《愿学记三》，《杨园先生全集》卷28，第779页。
② 张履祥：《与吴裒仲四》，《杨园先生全集》卷10，第287页。
③ 张烈：《读史质疑五》，载《王学质疑》，《历代"朱陆异同"典籍萃编》第3册，第473页。

致；抗官犯上，群噪而不逊者为气节；矫诈嗜杀，侥幸苟利者为真经济；谨纲常，重廉隅者为宋头巾。举天下庠序之士，如沸如狂，入则诟于家，出则哗于朝。闯、献之形，日积于学，士大夫之心术，而天下不可为。①

在张烈看来，李自成、张献忠等人造反，根源在于学术，在于士大夫的心术，所以他特别关注学术之正邪。他接着还说："故高谈必趋于佛老，佛老必趋于夸诈，夸诈必趋于杀戮。阳明一出，而尽变天下之学术，尽坏天下之人心，卒以酿乱亡之祸。"在晚明之时高谈佛道之学，容易导致夸饰、欺诈，然后造成心术不正，以至于杀戮；同样高谈阳明心学，也容易导致人心败坏，以至于家国乱亡。因此，朱陆异同之辨析，到了明清之际，已经不再是儒学内部的学术问题，而是正统与异端的是非问题了。

张烈批判王学，也指出王学牵引佛道二氏。张烈说："盖象山、阳明之说，禅门直指人心之说也，圣门无是也。特以身为儒者，不敢显然谈禅，而借孟子之本心、良知，以附会其说。"②

王阳明《传习录·答周道通》："自家痛痒，自家须会知得，自家须会搔摩得。既自知得痛痒，须不能不搔摩得。佛家谓之方便法门，须自家调停斟酌，他人总难与力。"对此，张烈的按语说："此明明引佛矣。"然而陆陇其却在此条下另有按语说："此条语却要切，只当辨其言之是不是，且不必论其引佛非引佛也。"③其实宋明儒者大多熟悉佛教语录，佛教的许多说法已经成为常识，故王阳明举佛家有"方便法门"之说，强调自己身上的弊病必须自己去体察、克治，这确实无所谓引佛或落入佛学。陆陇其的按语很有道理。

再看王阳明《传习录·答陆原静》："不思善不思恶时认本来面目，此佛氏为未

---

① 张烈：《读史质疑四》，载《王学质疑》，《历代"朱陆异同"典籍萃编》第 3 册，第 472 页。
② 张烈：《读史质疑四》，载《王学质疑》，《历代"朱陆异同"典籍萃编》第 3 册，第 469 页。
③ 张烈：《王学质疑四·杂论》，《历代"朱陆异同"典籍萃编》第 3 册，第 488 页；陆陇其按语，《四库全书存目丛书》子部第 23 册，影印浙江图书馆藏清钞本，第 91 页。

识本来面目者设此方便。本来面目，即吾圣门所谓良知。今既认得良知明白，即已不消如此说矣。随物而格，是致知之功，即佛氏之'常惺惺'，亦是常存他本来面目耳。体段工夫，大略相似，但佛氏有个自私自利之心，所以便有不同耳。……只是一念良知，彻头彻尾，无始无终，即是前念不灭、后念不生，今欲前念易灭、后念不生，是佛氏所谓断灭种性，入于槁木死灰之谓矣。"

张烈指出："此又明明供出从佛来矣，末乃避讳一语曰'但佛有自私自利之心，所以不同'。"还说："先生前既为己回护，后又为佛回护，展转闪烁，欲盖弥彰，毋乃遁辞之穷欤？今且问不灭不生等语《论》《孟》中有此否？传注中有此否？"从此条来看，张烈还是以坚持所谓儒学正统的态度来看王阳明。《论》《孟》之中自然无佛学术语，然而王阳明之所以用佛学的术语、方法来作比拟于"良知"，还是希望当时早已熟悉佛学术语、方法的士人们能够更加理解良知之学。王阳明对于儒、佛的分别，一直是说得很清楚的，并非从佛中来之后"避讳"几句，此条说儒与佛的不同之一是"佛氏有个自私自利之心"，另一是佛氏讲念之时"前念易灭、后念不生"，"入于槁木死灰"。

张烈还说："王子特欲畅其所得于佛老，假借圣门名目，破裂文理，以强伸其说耳。自大慧以改头换面教张子韶，直至阳明而其术大展，此何等肺肠而可以言学耶。"[①] 这一说法也是论据不足，近期欲加之罪了。

王阳明《传习录·答陆原静》："良知一也，以其妙用谓之神，以其流行谓之气，以其凝聚谓之精。真阴之精，即真阳之气之母；真阳之气，即真阴之精之父。良知之说明，此类皆可不言而喻。不然则如来书所言，三关七返九还之属，尚有无穷可疑者也。"张烈抓住此处"牵入仙家"近似道家学说，提出批评说：

此又将良知牵入仙家矣。不知《论》《孟》中有此议论否？孟子始言良知，亦言良知即精气神否？师弟讲求如此，于明伦修道何与？于五经、四书何与？

---

① 张烈：《王学质疑四·杂论》，《历代"朱陆异同"典籍萃编》第3册，第452页。

> 阳明得力原本二氏，显证如此，当日只宜专学二氏，不必窜入圣门转换涂抹，致使儒不成儒、释不成释，惑人无已也。[①]

张烈的批评当然有一定的道理，不过也得明白为什么此条要涉及道家。从此书信来看，周道通的来书已经在讲道家的"元神""元精""元气"以及"三关七返九还"等等，王阳明要回答就不能不涉及道家术语。仔细看王阳明原文，他不是将道家牵入儒家，反而是以儒家诠释道家的术语了。王阳明讲的"真阴""真阳"确实是道家术语，此类议论确实在五经、四书中无，然而非原始儒家的议论若有助于说明神、气、精与良知的关系，引用之也未尝不可。关于《答陆原静书》之首条，张烈说：

> 言妄心照心、恒动恒静等语，此皆径求心之病也，古之正心者无此说。惟审求义理，真为善、实去恶而已。孔门止予人以恭宽信敏、言讱事贤等法，不必真求心，心将自正。径求心，则愈解愈支、愈执持愈乖谬，不胜其病。[②]

由此条可知，张烈反对王学求心，转而讲求践履的笃实，从下学上用功。其实，他只是认为程、朱的路子更适合"下学上达"，更为平实，而王学求心的路子则不够平实。至于说王学的"求心"非古圣贤的"正心"，此判断则缺少根据了。

王阳明《传习录·答周道通》："自己良知，原与圣人一般，若体认得自己良知明白，即圣人气象不在圣人，而在我矣。"对此，张烈说：

> 语似直截，然大有病。圣人气象，宽平和厚，由从容涵养久而得之。自认良知者，一时虚浮之见耳，遂冒谓圣人气象在我，愈资其无忌惮矣。[③]

---

① 张烈：《王学质疑四·杂论》，《历代"朱陆异同"典籍萃编》第 3 册，第 449 页。
② 张烈：《王学质疑四·杂论》，《历代"朱陆异同"典籍萃编》第 3 册，第 449 页。
③ 张烈：《王学质疑四·杂论》，《历代"朱陆异同"典籍萃编》第 3 册，第 449 页。

张烈认为圣人气象需要"从容涵养久而得知"，而王阳明却说得"直截"，似乎圣人气象只要一体认到便可"在我矣"，这么说确实有只是获得一种"虚浮之见"的可能，有"无忌惮"的可能，特别是在现成的良知说之中。张烈的担忧不无道理。

王阳明《答罗整庵少宰书》说："凡执事所以致疑于格物之说者，必谓其是内而非外也，必谓其专事于反观内省之为而遗弃其讲习讨论之功也，必谓其一意于纲领本原之约而脱略于支条节目之详也，必谓其沉溺于枯槁虚寂之偏而不尽于物理人事之变也。审如是，岂但获罪于圣门，获罪于朱子？是邪说诬民、衃道乱正，人得而诛之也。"

张烈则说："此书甚美，而狂悖尤甚。盖当时诸儒无如整庵笃实者，规切直中阳明之病，故阳明迫急而为此书。……呜呼！获罪圣门、获罪朱子，邪说诬民、叛道乱正，先生果如所云矣！虽尽力分疏，拒人之攻己，不知实蹈其罪，无由免也。"[1]罗钦顺对王阳明的指摘，张烈显然非常认同。所谓"此书甚美"是说此书信正好暴露了王阳明学说的种种弊病，以及为自己辩护的"迫急"。

张烈在对于王学的批判中，也认为王学"无善无恶"来自禅学。他说：

> 阳明言"知善知恶是良知"是矣，谓"为善去恶是格物"，已牵强不伦，犹未甚害于理也。必曰"无善无恶心之体"，其徒遂举意知物，悉以无贯之，谓无善恶为秘旨，知善恶为权教，诧为天机漏泄。颜子、明道所不敢言，何无忌惮之甚也！夫无善无恶，不过如所谓不思善不思恶，是明上座本来面目也，非禅而何？
>
> 但所谓良知，正佛氏所呵为昭昭灵灵第八识，不断为生死根本者。恐其见嗤于禅人也，故又言无善无恶以盖之，而其徒遂显然言禅言仙，谓"良知"二字，足以贯通三教。[2]

---

① 张烈：《王学质疑四·杂论》，《历代"朱陆异同"典籍萃编》第 3 册，第 450 页。

② 张烈：《读史质疑四》，载《王学质疑》，《历代"朱陆异同"典籍萃编》第 3 册，第 471 页。

他认为王阳明的四句教中，只有"知善知恶是良知"一句没有什么毛病；"为善去恶是格物"已经牵强，但还不至于违背正理；最大的问题就在于"无善无恶心之体"，因为此句可以推出意、知、物都是无，也即陷入禅学"权教""天机"之类，讲求顿悟的学说，最终将导致无忌惮之流，也就绝非儒家正学了。

总之，宋明理学的发展，就是在吸收佛道术语、方法的基础上发展起来的。清初的理学家坚持儒家原旨虽然有一定意义，但也太过刻意了。王阳明得力于佛道二氏，导致"儒不成儒、释不成释"，这么评价虽有一定道理，但也显得不符合王学发展的实际。王门后学有近禅者，然也有许多不近禅者，或者说虽学于禅然与禅毕竟有异者。所以说，张履祥、张烈的此类批评太过严苛了。

第三节　阳明学者的为人与为学

与将王学或王门后学划入佛道二氏相关的，还有清初学者对王阳明及其后学的批判，多从为人与为学的角度展开。承接上文，此处也以张履祥、张烈为例来探讨清初学者如何看待阳明学者的为人与为学问题。

张履祥首先抓住了王阳明为学态度的不严谨，认为其学术往往有骄吝、诳人等弊病。他在《传习录总评》中就批评其骄吝：

> 一部《传习录》，只"骄吝"二字可以蔽之。姚江自以才智过人，又于二氏有得，逞其长以覆其短，故一意排斥儒先。盖思《论语》曰："如有周公之才之美，使骄且吝，其余不足观也已。"世以陆、王并称，实则不同。王较陆尤多欺己诳人之罪，其不能虚己逊志，则一而已。[1]

---

[1]　张履祥:《传习录总评》，载苏惇元:《张杨园先生年谱》,《杨园先生全集》附录，第1514页。

这里张履祥引《论语·泰伯》之中的话来说明"骄吝"。朱熹对该词的解释是矜夸、鄙啬。如果学者的治学态度流于骄吝，那么"其余不足观"。为学过分自以为是，以自己意思为圣人意思并以此欺骗他人，学术也就无所谓学术了。骄吝的源头，就是学者的私心。所以"学者第一是先去己私，己私莫大乎骄吝。姚江著书立说，无一语不是骄吝之私所发。又其言闪烁善遁，使人不可把捉，真释氏之雄杰也"①。在张履祥看来，"骄吝之私"不是儒者的传统，而是佛教的特点，这应该只是他个人的看法。他还说：

> 姚江"良知"二字，特其借用名目，其意只欲佐成直捷径情之说耳。因孟子有"不学而能""不虑而知"之语，故借之作证佐，实未尝服膺孟子也。②

张履祥说王阳明故意借用孟子的"良知"二字，这种故意借用还是因为"骄吝之私"，而事实上则是在讲佛学，讲"直捷径情之说"。

张履祥还说："阳明才高而德薄，故无所往而不见其骄吝。"③这一评语则将为学与为人结合起来了，可以说是清初一些理学家极端排斥王学的一个思想基调。

官方学者张烈的辟王学，也有针对王阳明其人的观点。他的批判比张履祥更为过分。他说："弘治己未，阳明成进士。其年六月，孔庙灾。九月，建阳书坊灾。盖阳明之出，孔、朱之厄也。天象昭著，人不及知耳。"④这一所谓"天象昭著"，确实是过度了，难怪四库馆臣也说："至以守仁弘治己未登第，是年孔庙灾，建阳书院亦火，为守仁所致之天变，尤属凿空诬蔑。是皆持之过急，转不足以服其心者也。"⑤

张烈还认为："彼王氏者，好高逞辩，导后学以妄诞浮夸，而道术为天下裂，如

---

①　张履祥：《备忘四》，《杨园先生全集》卷 42，第 1173 页。

②　张履祥：《备忘二》，《杨园先生全集》卷 40，第 1092 页。

③　张履祥：《愿学记三》，《杨园先生全集》卷 28，第 769 页。

④　张烈：《读史质疑四》，载《王学质疑》，《历代"朱陆异同"典籍萃编》第 3 册，第 470 页。

⑤　《子部儒家类存目三》，《四库全书总目》卷 97，《景印文渊阁四库全书》第 3 册，第 133 页。

之何其可并存而两用也?"张烈论为何要严苛辨明朱王时说:

> 若阳明则虚浮飘荡,假借可以御人,按实终非妥确。望其藩篱者,皆欲扬眉努目,自标宗旨,乱儒术而坏人心,莫此为甚。此而不知辨明,是终无以见孔子之道也。夫善恶两存者,总成其为恶;邪正并立者,总成其为邪;王霸杂用,只成其为霸;儒佛合一,只成其为佛。譬之白置黑内,只成其为黑也,白不可复见矣。毒置食中,只成其为毒也,食不可入口矣。[①]

他认为王学容易导致"假借",异端如佛道,借王学而"乱儒术而坏人心"。此处所谓"扬眉努目"即与佛学有关,因此不明辨何为儒家正学,就无法真正明辨孔子之道。再者,辨学为何必须严苛?因为善与恶并存,二者最终都变成了恶;其他如邪正、王霸、儒佛都一样,若并存,则正的一方也会变质。这就好比将白的置于黑的之中,白的就不见了;将有毒的置于食物之中,则食物不可食用了。张烈说:

> 阳明天资雄放,其于循循讲习,循规蹈矩,实所不耐。及一旦有得于佛、老,与象山旨合,喜其与己便也。自私所好,亦可矣,不宜以此讲学。独辟宗旨,举圣贤经书,直欲以此意强贯之,真谓"六经注我",随意驱驾,何所不可![②]

张烈从学风上对王阳明以及王学展开批判,认为王阳明以其"天资",不耐烦"循循讲习,循规蹈矩"。张烈认为王阳明将佛老宗旨拉入儒学,是因为其与陆九渊的学说相合,也是因为这样可以为自己的讲学提供方便之门。他认为这种治学方法,作为私好则可,作为讲学的宗旨则不可。王学的根本问题还有以圣贤的经书来强意

---

① 张烈:《王学质疑·自序》,《历代"朱陆异同"典籍萃编》第3册,第431—432页。
② 张烈:《王学质疑五·总论》,《历代"朱陆异同"典籍萃编》第3册,第455页。

诠释自己的宗旨。所谓"六经注我"，"随意驱驾"经典，则任何学说都可以打扮得道貌岸然了。这里说的就是王阳明的《大学》诠释问题，这也是张烈《王学质疑》的重点所在。

对于王门学者，张烈也从学风上进行了批评：

> 今诋学朱子者，曰支离也，玩物也，义外也。讲求制度名物者，谓增霸者之藩篱；而温清定省之仪节，等于扮戏。以是垂则后学，其谁不曰"吾自有良知"，六经任我驱使，读书训诂可鄙也，而穿凿武断、离经背道之讲说，显行于世矣；谁不曰"吾自有良知"，制度仪节，傀儡具耳，而苟且佻薄、简略戏慢之行，众以为风雅圆融，无可无不可矣；谁不曰"吾自有良知"，公议皆世俗之论，名教特形迹之粗也，甚至踪迹诡秘，举良知以自解，曰"吾一念自信"而已。乡评不许，举良知以自文，曰"良知自信，乃贤者所为，与乡党自好者不侔也"，而贪色好货、争名角利之习，可肆行而无忌矣。故单提本心良知者，予人以假借掩饰之题，挟高欺人，足以陵蔑君子，开不肖者方便之路，而及其既为不肖也，并掩饰假借亦可不用，此必至之势也。[①]

王门学者诋毁朱子学，认为朱子学支离、玩物、义外，特别反对讲求制度名物与温清定省之仪节。然而王学自身"谁不曰吾子有良知"，"良知"成为种种败坏礼教的弊病的借口，于是"穿凿武断、离经背道之讲说显行于世"，"苟且佻薄简略戏慢之行，众以为风雅圆融"，以及认为"公议皆世俗之论，名教特形迹之粗"。于是是非的标准就丧失了，这就会导致"踪迹诡秘，举良知以自解"，"乡评不许，举良知以自文"，"贪色好货、争名角利之习，可肆行而无忌"。"良知"二字，给予人"假借掩饰"的理由，"挟高欺人"，"开不肖者方便之路"，这在张烈看来几乎就是万恶的根源。

---

① 张烈：《王学质疑五·总论》，《历代"朱陆异同"典籍萃编》第 3 册，第 454 页。

张烈接着说：

> 夫言本心，言良知，以是救夫专事口耳、不治身心者，诚良药也。朱子固屡言之矣。若以是鄙弃一切，长傲恣胸，决堤防，破崖岸，蹈擎拳竖拂，呵佛骂祖之余智，则圣门之罪人也。言本心，言良知，使人读圣经贤传，字字触其本心，动其良知，巽顺抑畏，以听命于孔、孟、程、朱，则圣人之徒也。若以是目空千古，动称颜子没而圣学亡，自处甚尊，而不过率天下为佛老，功利趋于沦骨而不救，则天下之至愚大惑，而可怅可痛者也。言本心使人丧本心，言良知使人丧良知，必至之势，已然之征，宁曰过论乎！[①]

张烈认为，陆九渊讲的"本心"、王阳明讲的"良知"，本可以是治理身心的良药。类似的思想，朱子也曾经屡次讲明。所以张烈批评的不是讲本心与良知，而是如何来讲本心与良知。如果以程、朱的方法来讲本心与良知，"读圣经贤传，字字触其本心，动其良知"，那么也是可取的，也可以成为圣人之徒；如果"鄙弃一切，长傲恣胸"，甚至"目空千古""自处甚尊"，最终导致"言本心使人丧本心，言良知使人丧良知"，那么就不可取了。

---

① 张烈：《王学质疑五·总论》，《历代"朱陆异同"典籍萃编》第3册，第454—455页。

第四章　程朱陆王之辨（二）：学理辨

围绕王阳明及其后学的流弊，清初的理学家们进一步辨析了朱、王二系的差异，对于心即理与即物穷理、知行先后、无善无恶与道性善、尊德性与道问学等命题进行了深度的辨析。这些辨析不只推动了由王返朱转型的发展，还进一步明晰了程朱理学、陆王心学这两系不同的理学思想理论指引下的不同的道德实践路径。与这些命题相关，当时学人对阳明学的批判集中于四句教。浙西的吕留良与陆陇其在四书类的著作之中指出"两种接人法门"与"无善无恶心之体"等都是禅学，区分了"本心"的"心学"与"本天"的"性天之学"。这些辨析，使朱、王二系之学理得到了更为明晰的辨析。

第一节　心即理与即物穷理

朱子承继于二程子而说"事事物物皆有定理"，特别是作了《大学》的"格物致知补传"："所谓致知在格物者，言欲致吾之知，在即物而穷其理也。……即凡天下之物，莫不因其已知之理而益穷之，以求至乎其极。至于用力之久，而一旦豁然贯通焉，则众物之表里精粗无不到，而吾心之全体大用无不明矣。"[1] 于是"即物穷理"之说，便成为程朱一系的标志性修养工夫。王阳明曾经也依照朱子之说进行

---

① 朱熹：《四书章句集注》，中华书局 1983 年，第 6—7 页。

"格竹"，然"劳思致疾"而不得其理，于是说"天下之物本无可格者，其格物之功，只在身心上做"。① 经过龙场悟道之后，王阳明指出："于事事物物上求定理，却是义外也。至善是心之本体，只是明明德到至精至一处便是，然亦未尝离事物。""所谓致知格物者，致吾心之良知于事事物物也。吾心之良知，即所谓天理也。致吾心良知之天理于事事物物，则事事物物皆得其理矣。致吾心之良知者，致知也；事事物物皆得其理者，格物也。是合心与理而为一者也。"② 王阳明反对即物穷理，认为心外无理，天下之物本来就不必去格；当然，他也没有否定外在事物之中含有定理，只是说如何做工夫则属于"义外"。故在他看来，求得天理的最佳工夫就是致良知，也即"心即理"。良知即天理，天理即良知，致良知的工夫也就是"事事物物皆得其理"的工夫，如此方能"合心与理为一"。③ 王阳明为了克服朱子学即物穷理的弊病，方才提出心即理。这一工夫论的转向，后世无论从事朱子学还是阳明学的学者，都有进一步的辨析。其中论证最为详尽，进一步呈现朱子、阳明学术之异同与特点的代表性学者，当数清初朱子学一系的张履祥、张烈等人。从他们的观点之中可以看到，经过阳明心学运动之后，程朱理学实际上在学术体系上也得到了新的发展，确实精细到了牛毛茧丝的程度。

一、张履祥与熊赐履、魏裔介的辨析

张履祥认为，王学之弊关键在于排斥格物穷理，吸收释老而形成了"直捷径省"的工夫论，即好走捷径而提倡直接去体悟良知、天理。在他看来，这是晚明以来"礼教陵夷，邪淫日炽"，学术、风俗败坏的真正根源。他还进一步分析，王阳明之

---

① 王阳明：《传习录》，第 318 条，第 497 页。
② 王阳明：《传习录》，第 2、135 条，第 32、212 页。
③ 王阳明如何通过"良知即天理""天理即良知"等命题而将良知心体提升为普遍客观的超越性实体，参见吴震、刘昊：《论阳明学的良知实体化》，《学术月刊》2019 年第 10 期。

所以在工夫论上排斥穷理，是因为没有弄明白天理与人欲：

> 或疑阳明与朱子同曰存天理去人欲；同是尧、舜，非桀、纣；同云好善而恶恶，安在良知之言有害人心世道？曰：阳明欲排"穷理"二字，而惟心之所发便为天理；又以性善为无善无恶，未尝指气拘、物蔽以为欲。不知何者为天理，何者为人欲也。①

作为理学家，王阳明与朱熹都说"存天理去人欲"，但是王阳明说的天理是指"心之所发"，是心之本体的善，而人欲之恶则是人心"失其本体"。②至于为什么会有人欲，王阳明只强调意念有是有非，对气拘与物蔽的重要性关注不够，将格物转换成了格心，"去其心之不正"③，这在张履祥看来是混淆了天理与人欲。将天理等同于良知，就不需要从外界进行格物穷理，由此导致了"为良知之说者，遂以闻见为次而不足事"④等后果。在工夫论上"好直捷""乐径省"，这弊病在太平盛世、质厚君子处还不严重，到了明末乱世，其祸害就明显起来。张履祥说：

> 近世学者，祖尚其说，以为捷径，稍及格物穷理，则谓之支离烦碎。夫恶支离则好直捷，厌烦碎则乐径省，是以礼教陵夷，邪淫日炽，而天下之祸不可胜言。⑤

他将礼教与风俗的败坏都归于王学，也许还值得另作探讨，但是王学"直捷径情"的工夫论确实是王学走向末路的关键。

---

① 张履祥：《传习录总评》，载苏惇元：《张杨园先生年谱》，《杨园先生全集》附录，第1514页。
② 王阳明：《传习录》，第34条，第94页。
③ 王阳明：《传习录》，第7条，第48页。
④ 张履祥：《备忘一》，《杨园先生全集》卷39，第1060页。
⑤ 张履祥：《与何商隐一》，《杨园先生全集》卷5，第111页。

王阳明"直捷径省"的依据就是"吾心自有天则"。在王阳明这里，天理被纳入内心，"心即理"，故"吾心"成为衡量天理的唯一标准。这一理论弊病很多，张履祥就指出：

> 姚江"良知"之学，其精微之言，只"吾心自有天则"一语而已。夫人性本善，以为天则不具于吾心不可也。然人之生也，有气禀之拘，有习染之迁，有物欲之蔽，此心已非性之本然，故曰："人心之不同如其面也。"夫子之圣，必至七十，然后从心所欲不逾矩。亦谓天则未能即此心而是，故须好古以敏求耳。今以未尝学问之人，而谓吾心即是天则可乎？①
>
> 今之为致知功夫者，多主"良知自有天则"之说，而求其虚静专壹，以俟端倪之自见。虽做到极好，不过如无星之秤，无寸之尺而已。虽间有所见，亦只约略近似，而非至当之则。何况往往失之偏枯浅陋，未必足以通天下之志乎？所以不如穷格事物之理，求规矩权衡于古昔先王也。②

张履祥认为，因为气禀、习染、物蔽等影响，人心与天则之间有一定的距离，盲目地说标准就在自己内心，其弊端还是很明显的。所以他指出："以义制心则可，以心制义则不可。以心制义，安能事事得其当然？"③主张要回归程朱"穷格事物之理"，以外在的天理而不是以内在的良知为准绳，因为人心往往不同而多变，作为规则难以确定。他在反思自己从事王学的经历之后说："吾前时亦为良知之学，于今思之，虽无私心，却多不合天理。"④人心与天理之间还是不能等同的。也就是说，张履祥等人以朱学的角度来批评王学不讲格物穷理，而是信奉"吾心自有天则"，最后导致"师心""任情"，于是失却了评判善恶的标准。

---

① 张履祥：《答沈德孚二》，《杨园先生全集》卷4，第85—86页。
② 张履祥：《备忘四》，《杨园先生全集》卷42，第1198页。
③ 张履祥：《备忘三》，《杨园先生全集》卷41，第1156页。
④ 张履祥：《备忘录遗》，《杨园先生全集》卷42，第1202页。

在张履祥的阐发之中，我们可以看到朱熹的格物论的侧重点有所转变，即从格物转向格事，或者说将物诠释为事。格事也就是无事的"存养"与有事的"省察"，也就是日用之间的修养工夫。这在张履祥与友人的书信中有详细的论述：

> 大抵吾人既有此身，即事事物物不能相离，非如释氏之躏弃事物，而可以独全所谓心性者。是以《大学》之教，先于致知格物，而朱子释之曰："物，犹事也。"其注之详明，则见于《孟子》"万物皆备"之下，有云："大则君臣父子，小则事物细微。"盖凡日用事物，皆非吾之分外，但当随其所至，而求其理以应之，使处之各得其宜，是即所谓道也。故《中庸》曰"不可须臾离"，而《论语》亦云"造次颠沛必于是"也。盖圣人之道，初无表里精粗之别，而吾人之学，不应有内外动静之殊。但恐吾之所养不深，义理不熟，则不免于应之或失其当，而不能无回惑迁就于中，则气质之拘、物欲之蔽，皆有以受之。其功夫只在无事时存养，临事时省察，而见善则迁，有过则改而已。至于读书，亦只以维持此心，其为存养之资有之，其为省察之助亦有之，非与应事接物，别为一种道理也。①

儒家求道，就是在事事物物之中。张履祥认为朱熹所说的"致知格物"，主要就是日用事物上用工夫，也就是格事。他又举例说朱熹在《大学》中解释物即事，在对《孟子》的解释之中讲到物包括君臣父子、事物细微，即凡是在日用事物之中处理得宜，那就是道。"不可须臾离""造次颠沛必于是"②的圣人之道，不分精粗表里、内外动静，都只在应事接物之中。

张履祥将格物转向格事，不再重视物中的知识，而是重视事中的道理，也就是强调在实践之中去体会道，道必须在待人接物的事上实践。这是他反思王学弊病之

---

① 张履祥：《答吴裒仲四》，《杨园先生全集》卷 10，第 680 页。
② 出自《论语·里仁》，原话为："君子无终食之间违仁，造次必于是，颠沛必于是。"

后的选择，这样诠释，则朱子的致知格物之学可以更趋实践，从而也从抽象的道或理具体成为日常生活之中的伦理原则。

再看康熙帝的老师熊赐履。他也认为心即理之说将格物穷理之说当作"徇外"，从而导致内外二分，这才是王学最根本的弊病。他说："阳明之于圣学，只是胡说。"① 对于王阳明的致良知说，则认为"致良知三字无病，阳明说得有病"②。因为"良知"二字出自《孟子》，故说这几个字无病；只是王阳明重新提出，就产生了弊病。那么病在何处呢？他说：

> 谭良知者，皆以物为外，以格物为徇外，不知格物只是穷理，穷理便是尽心，心即理也，理即心也；物即理也，心即物也。理无内外，心有内外乎？心无内外，物有内外乎？无内外，安有精粗？无精粗，安有彼此？即物即知，即格即至，本无二理，本非二事，又何疑焉？③

熊赐履认为，将"格"解释为"至"就是朱子的解释，然而他更强调内心与外物不可分；分，其实是王阳明误解了朱子，也就是误解了格物穷理之学。熊赐履认为"心即理"也可以说，但还应当知道"物即理""心即物"，然后"理""心""物"都无内外、精粗、彼此之分。仔细推敲，他的说法也就是朱子的格物穷理，反对的就是王学的求内而遗外而已。

对于格物问题研究最为深入的当是魏裔介。他著有《致知格物解》上、下卷，收录二程、朱熹及诸儒的格物致知之说，以及他自己所作的格物致知辨。魏裔介认为，"致知格物之说，乃圣学首务"④。他对于格物的理解以程朱为准，所以他说："格

---

① 熊赐履：《下学堂札记》卷3，《四库全书存目丛书》子部第22册，第80页。
② 熊赐履：《闲道录》卷中，《四库全书存目丛书》子部第22册，第30页。
③ 熊赐履：《闲道录》卷下，《四库全书存目丛书》子部第22册，第32页。
④ 魏裔介：《朱子格物致知或问答》，《致知格物解》卷上，《四库全书存目丛书》子部第20册，齐鲁书社1995年，第411页。

物之义，古人自志学以后，无非此事，故不必赘言耶，然程子释之，朱子补之，则亦圣经贤传之互相发也。"① 他对于程朱一系的格物说推崇备至，认为古代的圣人都在讲格物，而程朱之说不过是与上古的圣经贤传互相发明而已。

因此，魏裔介反对陆王一系心即理之说：

> 致知格物之说，乃圣学首务，故程子论之最详。朱子恐后人不守穷理之说，而事幽深恍惚之论。既补其传，又于《或问》发明之。……道之不明于天下也久矣，以昌黎之贤，而于格物致知，不能无遗漏之患，自程朱传注之后，若晦若明，续而复断者，又数百年于此也。②

这里所谓"幽深恍惚之论"指的就是佛老与陆王之学。对于格物异同的辨说，就是魏裔介编撰《致知格物解》的目的所在。他说："良以此二字，数百年以来，几如聚讼，故详考深究，历述诸家之说而真折衷之，欲以永断异说之纷纷也。"③

魏裔介的《致知格物解》特点有二：一是对王阳明驳朱子的反驳；一是对程朱格物说的补正。先看魏裔介是如何对王阳明之驳朱子格物论进行反驳的，其得失如何也值得加以推敲。

王阳明说："先儒解格物为格天下之物。天下之物，如何格得？且谓一草一木，亦皆有理，今如何格？纵格得草木来，如何反来诚得自家意？"④ 这里提出的是一个特别重要的哲学难题，即众物之知识之理与吾心之道德之理的关系、知识与美德的关系。对此，魏裔介反驳说：

> 详味阳明之意，盖以紫阳所谓天下之物者，疑于泛览博涉，袭取夫义无所

---

① 魏裔介：《致知格物解》卷上，第 407 页下
② 魏裔介：《朱子格物致知或问答》，《致知格物解》卷上，第 411 页。
③ 魏裔介：《寄孙征君锺元书》，《兼济堂文集》卷 9，中华书局 2007 年，第 223 页。
④ 王阳明：《传习录》，第 317 条，第 493 页。

自得于己。……善乎朱子之言曰物格则知性之谓也，固非措其心于幽深恍惚之域，亦非役其心于浅近支离之间，本原既已昭晰，即多识无非融会浃洽，而岂耽耽焉一草一木之是格也。①

王阳明批评朱子格物：其一，天下之物众多如何能够格得过来；其二，格得一草一木等众物的知识之理，又如何成为自己内心的道德之理。魏裔介则认为王阳明并未读懂朱子，因为朱子所谓格天下之物，并非求于博览，而是格物以求知性。再者，格一物，并不是沉溺于一物；格众物，并不是将人心放失于浅近支离的众物。格物是为了探明本原，明理知性；多格物是为了对格物所求得的理更为融会贯通。

就格物的目的，魏裔介还说：

> 如今为学而不穷天理、明人伦、论圣言、通世故，乃兀然有心于一草一木之间，此是何学问？②

> 人皆知言本，而不知明德之为本；人皆知言末，而不知新民之为末；人皆知言本末，而不知本末合而为物格者，格此而已，岂有他哉？然所谓求至乎其极，极者何也？曰：即所谓至善也。物无不善，格者至于至善，故在止于至善，其功尤在于格物。③

在他看来，为学的根本还是在于明德，而不是止步于一草一木。然而，如何才能明德呢？需要将天理、人伦、圣言、世故四者结合起来。再者，明德为本，新民为末，而格物则是本末的结合。也就是说，明德、新民，都需要做格物的工夫，最终则指向于至善。所以魏裔介说："夫惟显微无间，精粗一致，直窥夫天人合一之大原，而

---

① 魏裔介：《致知格物非去其不正以全其正辩》，《致知格物解》卷下，第 417—418 页。
② 魏裔介：《朱子格物致知或问答》，《致知格物解》卷上，第 411 页。
③ 魏裔介：《致知在格物论上》，《兼济堂文集》卷 14，第 367 页。

不忽其用力之方，于是乎穷理之学，乃以有功于天下。"①格物工夫需要做得"显微无间""精粗一致"，并且"直窥"天人合一的本原。也就是说，心与物的合一，还是在于细密而又明晰的先后次第，可以循序而渐进的格物穷理工夫。

魏裔介还批评王阳明古本《大学》说，特别是他对"格物"一词以及"诚意""正心"等条目的解释。王阳明说："格者正也，格物如孟子大人格君心之格？是去其心之不正以全其本体之正，但意念所在，即要去其不正以全其正，即无时无处。不是存天理。""致知者，意诚之本也。然亦不是悬空的致知。致知在实事上格，如意在于为善，便就这件事上去为；意在于恶，便就这件事上去不为。去恶固是格不正以归于正，为善则不善正了，亦是格不正以归于正也，如此则吾心良知无私欲蔽了。得以致其极，而意之所发，好善去恶，无有不诚矣。诚意工夫实下手处在格物也。"王阳明训"格"为"正"、"物"为"意之所在"，从而提出致良知之说，魏裔介批评道：

> 而去不正以归于正者，乃为诚意之实功。由是心之良知，更无障碍，得以充塞流行。……去其心之不正，以全其本体之正，是犹正心之说也。但意念所在。即要去其不正，以全其正，即无时无处，不是存天理，是犹诚意之说也。②

这里其实魏裔介也是在说，王阳明的致良知之说认为格物即正心，将格物致知与诚意、正心混淆了。魏裔介还说："圣贤之理，条分缕悉，井然不乱，岂有架屋叠床，而重复失次者哉？"王阳明的解释将《大学》所说的各个条目的工夫次第重叠、混同，这在魏裔介看来，是不合于《大学》原旨的。圣贤著《大学》，所谓八条目的工夫次第，当是一环接一环，条理分明，井然有序，不会如王阳明所介绍的那样叠床架屋、重复失次。王阳明倡导古本《大学》，如此解释"格物"等条目，是为其

---

① 魏裔介：《致知在格物论下》，《兼济堂文集》卷14，第368页。
② 魏裔介：《致知格物非去其不正以全其正辩》，《致知格物解》卷下，第417页。

致良知说张本。魏裔介等人批评阳明对格物的诠释，也就认为其致良知说失去了依据。类似的批评，我们在下文将会提及的张烈《王学质疑》之中也可以看到。

魏裔介对于朱子格物说也进行了一番补正。他说：

> 仰则观象于天，俯则观法于地，观鸟兽之文与地之宜者，伏羲之格物也；仰以观象于天文，俯以察于地理。是故知幽明之故，原始反终，故知生死之说者，孔子之格物也；能尽其性而尽人物之性，以参赞化育者，《中庸》之格物也；道性善而称尧舜，四端之发，扩而充之，火然泉达者，孟子之格物也。
>
> 自伏羲、神农、黄帝、尧、舜，以至于禹、文、武、周公、孔子，未有不从事于格物之学矣。穷理、尽性、至命，一以贯之，更无余义。①

魏裔介以先秦的《周易》等相关文献，说明格物作为工夫，可谓早已有之，甚至说古代圣贤也都"从事于格物之学"。其实这是以程朱的格物理论来诠释《周易》等文献。如此做的目的就是增强程朱格物说的典范性。

魏裔介还说：

> 《诗》曰："天生烝民，有物有则。"凡物未有无则者。所谓有耳目，则有聪明之德；有父子，则有慈孝之心是也。孟子曰："万物皆备于我矣。"理一本而万殊。万珠而归一本，盖不知物之为我，我之为物也。如是而物之为物，亦可大识矣。

此条是以程朱的格物说来重新诠释《诗经》《孟子》。在魏裔介看来，物之则即是物理，故"有物有则"是在说"物格而后知至"。孟子的话在陆王看来是反求本心，在魏裔介看来则是"一本万殊"与朱子《补传》"万物之理""吾心之用"的关联的

---

① 魏裔介：《与少宰孙北海论格物书》，《致知格物解》卷下，第413页。

说明。

魏裔介还说：

> 夫万物一物也，万理一理也，圣贤非不欲直截从事，而必于推究考索之者，盖本末合而成物，以本遗末者亦非也。是以程子谓一物格而万理通，虽颜子亦未至此。而《或问》以文言之学聚问辨；《中庸》之明善、孟子之知性、知天证之，正夫子所谓博、约合一之功耳；而岂徇外夸多，与世之博物洽闻看同耶？①

此处，魏裔介为程朱格物说进一步作了补正。所谓"直截从事"，陆王学的进路；"推究考索"，朱子学的进路。他认为之所以格物即推究考索，是因为"物有本末"，"万物一物"，"万理一理"，故而需要合其本末以求之。朱子《或问》将格物说结合《周易》《中庸》《孟子》等进一步讲明，将"明善""知性知天"与孔子的"博文约礼"等合而为一，所以程朱格物说就是孔孟之学的正宗，绝非陆王一系学者所谓的"徇外夸多""博物洽闻"。

魏裔介也说：

> 致知而遗物以为知，则流于空虚而无实；致知而逐众物以为知，则又近于玩物丧志。格者格其一物之不离众物也，格其物，物之合为一物也。格其一物之不离众物，则吾心之理岂能遗乎天下？格其物，物之合为一物，则天下之物主能越于吾心？②

此处说"遗物以为知"，说的当是陆王一系只讲求吾心，就会"流于空虚而无实"。这里所讨论的问题的出发点，似乎参考了王阳明的《答顾东桥书》。王阳明认为朱

---

① 魏裔介：《朱子格物致知或问答》，《致知格物解》卷上，第411页。
② 魏裔介：《致知在格物论上》，《兼济堂文集》卷14，第90页。

子格物说近于玩物，魏裔介则认为"逐众物以为知"才是玩物，因为格物的根本还
在于吾心。所以说，格物应当既非"遗物"也非"逐物"，而是体察物理并归于吾
心；一物又一物去格，然后将众物"合为一物"，"天下之物"主宰于吾心。这种心
物关系的诠释，可以说吸收了王学的某些因素，或是在王学的启发之下，对程朱的
格物说作了某些补正。

二、张烈对心即理的批判

与张履祥等人相比，张烈在《王学质疑》之中更是特别设立了一小卷以专门批
判王阳明"心即理"的命题。他说：

> 阳明说宜云"有心必有则"，岂时人，孔子亦义外欤？天下无心外之事，
> 故求诸事，正所以尽此心，无心外之理，故求诸理，正所以尽此心。[1]

此处张烈将王阳明的心即理理解为"有心必有则"，显然有误。为什么会有此误解？
这当与后来在阳明后学之中进一步发挥的"吾心自有天则"一语有关。尤时熙在讨
论格物时说："愚妄意格训则，物指好恶，吾心自有天则，学问由心，心只有好恶
耳，颇本阳明前说。近斋乃训格为通，专以通物情为指，谓物我异形，其可以相通
而无间者情也，颇本阳明后说。"[2] 王畿则说："见得良知自无四者之病。良知自有天
则，纵恣不肯为，只是违了天则。良知不学不虑，为之在我，何畏之有？良知即是
入圣之路，求则得之，非有待于外也。"[3] 这二位都对王阳明心即理说有所发明。天

---

[1] 张烈：《王学质疑一·心即理也》，《历代"朱陆异同"典籍萃编》第 3 册，第 433 页。时，原作诗，疑
    有误。
[2] 黄宗羲：《北方王门学案》，《明儒学案》卷 29，第 643 页。
[3] 王畿：《抚州拟岘台会语》，《王畿集》，凤凰出版社 2007 年，第 23 页

理被纳入内心，容易被理解为"吾心"是衡量天理的唯一标准。张烈进一步说：

> 今直求诸心而欲事理之无不尽，虽大贤不能也。心能知觉，发于欲为人心，发于理为道心。故贵乎择之精焉、守之一焉，未闻心之即理也。程子曰"性即理也"，是矣。"理义之悦我心，犹刍豢之悦我口"，若曰"心即理"，是口即刍豢也，目即色也，耳即声也。①

张烈引程颐的主张，认为心只是思维的器官而已，有知觉的功能；心之思则有"人心"与"道心"的区别，故需要做下学的工夫去"择之精""守之一"，使得"道心"，即天命之性，成为内心的道德判断标准。心只是思维的器官，而理、道是思维的内容，二者不可等同。张烈引孟子的话，也说明了心与理义、口与刍豢、目与色、耳与声的区别。从这个意义上来说，心即理的提法确实有其不严密之处。当然，心即理的"即"，在王阳明那里本不是等同的意思，而是即物穷理之"即"，相当于接近、通过。或许心即理，可以理解为即心求理。张烈的批判，指出了王阳明心即理说的不严密，而这也是在阳明后学里发展为"良知现成"的根源所在。该批判有一定的意义。

关于什么是格物，王阳明说："格者，正也。正其不正以归于正也。""格，如格君心之格。意念所在即要去其不正以全其正，即无时无处不是存天理即是穷理，天理即是明德，存天理即是明明德。"张烈认为：

> "去不正以全其正"，仍然诚意事也。以存天理为穷理，使辨别未真，将以何者为天理？所存皆私意耳。②

---

① 张烈：《王学质疑一·心即理也》，《历代"朱陆异同"典籍萃编》第 3 册，第 433 页。
② 张烈：《王学质疑一·心即理也》，《历代"朱陆异同"典籍萃编》第 3 册，第 437 页。

王阳明将存天理等同于穷理，缺少了一个对于人心所自以为天理者加以辨别的过程，那么以为是天理者很有可能是"私意"。

张烈还曾说：

> "格"不训"至"，则以"格其非心"为据，曰："致良知于事物，格其不正，以复本体之正也。"牵强傅会又如此。至究其何以"格其不正"，则曰："去人欲，存天理也。"诘其不即物穷理，恐"认欲为理"，则又曰："此志不真切也。"夫以格物为"去人欲，存天理"，是欲"正心"先"诚意"，欲"诚意"先"致知"，而欲"致知"又在"正心诚意"矣，说其可通乎？况以"认欲为理"，如此大病，不急求所以磨砻辨析之方，而竟以立志不真为脱卸，真所谓茫茫荡荡，反以诬朱子乎！[①]

王阳明提出"格"训"正"，以及认为"正心""诚意"与"致知"是一贯的工夫，这在张烈看来是大有问题的，相当于循环论证。至于何为格物，王阳明认为只是"去人欲，存天理"，这一解释比朱子大大缩小，在张烈看来也是不可取的。所以他说，王阳明自己的学说使后学"茫茫荡荡"。

此外还有几条辩驳，针对即物穷理的问题。王阳明说："即物穷理，亦是玩物丧志。"对此，张烈自然反对。他说："即物穷理，所以诚意也。以为玩物丧志，肆口诋诬至此。"[②]王阳明批评朱子格物论，还曾说："以'至'字为义，必曰'穷至事物之理'而后其说始通。是其用功之要，全在一'穷'字；用功之地，全在一'理'字也。若上去一'穷'字，下去一'理'字，直曰'致知在至物'，其可通乎？"张烈反驳说："若此，则几经书文句上去一字，下去一字，皆不成语矣，是儿童戏论也。"朱子解释"格"为"至"，阳明解释"格"为"正"，都有文字训诂上的依据，

---

① 张烈：《王学质疑·总论》，《历代"朱陆异同"典籍萃编》第 3 册，第 455—456 页。
② 张烈：《王学质疑·致知格物》，《历代"朱陆异同"典籍萃编》第 3 册，第 442 页。下同。

只是依据之多少不同。朱子的诠释为即物穷理。

王阳明曾以致良知诠释致知格物。他说："鄙人所谓致知格物者，致吾心之良知于事事物物也。吾心之良知，即所谓天理也。致吾心良知之天理于事事物物，则事事皆得其理矣。致吾心之良知者，致知也。事事物物皆其理者，格物也。"对此，张烈也提出批评："如此是致知于物，则物格也。不惟虚笼浮沉，无用力实地，而于文义亦难通。"①张烈指出，如按照王阳明的说法，那么将"知"落实于"物"才是"格物"，与朱子所说的即物穷理正好相反；甚至将格物致知与诚意等都说成了一回事，笼统不实，文义难通，也不符合《大学》原文的逻辑。虽然说王阳明如此诠释《大学》有其价值，但是毕竟不符合《大学》原意，无论古本还是新本。

关于穷理，王阳明说"未尝离事物"。那么理与事物的关系到底如何？他另有一段话说：

> 且如事父，不成去父上求个孝的理；事君，不成去君上求个忠的理；交友、治民，不成去友上、民上求个信与仁的理。都只在此心，心即理也。此心无私欲之蔽，即是天理，不须外面添一分。以此纯乎天理之心，发之事父便是孝，发之事君便是忠，发之交友便是信与仁。只在此心去人欲、存天理上用功便是。②

对此一说，张烈说：

> 噫！此心何以遽无私欲之蔽？何以遽能纯乎天理？欲人去欲，而不许即事即物以辨验所谓欲者；欲人存理，而不许即事即物以研究所谓理者：第曰去人欲而已、存天理而已，愚知其难也。孝之理不在父，忠之理不在君，然惟吾生

---

① 张烈：《王学质疑·致知格物》，《历代"朱陆异同"典籍萃编》第 3 册，第 442 页。下同。
② 王阳明：《传习录》，第 3 条，第 34—35 页。

必有父而后此心知孝，吾生必有君而后此心知忠。且惟其为父，故孝以事之，若他人则不得以孝施矣；惟其为君，故忠以事之，若他人则不得以忠名矣。所以当忠、当孝者，在君父，而知忠、知孝者，即在吾心。此所谓无心外之事、无心外之理也。求之父、求之君，即所以求此心，所谓合内外之道也。今必曰求之心，不求之君父，则君父为外矣，又有心外之事、心外之理矣。①

张烈的辨析，显然以朱子"格物致知补传"为理论依据，强调必须在事事物物上辨验、研究，就王阳明所说的事父、事君而言，既要有外在的事物作为辨验、研究的对象，又要有内在的人心去体知，然后才能明理。张烈通过强调外在对象的意义来批评王阳明的学说，还是说在点子上的。同时他也强调其"知""即在吾心"，有吸收王学的因素在，所以就如何"合内外之道"而言，似乎也比朱子说得更加精密。张烈接着以孔子教导仲弓、樊迟、颜渊下学的工夫为例，批评王阳明的学说"多现成而不切实"。以心之良知为准则，好比没有了标准统一的权、度，又如何来正确衡量物之轻重长短呢？最后张烈指出："即心为理而不即物以求理，恐不虚不公、自私自用之蔽，必不免矣。"②

关于温清奉养的问题，王阳明指出："温清之节、奉养之宜，可一日二日讲之而尽，何用学问思辨？惟于温清时也，只要此心纯乎天理之极；奉养时也，只要此心纯乎天理之极：此则非学问思辨，不免于毫厘千里之谬。若只是那些仪节失当，即如今戏子扮得许多温清奉养的仪节，亦可谓之至善矣。"张烈指出王阳明此学说之中存在格物与诚意二者的混淆：

温清奉养，皆此心纯乎天理，不然即为扮戏之温清奉养，此语真切，可警夫貌是而心非者，但此诚意之事。……若学问思辨，正讲明仪节，以求此心之

---

① 张烈：《王学质疑一·心即理也》，《历代"朱陆异同"典籍萃编》第 3 册，第 434 页。
② 张烈：《王学质疑一·心即理也》，《历代"朱陆异同"典籍萃编》第 3 册，第 435 页。

安者。①

在张烈看来，讲求温清奉养，当心与事、内与外合一。这一点王阳明讲得"真切"，可以警示那些"貌是心非者"，但是是否合一属于诚意的工夫，与是否需要通过格物工夫来"讲求仪节"，并不矛盾。

张烈进一步指出：

> 但因心之诚，自然知寒知热者，自诚而明也。圣人如是，恒人亦或有之而不能皆然也。古人所留仪节，吾人懵然不知，粗鄙疏忽者何限，惟考求前言往行，一一触动我心，方始恻然而思孝者，自明而诚，学者事也。……由诚心而生仪节者，此理；由仪节而动诚心者，亦此理。刺首血见，刺足而血亦见，无彼此无内外者，道体本然也。
>
> 故圣人教人下学，即物求理，多闻多见，自能渐达于本心者，百不失一。盖资质不同，虽不悟本心，为人矩度自在也。若先语以求心，未有不骄矜自大者，欲其虚心逊志，从事于学问思辨也，难矣。况其聪明足以拒谏，才气足以有为，方将震慑天下而奔走之，安望其能自反乎？若不善会扮戏之喻，势必举礼仪威仪三千三百，尽等于戏场，三纲五常、礼乐刑政尽付之游戏。②

张烈虽然认同"自诚而明"与"自明而诚"无彼此、无内外，但还是强调后者即"由仪节而动诚心"，因为规矩、尺度都在而能"百不失一"，资质不同之人都可以从此路以至于圣人。至于前者，先求心则往往导致"骄矜自大"，不愿意再去学问思辨于那些仪节。如果从事这一路径，其人或有聪明、或有才气，"震慑天下"之人，又怎么能够指望他自己返回转去讲求仪节呢？也就是说"自诚而明"，只适合

---

① 张烈：《王学质疑一·心即理也》，《历代"朱陆异同"典籍萃编》第 3 册，第 435 页。
② 张烈：《王学质疑一·心即理也》，《历代"朱陆异同"典籍萃编》第 3 册，第 435—436 页。

于少数资质近于圣人者，对于大多数人而言，只会引发弊病。所以张烈虽然认为王阳明"扮戏之喻"真切，但还是担忧有人不善于正确理解此比喻，最终导致三纲五常、礼乐刑政都败坏了。

王阳明在回答弟子关于涵养与讲求的关系时说："讲求亦是涵养。不讲求，只是涵养之志不切。……总是志未切。志切，目视耳听皆在此，安有认不真的道理？是非之心人皆有之，不假讲求。讲求亦只是体当自心所见，不成去心外别有个见？"对此，张烈逐条作了批判。他认为："夫志切，即欲诚其意之欲，非格物。"也就是说，讲求是做格物的工夫，而涵养之志切未切，则是诚意的工夫。格物与诚意不可混同，讲求与涵养亦不可混同，这是以朱子学的立场来谈做工夫，故与阳明学有所区别。

张烈接着批驳：

> 耳能听，目能视，然耳所未闻，目所未见者多矣；闻之不确，见之不精者，亦多矣。乃曰"耳听目视皆在此，安有认不真之理"，愚不敢信也。
>
> 是非之心有自然而见者，亦有颠倒不见者，依稀略见者，非即事研求，大费磨砻不可。第曰"是非之心人皆有之，不假外求"，愚不敢信也。
>
> 体求本心，固为切要，亦有心所见偏枯，必证诸师友、考诸书籍而后悟者。乃曰"讲求只是体当自心所见"，将必坚执己见，深拒人言。如所云"己心所非，虽孔子之言，亦不以为是也"，贻弊甚矣！[1]

王阳明所讲的三条，其实都是在讲如果志切，则只需在心上讲求，而反对朱子所说的向外的即物穷理。张烈对此一一加以批驳。就耳、目而言，未闻、未见与不确、不精者多矣，不是此心所皆在的；就是非而言，则要区分"自然而见""颠倒不见""依稀略见"，也不是此心所皆有的。所以朱子学的工夫论虽然也肯定内在的

---

[1] 张烈：《王学质疑二·致知格物》，《历代"朱陆异同"典籍萃编》第 3 册，第 440 页。

"体求本心"是方法之一，但是更要重视外在的讲求，除了即物穷理外，还要"证诸师友""考诸书籍"。张烈认为，王阳明将讲求缩小至"自心"之中，容易导致"坚执己见，深拒人言"等弊病。至于以己心来取舍孔子之言，则更是张烈等朱子学者所反对的，因为他们特别看重书籍。

此外还有一个值得补充的问题是：应当如何来看待"心"呢？张烈说：

> 象山言本心，阳明言良知，其弊使人丧本心，丧良知。何也？天之道，非别有一物寄于声臭之上，时行物生，即所谓"无声无臭，上天之载"也。人之心，非别有一物在窈窈冥冥之中，视听言动，皆心所在也。善治心者，治视听言动，即治心也；治伦物政事，即治心也。视听言动、伦物政事之间，讲明一分，则心之本明者复一分矣；力行一分，则心之本善者复一分矣。积之久而悟，其皆心也。天命流行之妙，一以贯之无余。即使不悟，要其讲求持守于视听言动、伦物政事之闲者，固有规矩可循，心之本明本善者自在也。天下由此惧礼法而尚淳朴，畏清议而多善人，此圣学所以平稳纯正，万万无弊者也。①

在张烈看来，在人心上不必去多加讲求。心在他那里就是意念，随着视听言动而生灭，所以治心，就要在视听言动上去做工夫，在人伦事物政事上去做工夫。而工夫分讲明道理与力行实践两个方面，只有两者结合，才能有规矩可循；遵循规矩就惧怕礼法、清议，于是人心淳朴、善良。以程朱一路来做治心的工夫，就使学术平正而无弊。

朱子学即物穷理的工夫论，其表述应当以朱子《大学》"格物致知补传"为代表，然而却被王阳明彻底质疑。王阳明所提出的心即理的理路，最终体现在与致良知的具体工夫论转向相关的表述之中。事实上，阳明心学自诞生后，其工夫论并未能真正说服朱子学者，所以从明中叶的顾璘、罗钦顺等人一直到清初，不断有朱子

---

① 张烈：《王学质疑五·总论》，《历代"朱陆异同"典籍萃编》第3册，第453页。

学者作出新的批驳与辨析。特别是以张履祥、张烈以及熊赐履、魏裔介为代表的清初朱子学者，围绕即物穷理与心即理的问题作了更加精细的辨析，虽说不见得能够反过来说服阳明学者，但至少为更好地理解朱子、阳明二学工夫论之异同提供了丰富的思想资源，值得在深化宋明理学、清初儒学的时候加以注意。

第二节　知行合一与知先行后

在朱子学与阳明学的争论之中，最为困难的问题就是知与行的关系。王阳明说："知是心之本体，心自会知。……若良知之发，更无私意障碍，即所谓'充其恻隐之心，而仁不可胜用矣'。然在常人不能无私意障碍，所以须用致知格物之功。胜私复理，即心之良知更无障碍，得以充塞流行，便是致其知。知致则意诚。"[①] 黄宗羲也认为在程朱那里，其实已经有"知行合一"的思想了。他在《伊川学案》之中引程颐"人谓要力行，亦只是浅近语。人既能知见，岂有不能行"等几段语录之后，有按语说："伊川先生已有知行合一之言矣。"[②] 本节以张烈、陆陇其与张履祥三人的相关辨析为主，来看清初学者如何理解知与行的问题。

一、张烈对知行合一的批判

对于王阳明致良知的学说，张烈举了两个例子来加以辩驳。其一，如何识别银子成色的好坏：

---

① 　王阳明:《传习录》，第 8 条，第 49—50 页。
② 　《伊川学案上》，《宋元学案》卷 15，第 603 页。

> 用好银者，诚也；识银色者，知也。顾银色之参杂诡异，日新月巧，非一一辨验，积累功深，不能识也。……今日吾目本明，致明于银，去其障明者以全其明，即所用皆好银矣，不几位戏语乎？[①]

其二，如何识病、治病：

> 治病者，诚也；识病原者，知也。顾证候之变，脉理之微，千状万态，古今方书之异同，药性制炼之得失，手不胜书，口不胜述，非一一辨验，积累功深，不能识也。……今日吾视自能见垣，致见于病，去碍见者以全其见，即能治病矣，不又为呓语乎？

张烈的这两个例子，在逻辑推论上与王阳明所说的相似。王阳明说心之良知自然会知，因此只要去除私意的障碍，就会知了。张烈于是模仿而推论：眼睛自然能识别银色，因此只要去除障明，就能把握银色好坏而使得所用的银子成色都好了；同样的推论：眼睛自然能识别病症，因此只要去除碍见，就能看病了。然后张烈得出结论："徒曰去其彰明者，终不识一银矣；徒曰去其碍见者，终不识一药矣。"这实际上是将王阳明所讲的道德判断力的培养，与知识、技能的培养混为一谈了。其实，张烈已经指出，用好银、用心治病，是"诚"的问题；识别银色、识别病源，是"知"的问题。那么"诚"属于道德的问题，这一点适合以王阳明的致良知理论来解释，带有先天的因素；"知"则属于知识、技能的问题，不经过后天的学习是无法获得的。最后张烈说："徒曰去不正以归于正，而不令其即物穷理，究其如何为正，如何为不正，如何为欲，如何为理，则有肆意妄行、傲然自以为正、自以为理，究为无忌惮而已矣。"张烈进一步强调了即物穷理的正确性，心即理则会导致肆意妄行、无忌惮等弊病的产生。此处还是道德判断力的培养，与知识、技能的培养之间

[①]　张烈：《王学质疑二·致知格物》，《历代"朱陆异同"典籍萃编》第3册，第437—438页。下同。

的区别。

王阳明说:"人若真实切己,用功不已,则于此心天理之精微日见一日,私欲之微细亦日见一日,若不用克己功夫,终日只是说话而已,天理终不自见,私欲亦终不自见。"王阳明所说的"真实用功",其对象当是指此心;心即理,故于此心去体察天理与人欲。而张烈则对此提出怀疑,他说:

> 不知所谓用功者,将不辨何者为理,何者为欲,贸贸以存之、去之乎?夫先辨明理欲,而后能存理去欲,此一说也;用功存理去欲,而理欲之见愈真,此亦一说也。[①]

也就是说,在张烈看来,就工夫论而言,有两种进路:其一,先辨明什么是理、什么是欲,然后才能存理去欲,知先行后,这是张烈所赞同的近似于朱子学的方法;其二,先去做存理去欲的实践,在实践中辨明什么是理、什么是欲,行先知后,这是张烈所反对的近似于阳明学的方法。当然,张烈截然区分这两种进路,其理解也有一定的偏差。对此,下文将做说明。

关于知行问题,王阳明还说:"如人走路,走得一段,方说得一段;走到歧路处有疑便问,问了又走,方能渐到欲到之处。今人于已知之天理不肯存,已知之人欲不肯去,且只管愁不能尽知,只管闲讲,何益之有?且待克得无私可克,方愁不能尽知,亦未迟。"对此,张烈则说:

> 所谓行路须问、问后复行,二者不容偏废也。举一而废一,则诐辞矣。歧路必疑,有疑必问,非即物穷理乎?其曰"已知之天理不能存,已知之人欲不能去,且愁不能尽知",此病诚有之。但已知者有限,未知者无穷,将独用功于已知,而未知者任之乎?必至未知之理不以为理,未知之欲不以为欲,肆意

---

① 张烈:《王学质疑二·致知格物》,《历代"朱陆异同"典籍萃编》第 3 册,第 439 页。

妄行，拒谏饰非之弊，自此起矣。且不即物穷理，辨别邪正，何以无私可克？
既已无私可克，何又愁不尽也！无乃强词夺理、御人以口给欤！①

张烈认为行路与疑问二者不可偏废，然而这在王阳明那里也并未偏废，"诐辞"之
指责是没有道理的。疑而问，在张烈看来属于即物穷理，估计王阳明也会认同。王
阳明指出有些人连已知的天理都不能存、已知的人欲都不能去，却奢谈要尽知所有
天理、人欲，这种弊病的存在，张烈也是认同的。然而，张烈还是认为未知的天理、
人欲过于多了，就会影响行，就会有"肆意妄行"之弊，所以还是得着眼于未知，
坚持尽可能地去做即物穷理的工夫。如此看来，张烈还是认为知先于行、知重于行。

　　关于知与行的先后，张烈说：

> 此义皆有两端。必先审明义理，然后可措之行，先知后行，此正说也。然
> 所明之义理，必躬行阅历后愈觉其真，先行后知，亦一说也。必执后一说废前
> 一说，则偏诐不通、费词多辨，虽新奇可喜而于实学远矣。②

张烈并不否定先行后知，认为其与先知后行的"正说"可以共存，但不可固执地以
先行后知为"新奇可喜"，废弃先知后行的"正说"于不顾。对于实学、实行而言，
二说可以相互补充、相得益彰。张烈这么说也是合理的。

　　王阳明还曾说："人必有欲食之心，然后知食。欲食之心即意，意即行之始矣。
食味之美恶，必待入口而后知，岂有不待入口而已先知食味之美恶？即有欲行之心，
然后知路。欲行之心即意，意即行之始矣。路歧之险易，必待身亲履历，而后知。
岂有不待亲历，而已先知路歧之险易耶？"对此，张烈加以批判：

---

① 张烈：《王学质疑二·致知格物》,《历代"朱陆异同"典籍萃编》第 3 册，第 439 页。
② 张烈：《王学质疑三·知行合一》,《历代"朱陆异同"典籍萃编》第 3 册，第 443 页。

　　欲食即知食也，以欲为行，可乎？以欲为行，则凡事第欲之而已，何必实事？且食味美恶，入口后知，固也。若不先辨明，若者养人、若者害人，一一待入口而后知，若神农尝百草，然则一日而遇数十毒，身之死已久矣！赤子匍匐，遇虫亦食，遇秽亦食，将亦以为是，不学不虑之良知耶？保母指而示之，然后知其不可食。行之必先知，知之必需格物明矣。

　　路歧险易，亲历乃知固已。若不先考明程途几何，由某至某用舟，由某至某用马，伥伥前行，待亲历而后知，则适燕而南其辕，适齐而西其辙。临时始知用舟也，而舟不具；及途始知用马也，而马不得。陷荆棘，没泥淖，至是而后知，知之已无及矣。①

　　在张烈看来，王阳明所举第一例有两个错误。一是"以欲为行"。欲只是念头、动机，不能直接等同于行、实事。当然王阳明并非以欲为行，而是说念头、动机开始之时已经是行、实事的一部分了。张烈的批判正好可以说明王阳明此说有不够严密之处。另一错误则是关于间接知识经验的意义。张烈所举的食物"养人""害人"之别，不可能都"一一待入口而后知"，否则"身之死已久"；赤子"遇虫""遇秽"之避，也需要"保母指而示之"，不可能都"不学不虑"而知。这也说明王阳明此说不够严密。由行而获得的是直接知识经验，固然重要，然而间接知识经验也同样不可或缺。王阳明其实也并未否定间接知识经验的意义，只是此处未提及。

　　王阳明说："知之真切笃实，即是行；行之明觉精察处，即是知。"张烈对此也作了批判：

　　若是则止曰行可矣，或止曰知可矣，古人何兼设此二字乎？兼设二字，必确是两事，不可紊淆，此《易》之对待也；惟其为两，必自相生，此《易》之流行也。今单执其相生者，深斥其两立者，巧为之说，曰"知之笃实即行，行

<hr>

① 张烈：《王学质疑三·知行合一》，《历代"朱陆异同"典籍萃编》第 3 册，第 443—444 页。

之精察即知"，此尖新讲章、小巧时文耳。尖新小巧，由人心之浇薄，以是讲

学可乎？

　　象山、阳明言理，皆恶分而喜合。不知先生之合，合其分者也，言合则分

在其前矣，使其不分，先生亦无可合也。今执其合，讳其分，则天地一物也，

日月一明也，男女一身也，君臣一位也，父子一名也，可乎？夫是数者，感应

未尝不合，体统未尝不分。不分无由合也，好浑同恶分析，深斥即物穷理，恐

其太分明，无以为容私之地也。是必糊涂混杂，为害不可胜言矣。[①]

张烈围绕王阳明这两句话大发感叹，但其实并未真正辨析、驳论原话，所以此处只

能看出张烈本人对于知与行二者的理解。他认为古人有知、行二字，故二字意思各

有区别；以《易》学的两立、相生的对待、流行理论来阐发，确实知行二者是相互

配合的。这正好补充说明了认知与实践二者之间的关系。至于张烈说王阳明的学说

如同"尖新小巧"的科举时文，那就是无端的讥讽了。再说后段。后段其实是在补

充前文，指出了天地、日月、男女、君臣、父子这五类之间也都有分有合。张烈认

为在"感应"上"未尝不合"，在"体统"上"未尝不分"；没有分就没有合，没有

合就没有分，所以不能一味喜好浑同、厌恶分析，不能排斥即物穷理。

张烈还说：

　　有不善未尝不知，知之未尝复行，知行先后也。知之匪艰，行之维艰，既

知又须行也，故谓知行为二，晓然易见而实是也。谓知即行，行即知，费分疏、

费笔舌，而实非也。[②]

由此可知张烈虽然也认为知行有相合之处，但还是认为没必要说"知即行，行即

---

①　张烈：《王学质疑三·知行合一》，《历代"朱陆异同"典籍萃编》第 3 册，第 444 页。

②　张烈：《王学质疑三·知行合一》，《历代"朱陆异同"典籍萃编》第 3 册，第 445 页。

知"，因为知先行后是很明确的，"知行为二"也是很明确的；如王阳明这般"费分疏、费笔舌"提倡知行合一说，是没有意义的。

王阳明又说："问即学也，即行也。思即行也，辨即行也，非谓学问思辨之后，而始措之于行也。"《中庸》中的学、问、思、辨，朱子认为都属于知，而王阳明则认为都属于行，故张烈辩驳说：

> 若是则《中庸》列此五句亦支离多事矣！又谓："择善即固执工夫，惟精即惟一工夫，博文即约礼工夫。"诸若此类，古圣人皆成赘语矣。不若王子言言句句，止提致良知也。止提致良知，则以此三字驱使经书，皆在包罗统括之内，真所谓"六经皆我脚注"，何止朱子格物九条乎？但未免为尖新时文之祖，率天下为无忌惮耳！[1]

此条只是在批判王阳明将《中庸》所说的学、问、思、辨、行混为一谈，将择善与固执、惟精与惟一、博文与约礼等混为一谈，以致良知说诠释六经。王阳明"我注六经"等说法虽然有助于道德实践，但还是有违传统的诠释方法。张烈的这些指责不无道理。

总之，张烈认为知与行"两立""相生"，也就是对王阳明的知行合一有部分的肯定，因为知与行有相生相合之处；然而他更强调"知行为二"，知与行二者绝然有别。张烈也指出了知与行的先后关系，认为知先行后是正说，但行先知后也可为一说。在他看来，前者是朱子学的，后者是阳明学的，也就是说他将知行合一理解为行先知后。张烈对于知行的辨析，可以说是朱子、王阳明知行理论的很好补充。确实，在讲知行合一以强调实践对于知识经验的意义的同时，不必排斥认识实践过程的复杂性，知先行后与行先知后其实都有其价值。

---

[1] 张烈：《王学质疑三·知行合一》，《历代"朱陆异同"典籍萃编》第 3 册，第 445 页。

二、陆陇其与张履祥的辨析

对于王阳明知行合一之说，陆陇其也多有批评。他说："人欲合知行为一，我必分知行为二。单提致知，不如直说笃行为明白切实。"陆陇其认为知与行还是要区分为二；然而分为二，也不可单提其一。如王阳明说致良知，单提"致知"，则还不如单提"笃行"，更为"明白切实"。他还说："若以力行功夫，总以'致良知'三字尽之，虽是透脱，恐学者先走入空寂一边。"[①] 王阳明以致良知来概括力行，也就是讲力行而以致良知为旨归，这是陆陇其所反对的，因为致良知之说容易流于空寂一边，失去了力行为道德践履的本意。陆陇其认为，知与行都应当以外在的天理、定理为依据。他说："天下事事物物皆有定理，人当用致知、力行工夫，以求止于这理上耳。最忌将'至善'离却'明''新'事理，悬空看了。"[②] 也就是说，致良知求内在的理，看似"透脱"，却容易走向"悬空"；真正的求知、行的"至善"，还是当与明明德、新民结合起来，与天下的事事物物的"定理"结合起来。

关于知与行的关系，陆陇其说："盖行必本于知，知行原不相离也。""盖能行方是真知，知行工夫不相离也。"[③] 陆陇其这里的说法，其实也与王阳明相近，但他强调行必须以知为本，又呈现出朱学的特点。他还强调了知必须由行来验证，能行才是真知，只有在道德践履中才能不断加深对知的认识；知与行两者相辅相成，本不可分离。

就对知的重视，陆陇其另外还说：

> 存心、致知便包得力行，盖存心不专是虚静工夫，……存心包得力行也，若以致知言之，知即知其所当行者，尽精微、道中庸、知新、崇礼，皆致知事，

---

① 吴光酉、郭麟、周梁：《陆陇其年谱》，第 70 页。
② 陆陇其：《诗云邦畿千里章》，《松阳讲义》卷 1，《陆陇其全集》第 3 册，第 20 页。
③ 陆陇其：《其次致曲章》，《松阳讲义》卷 3，《陆陇其全集》第 3 册，第 123—124 页。

则皆力行事。《大学》之格、致、诚、正、修,《中庸》之学、问、思、辨、行,
分言则二,合言只是一事,是致知亦包得力行也。①

此处所谓"知即知其所当行者",也即所谓"真知",就是能够"尽精微""道中
庸""知新崇礼"等等,当然也就必然能够"力行"。陆陇其认为,《大学》从格物、
致知到修身,与《中庸》博学、审问、慎思、明辨、笃行,分开来看分知分行,合
起来则都是一件事。也就是说,这些工夫都是致知,也都是力行。

类似的说法还有:

> 《中庸》首末两篇只言戒惧、慎独,不及致知、力行,盖戒惧、慎独,不
> 是空空戒惧、慎独,即在致知、力行上见,故言戒惧、慎独,便包得致知力行。②
>
> 盖学者功夫有知、行两项,未有欲行而可不求知者,欲行而不求知,便是
> 不知而作。……不知而作的人有二种:一种是不学的人,胸中昏暗,不知当然
> 之理是如何,所以然之理是如何,只管卤莽去行;一种是异学的人,自作聪明,谓
> 当然之理只在我心,所以然之理亦只在吾心,反以成宪为障碍,以讲求为支离。③

陆陇其认为,《大学》格物、致知、诚意、正心、修身、齐家、治国、平天下,这
八条目之中应该贯穿戒慎恐惧,反之亦然。这就是将《大学》与《中庸》结合起来。
其实《大学》的八条目也包含致知与力行,所以也就是将戒慎、恐惧以及慎独等精
神与致知、力行紧密结合起来。而戒慎、恐惧就是主敬的工夫,所以这也就是在说,
需要在主敬的工夫之下来做知与行结合的工夫,最终能知能行、真知真行,才能有
智有勇,成为圣者。

---

① 陆陇其:《大哉圣人之道章》,《松阳讲义》卷3,《陆陇其全集》第3册,第137页。
② 陆陇其:《衣锦尚絅章》,《四书讲义》卷3,《陆陇其全集》第3册,第158页。
③ 陆陇其:《子曰盖有不知而作之者章》,《松阳讲义》卷7,《陆陇其全集》第3册,第297—298页。

那么这里所说的，与王阳明的知行合一又有什么不同呢？关于知行先后，陆陇其说：

愚谓圣贤之言知行，有分先后言者，有不分先后言者，如子思之"尊德性道问学"，程子言"涵养须用敬，进学则在致知"，皆不可分先后，然却又不是王阳明知行合一之谓。

圣贤论学，固有从力行说起者，但不是专务力行，而不致知。……知在行先者，固无分大小，皆须理会；知在行后者，大纲已不差，只是要详取其节目。①

在陆陇其看来，知与行，也即致知与力行，还是一个知先行后的关系，这是大纲。然而就具体的工夫而言，有的可分先后，有的不可分先后，比如尊德性与道问学、用敬与致知，都不可分先后；这不分先后的，与上文所说合为一事的，都不能等同于王阳明所说的知行合一。

张履祥也明确指出："致知者，所以为力行也。今人言致知，多不及力行，岂非好言精微，反遗却平实？"②致知只有能够落实到力行才是真学问，否则说得再精微也仍旧是书册之言。张履祥在致知与力行两方面都强调"着实"，既与他反对晚明空虚的学风有关，又与他继承并且发展了刘宗周的思想有关。张履祥曾说："山阴先生教屠子威曰：'着实思维，着实践履，将身心整顿起来。'思维者，致知也；践履者，力行也。吾人病痛，多坐不能整顿，所以一往颓塌。"③着实思维属于知，着实践履属于行。晚明以来的王学末流往往空谈什么知行合一，具体到自己的言行之际，却大多知行二者都不能做到着实，更不能真正统一起来；缺乏躬行实践则学术空虚，结果则自然是"一往颓塌"。

---

① 陆陇其：《松阳钞存》卷上，《陆陇其全集》第10册，第287、290—291页。
② 张履祥：《愿学记一》，《杨园先生全集》卷26，第714页。
③ 张履祥：《备忘四》，《杨园先生全集》卷42，第1167页。

因此，张履祥一再重申知行合一的提法不可"起手便要说"。他说："'知之非艰，行之唯艰'，学者到得知行合一方好，然要到此处，煞费多少功夫。阳明之门，起手便要说此话，便不是，所以流弊不可言。"① 这一看法，正好与王阳明倡导知行合一作为起手的工夫完全相反。张履祥其实是说行比知更难也更重要，王阳明讲知行合一则会让人误解了知与行。所以，张履祥一再指出其中弊病：

> 知行合一之说，至于今日已不能无弊，世之终日坐论，而鲜有见诸行事者，率坐此患，非诚无以救之，非晦无以养之。噫！夫子所以思躬行君子也。②
>
> 知行合一之说，流弊有二：重行者，谓行即为知，冥行伥伥，而不求当乎义理之正。重知者，谓知即是行，穷玄究寂，而不求至于践履之实。乃其自以为是，不能虚心逊志则一而已。③

在王门后学流行，儒学、禅学混杂的时代，知行合一之说必然有弊病，其中最为关键的就是"终日坐论"而不去笃实行。进一步分析，则一为"重行"，认为"行即为知"，最后就是"冥行"，糊里糊涂地行事；另一为"重知"，认为"知即是行"，最后就是经常"穷玄究虚"，不去讲求笃实的践履。也就是说，知行合一导致知与行的概念混淆起来，以至于都不能得到真切、笃实的践履。

张履祥于是强调"实去做功夫"。他认为要想掌握耕种与医治的技术，就必须去实习、去实践。

> 学者肯实去做功夫，方是学。如学耕须去习耕，学医须去习医，中心悦而安之。若乐闻善言，喜见正行，亦是学之始事，与拒而不听信者异矣。不听不

---

① 张履祥：《备忘一》，《杨园先生全集》卷 39，第 1044 页。
② 张履祥：《愿学记二》，《杨园先生全集》卷 27，第 758 页。
③ 张履祥：《愿学记三》，《杨园先生全集》卷 28，第 775 页。

信，圣人其如之何？①

张履祥提出"致知在力行"的思想，并且将知与行的关系，即真理与实践的关系，阐述得十分清晰、到位。他认为实才是检验书册上的言论，检验理、道的最为根本的方法。这在清初思想史上也较为难得。

第三节　尊德性与道问学

《中庸》说"尊德性而道问学"，朱陆鹅湖之会则就尊德性与道问学的先后、轻重有所论辩。当然，说朱子先且重在道问学、陆九渊先且重在尊德性，则还是朱、陆后学的观点。关于这一问题，清初围绕《大学》之致知格物也有许多论辩。此处则以张烈、陆陇其二人为中心来讨论。

一、张烈论尊德性与道问学

首先，《传习录》中有一段话论及诚意与格致的关系，其实也就是尊德性与道问学的关系，张烈对此有详细的辨析。先看王阳明的说法：

> 蔡希渊问："文公大学新本，先格致而后诚意工夫，似与首章次第相合。若如先生从旧本之说，即诚意反在格致之前，于此尚未释然。"先生曰："大学工夫即是明明德，明明德只是个诚意，诚意的工夫只是格物致知。若以诚意为

---

① 张履祥：《备忘四》，《杨园先生全集》卷42，第1166页。

主，去用格物致知的工夫，即工夫始有下落。即为善去恶，无非是诚意的事。如'新本'先去穷格事物之理，即茫茫荡荡，都无着落处。须用添个'敬'字，方才牵扯得向身心上来。然终是没根源。若须用添个'敬'字，缘何孔门倒将一个最紧要的字落了，直待千余年后要人来补出？正谓以诚意为主，即不须添'敬'字。所以举出个诚意来说，正是学问的大头脑处。于此不察，真所谓毫厘之差，千里之谬。大抵中庸工夫只是诚身，诚身之极便是至诚。大学工夫只是诚意，诚意之极便是至善，工夫总是一般。今说这里补个'敬'字，那里补个'诚'字，未免画蛇添足。"[1]

围绕这段文字，张烈的辩驳较多，顺序有点杂乱，故在此略作调整。先来看其基本观点：

> 致知格物，原为诚意而设，今谓穷格事物为茫茫荡荡，可谓诬矣。"以诚意为主，即不须添'敬'字"，不知朱子之学，正以诚意为主者也，其言敬者，历圣相传之心法，圣学所以成始而成终，故特举以补"小学"之阙也。人之孜孜格致诚正，以至修齐治平，无一之敢苟者，皆敬也。经虽不言敬，而敬固在其中。[2]

张烈认为朱子之学"正以诚意为主"，这一说法似乎不合朱子学的实际。只能说朱子讲《大学》，虽然重在格物致知，但也并未忽视诚意。至于格致与诚意的关系，张烈的理解还是符合朱子学的。

他接着说：

---

[1] 王阳明：《传习录》，第 129 条，第 190—191 页。

[2] 张烈：《王学质疑二·格物致知》，《历代"朱陆异同"典籍萃编》第 3 册，第 440—442 页。下同。

诚意者，真为善、实去恶也。善恶两端谁不知之，但知之不精不尽耳。夫不精则误执，不尽则漏遗，何从而为之去之？欲知之精尽，必随所遇事物究其真是真非。……故意可得而诚也，是即物穷理，正欲审其真是真非，以勇为而决去之也。当下即可用力，现在不属空想，何其至紧至切，而以为茫茫荡荡，是以朱子为舍弃身心、徒骛闻见，如世之以博洽为功者也。夫博洽为功，朱子明斥其为俗儒，功倍于小学而无用矣。而以是诬朱子乎？夫即物穷理然后诚于为善，彼见之不真、为之不笃者，不即物穷理之病也。今以为不然，而以去私存理为格物，不知所谓私与理者，何从而辨别之，是无头学问也，是以有先行后知之说。

张烈以朱子学的思路论证，故强调格物致知的工夫才是关键，只有做好了格致，才能做好诚意。自从鹅湖之会后，世人多以为朱子学"舍弃身心、徒骛闻见"，所以王阳明才说不去诚意而先去格致，就会导致"茫茫荡荡"。这些在张烈看来都是诋毁、诬陷。其实朱子早就对所谓的尊德性有所强调，并将之作为"小学"阶段的重点；这也是儒学的入门工夫。如不做尊德性的工夫而徒事道问学并以"博洽为功"，在朱子看来都是俗儒，工夫下得再多也没有意义。在这一点上，张烈的诠释当是符合朱子学的。确实，朱子讲学并非一开始就偏重于道问学。朱子在"小学"阶段对尊德性更为偏重一些，只是到了"大学"阶段才对道问学有所偏重；然而"尊德性而道问学"，其先后、本末、重轻并未颠倒。张烈也曾说："相沿以为，象山尊德性，朱子道问学。不知尊德性而不道问学，究失其所为德性；道问学而不尊德性，则所谓问学者何为？朱子果如是乎？"[①] 应该说，张烈的这一分析是很有道理的。其实朱子并非不尊德性，陆九渊也并非不道问学，就此一点而言，是双方的后学有所误会了。最后张烈判断，践履之不真、不笃，都是因为不能即物穷理，也就是在道问学上的工夫做得不足，"是无头学问"。

---

① 张烈：《王学质疑·自序》，《历代"朱陆异同"典籍萃编》第 3 册，第 431 页。

再来说"敬"字。张烈认为程朱主敬，以弥补某些人在"小学"阶段工夫做得不够完满的欠缺。他列举了《尚书》《论语》《中庸》之中讲到敬的文字，然后说："总之，敬之一字，乃立心之主，包管全学书中。于格致诚正，或各就一事而言，即不必言敬；或约举全体而言，则言敬而格致诚正已寓其中，何有添出？"接着又说，尧、舜、禹、汤、文、武、周公，"诸圣未有外此敬字者，数千年来言之不啻谆谆，而谓后人添出，不亦冤乎"？张烈认为，敬字虽然不在《大学》中出现，但其作为圣人历代相传的"心法"，早就包含在圣学的经典之中，包含在诸圣的言行之中，而并非由作为后人的宋儒"添补"。其实，张烈的辩驳也有点似是而非。对于敬的工夫的阐发与偏重、敬的相关论述文字的早晚，其实是两个问题，前者很明显是从宋儒才开始的，所以就此而言，张烈的辩驳意义不大。

其次，关于朱子与王阳明讨论"节目事变"的问题，张烈说：

> 按来书谓"节目事变之详，必须讨论是非以为制事之本，然后心体无蔽"，是也。阳明谓"节目事变，惟于吾心良知一念之微察之"，亦是也。但一念之微，天理人欲岂无误认，非读书讨论而徒自为精察，未有不偏蔽者。故曰"思而不学则殆"。事事物物讨论穷究，谓皆以察吾心一念之微可也，谓只察吾心一念之微，不必即物讨究，则非也。其意以即物穷理为训诂、为记诵、词章云尔？[1]

按朱子学的路径，节目事变必须结合经典之中记载的名物制度来讨论；按阳明学的路径，节目事变必须在自己内心的良知中以"一念之微"来察识。这是两种不同的路径，张烈认为都有道理，但只辨别内心的一念之微，恐怕还是不够的。因为自以为已经"精察"，而事实上存在"偏蔽"的可能性极大，所以还需要"读书讨论"。最后，张烈指出，在事物上穷究之后，还需要一一去察识内心一念之微；但如果只

---

[1] 张烈：《王学质疑·杂论》，《历代"朱陆异同"典籍萃编》第 3 册，第 446 页。

察识内心而不"即物讨究"则是错误的。然而，按照王阳明的原话①，则"惟于吾心"的"惟"字本无。而且，王阳明是从"用"也即实践的角度来思考的，那么节目事变只有通过自己内心来察识才有意义。

张烈说：

> 执此则古今制度皆可不考，任其鄙谬荒怪，皆可托辞曰"我但以不忍之心，行不忍之政"而已。率天下以荒经蔑古，敢于荡灭先王之遗迹者，非此言启之欤？告朔饩羊，孔子惜之。如王子之论，则当云"存此羊无救于乱，去此羊无害于治，但致良知可矣"。

> 先生谓制礼作乐，必声为律、身为度然后可。……今择一最高名目曰"我惟具中和之德而已，声为律、身为度而已"，视讲求搜辑者皆玩物丧志，增霸者之藩篱。执此高说，真足以畅纵横之论，钳诸儒之口，而甚便于荒疏杜撰、不学无术之徒。引古制以绳之，则曰"此粗迹耳，吾自有良知可信也"；称先儒以正之，则曰"此训诂耳，吾自有良知可证也"。借此以师心自用，借此以畔道离经，借此以破灭礼乐名物，凭陵睥睨，莫敢谁何，而后奸私凶狠，得以恣肆而不顾。呜呼！秦政、李斯之灭古，劫之以严刑；近儒之灭道，劫之以高论，何祸之酷也！②

这两节都在讨论是否应该讲求"古今制度"。在张烈看来，阳明之学不重经典所记载之古今制度，不重先儒之语录，只信任自己内心的良知，最终导致的后果则有"师心自用""畔道离经""破灭礼乐名物"，甚至"凭陵睥睨""奸私凶狠"等行为的恣肆。这也就是清初的朱子学者的典型推论。

---

① 王阳明《传习录》139 条："良知诚致，则不可欺以节目时变，而天下之节目时变不可胜应矣。毫厘千里之缪，不于吾心真知一念之微而察之，亦将何所用其学乎？"第 227 页。

② 张烈：《王学质疑四·杂论》，《历代"朱陆异同"典籍萃编》第 3 册，第 447—448 页。

最后，对于王阳明《答顾东桥书》提出"拔本塞源论"时所论及的记诵、知识、闻见、词章四病，张烈有自己的评价：

> 拔本塞源之论甚美，然亦骤观足以摄人耳。徐而按之，乃仪、秦气习，鸱张凌厉，徒见其气象之虚浮、傲诞而已。且所斥者词章记诵，于格物穷理之学无与也。谓："记诵之广，适以长其傲也；知识之多，适以行其恶也；闻见之博，适以肆其辨也；词章之富，适以饰其伪也。"不知此四病，惟谈良知者尤甚，鸱张凌厉之际，乌暇返而自省乎？[①]

在张烈看来，王阳明此论初读感觉"甚美"，有摄人心魄的大气象；但是细读之后就感觉其气象"虚浮""傲诞"而将其归于苏秦、张仪等纵横家之流，只有言辞的"鸱张凌厉"，其他没有什么值得肯定。王阳明批评记诵、知识、闻见、词章四病，张烈反而将此四病归于谈良知者。也就是说，讲王学的更有长傲、行恶、肆辨、饰伪的弊病。这么相互指责，似乎都有理，但其实也没有什么意义。王阳明的本意是说过于沉溺记诵、知识、闻见、词章四者，而不求本心之道德修养，就会有上述四病；而张烈则是在说王学末流，过于师心自用就会有上述四病。张烈也并未为记诵、知识等辩护，而是借此批评王学可能的弊病；他所要辩护的只是格物穷理之学而已。

二、陆陇其对尊德性的遮蔽

关于尊德性与道问学，陆陇其则说："象山之言，虽未尝不曰亲师友、曰观书册、曰讲明，然其视讲明一边却轻，岂可与朱子之尊德性、道问学并重而无弊者同

---

① 张烈：《王学质疑四·杂论》，《历代"朱陆异同"典籍萃编》第 3 册，第 448 页。

日语哉？"①他认为陆九渊即使也对"讲明"有所重视，但还是道问学这边轻，尊德性这边重，只有朱子"尊德性、道问学并重而无弊"。陆陇其反对陆王学说对尊德性的偏重。他其实在某种程度上遮隐了尊德性而极力主张道问学：

> 工夫只在"道问学"，果能尽"道问学"功夫，则粗疏之气习去得一分，至圣贤之德便近一分。②
>
> 陆子谓"六经皆我注脚"，固不用道问学矣，而其教人专欲先立乎其大，多在虚静一路上走，亦岂可谓能尊德性乎？朱子以讲学穷理为务，而犹以涵养本原、收拾放心为先，于尊德性未尝缺略也。又明季讲家多主阳明之说，谓"道问学即是尊德性工夫"，混作一件，此尤悖谬，皆不可不辨。③

陆陇其认为只有将道问学的工夫做尽了，才能接近圣贤之德行。陆九渊不用道问学，只求"先立乎其大"，容易导致"虚静"，也无法真正做到尊德性。而朱子讲"涵养本原"与"收拾放心"，正好是与即物穷理的道问学相互结合的尊德性工夫，也就是说只有朱子无弊。至于王阳明讲致良知与知行合一，则将道问学与尊德性混淆起来，自然问题比陆九渊更大了。

陆陇其还说：

> 自明季姚江之学兴，谓"良知不由闻见而有"，由闻见而有者，落在第二义中。将圣门切实工夫，一笔扫去，率天下而为虚无寂灭之学。使天下聪明之士，尽变为不知妄作之士，道术灭裂，风俗颓弊，其为世祸，不可胜言。今日学者有志行道，舍"闻见择识"无下手处，须将朱子《大学·格致补传》及

---

① 陆陇其：《问学录》卷 1，《陆陇其全集》第 10 册，第 164—165 页
② 陆陇其：《惟天下至圣章》，《松阳讲义》卷 3，《陆陇其全集》第 3 册，第 147 页。
③ 陆陇其：《大哉圣人之道章》，《松阳讲义》卷 3，《陆陇其全集》第 3 册，第 139 页。

《或问》反复玩味，依其节目，讲习讨论，造乎知之之域，然后推而行指，庶几免于妄作也夫。①

陆陇其进一步明晰王学在此问题上的弊病所在。因为"良知不由闻见"一语，道问学之中的闻见之知完全被否定，使更多的王门后学流入"虚无寂灭之学"。这确实也是王学末流的问题之一。

那么，陆陇其本人如何看待闻见呢？他接着说：

"闻见"二字，……《集注》皆不说明，《语类》曰："闻，是闻前言往行；见，是见目今所为。"今当依之。"多闻见而择识"，即是博学于文，好古敏求工夫。《大学》所谓"致知在格物"，《中庸》所谓"博学、审问、慎思、明辨"，所谓"道问学"，皆是这工夫。这工夫到极处，便是"一以贯之""知天命""耳顺"境界。

陆陇其认同朱子对于闻见的诠释，并将之发挥为致知格物与道问学。他似乎将道问学理解为下学，做到极致自然能实现尊德性的上达。因此，陆陇其明确反对提尊德性之类。他说：

一贯忠恕，有生熟之分，一贯中又自有生熟之分。夫子"知天命"时，已是一贯了，到"从心所欲"，则又加熟。若颜之卓、曾之唯、子贡之非，只是"知天命"地位。姚江一派讲学，俱云一贯是初学入德事，谓必先一贯然后可学识。其说似将一贯，作朱子所谓存养看，然与朱子之存养又不同，只是要捉住这个昭昭灵灵的精魂而已，此是狐禅，切不可从。②

---

① 陆陇其：《子曰盖有不知而作之者章》，《松阳讲义》卷 7，《陆陇其全集》第 3 册，第 298—299 页。下同。
② 陆陇其：《女以予为多学章》，《松阳讲义》卷 9，《陆陇其全集》第 3 册，第 376—377 页。

陆陇其认为，王学将《论语》的"一贯"诠释为尊德性的起手工夫，然后方可道问学，这就将一贯的丰富性给曲解掉了。在陆陇其看来，一贯有生、熟之分别，对于每个学者而言则有具体的情形需要处理。而王学让学者初学即求一贯，就如同"捉住这个昭昭灵灵的精魂"，这自然就是禅学了。不论王学是否将一贯简化为尊德性，但显然陆陇其是将王学的工夫论简单化了。陆陇其说朱子道问学与尊德性并重，但他自己无论是对朱子的解读，还是对阳明的批评，都没有把握这个并重。

讨论到这里，回顾以上三节，阳明学的知行合一说，确实解决了一些人在工夫论上过于执着道问学的一些问题，但也留下了被人误解为将知与行或道问学与尊德性相互混淆等问题，甚至还产生了求内遗外、虚无寂灭等可能性。这些都是因王门后学部分人的误解而产生的问题，当然不能说是整个王学的问题，更不能罪责于王阳明本人了。再说，朱子后学过于看重道问学，或将其诠释得较模糊，其中问题也不少。

比较而言，从方法论上说，确实朱子学的工夫论真切、笃实地讲求下学上达，论述较为完善、周全，相对流弊较少；阳明学的工夫论则是重点突显，然引发误解而流弊极多。

第四节　无善无恶与道性善

程朱一系学者，一般都承继孟子而言道性善，然而王阳明"天泉证道"，提出了四句教："无善无恶心之体，有善有恶意之动，知善知恶是良知，为善去恶是格物。"当时的阳明弟子钱德洪与王畿就对这四句话的理解有了分歧。钱德洪认为这是教人的定本；王畿则认为这只是权宜之法，若心是无善无恶的，那么意、知与物也皆是无善无恶的了。也就是说，钱德洪的理解近于"四有"，而王畿则明确提出

"四无"。王阳明重新说明,提出"四无"一悟本体,即是工夫,为上根人立教;"四有"则为中根以下人立教。[①]

万历二十年(1592),阳明再传弟子周汝登在南京的一次讲会上讨论四句教,倡导"四无";湛若水的再传弟子许孚远对此不认同,写了一篇《九谛》,对"四无"说加以批判,认为性体至善无恶,故不可以无善无恶为宗。周汝登写《九解》作为反驳,进一步发挥"四无"说。此后对"四无"说进行批判的,还有东林和蕺山两大学派,他们的影响也更大一些。顾宪成直接批判"无善无恶心之体"。他说:"见以为心之本体,原是无善无恶也,合下便成一个空。见以为无善无恶,只是心之不著于有,究竟且成一个混。空则一切解脱,无复挂碍。……混则一切含糊,无复拣择。"[②]顾宪成认为无善无恶近于佛教所说的空;如以空来理解,则无所谓善恶,就会将善恶混同,就不是儒家择善之学了。东林的高攀龙也说:"道性善者,以无声无臭为善之体。阳明以无善无恶为心之体,一以善即性也,一以善为意也,故曰有善有恶意之动。佛氏亦曰:不思善不思恶,以善为善事、恶为恶事,以善为意,以善为事者,不可曰明善。"[③]他也认为王阳明"无善无恶心之体"之说与佛学相同,而与传统儒学不同。

从东林到蕺山,刘宗周进一步指出无善无恶的弊病:

> 愚案四句教法,考之阳明集中,并不经见。其说乃出于龙溪,则阳明未定之见,平日间尝有是言,而未敢笔之于书,以滋学者之惑。至龙溪先生,始云四有之说,猥犯支离,势必进之四无而后快。既无善恶,又何有心意知物?终必进之无心无意无知无物而后已。如此,则"致良知"三字,着在何处?先生

---

① 关于四句教的问题,吕留良在其《四书讲义》之中有着严厉的批评。他的观点还直接影响了陆陇其,后者又展开了更为细密的批评。详见拙作《清初学者对王阳明"四句教"的批驳》,《哲学与文化》2022年第1期。

② 《东林学案一》,《明儒学案》卷58,第1391页。

③ 《东林学案一》,《明儒学案》卷58,第1406页。

独悟其所谓无者，以为教外之别传，而实也并无是无。有无不立，善恶双泯。任一点虚灵知觉之气，纵横自在，头头明显，不离着于一处，几何而不蹈佛氏之坑堑也哉？①

刘宗周将王阳明与王畿作了区分，认为四句教不出于王阳明自己的文集，所以是其"未定之见"。阳明本人之所以未敢写定，是因为担心让后学滋生困惑；而王畿则认为"四有"说支离，故倡导"四无"说。刘宗周与其师许孚远一样，主要针对"四无"加以批判，认为病源在"无善无恶心之体"一句，然后才是心、意、知、物都无，这样一来致良知就没有了着落，几乎陷入佛教的境地了。所以，刘宗周主张将"四无"说改为"四有"说，即："心是有善无恶的心，则意亦是有善无恶之意，知亦是有善无恶之知，物亦是有善无恶之物。"与刘宗周相似，王夫之也说："天泉付法，止依北秀南能一转语作葫芦样。"在他们看来，所谓的"四有"与"四无"近于禅宗的神秀与慧能渐悟、顿悟之类，对于儒学来说只会导致种种弊病而已。

一、陆陇其："言性无善无恶，盖亦指知觉为性也"

清初的理学家对此问题有进一步的辨析。先看陆陇其《学术辨》之中的说法：

阳明言性无善无恶，盖亦指知觉为性也。其所谓良知，所谓天理，所谓至善，莫非指此而已。故其言曰："佛氏本来面目，即我们所谓良知。"又曰："良知即天理。"又曰："无善无恶，乃所谓至善。"虽其纵横变幻，不可究诘，而其大旨亦可睹矣。②

① 《明儒学案·师说》，第8页。
② 陆陇其：《学术辨中》，《三鱼堂文集》卷1，《陆陇其全集》第1册，第28—29页。下同。

陆陇其认为，王阳明说的性为无善无恶，类似于佛学的"知觉为性"，于是王阳明所说的良知、天理、至善都是知觉为性，也都是上面所说的"任情自发"。王阳明《答陆原静书》："不思善不思恶时，认本来面目。此佛氏为未识本来面目者设此方便。本来面目即吾圣门所谓良知。"这一句话，导致陆陇其进一步将王阳明的良知说划入佛学。

陆陇其接着还说：

> 充其说，则人伦庶物固于我何有？而特以束缚于圣人之教，未敢肆然决裂也。则又为之说，曰："良知苟存，自能酬酢万变，非若禅家之遗弃事物也。"其为说则然，然学者苟无格物穷理之功，而欲持此心之知觉以自试于万变，其所见为是者果是，而见为非者果非乎？又况其心本以为人伦庶物，初无与于我，不得已而应之，以不得已而应之心，而处夫未尝穷究之事，其不至于颠倒错谬者几希！

王阳明认为良知可以"酬酢万变"，也就是能够应对人伦日用之中的事物变化，所以并不是禅学；陆陇其则认为良知不过是"心之知觉"，绝非"圣人之教"。其实陆陇其只是想说明，王阳明持心即理说，认为良知即天理等等，而没有做好格物穷理的工夫，正如上文所说，如"见闻未广"则"善恶未明"。于是，任情、师心之类的话都可以扣在王阳明身上了。也就是说，不去格物穷理，而是讲求心之本体的无善无恶的状态，就有知觉为性的嫌疑。陆陇其不会认为良知即天理，无善无恶即至善，也就不会认同良知可以应对人伦庶务之中的百般变化了。

至于王阳明及其后学是否禅学，陆陇其还说：

> 其倡之者虽不敢自居于禅，阴合而阳离；其继起者则直以禅自任，不复有所忌惮，此阳明之学所以为祸于天下也。

陆陇其指出，王阳明自己"不敢自居于禅"，然而王阳明本人终究与禅学相近，故说是"阴合而阳离"；但是作为"继起者"的阳明后学却"直以禅自任"，不再有所顾忌。陆陇其强调，主要还是这些后继者的肆无忌惮，才导致阳明学祸患满天下。

陆陇其还说：

> 夫阳明之所谓良，即指无善无恶，非孟子所谓良也。孟子之良，以性之所发言孩提之爱敬是也；阳明之良，以心之昭昭灵灵者言，湛然虚明，任情自发而已。一有思虑营为，不问其善与不善，即谓之知识而非良，去岂可同日而语哉？[①]

陆陇其认为王阳明所说的良知即无善无恶，也就是指心之本体。无善无恶的本体，等同于"昭昭灵灵"的"虚明"，"任情而发"，故而不是孟子所说的良知的本来含义。确实，王阳明给予良知以新的含义，与孟子之学其实已经无关；即使王阳明同样提及"孩提之爱敬"，也与孟子的诠释大不相同。这些推论当基本符合王学的具体情况，只是说良知是任情自发以及王阳明论性为知觉为性，则是一种误解。

二、熊赐履："唯有善无恶，故好善恶恶"

熊赐履就人性之善恶，分别为两条脉络："性善之说，始于孔子，著于孟子，发挥于洛、闽诸子；无善之说，昉于告子，盛于姚江，遏止于东林诸子。"[②] 在他看来，人性有善无恶说从孔子到孟子，再到程、朱，一脉相承；人性无善说则起源于告子，经王阳明的阐发达到极盛，最后东林学派顾、高等人的批判使无善之说得以遏止。

熊赐履以天理论阐发其有善无恶说：

---

① 吴光西、郭麟、周梁：《陆陇其年谱》，第133页。
② 熊赐履：《闲道录》卷下，《四库全书存目丛书》子部第22册，第30页。

天理本有善而无恶，唯有善无恶，故好善恶恶。好恶，情也；好善恶恶，性也。圣人代天理物，经世宜民，是是非非，善善恶恶，辨之井然而不淆，处之秩然而各当，赏罚以持一时之平，褒贬以维万世之公，皆由此道也。①

天理有善无恶，故落在人性也就是"好善恶恶"。熊赐履还说："善只是天理二字，自其自然曰天，自其流行曰命，自其主宰曰心。心之静为性，曰仁、义、礼、智；心之动为情，曰爱、宜、恭、别。"②他所说的性，即宋儒所谓天命之性，纯为天理，故有善无恶，发而为情才会有好恶。在熊赐履看来，对性的善恶加以辨析并强调性之有善无恶，才是各种秩序得当的根本，才能依此执行赏罚、褒贬。因此，熊赐履批评无善无恶之说：

在天曰命，在人曰性。谓之命，必有所以赋于人者；谓之性，必有所受于天者。原是实实落落，人人具足物事，若云一切都空，一切都无，不知天所赋于人者何在？人所受于天者何在？无所赋无所受，何以谓之性？何以谓之命耶？性命二字，都解说不去矣。③

命也，性也，道也，教也，一以贯之者也。如云无善无恶，则是在天为无善无恶之命，在人为无善无恶之性。率无善无恶之性，为无善无恶之道；修无善无恶之道，为无善无恶之教。不知成何宇宙？甚矣，姚江之徒之谬也。④

天命之性有善无恶，故原本即是"实实落落"，然而无善无恶之说流行，说空说无，近于禅学，那么天命之性、天理流行之类就不再讲求，以至于无所不为了。

熊赐履还说：

---

① 熊赐履：《闲道录》卷上，《四库全书存目丛书》子部第22册，第19页。
② 熊赐履：《闲道录》卷上，《四库全书存目丛书》子部第22册，第5页。
③ 熊赐履：《闲道录》卷上，《四库全书存目丛书》子部第22册，第17页。
④ 熊赐履：《下学堂札记》卷3，《四库全书存目丛书》子部第22册，第78页。

吾儒谓天之所与我者，为降衷之恒性，本来纯粹至善，无有夹杂，即所谓天理也。然或拘于气禀，蔽于物欲，则不能有善而无恶。圣贤教人以复性之方，存理遏欲，去恶为善，在在持养，时时省察，以复其赋畀之初衷，使静焉体全，动焉用著，无非至善之妙而后已，圣贤之明物察伦，尽性至命，无不在此。①

人性原本至善，纯为天理理性，然而因气禀、物欲等影响而不能保持有善无恶，于是圣人之教要求"复性"。如何复性？在熊赐履看来，根本还在于人性的至善，所以才能通过持养、省察的方法来"明物察伦""尽性至命"。熊赐履也说："性即理也，无不善之理，安有不善之性。"②

熊赐履还进一步批评了佛教的无善无恶：

释氏以无善无恶为本体，以好善恶恶为情识，夷是非善恶而一之为平等，为圆妙，才有辨别拣择于其间，则曰分别心，曰人我相儱侗混淆，颠倒错谬。斯术也，虽接一物，处一事，亦有所不能，况可以宰世经物，而冀其区置咸当乎？每见世之自命为豪杰者，其身三纲五常之身也，其位致君泽民之位也，负家国天下之责，而复穷年肆力于若曹之说，而恬不之返，是果无所分别之说，竟可以治万有不齐之天下而无弊耶？吾不知其所见安在也？③

佛者曰无理无欲，无善无恶，无阳无阴，无君子无小人，无容于分别，无容于拣择。……是之谓两忘，是之谓平等，是之谓一切圆妙，灭绝伦理，扫除纪法，职此故也。④

在熊赐履看来，佛教以无善无恶为本体，所谓两忘、平等、圆妙，反对辨别、拣择、

①　熊赐履：《闲道录》卷中，《四库全书存目丛书》子部第 22 册，第 23 页。
②　熊赐履：《闲道录》卷上，《四库全书存目丛书》子部第 22 册，第 3 页。
③　熊赐履：《闲道录》卷中，《四库全书存目丛书》子部第 22 册，第 20 页。
④　熊赐履：《闲道录》卷中，《四库全书存目丛书》子部第 22 册，第 24 页。

分别，则是将善恶一切都归为空无，于是善恶都笼统混淆、颠倒错谬起来了；于是人伦之事都不能处置，"灭绝伦理，扫除纪法"，何况去"宰世经物"？这里批评的是晚明时期那些从事王学、佛学，主张无善无恶的高官。

三、魏裔介："无善无恶一语，曲徇其徒王龙溪之言"

魏裔介虽然在尊朱辟王的态度上不如陆陇其、熊赐履等人坚决，但有一个例子可以看出他对王阳明的态度。魏裔介原本非常敬重孙奇逢，却因为孙奇逢太过推崇王阳明而有所不满。他认为："锺元亦心服泾阳者，然于阳明此处未敢公然勘破。"[①]

魏裔介对于人性论特别关注，曾著有《论性书》等著作，曾说"此关性学甚大，故不容忽视也"[②]。其实，魏裔介对于王阳明的肯定也多，认为其学问、功业都堪称"辉煌绚烂"，对于良知学说也有所肯定，然而就是对无善无恶说不满：

> 王文成公生平学问功业尽自辉煌绚烂。其阐发良知，有功后学，但《传习录》一书大段透露，而无善无恶一语，曲徇其徒王龙溪之言，未免遗误后学，此顾泾阳所深辟之也。[③]

他还说"欲以性善补阳明良知之缺"[④]，希望以程朱理学来补正王阳明良知学说的缺失。

魏裔介对无善无恶的批评，与刘宗周、熊赐履等人相似，认为问题出在阳明弟

---

① 魏裔介:《与白涵三书》,《兼济堂文集》卷9，第227页
② 魏裔介:《答孙征君锺元书》,《兼济堂文集》卷9，第232页。
③ 魏裔介:《答孙征君锺元书》,《兼济堂文集》卷9，第220页。
④ 魏裔介:《与白涵三书》,《兼济堂文集》卷9，第227页。

子王畿身上，同时肯定顾宪成辟无善无恶极为得当。他还说：

> 阳明之言良知，是也；其言"无善无恶心之体"，非也。良知何物？即心之体也。人心无知之时，此昭昭炯炯者；即当喜怒哀乐未发之时，全是天理，知正是善。何得谓之无也？而其徒巧为之说曰："无善乃言其至善也。"若是，则何不曰"有善无恶者心之体"，直捷明白？省却天下后世多少葛藤，而乃为此流弊无穷之语也。①

在魏裔介看来，主要还是"无善无恶心之体"这一提法不好，容易产生流弊，而这流弊就是王畿所说的"无善乃言其至善也"。将无善解释为至善，不如不提无善，只提至善，也即"四有"说那句"有善无恶心之体"方才"直捷明白"，方才不被后学增添"葛藤"。魏裔介此处没有进一步说王畿的观点为什么不对，但另一处说："心性一也，谓无善无恶者心之体，亦可云无善无恶性之体乎？若云'无善无恶者性之体'是又一告子也。"②魏裔介与熊赐履等人一样，都认为"无善无恶心之体"就是说人性本来无善无恶，也就近于告子，近于禅学。

故魏裔介所著《论性书》极力阐发性善学说，他希望以此来纠正王阳明无善无恶论所产生的弊病。

> 以无为宗，以解脱为了当，未有不流于放逸、入于荆榛者。……隆、万以来，学者所谓大儒，多中此病。其差在以佛附儒，而不辨于毫厘之间也。……圣学重在默识，未有以识为害性而去之者。识即知也，知即性也。识可去，知可去乎？知可去，性可去乎？佛氏之言不可强同于儒者，此之谓也。③

---

① 魏裔介：《阳明之学有是有非辨》，《兼济堂文集》卷15，第409页。
② 魏裔介：《答孙征君锺元书》，《兼济堂文集》卷9，第232页。
③ 魏裔介：《与魏环溪论学书》，《兼济堂文集》卷9，第220页。

他认为无善无恶说近于佛教的"以无为宗"，于是人心将"流于放逸、入于荆榛"。所谓隆庆、万历以来的大儒，是指阳明后学，他们大多"以无为宗""以佛附儒"，对于人性善恶之际不作辨析。魏裔介还说："人生若不学道，实为虚度，而异学往往簧鼓，是以君子乐于就正前书。殷殷质于高明。良以此也。性有体有用，老氏杂之，申、韩坏之，佛氏乱之，故知性者鲜矣。"① 晚明以来的混乱，与佛道之类的异端学说掺入阳明后学有着重大的关系，最后导致儒家正统的人性学说不受重视，甚至鲜为人知。

---

① 魏裔介:《与白涵三书》,《兼济堂文集》卷9, 第227页。

第五章　程朱陆王异同之辨（三）：门户辨

　　许多清初学者倡导朱子学独尊，较有代表性的有民间学者吕留良，以及受其影响的官方学者陆陇其。吕留良与陆陇其都倡导尊朱辟王，为什么到了雍正朝，陆陇其获得了清廷的推崇而从祀孔庙，吕留良却沦为文字狱批判的对象？故有必要对他们的尊朱思想作一番深入的研究。

　　事实上，吕留良因其家庭出身而有着曲折的遗民心态，愈来愈固守遗民的节操，同时在思想上也愈来愈固守程朱而毫无假借。他对朱子学的阐发在义理层面其实也是统一精切而独到的：无论是对王阳明、陈亮（1143—1194）的排斥，还是对夷夏之辨以及君臣、封建、井田的讨论，都从节义之道引申而发展了朱子学。陆陇其因为进入了清朝的官场，更加注意程朱一系的道统论：一则辨析为何朱子之学即孔子之学、尊朱子即尊孔子；一则辨析为何顾宪成、高攀龙与黄宗羲、孙奇逢以及汤斌等人调停朱、王的态度之不可取。他的深辟与严辨在由王返朱转型，也即朱子学再度意识形态化的过程中，有着较大的"卫道"之功。

　　当然也有学者开始跳出程朱、陆王之争，注重道德践履与文献考据，这体现出明清之际学术的新动向。其中比较典型的学者就是陈确，他与上文提及的黄宗羲、张履祥一样，都是刘宗周的重要弟子。不过他的学术趋向却与后二者不同。他主张跳出程朱、陆王之门户，故而也被认为是"反理学"的代表。他指出宋明诸儒之学未免杂禅，程朱、陆王深信不已的《大学》则是伪书；反对程朱、陆王后学的门户之争，提出取其"所善"去其"所不善"，回归孔、孟而求知行合一。

　　清初程朱理学重新获得独尊的地位，当是民间与官方共同推动的，或者说是他们共同所愿的。然而在主流如是的同时，也有学者倡导朱子学与阳明学的调和、折中，还有学者主张摆脱门户之争，故而其中有许多问题值得细细辨析一番。

第一节　吕留良的朱学独尊论及其与黄宗羲的朱王异同辨

早在清初，就有人称吕留良的思想主旨为尊朱辟王，故而每每论及其学术思想，学者们大多强调其尊朱辟王的一面。这就很难解释为什么在雍正朝深受吕留良影响、同样倡导尊朱辟王的陆陇其获得了清廷的推崇，而吕留良本人却沦为文字狱批判的对象。于是，学者们又转而表彰其夷夏之防的一面，或认为其君臣、封建、井田等思想极有价值。那么，这些带有"启蒙"色彩的思想，与朱子学又有什么关系呢？学界尚未有专论，将其尊朱辟王、夷夏之防等问题之间的关系解释清楚。①

事实上，吕留良虽受朱熹的影响极深，但年轻时对王阳明的心学也抱有极大的兴趣，且推崇王学的浙东学者黄宗羲曾在吕家处馆多年。后来，吕留良转而倡导尊朱辟王，改请推崇朱子学的张履祥来吕家处馆。为什么他与黄宗羲交恶，而与张履祥交好？事实上，除了朱王之辨之外，还有华夷之辨，以及他在《四书讲义》之中对朱子《四书章句集注》的诠释，对君臣、封建等的看法，只有将这些问题综合起来加以讨论，才能使吕留良朱子学的思想特色得到较为完整而清晰的认识。

---

① 关于吕留良的研究，大多集中于文字狱案件。研究其思想最为全面的是钱穆，详见下文论及。此外较重要的还有：容肇祖《吕留良及其思想》，载《辅仁学志》1936 年 5 卷 1—2 期；陈祖武《吕留良散论》，载《清史论丛》第 7 辑，中华书局 1986 年，此文修订之后，载于作者的专著《清初学术思辨录》第七章《吕留良与浙西学术》，中国社会科学出版社 1992 年；[美] 狄百瑞著、黄水婴译《儒家的困境》第四章，北京大学出版社 2009 年；[日] 伊东贵之著、杨际开译《中国近世的思想典范》第五章，台湾大学出版中心 2015 年。另有多篇硕士学位论文研究吕留良四书评语。学界已有研究大多将尊朱辟王与夷夏之辨以及封建、井田论等孤立来看，又未联系其遗民情结、时代变迁，故得出的论断多有片面，不够圆融。

一、吕留良的尊朱论

关于吕留良是否笃信朱子学，学界多有不同说法，其中影响颇大的是全祖望在《小山堂祁氏遗书记》之中的说法：

> 初南雷黄公讲学于石门，其时用晦父子俱北面执经。已而以三千金求购澹生堂书，南雷亦以束修之入参与。交乃既毕，用晦之使者，中途窃南雷所取卫湜《礼记集说》、王偁《东都事略》以去，则用晦所授意也。南雷大怒，绝其通门之籍，用晦亦遂反而操戈，而妄自讬于建安之徒，力攻新建。①

全祖望的说法影响极大，比如章太炎《书吕用晦事》就说吕氏之学"本非朱学"，"以太冲主王学，欲借朱学与竞"。②且不说吕留良是否有与黄宗羲竞争之意，单看其学术发展脉络，即可知其于朱子学必然自幼精通。

晚明王阳明之心学风行之时，吕留良却因为家族的影响，早年就对朱子学，特别是《四书章句集注》，有着浓厚的兴趣。他的姐夫朱洪彝就是一个非程朱之书不读的学者。吕留良的友人、当时以倡导程朱理学著称的张履祥，曾记载朱氏的话说："二程夫子，明道几于化矣，吾辈不能学。伊川有辙迹可守。朱夫子之学，笃实精微，学者所宜宗主。"③这些言论当对吕留良有一定的影响，使其对程颐、朱子一路较有亲切之感。吕留良自己曾说：

> 某荒村腐子也，平生无所师承，惟幼读经书，即笃信朱子细注，因朱子之

---

① 全祖望：《小山堂祁氏遗书记》，《全祖望集汇校集注》，第 1074 页。
② 章太炎：《书吕用晦事》，《章太炎全集》第 5 册，第 317 页。
③ 张履祥：《言行见闻录一》，《杨园先生全集》卷 31，第 883 页。

注，而信程张诸儒，因朱子程张而信孔孟。①

某平生无他识，自初读书即笃信朱子之说，至于今老而病且将死矣，终不敢有毫发之疑，真所谓宾宾然守一先生之言也。②

可见他自幼熟读朱子《四书章句集注》，并认为由朱子之注，可至二程、张载等宋儒之学，再至孔子、孟子之学。也就是说，他笃信朱子学为儒门正宗。再者，吕留良少年时代就钻研时文，而时文成败在于是否对四书之精义、实学有所精通。故由此一点，亦可知其必然自幼就笃信朱子学。当然，并不是说吕留良不受王学的影响。比如康熙初年，也就是黄宗羲到吕家处馆之时，吕留良在与张履祥的信中说："平生言距阳明，却正坐阳明之病。"③也就是说，与当时的大多士人一样，吕留良也曾受过王学影响，但并不能说就放弃了朱子学的立场。也正是因为当时还有一点朱王调和之心态，他才会与黄宗羲有所交往。然在康熙五年之后，他渐渐放弃调和，转而推尊朱子学，因此特意与早就转向朱子学的张履祥多方联系。康熙八年，张履祥到吕留良家处馆之后，吕留良的朱子学自然也就更为精进了。

明清之际，因为注意到王学末流的弊病，转而推尊朱子学的学者极多，著名的如有顾宪成与高攀龙。然而吕留良与他们不同，其主张也并非简单的尊朱辟王。究其本意，则有三个特点。

第一，不是门户之争。吕留良说："道之不明也几五百年矣。正、嘉以来，邪说横流，生心害政，至于陆沉，此生民祸乱之原，非仅争儒林之门户也。"④正德、嘉靖以来，邪说流行，影响人心、政事，最后导致明亡。因此在吕留良看来，想要明道，就必须力辟王学以及其他各种邪说。这只是为了学术、人心，而非程朱、陆王之间的门户之见。

---

① 吕留良：《复王山史书》，《吕晚村先生文集》卷2，《吕留良全集》第1册，第69—70页。
② 吕留良：《答吴晴岩书》，《吕晚村先生文集》卷1，《吕留良全集》第1册，第23页。
③ 吕留良：《与张考夫书》，《吕晚村先生文集》卷1，《吕留良全集》第1册，第2页。
④ 吕留良：《复高汇旃书》，《吕晚村先生文集》卷1，《吕留良全集》第1册，第9页。

吕留良还说：

> 果仅为制举家资云尔，则王何必攻，王非令甲所禁也。且某尊朱则有之，
> 攻王则未也。凡天下辨理道、阐绝学，而有一不合朱子者，则不惜辞而辟之者，
> 盖不独一王学也，王其尤著者尔。①

吕留良阐明，在时文评选之中攻击王学，并非为了迎合科考之举；虽然说当时的考试多半以程、朱的传注为标准，然而当时朝廷也并未禁止王学。所以他一直强调，因为只有朱子之学才是孔、孟正学，不合朱子者都是异学，所以才都需要辟之而已，王学只是其中"尤著者尔"。除了王学之外，还有佛学，还有陈亮（号龙川，永康人）之类的事功之学，这些都在吕留良辟异学的范围之内。《四书讲义》之中，结合朱子的集注，吕留良对这些学术的批判也是极多的。比如：

> 此便是学术义利之分，不可不辨，亦即朱子与龙川力辟之旨也。
> 此永康事功之害，朱子辟之与金溪同。②

当然吕留良之所以认同朱子之辟陈亮，并不只是因为朱子认为陈亮为异学，还因为他认同朱子的义利之辨本身，也即重义轻利。

至于为什么必须尊朱，《四书讲义》中说：

> 圣人新民之极，三代后惟朱子得之耳。观其与陈、吕辨论可见。
> 惟孔子能述尧、舜、禹、汤、文、武、周公，惟孟子能述孔子，惟程、朱能述孔、孟，其道同也。

---

① 吕留良：《答吴晴岩书》，《吕晚村先生文集》卷1，《吕留良全集》第1册，第23页。
② 吕留良：《子夏为父莒宰章》，《四书讲义》卷16；《滕文公问为国章》，卷34，第376、764页。

> 春秋之书乱而折衷于孔、孟，汉、唐之书乱而折衷于程、朱。[①]

在吕留良看来，或是从朱子学术之广大精微来看，或是从朱子与陈亮、吕祖谦等南宋诸子的论辩来看，唯有朱子才是真正传承儒门正学者，传承了孔、孟乃至尧、舜、禹、汤、周文王、周武王、周公以来的道统谱系，故而汉、唐以后讲儒学，也就必须折中于程、朱了。朱子学，方才是孔、孟儒学之正统。

第二，不愿有所调停。吕留良说："且所论者道，非论人也。论人，则可节取恕收，在阳明不无足法之善；论道，必须直穷到底，不容包罗和会。一着含糊，即是自见不的，无所用争，亦无所用调停也。"[②]清初之时，诸如黄宗羲等人主张朱王调停，其背后是为王学张本。吕留良虽然也认为就个人事功而言，王阳明"不无足法之善"，但是就学术而言，他主张将论人与论学分开，而在学术上当求唯一性，故此不可调停。他在《四书讲义》中也说：

> 世教衰，人心坏，只是一个没是非，其害最大。看得孔孟、老佛、程朱、陆王都一般并存，全不干我事，善善恶恶之心，至此斩绝，正为他不尚德，无君子之志也。才欲为君子，知尚德，定须讨个分明，如何含糊和会得去。[③]

吕留良极力反对晚明以来的三教合一，反对晚明以来孔孟、老佛以及程朱、陆王都可以并存不悖等说法。他认为，为了世教、人心起见，必须将学术一一分辨，不可含糊、和会。这是他与东林学派等倡导朱子学者的很大一个不同。

第三，吕留良认为儒门正学唯由朱子学而上方可讲求。这是最为关键的一点，上文也已提及，但有必要专门就吕氏所理解的朱子学唯一性再作一些阐明。因为

---

① 吕留良：《大学二》，《四书讲义》卷2；《子曰述而不作章》，卷10；《孟子谓万章曰一乡之善士章》，卷39，第27、221—222、910页。
② 吕留良：《与施愚山书》，《吕晚村先生文集》卷1，《吕留良全集》第1册，第16页。
③ 吕留良：《南官适问于孔子曰羿善射章》，《四书讲义》卷17，第391—392页。

吕留良一再强调宋末以来的朱子学者"徒以其名而未得其真"，至于出处、辞受等，许多先儒不曾讲究，但却是儒门"下手入德"的关键。

关于必须尊朱辟王，吕留良最为完整的一段论述是在《复高汇旃书》之中：

> 从来尊信朱子者，徒以其名而未得其真，而近世阐提陆说者，其权诈又出金溪之上。金溪之谬，得朱子之辞辟，是非已定，特后人未之读而思耳。若姚江良知之言，窃佛氏机锋作用之绪馀，乘吾道无人，任其惑乱；夷考其生平，恣肆阴谲，不可究诘，比之子静之八字着脚，又不可同年而语矣。而所谓朱子之徒，如仲平、幼清，辱身枉己，而犹哆然以道自任，天下不以为非。此道不明，使德祐以迄洪武，其间诸儒，失足不少。……故姚江之罪，烈于金溪，而紫阳之学，自吴、许以下已失其传，不足为法。今日辟邪，当先正姚江之非，而欲正姚江之非，当真得紫阳之是。《论语》"富与贵"章，先儒谓必先取舍明而后存养密。今示学者，似当从出处去就、辞受交接处，画定界限，札定脚跟，而后讲致知、主敬工夫，乃足破良知之黠术，穷陆派之狐禅。盖缘德祐以后，天地一变，亘古所未经，先儒不曾讲究到此，时中之义，别须严辨，方好下手入德耳。①

吕留良指出，宋代陆九渊（金溪）流于佛禅而非儒门正学，经过朱子的严辞辟陆，是非得以分辨；晚明时代的王阳明（姚江）则更流于佛禅，且多权诈，故而危害比陆九渊更甚。所以要辟邪，当纠正王学之非；而要纠正王学之非，则又要先得朱学之是，因此必须先将朱学细细讲明。他还指出，宋末德祐年间以来，诸如元代的吴澄（字幼清）、许衡（字仲平）等人，也是徒有尊朱之名，未得朱学之真，因为他们在元代的异族统治之下"辱身枉己"；而朱学之真则是"必先取舍明而后存养密"，也就是"当从出处去就、辞受交接处，画定界限，札定脚跟，而后讲致知、主敬工夫"。在吕留良看来，对于这一道理，朱子等先儒也未曾十分讲究，因为他们未曾

---

① 吕留良：《复高汇旃书》，《吕晚村先生文集》卷1，《吕留良全集》第1册，第10—11页。

经历类似德佑以后那种天地亘古未有的变化。吕留良本人则经历明清鼎革，其中的变故是相似的，故而对于出处之中的节义有着深刻、真切的认识。因此在《四书讲义》之中，他也多有阐发先讲明出处、辞受而后方可讲明致知、主敬的观念。这才是吕留良朱子学的根本所在、独特所在。钱穆先生的《吕晚村学述》也说："讲理学正当从出处去就、辞受交接处画定界限，札定脚跟，而岂理气心性之空言，所能辨诚伪、判是非。此一主张，乃畅发于其《四书讲义》中。亦可谓当晚村之世，惟如晚村，乃始得为善述朱学也。"[①] 也可以这么认为：吕留良的朱子学，因为讲明出处、辞受等节义上的大问题，所以才是真正结合其时代的朱子学，真正承继了朱子乃至孔、孟的儒家真精神。

再来看吕留良所论夷夏之防等问题。吕留良其实并非从种族出发，而是从节义之道出发。他指出必须讲明节义，反对功利，这中间有着更具深度的儒家义理在。《四书讲义》卷十七"子贡曰管仲非仁者与章"说：

> 看"微管仲"句，一部春秋大义，尤有大于君臣卑伦，为域中第一事者，故管仲可以不死耳。原是论节义之大小，不是重功名也。[②]

前人对此章关注极多，大多在说吕留良强调夷夏之防大于君臣之义。然而事实上，吕氏的真正用意并不仅在于此。在吕留良看来，夷夏之防固然当守，此本不必多言，但需要讲明的是如何守其防：唯有先明节义而已；至于君臣之义，固然是"人伦之

---

① 钱穆：《吕晚村学述》，《中国学术思想史论丛》第 8 册，第 215 页。容肇祖先生说："种族的思想，他是很看重的，他要分夷夏，在满清入主的时候，他自然对于出处去就的节义，特别的看重了。"容肇祖：《吕留良及其思想》，载《辅仁学志》1936年 5 卷 1 期。陈祖武先生说："他所谓'先儒不曾讲到'的'紫阳之是'，呼之欲出，那便是为他所一贯坚持和表彰的民族气节。……这样的朱学观，不仅前无古人，而且同清初陆陇其、张烈、熊赐履、李光地等御用理学家的尊朱辟王殊若霄壤，不可同日而语。"陈祖武：《清初学术思辨录》，第 141 页。二位先生认为吕留良讲朱学重视出处，这是其思想的重要特点，但只将其联系于种族、民族气节，并未认为这是理学或儒学的真精神，而且也未揭示节义与辟王及其君臣、封建等议论之间的关联。

② 吕留良：《子贡曰管仲非仁者与章》，《四书讲义》卷 17，第 401 页。

至大"，君臣而后父子、夫妇，但其中需要讲明的也就是节义。也就是说，真正需要讲明的只有节义之道；至于夷夏之防与君臣之义的选择，在于节义大小的分辨，而不在于功名大小的分辨。

再看《四书讲义》所论君臣、封建与井田，也是在辨析节义与功利：

> 人知父子是天性，不知君臣亦是天性，不是假合。……只缘三代以后，君臣都忘却了天字，……直弄成一个私心自利世界。

> 父子之仁，君臣之义，并行于天地之间，皆天也，故皆仁也，知有父而不知有君，是知仁而不知义，则并其所为仁者，私心也，非仁也。[①]

在吕留良看来，父子、君臣之间都有一个义在，而义本于天。也就是说，父子、君臣之人伦其实是一样的，都要讲求节义；而节义则来自天理，如不去讲求天理、节义，就会生出种种私心。《四书讲义》中说：

> 君臣以义合，合则为君臣，不合则可去，与朋友之伦同道，非父子兄弟比也。不合亦不必到嫌隙疾恶，但志不同，道不行，便可去，去即是君臣之礼，非君臣之变也。只为后世封建废为郡县，天下统于一君，遂但有进退而无去就。嬴秦无道，创为尊君卑臣之礼，上下相隔悬绝，并进退亦制于君而无所逃，而千古君臣之义为之一变，但以权法相制，而君子行义之道几亡矣。[②]

因为君臣之义来自天理，故而可以合则留，不合则去。这在周朝的封建制之下比较容易实现，在郡县制、大一统之下则很难实现，所以说"有进退无去就"。更何况"尊君卑臣"，以至于君臣上下悬绝，更无法实现士大夫的节义了。因此吕留良之所

---

① 吕留良：《定公问君使臣章》，《四书讲义》卷 6；《万章问曰象日以杀舜为事章》，卷 38，第 142、869 页。

② 吕留良：《孟子告齐宣王曰君之视臣如手足章》，《四书讲义》卷 37，第 831—832 页。

以重新辨析君臣关系并倡导封建、井田，就是因为倡导"君子行义之道"。

当然，吕留良也深知封建制并不是没有害处。他说：

> 五兵作而杀戮多，封建制而争战烈，圣人岂不知之？然必不可已者，其利害有大小也。后世不知圣人深意，以一姓之私，废生民之公，究其子孙受祸尤酷，流末有之毒于无穷，则何益矣！[1]

此条可见吕留良总是超越常人的认识，指出一般认识背后的利害大小，也即节义大小之别，能够明辨出处节义是第一位的。这方才是"圣人深意"。所以，《四书讲义》中说：

> 封建井田之废，势也，非理也；乱也，非治也。后世君相因循苟且，以养成其私利之心，故不能复返三代，孔孟、程朱之所以忧而必争者，正为此耳。虽终古必不能行，儒者不可不存此理，以望圣王之复作，今托身儒流，而自且以为迂，更复何望哉！[2]

吕留良认为，后世废封建、井田，然后因循苟且，都是一种私利之心。然而就算终古必不能再行封建、井田等上古的制度，儒者也不可不坚持立场，否则就是所谓曲学阿世，成了孔孟、程朱的罪人，儒者也还当有一点迂拙，而死守其节义，方可为世人留存一份希望。

再说受吕留良影响的曾静（1679—1735），却只是沿着夷夏之防一路，推论得越来越远了，故他并未真正理解吕留良的朱子学思想。[3]至于雍正帝驳斥吕留良，

---

① 吕留良：《北宫锜问曰周室班爵禄也章》，《四书讲义》卷39，第895页。
② 吕留良：《滕文公问为国章》，《四书讲义》卷34，第764—765页。
③ 《大义觉迷录》卷2，沈云龙主编《近代中国史料丛刊》第36辑影印清刻本，文海出版社1973年，第172页。

倒是下了一番功夫，且从节义入手，可谓击中要害。雍正帝在上谕中说：

> 是吕留良于明毫无痛痒之关，其本心何曾有高尚之节也！……身为本朝诸
> 生十余年之久矣，乃始幡然易虑，忽号为明之遗民。千古悖逆反复之人，有如
> 是之怪诞无耻，可嗤可鄙者乎？自是著邪书，立逆说，丧心病狂，肆无忌惮。
> 其实不过卖文鬻书，营求声利。①

雍正帝并不详论吕留良之阐发朱子学，而论其与明、清两朝之关系，论吕氏最为关
切的节义、功利。他认为，吕留良在成为清朝诸生十多年后方才坚守明遗民之气节，
实在难免"悖逆反复"之嫌，而其时文评选也有"营求声利"的一面。这两点确实
道出了吕氏心中隐痛，然而也只是指出吕氏遗民心态的一个侧面而已，并不能反映
其中的真实意义。至于吕留良《四书讲义》等书，雍正帝认为"毁之固未必能尽；
即毁之而绝无留遗，天下后世更何从窥其底蕴，而辨诸道学之真伪乎"，故而在当
时并未执行禁毁，而是命大学士朱轼（1665—1737）等人编撰《驳吕留良四书讲义》
一书，"逐条摘驳"。②然而到了乾隆朝，《四书讲义》等吕留良的著述悉数被禁，其
传播便转入地下。

二、吕留良朱子学之时代特色

因其遗民情结与时代变迁，吕留良以时文评选为载体的独特的朱子学思想，重
在彰显中国儒学之中的节义之道，强调为人为学当重节义而非功名利禄，并以此来

---

① 《雍正七年五月二十一日上谕》，载《清代文字狱档》第9辑，上海书店出版社2007年，第556页
② 《雍正九年十二月十六日上谕》，《四库未收书辑刊》陆辑叁册，北京出版社2000年，第607页;《清代文字
　　狱档》第九辑，第590页。

考量诸如吴澄、许衡等后世朱子学者，先问其出处、辞受之际的节义如何，带有朱子学式的道德严格主义色彩；其富有时代色彩的义利之辨，用心则在于端正士风、学风，挽救世道人心。[1]吕留良与陆陇其最大的思想差异在于此[2]，他的书之所以能风行一时也因为此。而在这一理念之下，他的《四书讲义》对朱子的阐发在义理层面是统一的、精切的，且是有诸多独到之处的。无论是对王阳明、陈亮等人学术的排斥，还是对夷夏之辨以及君臣、封建、井田等问题的探析，他都是从节义之道引申而发展了朱子思想。

诚如《续修四库全书总目提要》所说："书中悉就朱注发挥，然体会有得，多有比朱注更精更切者，时亦自出己意，不能尽合朱子。……自成吕氏之书，非一般遵朱不敢失尺寸者可以同语也。"[3]再如钱穆先生的学术史所说："自朱子卒至是四百余年，服膺朱子而阐述其学者众矣，然绝未有巨眼深心用思及此者。"[4]吕留良于朱子《四书章句集注》的"巨眼深心"实在难能可贵，其中诸如节义之道等论述，虽不尽合于朱子，然亦是极有价值的，绝非当时一般的四书类的章句之学所能及。因此，吕留良的时文评选以及之后的《四书讲义》，在康熙、雍正乃至曾、吕文案之后，一直有着巨大的影响。

吕留良的朱子学，乃是易代之际学术的一种典型。甚至可以这么认为：吕留良的朱子学方才是真正契合其特殊时代的朱子学，真正承继了朱子乃至孔、孟的儒家真精神。这种思想的特殊，与吕留良独特的遗民心态密切相关。吕留良历经家族与个体于明清两朝之际多层面的交涉以及反复挣扎，方才尤其重视出处、辞

---

[1] 伊东贵之先生指出："吕留良极其二律背反式地理解义与利、公与私、王与霸这样的对立事项，强烈主张对其进行明辨，使他朱学严格主义式的性格更加明显。"《中国近世的思想典范》第五章注33，第142页。吕留良朱子学的严格主义，其实核心在于节义上的毫无假借，然后再引申至于朱、王之抉择等问题。

[2] 陆陇其自己也说："所不能尽合于先生者，程明道有云：'一命之士，苟存心于利物，于人必有所济。'斯言耿耿，横于胸中，遂与先生出处殊途。"陆陇其：《祭吕晚村先生文》，《三鱼堂文集》卷12，《陆陇其全集》第2册，第369页。

[3] 《续修四库全书总目提要》经部，中华书局1993年，第946页。

[4] 钱穆：《中国近三百年学术史》第二章，第87—88页。

受之中体现出来的节义之道。甚至可以说，随着年岁的增长，吕留良越来越坚定其明之遗民的角色，乃至于毫无假借；而就其学术之抉择而言，他越来越趋向于朱子学，亦至于毫无假借。所以说，要对吕留良的朱子学有同情之了解，则必须对其遗民心态亦有同情之了解，如此方能明白，为什么中年以后的吕留良与黄宗羲日益疏远，而与张履祥日益亲近，又与陆陇其始终隔着一道心灵鸿沟。

三、吕、黄交游考

黄宗羲曾在吕留良家处馆多年，与吕留良交游密切，并且在学术上深刻地影响了吕留良及其学术与文化活动。然而到了后来，吕留良与黄宗羲日渐疏远，从赋诗唱和到相互攻讦，乃至弟子辈谩骂不止，成为清代学术史一桩公案。从清前期的陆陇其、朱彝尊、严鸿逵、沈冰壶（生卒年不详，1736 年前后在世）、全祖望，到近代的邓之诚（1887—1960）、钱穆（1895—1990）、谢国桢（1901—1982）等等，学者们论说纷纭，莫衷一是。下文首先梳理一下吕留良与黄宗羲二人之间的交游过程。

顺治十七年庚子（1660），通过黄宗羲之弟黄宗炎（1616—1686）的引见，吕留良与黄宗羲、高斗魁（1623—1670，字旦中，号鼓峰，鄞县人）结识。关于此事，吕留良在《友砚堂记》之中有详细的记述：

> 辛卯子度死，予益落魄不自振。己亥，遇余姚黄晦木，童时曾识之季臣兄坐上，拜之东寺僧寮，盖十八年矣。……晦木……谓予曰："予兄及弟，子所知也。有鄞高旦中者，此非天下之友，而予兄弟之友也。"戊子遂与旦中来。其秋太冲先生亦以晦木言，会予于孤山。晦木、旦中曰："何如？"太冲曰："斯可

矣。"予谢不敢为友，固命之，因各以砚赠予，从予嗜也。[1]

顺治八年辛卯（1651），吕留良早年的重要友人孙子度去世。孙子度与黄宗羲也相识，黄氏从事抗清活动时，二人曾有联系。[2]孙子度以及抗清的背景应该是吕、黄二人后来一见如故的基础。顺治十六年己亥（1659），吕留良与童年时在语溪结社活动时曾见过的黄宗炎再度相遇并相交。后一年，吕留良先与高斗魁结识，后与黄宗羲相见于杭州孤山，二人订交。因为年岁相差较大，吕留良"不敢为友"，但是黄宗羲"固命之"。因为吕留良喜好收藏石砚，黄宗羲与高斗魁各赠送石砚一方。《友砚堂记》对于黄氏兄弟与高斗魁所赠石砚的名称、来历、形状等都有详细记述。黄宗羲为《友砚堂记》写有跋语，其中就说"用晦之友即吾友，用晦之砚即吾砚"[3]，可见对于二人的订交十分看重。

康熙二年（1663），黄宗羲应邀到语溪吕留良家处馆，教授吕留良的子侄辈。该年至康熙五年（1666），黄宗羲每年往返于余姚、语溪之间。起初每当黄宗羲南返，吕留良都赠以礼品，亲自送到杭州。其间短暂的分别，二人之间亦不时有诗文酬答，以寄怀念之情。黄宗羲在语溪处馆的几年，结识了吴之振（1640—1717）、吴尔尧（？—1677）、董雨舟（？—1678）等一批新友人，经常一起赏花观画，吟诗作赋；一起游山玩水，拜师访友。康熙三年（1664）四月，吕留良与黄宗羲、黄宗炎、高斗魁、吴之振等一同去江苏常熟探视钱谦益（1582—1664）。适逢钱氏病故，黄宗羲等人还协助料理丧事。同年九月，张煌言（1620—1664）被杀于杭州。

---

① 吕留良：《研友堂记》，《吕晚村先生文集》卷6。《吕留良全集》第1册，第202页。原文中"庚子"误为"戊子"。

② 崇祯十六年（1643），黄宗羲三十四岁，浙西崇德澄社社员孙爽来访。二人共至京口（镇江），在金陵别离，是为他与孙爽结识之始。

③ 参见《友砚堂记》附录，《吕晚村先生文集》卷6，《吕留良全集》第1册，第207页。黄宗羲此文不见于《南雷文案》或《南雷文定》。当年黄宗羲的文集，几乎只字不涉吕留良，保存下来的只有几首吕、黄之间的交游、唱和之作。仅康熙三年所撰《钱孝直墓志铭》提及"吕光轮用晦"结社事，后结集付刻，亦将此文删除。清末人肖穆舅将其辑入《南雷余集》。

黄宗羲为张煌言撰写墓志铭，又派弟子万斯大（1633—1683）到杭州为张煌言料理丧事。此事吕留良也有参与，还作有《九日书感》一诗，表示哀悼。①同年，黄宗羲为该年前后亡故的友人钱谦益、汪汸（1618—1665）、刘汋（1613—1664）等作《八哀诗》，吕留良为此诗作跋，与之同哭。这八人吕留良并不全认识，"是皆宜哭，不当以识不识异"②。其间，吕、黄二人还参与了吴之振、吴尔尧选编《宋诗钞》一事。吴之振在《宋诗钞凡例》中说："癸卯之夏，余叔侄与晚村读书水生草堂，此选刻之始也。时甬东高旦中过晚村，姚江黄太冲亦因旦中来会，联床分檠，搜讨勘订，诸公之功居多焉。"③此外，黄宗羲还亲自为吕留良编选诗集，吕留良在《送德冰东归》诗中有记述，并自注说黄宗羲"今年为予删旧稿为一集"。④黄宗羲离开吕家之后，吕留良还曾委托其审定明人诗文集。康熙八年（1669），吕留良在《寄黄太冲书》中提及："潜溪、逊志、遵岩、荆川等集，不知曾为拨忙看定否？"⑤

康熙五年（1666），吕留良被革掉秀才，黄、吕之间也发生澹生堂购书事件（关于此事件，下文再作讨论）。当时二人之间的矛盾并未激化。购书回来之后，黄宗羲继续在吕家处馆。同年黄宗羲作有《过孙子度殡宫》一诗，其中说："一自九原人去后，语溪风景不堪怀。"⑥诗中透露出他已经不愿再留在语溪处馆了。之后，吕留良作《后耦耕诗》，其中说"便无真耦也归去，顶笠腰镰占晚村"⑦，意思是不管是否能够觅得志同道合之人，都要实现归隐之志；还说"故交疏索尤相惜，旧学孤危转自危"，也透露出对于二人之间的交往日益稀疏的惋惜。吕留良的弟子严鸿逵在注中说："故交疏索，时太冲辈已疏。"

---

① 吕留良曾为张煌言所领导的抗清义军筹集军粮。参见邓之诚《清诗纪事初编》："康熙之初，永历既亡，郑成功没于台湾，张煌言为清所戮。留良实主煌言饷饩，及其死也，为葬南屏山下。"（卷2，上海古籍出版社2013年，第243页。）

② 吕留良：《跋八哀诗历后》，《吕晚村先生文集》卷6，《吕留良全集》第1册，第213页。

③ 吴之振：《宋诗钞凡例》，吴之振等选编，管庭芬、蒋光煦补编《宋诗钞》，中华书局1986年，第6页。

④ 吕留良：《送德冰东归》，《何求老人残稿卷二·侂侂集》，《吕留良全集》第4册，第478—479页。

⑤ 吕留良：《寄黄太冲书》，《吕晚村先生文集》卷2，《吕留良全集》第1册，第44页。

⑥ 黄宗羲：《过孙子度殡宫》，《黄宗羲全集》第11册，第258页。

⑦ 吕留良：《后耦耕诗》，《何求老人残稿卷三·梦觉集》，《吕留良全集》第4册，第522页。

到了康熙六年（1667）之初，黄宗羲就不再到吕家，但是二人之间仍旧保持来往，时常通信。但是，这一年发生了两件事情，导致吕留良对黄宗羲更加不满。其一，姜希辙（？—1698，字二滨，号定庵，浙江会稽人）出资、黄宗羲裁订编刻的"刘宗周遗书"，未征得吕留良的同意，在卷末将吕氏父子以"后学"的身份列名于校对。① 其二，同年夏天，吕留良从高斗魁、万斯同等人处得知黄宗羲有《与吕用晦书》指责吕的过失，曾在友人中传阅，却始终未直接寄给吕本人，这使得吕大为不快。② 黄宗羲的做法确实有违常理，导致吕留良认为其不够朋友。从此书信可知，二人之间的关系已经十分紧张了。

康熙九年（1670）五月，黄、吕共同的友人高斗魁病故。十一月，吕留良到宁波，会葬高斗魁。因为黄宗羲所撰《高旦中墓志铭》，二人之间的嫌隙进一步加深了（关于此事，下文再作讨论）。康熙十四年（1675），吕留良与黄宗羲先后到杭州，但并未谋面。这年十月，吕留良在杭州之时，黄宗羲遣其子黄百家带去书信及扇面诗三首向吕索文，吕并未答应。但是吕留良后来作有和诗三首，其中"越山吴树两曾勤，何日忘之诗不云"③ 等诗句，仍流露出对宗羲的怀旧之情。从此之后，二人不再有诗文酬答或书信往来。康熙十九年（1680）以及吕留良去世的康熙二十二（1683）年，吕留良在与宁波万祖绳书信之中，两次提及二人交恶一事，可见他对此依旧耿耿于怀。

吕、黄绝交之后，二人即在自己的诗文之中相互指斥。如黄宗羲作有《七怪》一文，其中说："昔之学者，学道者也。今之学者，学骂者也。矜气节者则骂为标榜。志经世者则骂为功利。读书作文者则骂为玩物丧志。留心事务者，则骂为俗吏，……所谓墙外悍妇，声飞灰火如猪嘶狗嗥者也。"④ 黄宗羲的《南雷文案》行世

---

① 吕留良：《复姜汝高书》，《吕晚村先生文集》卷2，《吕留良全集》第1册，第48页。
② 吕留良：《与黄太冲书》，《吕晚村先生文集》卷2，《吕留良全集》第1册，第45页。
③ 吕留良：《黄太冲书来三诗见怀依韵答之》，《何求老人残稿卷五·零星稿》，《吕留良全集》第4册，第872页。
④ 黄宗羲：《七怪》，《黄宗羲全集》第10册，第650页。

之后，吕留良看到此条批评就进行了反击："太冲有云：'昔之学者，学道也。今之学者，学骂者也。'观《南雷文案》一部，岂非学骂者之巨子乎？……夫骂焉而当，则曰惩曰戒；骂苟不当，则曰悖曰乱。"① 这分明就是针对《七怪》的反唇相讥。黄宗羲《七怪》中还说："今之学医者，喜其说之可以便己，更从而附会之。以为天下之病，止有阳明一经而已。公然号于人人，以掩其不辨经络之愚。夫不言己之不识十二经络，而言十一经之无病。犹之天下有九州，不言己之足迹未曾历九州，而言天下无九州也。"这一批评很明显也是指向吕留良的。② 黄宗羲还指名道姓地批评吕留良热衷于章句传注之学："排击文成，同于异学，以为一时风尚，大抵涂毒鼓声，不止石门一狂子而已也。"③ 吕留良也有针锋相对的批评："不知正嘉以来，诸讲学先生亦正为村师之讲章、时文所误，不屑更于章句传注文字研究辨析，乃揣撰一副谬妄浅陋之说，以为得之，不觉其自堕于邪异耳。"④ 此外，吕留良还在不少诗文之中指责黄宗羲不辨夷夏、结交清廷等等。黄宗羲在其著作之中，连吕留良的名字也不屑提及。有学者认为，指称为"书贾"者，都是在说吕留良。如是，则确实有点蔑视之意。此外，黄宗羲称吕留良为"时文选家"，其学为"纸尾之学""墨守章句"等等，也不无蔑视之意。至于二人各自的门生，则攻讦谩骂更为严重。黄宗羲的弟子以吕留良"为异己之罪人，鸣镝所注，万矢恐后"⑤。当时的学者邵廷采曾说："若近梨洲门庭者，便谤晚村；依晚村门庭者，专毁梨洲。"⑥ 门户对垒，形同水火，真为学界一大憾事。

---

① 吕留良：《与魏方公书》，《吕晚村先生文集》卷2，《吕留良全集》第1册，第53—54页。
② 《七怪》一文所指不明，结合黄宗羲其他指责吕留良之处，此二条当指吕留良。参见卞僧慧先生之考证："兹录《七怪》二则，盖意兼指留良也。"（《吕留良年谱长编》，中华书局2003年，第268页。）王俊义《全祖望〈小心堂祁氏遗书记〉有涉吕、黄关系史实辨正》将卞僧慧先生关于此二条的考证，作万斯大《吾悔集序》文中的看法，有误。参见鄞州区政协文史委编：《史心文韵：全祖望诞辰三百周年纪念文集续编》，第175页，宁波出版社2007年。
③ 黄宗羲：《复秦灯岩书》，《黄宗羲全集》第10册，第210页。
④ 吕留良：《答叶静远书》，《吕晚村先生文集》卷1，《吕留良全集》第1册，第28页。
⑤ 吕留良：《答万祖绳书》，《吕晚村先生文集》卷2，《吕留良全集》第1册，第58页。
⑥ 邵廷采：《谢陈执斋先生书》，《思复堂文集》卷七，浙江古籍出版社2010年，第302页。

四、吕、黄学术异同论

导致吕留良疏远黄宗羲乃至于黄、吕二人交恶的原因有很多，其中最为关键的三大事件是：澹生堂购书之矛盾、《问燕》《答燕》二诗之讽喻、《高旦中墓志铭》之争辩。随着入清时间的推移，吕、黄二人渐渐产生了思想上的诸多差异，其中最为关键的问题就是入清之后的士人应该如何来选择出处、如何来看待华夷之辨。

其一，澹生堂购书之矛盾。澹生堂藏书即"旷园之书"，明末绍兴藏书家祁承爜耗费巨资修建旷园，其中澹生堂以所藏古今秘籍达十余万卷著称。祁氏病逝后不久，因为战乱，澹生堂的藏书全部转移到了云门山化鹿寺。因为祁氏后人一心事佛，所以藏书渐渐散失。

康熙五年（1666），黄宗羲和吕留良之子吕葆中，一同进山入寺访购书籍。关于此事，吕留良《得山阴祁氏澹生堂藏书三千余本示大火》、黄宗羲《天一阁藏书记》都有明确记载。但是，二人对于购书过程之中发生的矛盾，却有截然不同的说法。吕留良在购书之后，在与其长子吕葆中的书信中只说购得三千册，并嘱咐其子好好收藏，并未提及二人产生的矛盾。但是，吕留良在另一诗中有"奇文割本弃余材"一句，透露出黄宗羲类似"将善本自与"的信息。对此，严鸿逵有小注："太冲每见人好书，辄割取其欲者，而弃其余。"[1] 黄宗羲《天一阁藏书记》中有较为详细的记述：

> 丙午，余与书贾入山翻阅三昼夜，余载十捆而出。经学近百种，稗官百十册，而宋元文集已无存者。途中又为书贾窃去卫湜《礼记集说》《东都事略》。中山所存，唯举业讲章，各省志书，尚二大橱也。[2]

---

[1] 吕留良：《送德冰东归》，《何求老人残稿卷二·徂徕集》，《吕留良全集》第 4 册，第 478—479 页。

[2] 黄宗羲：《天一阁藏书记》，《黄宗羲全集》第 10 册，第 118 页。

从这里来看，黄宗羲自己所得的书中"经学近百种，稗官百十册"，确实属于善本、精品。《礼记集说》《东都事略》两书也属于此列，一开始为黄宗羲所得，后来被书贾所得了。① 不过，黄宗羲所指称的书贾，并不能断定与吕留良有关。后有学者认为此书贾即指吕留良，或吕留良所派购书之人吕葆中，也就是说吕留良指使"窃"去了黄宗羲最为看重的《礼记集说》。如果真是吕留良取走了这两书，友人之间图书的去取用一窃字似乎也太过了。

当时或后代学人对于黄、吕澹生堂购书之事，各据所闻，说法不一。陆陇其说："往府，会晋州陈祖法。言黄梨洲居乡，甚不满于众口。尝为东庄买书于绍兴，多以善本自与。"② 全祖望也曾说："旷园之书，其精华归于南雷，其奇零归于石门。"③ 沈冰壶说："石门吕留良与先生素善，延课其子，既而以事隙。相传晚村以金托先生买祁氏藏书，先生择其奇秘难得者自买，而以其余致晚村，晚村怒。"④ 陆陇其深受吕留良思想影响，全祖望则是黄宗羲的私淑弟子，此二人可以说有门户之见；而沈冰壶既与黄宗羲无特殊关系，亦不喜吕留良，曾骂吕氏为"石门狂子"，则较为客观公允。综合这三种说法，黄宗羲在购书过程中得益较多，得到的多为善本、精华，吕留良得到的多为零散的常见书，当是事实。

最有影响力也是问题最多的，就是全祖望在《小山堂祁氏遗书记》之中的说法：

> 吾闻澹生堂书之初出也，其启争端多矣。初南雷黄公讲学于石门，其时用晦父子俱北面执经。已而以三千金求购澹生堂书，南雷亦以束修之入参与。交乃既毕，用晦之使者，中途窃南雷所取卫湜《礼记集说》、王偁《东都事略》以去，则用晦所授意也。南雷大怒，绝其通门之籍，用晦亦遂反而操戈，而妄

---

① 《礼记集说》有学者认为确实为吕留良所得。参见陈居渊：《学术、学风与黄宗羲吕留良关系之新解》，《史学史研究》，2006 年第 2 期。

② 陆陇其：《三鱼堂日记》卷 10，己巳正月初六，《陆陇其全集》第 11 册，第 326 页。

③ 全祖望：《小山堂藏书记》，《全祖望集汇校集注》中册，第 1066 页。

④ 沈冰壶：《国朝名人小传·黄梨洲先生传》，浙江图书馆馆藏抄本。

自托于建安之徒，力攻新建，并削去蕺山学案私淑，为南雷也。近者，石门之学固已一败涂地，然坊社学究尚有推奉之，谓足以接建安之统者，弟子之称，狺狺于时文批尾之间，潦水则尽而潭未清，时文之陷溺人心一至于此，岂知其滥觞之始，特因澹生堂数种而起，是可为一笑者也。然用晦所藉以购书之金，又不出自己，而出之同里吴君孟举。及购至，取其精者，以其余归之孟举。于是孟举亦与之绝。是用晦一举既废师弟之经，又伤朋友之好，适成其为市侩之薄，亦何有于讲学也。①

正是因为全祖望的这段话，后来的学者才认为澹生堂购书事件，是黄、吕交恶的主要原因，而且全祖望将二人交恶的责任完全归于吕留良。但是，全祖望所述，基本上是不实之词。第一，吕留良与黄宗羲之间并非师生关系，"其时用晦父子俱北面执经"，完全没有根据。吕、黄二人从订交到疏远，始终以朋友相处，只是吕留良之子吕葆中可以算黄宗羲的门人、后学。第二，黄宗羲所说的书贾被确凿为吕留良所指使的"使者"，这也属于推测太过。第三，两种书之得到与否，也不能说是什么太大的事情，吕、黄因此而交恶，黄随即"大怒"，"绝其通门之籍"，将黄说得气量太小了点。这三点上文已有论述，此处不再展开。第四，吕留良"自妄托于建安之徒，力攻新建"，认为吕留良的尊朱辟王只是出于攻击黄宗羲的目的，这一论断也毫无根据。吕留良学术尊朱辟王的倾向其实由来已久，只是晚年越来越强烈，详见下文所述。第五，吕留良提出"削去蕺山学案私淑"，其实吕并不赞同刘宗周的学说，也未曾认真读过刘宗周的书，而且黄宗羲当时还未曾编撰《蕺山学案》，所以"蕺山学案私淑"几乎无从说起。"削去"之误，可能来自吕留良命"削去"列名"刘宗周遗书"之校对。第六，因为吕、黄交恶，所以吕留良评选时文以至于"陷溺人心"，而事实上吕留良早在顺治十二年（1655）冬就已经开始评选时文了。②

---

① 全祖望：《小山堂祁氏遗书记》，《全祖望集汇校集注》中册，第1074—1075页。
② 卞僧慧：《吕留良年谱长编》，中华书局，2003年，第94页。

第七，吕留良购书之金"出之同里吴君孟举"，又"取其精者，以其余归之孟举"，也没有根据，可能是将康熙三年（1664）黄宗羲劝吴之振购买李高氏遗书一事与此混为一谈了。① 因为澹生堂购书事件，吕留良就成了"市侩之薄"，其学也就一无是处、"一败涂地"。全祖望对于吕留良的攻击，可谓"牵一发而动全身"，仔细看来却都是"深文罗织"，是将黄宗羲等人的记述强拉硬扯、误读误用的结果。不过全祖望此举，可能是迫于曾静、吕留良案的压力；只是混淆了学术是非，而导致了后来学者对吕、黄交恶新的误解。不过可以断定，因为吕、黄二人都重藏书，购书事件之中产生的摩擦，对于他们的友谊产生了重大影响。

其二，《问燕》《答燕》二诗之讽喻。康熙六年（1667）之初，黄宗羲就不再到吕家处馆了。后来，吕留良获悉黄宗羲到了宁波，处馆于当时已经出仕于清廷的姜希辙家，于是作《问燕》与《燕答》二诗，用拟人的手法，以燕喻人，通过对燕的质问与燕的回答，有所讽喻于黄宗羲。诗云：

> 从来期汝二月天，杏花雨点杨花烟。
>
> 朝窗夕窗相对语，不与俗物相周旋。
>
> 哺食嗜华同护惜，点茵污帽恣狼藉。
>
> 寒堂无伴老影孤，满眼春风慰萧寂。
>
> 何图今岁得雕梁，翻然一饱成飞扬。
>
> 老巢当位占高栋，群雏分户泥生香。
>
> 汝居得所我亦喜，何事不复相过语。
>
> 呢喃闻汝向雕梁，咒尽穷檐不堪处。
>
> 寄声留取当时面，黄姑织女犹相见。
>
> 雕梁住久过穷檐，向有突栾窠一片。

---

① 参见黄宗羲《天一阁藏书记》："甲辰馆语溪，李高氏以书求售二千余，大略皆抄本也，余劝吴孟举收之。余在语溪三年，阅之殆遍。"《黄宗羲全集》第10册，第118页。

我闻人苦不知足，天下雕梁难更仆。

明年莫更绕天飞，又咒华堂当茅屋。①

年年草长来江南，年年草死去海门。

问公此岂孟浪人，亦有门户有子孙。

畴昔置我虚斋里，茶烟香缕清如水。

敢道周旋何日忘，顾我所思岂在是。

投林择深木择荣，安能郁郁久居此。

况君避世益荒寒，庭院无多帘箔单。

瘦圃无花衔不得，破巢欲补愁泥干。

昨夜侯家歌吹发，先放双飞入珠幕。

贵人头上坐听看，羡杀笼鹦与屏雀。

老来爱雏过爱身，常恐失足寻常人。

新巢喜得依王谢，千门万户终不贫。

自古恶宾胜旧友，世情如是君知否。

但愿故人办得侯家官与屋，依旧呼雏梁上宿。

关于此二诗，吕留良的弟子严鸿逵曾在《问燕》诗后有《释略》说：

    此以下三诗，皆为太冲作也。凡浙东之馆浙西者，皆必以二月到馆。又其轻薄情事，有与燕适相类者，故借以为喻。盖自丙午子弃诸生，太冲次年便去，而馆于宁波姜定庵家。所以诬诋子者，无所不至，此《问燕》《燕答》之所作也。又太冲所至，必诋旧交以示亲信于新知。后海宁令请讲学，至便诋姜；又

---

① 吕留良：《问燕》，《何求老人残稿卷三·梦觉集》，《吕留良全集》第 4 册，第 539、542 页。

> 往昆山徐氏，又诋海宁人士。此诗结语，甚洞见其伎俩也。①

按照惯例，浙东人到浙西处馆教书，每年二月必定到馆，就如同燕子每到二月飞回故家旧巢一般。因此吕留良即以燕子舍弃穷檐寒堂，飞奔雕梁画栋，比喻黄宗羲弃旧友而攀新贵。吕留良弃诸生，被革秀才之后，黄宗羲就到了姜希辙家。据严鸿逵说，当时黄宗羲对于吕留良颇有怨言。如果是因为购书之事或别的什么，有一些不满情绪也是自然；但如果"必诋旧交以示亲信于新知"，那就真的有点"狡狯"了。不过这一说法也证据不足。

关于此二诗，吕留良自己说：

> 春间无事时，戏作得《问燕》《燕答》二诗，别纸录去，聊发远嚎。弟已不愿向世间疏明本末，因吾兄知之甚深，屡荷远念，故纵言及之耳，不足为他人道也。②

此外，吕留良曾说"有故人诬诋余于显者之家"③，很有可能就是指黄宗羲。

综上所述，黄宗羲很有可能在私下的议论之中，曾表示过对吕留良的不满；吕也对黄的人品存有看法，但就二诗以及吕留良的其他相关诗作来看，他对于黄还是讽喻、规劝的意思，希望黄注意华夷之辨，不要与清廷有所瓜葛。对于此二诗，黄宗羲有如何看法，不见记载。但是，当时双方之间的分歧与疏远已经十分明显了，虽然二人尚未真正决裂。

其三，《高旦中墓志铭》之争辩。康熙九年（1670），由高斗魁病逝引发的矛盾，几乎使吕、黄之间关系的恶化到绝交的程度。是年五月，吕、黄二人共同的友人高

---

① 吕留良：《燕答》，《何求老人残稿卷三·梦觉集》，《吕留良全集》第 4 册，第 540 页。
② 吕留良：《复裁之兄书》，《吕晚村先生文集》卷 2，《吕留良全集》第 1 册，第 50 页。
③ 吕留良：《质亡集小序》，《吕晚村先生续集》卷 3，《吕留良全集》第 1 册，第 344 页。

斗魁病逝，他们都曾到高家帮助料理丧事。黄宗羲还受高斗魁后人之托撰写《高旦中墓志铭》，文中说：

> 旦中家世以医名，……又从赵养葵得其指要，每谈医药，非肆人之为方书者比，余亟称之，庚子遂以其医行世。……盖旦中既有授受，又工揣测人情于容动色理之间，巧发奇中，亦未必纯以其术也。①

黄宗羲说高斗魁的医术不精，主要是经人标榜，加上高本人"工揣人情"，才徒具虚名。吕留良对此非常不满，据吕葆中说：

> 时会葬高先生于鄞之乌石山。先君芒鞋冒雪哭而往。山中人遥闻其声曰："其间无是人，是必浙西吕用晦矣。"高氏子弟砻石将刊墓铭。先君视其文，微辞丑诋，乃叹曰："铭之义，称美而不称恶，此何为也？"遂不复刊。②

吕留良曾向高斗魁学医，二人之间情深义重。吕留良说："旦中聪明慷慨，干才英越，嗜声气节义，尝毁家以救友之死。有所求，不惜脑髓以徇。精于医，以家世贵不行，至是为友提囊行市，所得辄以相济，名震吴越。友益望之深，至不能副，则反致怨隙。"③高斗魁毁家以协助营救黄宗炎，行医所得常周济黄宗羲、黄宗炎兄弟，至于是否因为行医之资不能满足黄家而生"怨隙"，则难以定论。但是高斗魁刚刚去世，黄宗羲的《墓志铭》就以"微辞丑诋"，则有失厚道。然而当友人将吕留良的看法转告黄宗羲后，他不仅不予修改，反而声称自己所写的《墓志铭》符合铭文写法，另外还说："说者必欲高抬其术，非为旦中也。学旦中之医，旦中死，起而代

---

① 黄宗羲：《高旦中墓志铭》，《黄宗羲全集》第 10 册，第 324 页。
② 吕葆中：《行略》，《吕晚村先生文集》附录，《吕留良全集》第 2 册，第 868 页。
③ 吕留良：《质亡集小序》，《吕晚村先生续集》卷 3，《吕留良全集》第 1 册，第 333 页。

之。下旦中之品，即代者之品亦与俱下，故不得不争气鬻书之媒，是利旦中之死也。弟焉得膏唇贩舌，媚死及生，周旋其刻薄之心乎！"①吕留良的医术主要学自高斗魁，这里"学旦中之医""亦与俱下"之类的话，很明显就是针对吕留良的。

后来吕留良看到了黄宗羲为自己辩解的这封书信，他在《与魏方公书》中对黄宗羲《墓志铭》中的这几句话加以激烈的批驳：

> 《旦中志铭》固极无理，而莫甚于《与李杲堂陈介眉》一书。其意妄拟欧阳《论尹师鲁墓志》之作，词气甚倨，俨然以古作者自居，教二生以古文之法及为志铭之义。……今谓旦中"工揣测人情于容动色理之间，巧发奇中，不必纯以其术"，试取此数语思之，其人品心术为君子乎？为小人乎？谓旦中之医为下品，某不敢知；谓旦中之人品心术为小人，此某之所决不敢信也。若太冲本意，止叹惜旦中驰骋于医，而不及从事太冲之道，则亦但称其因医行而废学，亦足以遣词立说矣，何必深文巧诋之如此！
>
> 　太冲尝遣其子，纳拜旦中之门学医矣。夫以旦中之术庸如此，其缘饰之狡狯又如此，旦中于太冲其归依相知之厚也又如此，不知太冲当时何以不一救正之，而反标榜之，又使其子师事之，及其死也，乃从而掎摘之？驱使于生时，而贬驳于身后，则前之标榜既失之伪，今之志铭又失之苛，恐太冲亦难自免此两重公案也。②

黄宗羲《高旦中墓志铭》，乃针对吕留良曾学医于高旦中；贬损死者，实际上是为打击生者。事实上，包括黄宗炎在内的友人们对于高旦中的医术与人品都评价极高。比如张履祥说："旦中志尚士也，先世以医名家。变乱后，旦中术益工。来游三吴，

---

① 黄宗羲：《与李杲堂陈介眉书》，《黄宗羲全集》第 10 册，第 161 页。
② 吕留良：《与魏方公书》，《吕晚村先生文集》卷 2，《吕留良全集》第 1 册，第 51—52 页。

三吴之人争得之，全活甚众。其学传于浙西，厥功匪小，乃其存心若此。"①还有全祖望所作《高隐君斗魁小传》也说："先世负用世才，虽因丧乱而自放，然不肯袖手。是时江上诸遗民，日有患难，先生为之奔走，多所全活。论者以为有贾伟节之风。"②看来是黄宗羲在《墓志铭》中说其医术不高而工于人情，指桑骂槐意味太过明显，引发了吕留良的强烈不满。黄宗羲在《与李杲堂陈介眉书》之中的辩护也是强词夺理。从此事来看，黄宗羲有失厚道，既有负于死者，也有伤生者。此事确实也是吕、黄最后绝交的关键。

关于此事，全祖望曾说黄、吕交恶后，高斗魁还活着，并曾居中调停，"而梨洲颇卞急，深以先生不绝庄生为非，其作先生墓志，遂为微词"③。如果全祖望所述是事实，那么作为吕、黄二人共同的重要友人，当知道吕、黄二人交恶之后，必然会有调停之举；依照黄宗羲的性格，对于调停之事与调停之人也不太会满意，所以难免就在《墓志铭》中有所贬抑。也许黄宗羲也没有想到，此事会导致二人关系进一步恶化。不过，二人并非因为此事即彼此间不闻不问。上文已经说明，直到康熙十四年（1675），二人还有书信来往。

从上述讨论来看，吕、黄二人交恶的根本原因，还是在于出处，即随着入清时间慢慢拉长，士人们对于清廷的态度逐渐发生变化。作为明之遗民，如何选择出处，如何明辨夷夏，也成为吕、黄二人之间日益纠结的主要问题。此外，学术倾向上的不同，以及性情上的差别，也使得二人之间的矛盾日益积累。随着时间的流逝，二人的学术分歧越来越明显，吕的尊朱辟王从思想到行动上都渐渐凸显出来，而黄宗羲对于王阳明一路的心学的认识在逐渐深化之中。同样随着时间的流逝，吕留良的自负与黄宗羲的高傲，也导致二人因澹生堂购书与《高旦中墓志铭》等事件而发生一些摩擦。在这里重点讨论二人出处观的差异、对于华夷之辨的不同看法。

---

① 张履祥：《言行见闻录四》，《杨园先生全集》卷 34，中华书局 2002 年，第 964 页。
② 全祖望：《高隐君斗魁小传》，《续甬上耆旧诗》卷四十一，国学保存会 1875—1911 年。
③ 全祖望：《高隐君斗魁小传》，《续甬上耆旧诗》卷四十一，国学保存会 1875—1911 年。

黄宗羲对于出处看得比较灵活，认为可以有所"权变"，自己不出任清廷的官职，但是可以与清廷有所往来。他在写给徐乾学的信中就说："昔闻首阳山二老托孤于尚父，遂得三年食薇，颜色不坏。今吾遣子从公，可以置我矣。"① 所以吕留良说他"当道朱门，枉辞贡谀。纨绔铜臭，极口推尊"②。吕、黄二人，就出处问题，有着不同的处世原则。后期的黄宗羲与清廷官员多有来往，这是与吕留良以及张履祥、陈确等坚守遗民态度的学者有很大不同的地方。

康熙六年（1667），黄宗羲到历任顺治间兵科都给事中、奉天督学的姜希辙家处馆；康熙十五年（1676），又应海宁知县许三礼（1625—1691）之请前去讲学。他还曾为顺治末兵部尚书李祖荫、通议大夫靳弼等人作传。此外，他交往的还有户部右侍郎周亮工、刑部左侍郎叶方蔼、刑部尚书徐乾学、文华阁大学士户部尚书徐元文等人。这些活动，在当时与后世都招惹了许多非议。

黄宗羲之所以因吕留良被革去秀才，与清廷关系恶化，便不到语溪处馆，致使二人日渐疏远，其中的隐情就是为了自己子女将来的出路。对此，吕留良也有所察觉，他在《燕答》诗中就说："老来爱雏过爱身，常恐失足寻常人。新巢喜得依王谢，千门万户终不贫。"吕留良还指出黄宗羲"托贵人为二子百家、百学援闽例，贵人误记，纳百家、正谊为二。今改百学名百家以应之，非昔之百家矣"③。这也是事实，只是黄宗羲也有不得已之处。吕留良却对此嗤之以鼻，讥讽黄宗羲说："满握炉钳老阿师，琅琅幕府进弹词。"④

黄宗羲这种出处不明的风格，也曾引起他自己的同乡吕章成、管襄指等人的不满。吕章成曾"作《妇去叹》以寄"讽刺黄宗羲，管襄指也作《梦伯夷求太公荐子仕周诗》，吕留良说此诗"曲尽猥琐伪妄之情状"。⑤ 吕留良收到管襄指诗作之后，

① 全祖望：《梨洲先生神道碑文》，《全祖望及汇校集注》上册，第 220 页。
② 吕留良：《与魏方公书》，《吕晚村先生文集》卷 2，《吕留良全集》第 1 册，第 53 页。
③ 吕留良：《与魏方公书》，《吕晚村先生文集》卷 2，《吕留良全集》第 1 册，第 52 页。
④ 吕留良：《与旦中夜话次所示姚江诗韵》，《何求老人残稿卷三·梦觉集》，《吕留良全集》第 4 册，第 574 页。
⑤ 吕留良：《质亡集小序》，《吕晚村先生续集》卷 3，《吕留良全集》第 1 册，第 344、349 页。

在和诗中写道："顿首复顿首，尻高肩压肘。俯问此何人？墨胎孤竹后。"① 讥讽黄宗羲请求姜希辙推荐自己的儿子到户部右侍郎周亮工家任教。沈冰壶也曾说黄宗羲"又苦于贫，不免请托以冀溉润，敝车羸马，时驻于权贵寻者之门"②。

吕留良不但不赞同黄宗羲与清廷官员来往，而且也不认同其讲学活动。吕留良在与黄宗羲的书信中说："闻提倡明州，宗风雷起，不知有几许入室，足荷担大法者否？"③ 二人交恶之后，吕留良批评说："世有窃陈、王之余涎，掇杂流之枝语，簧鼓聋聩，建孔招颜，藉讲院为竿牍之阶，饰丹黄为翰苑之径，一时为之哄然。"④ 吕留良认为，黄宗羲讲学于甬上证人书院，就是为了向清廷献媚。这一看法失之偏颇，尽管黄门弟子之中不少弟子登科第、为翰林、作京官确是事实。在黄宗羲看来，这些弟子并不需要坚守遗民之节操，是否出仕清廷完全是他们自己的事情。黄门弟子，有仕有不仕，而万斯同以布衣入明史馆，正好介于仕与不仕之间。

与黄宗羲不同，吕留良严于立身。他认为："辞受取予，立身之根本。"⑤ 他自己曾经违心参加清廷的科考，后来又弃考被革去秀才，甚至为抗拒清廷的征聘，在康熙十九年（1680）削发为僧，可见他对于出处看得格外重。他曾在给儿子吕葆中的信中说："人生荣辱重轻，目前安足论，要当远付后贤耳。父为隐者，子为新贵，谁能不嗤鄙？父为志士，子承其志，其为荣重，又岂举人、进士之足语议也耶？"⑥ 他认为子承父志，也应该严于立身，不应该出仕于新朝成为新贵。不过后来吕葆中并未能遵循吕留良的教诲。他参加了科考，还中了康熙四十五年（1706）丙戌科的一甲第二名（榜眼）。这已是吕留良死后二十三年的事情了。此外，吕留良还借助评选四书文（也即八股时文），透过朱子的《四书章句集注》表达包括夷夏之防等他

① 吕留良：《管裹指示近作有梦伯夷求太公书荐子仕周诗戏和之》，《何求老人残稿卷三·梦觉集》，《吕留良全集》第4册，第545页。
② 沈冰壶：《国朝名人小传·黄梨洲先生传》，浙江图书馆馆藏抄本。
③ 吕留良：《寄黄太冲书》，《吕晚村先生文集》卷2，《吕留良全集》第1册，第44页。
④ 吕留良：《与魏方公书》，《吕晚村先生文集》卷2，《吕留良全集》第1册，第53页。
⑤ 吕留良：《与董方白书》，《吕晚村先生文集》卷4，《吕留良全集》第1册，第117页。
⑥ 吕留良：《谕大火帖》，《吕晚村先生文集补遗》卷3，《吕留良全集》第1册，第423页。

所想发明的朱子学思想。"其议论无所发泄，一寄于时文评语，大声疾呼，不顾世所讳忌"①，以至于后来引发了文字狱。

此外值得提及的是，吕、黄二人对于新朝的称呼也是绝然不同的。黄宗羲后期就在自己的文章中称清朝为"国朝"，称清军为"王师"，称誉康熙帝为"圣天子"；吕留良则直呼为"清""燕中"等等，一直都没有认同感。

吕留良、黄宗羲与张履祥，这三位都是明清之际的著名士人，而且都有学者与遗民两种身份，所以他们在对于道学精神与遗民操守的基本认识等方面，还是较为接近的。但是，随着入清时间的拉长，应该选择何种倾向的道学思想学术，应该选择何种程度的遗民出处观念，他们在这两个方面的认识渐渐拉开了差距。

正因为如此，吕留良与黄宗羲在早期能够成为好友，与黄宗羲的早期交游也有助于吕留良对于道学的体悟。但是，随着时间的推移，南明小朝廷垮台，郑成功退守台湾，张煌言被杀，孙子度、钱谦益等有心抗清的明遗民去世，清廷的统治也已经稳固，并且国家日趋繁荣，黄宗羲的许多友人开始投向清廷。黄宗羲自己虽然坚守遗民的底线，不直接出仕于清廷，但是为了替子孙与学生考虑，他对于清廷的态度也有了重大的转变。出于家族等多方面的原因，越来越严于华夷之辨的吕留良，对于黄宗羲对清廷的暧昧态度十分不满。又因为某些小事上的摩擦与意气之争，以及学术上是尊朱还是尊王的朱王之辨等等，黄宗羲离开处馆多年的吕家，二人之间也就渐渐疏远了。对于同样严于华夷之辨，并且就朱王之辨的问题上坚持尊朱辟王的张履祥，后期的吕留良仰慕已久。经过一而再、再而三地邀请，吕留良终于说动了张履祥前来吕家处馆，二人得以越来越亲近，开始共同探讨程朱之学，以及共同推进尊朱辟王事业的发展。虽然吕留良与张履祥也有少数友人在清廷为官，但是吕、张二人与黄宗羲不同，他们对于这些友人都是较为疏远的。吕、张二人较为亲近的友人，都有两个共同点：一是在操守上严于华夷之辨，一是在学术上倾向尊朱辟王。

总之，如果对比吕、黄交恶与吕、张交好这两个问题，其中的关键就是华夷

---

① 吕葆中：《行略》，《吕晚村先生文集》附录，《吕留良全集》第 2 册，第 865 页。

辨与朱王之辨。思想学术的上的这两点差异，最终导致后期的吕留良选择了疏黄而亲张。

第二节　陆陇其的朱学独尊论及其与汤斌的朱王异同辨

陆陇其是清初的理学名臣，在康熙朝被称为"本朝理学儒臣第一"[①]，到了雍正朝又成为第一个从祀孔庙的本朝学者。陆陇其作为一个中下层官员，之所以受到清廷的诸多礼遇，就是因为他在"卫道"上的突出贡献，特别是他通过著作以及学术活动，将尊朱辟王主张广泛传播，从而推动了朱子学的独尊。正是他学术上的深辟与严辨，使其在尊朱辟王思想运动中，也即朱子学再度意识形态化过程中，发挥了较大的"卫道"之功。

与对其有影响的张履祥、吕留良等学者相比，陆陇其明辨理学之道统，形成了更为完整而独特的独尊朱子论。其中不只对王学有着严苛的批判，对调和于朱学与王学之间，或回归于朱学而其实仍然有王学因素的学术，也有着颇为严苛的批判：一则辨析为何朱子之学即孔子之学、尊朱子即尊孔子；一则辨析为何顾宪成、高攀龙与黄宗羲、孙奇逢等调停朱王不可取。与汤斌的交游与论辩，可以作为陆陇其反对朱王调停的一个经典事例；汤斌的反驳则代表了主张调停者的冷静审视。所以说，以陆陇其为研究中心来看清初学者的独尊朱子论，可以更为清楚而全面地认识独尊朱子所需要面对的具体场景，将对十七世纪儒学史研究的深化有重要的意义。[②]

---

① 吴光酉、郭麟、周梁：《陆陇其年谱》，中华书局1993年，第1页。
② 学界关于陆陇其尊朱或朱子学的相关研究并不多，只有少数专著中的部分章节有所涉及，如林国标《清初朱子学研究》（湖南人民出版社2004年）第五章第一节；董平《浙江思想学术史》（中国社会科学出版社2005年）第五章第一节；史革新《清代理学史》（上册，广东教育出版社2007年）第四章第一节；余龙生《陆陇其与清初朱子学》（吉林人民出版社2010年）第三章第四节。总的来看，学界对于陆陇其的独尊朱子论相关研究停留在指出其尊朱的宗旨，而对尊朱的具体特点等问题都还语焉不详。

一、独尊朱子

受到张履祥与吕留良影响的官方学者陆陇其，也主张独尊朱子。而且在为什么必须独尊，以及如何独尊这两个问题上，他的相关论述最为具体、翔实。

与张履祥等人一样，陆陇其也认为朱子之学即孔子之学，尊朱子即尊孔子。为什么是朱子？陆陇其在阐明朱子在儒学史上的重要性之时，有两个具体的论断值得注意。其一，在孔子与朱子之间，还有北宋诸儒作为中介，而朱子则是集诸儒之大成者；其二，朱子之所以当独尊，是因为其"所述诸经之传注"，"去今未远，遗文具在"：

> 六经未作，道在天地；六经既作，道在六经。自尧、舜以来，众圣人互相阐发，至孔子而大备。……然汉儒多求详于器数，而阔略于义理，圣人之遗言虽赖之以传，而圣人之精微亦由之而湮。历唐及宋，至濂、洛、关、闽诸儒出，即器数而得义理，由汉儒而上溯洙泗。
>
> 自尧、舜而后，群圣辈出，集群圣之大成者，孔子也。自秦、汉而后，诸儒辈出，集诸儒之大成者，朱子也。朱子之学，即孔子之学。[1]

从孔子到朱子这一道统传承的逻辑，在陆陇其那里有着非常详尽的论述。作为中间一环的北宋诸子，他也给予了特别的重视：

> 孔子集群圣之大成，朱子集诸儒之大成，犹文、武、周公损益二代之制，以成一王之法也。孔子伤夏、殷之礼不足征，盖惜文、武、周公损益之妙，不得见于后世耳。今孔子之道虽垂于六经，而其所以损益群圣者，后世亦不能

---

① 陆陇其：《经学》，《三鱼堂外集》卷4，《陆陇其全集》第2册，第461—462、463页。

知其详。独朱子去今未远，遗文具在。其所述诸经之传注，既足以明道于天下，而其损益之妙，又往往见于《文集》《语类》之中，学者其可不宝而传焉。①

非周、程、张、邵，则洙泗之学不明；非朱子，则周、程、张、邵之学不明。……朱子者，周、程、张、邵所自发明，而孔子之道所自传也。尊朱子，即所以尊周、程、张，邵，即所以尊孔子。②

在他看来，孔子集文、武、周公等群圣之大成，朱子则集北宋濂、洛、关、闽等诸儒之大成。将朱子与孔子如此并举，可谓评价极高了。北宋的周敦颐、二程、张载、邵雍诸儒发明孔子之学，而朱子则发明周、程、张、邵之学，故推尊朱子就等于推尊周、程、张、邵诸儒，也就等于推尊孔子。进而言之，因为汉儒"详于器数"而"略于义理"，故仅仅传下了圣人之遗言的六经，圣人之道的精微却被湮灭，后世难以通晓孔子损益的文、武、周公、三代之制的详细节目；然而经过了周、程、张、邵诸儒对孔子洙泗之学的发明，再经过朱子对周、程、张、邵之学的集大成，圣人之言的精微得以彰显，于是乎"明道于天下"了。而且朱子还留下了详细的"诸经传注"以及《文集》与《语类》，他如何评判、抉择周、程、张、邵之学，即其中的"损益之妙"，也可得而知之；"去今未远"的朱子遗文则为后世学者明道、传道提供了方便。关于朱子著述，陆陇其还说：

枫山谓《朱子语类》一书，虽出门人所记，不敢谓其字字句句皆无错误，而其中所载，大而天地鬼神之奥，小而一事一物之宜，凡所以穷理修身、应事接物，与夫治国平天下之道，靡所不备，大有功于后学。

文清谓："读朱子语录杂书，断不若读其手笔之书。"然手笔之书，亦有得

---

① 陆陇其：《松阳钞存》卷下，《陆陇其全集》第 10 册，第 328 页。
② 陆陇其：《道统》，《三鱼堂外集》卷 4，《陆陇其全集》第 2 册，第 466 页。

语录而益明者，文清特恐人不知采择，而为此言耳。①

关于朱子的语录与文集，章懋（1436—1521，字德懋，学者称枫山先生）与薛瑄二人看法不同：章懋的话阐明了语录的丰富性，薛瑄的话阐明了文集的准确性。然而陆陇其却综合二人的看法，认为作为"手笔之书"的文集固然重要，也还需要有语录得以补充发明。应该说，陆的见识还是更为高明的。

在阐明了为什么必须独尊朱子之后，还要阐明如何独尊朱子。陆陇其指出，于学术混淆弊病滋生的明清之际，唯有独尊朱子（紫阳），"今日起敝扶衰，惟在力尊紫阳"②。其实，陆陇其所谓"力尊"朱子，相当于独尊朱子，以朱子之经注以及朱子推崇之北宋诸子为推尊之学术对象而已，这首先要排斥的就是异学。陆陇其的这种独尊的意识，在清初诸儒之中表现最为突出，而且对其论证也是最为翔实的。他说：

> 尝以为近世学术之弊，起于不能谨守考亭，故救弊之法无他，亦惟有力尊考亭耳。……夫朱子之学，孔孟之门户也。学孔、孟而不由朱子，是入室而不由户也。③
>
> 故尝窃谓今之学者，必尊朱子而黜阳明，然后是非明而学术一，人心可正，风俗可淳。阳明之学不熄，则朱子之学不尊。④

所谓"近世"当指中晚明以来。因为阳明之学兴盛，以至于学者们不能谨守朱子（考亭）之学，弊病丛生，故而想要起弊扶衰，必须罢黜阳明，独尊朱子，使得"是非明而学术一"，于是人心可以端正、风俗可以淳朴。也就是说，朱子之学是通往

---

① 陆陇其：《问学录》，《陆陇其全集》第 10 册，第 178、230 页。
② 陆陇其：《答秦定叟书又》，《三鱼堂文集》卷 5，《陆陇其全集》第 1 册，第 136 页。
③ 陆陇其：《答嘉善李子乔书》，《三鱼堂文集》卷 5，《陆陇其全集》第 1 册，第 111—113 页。
④ 陆陇其：《上汤潜庵书》，《三鱼堂文集》卷 5，《陆陇其全集》第 1 册，第 115 页。

孔、孟圣人之学的唯一孔道。故在陆陇其那里，阳明、朱子二学已经势同水火，不可并存了。

陆陇其进一步又说：

> 今之论学者无他，亦宗朱子而已。宗朱子者为正学，不宗朱子者即非正学。汉儒不云乎"诸不在六艺之科、孔子之术者，皆绝其道，勿使并进，然后统纪可一而法度可明"①，今有不宗朱子之学者，亦当绝其道，勿使并进，朱子之学尊，而孔子之道明，学者庶乎知所从矣。②

既然"朱子之学即孔子之学"，"朱子之学尊，而孔子之道明"，那么学者也就必须"宗朱子"，"宗朱子"才是"正学"。陆陇其还提出效仿汉儒之罢黜百家，汉代"不在六艺之科、孔子之术者，皆绝其道，勿使并进"，如今则"非朱子之说者，皆绝其道，勿使并进"。

值得注意的是，陆陇其还有更为严苛的主张，以及更为具体的独尊朱子的措施。他说：

> 汉之世当尊孔子，而今之世当尊朱子。……尊朱子，而非朱子之说者，皆绝其道，勿使并进。四书、五经之注，固学者所当奉以为式，不敢稍叛矣；而凡《太极图》《通书》《东西铭》《皇极经世》诸书，为朱子所表章者，皆列于学宫，俾学者肄而习之；而又选敦厚有道术者，为之师表，使之不惟诵其言且法其行。如是，则天下晓然知宋儒之学，为天下之正学，为洙泗之真传。③

---

① 引文语出班固《汉书》卷56《董仲舒传》，然陆之引文不全，"并进"后缺"邪僻之说灭息"一句；"可明"后缺"民知所从矣"。《汉书》，中华书局1962年，第2523页。
② 陆陇其：《经学》，《三鱼堂外集》卷4，《陆陇其全集》第2册，第464页。
③ 陆陇其：《道统》，《三鱼堂外集》卷4，《陆陇其全集》第2册，第466—467页。

一方面，陆陇其要讲明如何以朱子之是非为是非：一是确立新的经典，朱子注释的四书、五经必当奉为经典，朱子表彰的北宋诸子之书也当奉为经典；一是遴选"敦厚有道术者"作为老师，也就是说能够笃实讲明并实践朱子之学者方才可以作为学宫之师。另一方面，还要禁绝似是而非之学，不仅要将"不宗朱子之学者""绝其道"，还要将"尊朱子，而非朱子之说者""绝其道"。也就是说，表面上表示尊崇朱子之学，而实际上并非真正从事朱子之学者，也都要将之禁绝。他接着还说："向之嘉、隆以来之学，得罪于圣教，得罪于国家，有君国子民莅官临政之志者，当摈而绝之，不可稍有入焉者也。"也就是说"摈而绝之"的，主要就是指阳明后学，其次则是诸如下文所论及的东林、蕺山、夏峰等明清之际著名的理学学派，原因就是他们对于辟王学的态度不坚决、不彻底。

二、对东林、蕺山、夏峰等学派的评定

在陆陇其看来，明清之际尚有两类回护王阳明之学术者："今之回护姚江者有二：一则以程、朱之意解姚江之语，此不过欲宽姚江，其病犹小；一则以姚江之意解程、朱之语，此则直欲诬程、朱，其罪大。"[①] 也就是说，诸如刘宗周等属于王学一系的学者，往往用程、朱之意思来解释王阳明的语录，以朱学修正王学，其影响主要在王学内部，故罪小；至于东林学派的顾宪成、高攀龙等人则标明宗朱，属于程朱一系的学者，然而对王学虽有批判但不彻底，甚至也有暗用王学的某些思想来解读程朱语录的，这就是在混乱程、朱，诬陷程、朱，故罪大。他还说："必使考亭、姚江如黑白之不同，勿有所调停其间，则大指得，而世道其庶几矣。"[②] 朱学与王学如"黑白之不同"，若"调停其间"，则即便其"大指得"，也对于"世道"意义不大。所

---

① 陆陇其：《三鱼堂剩言》卷8，《陆陇其全集》第10册，第85页。
② 陆陇其：《答秦定叟书又》，《三鱼堂文集》卷5，《陆陇其全集》第1册，第137页。

以说，陆陇其在清初倡导朱子学独尊，并未在"尊程朱而黜阳明"议题上止步，而是进一步发展到了对"回护姚江""调停其间"的批判。

在两种回护、调停之中，陆陇其最为担心的是宗朱而又不够彻底，表面看似朱学，而实际仍旧未曾越出王学范围的东林之学。这也与上面提及的张履祥、吕留良等人相似，然而陆陇其在张、吕二人的基础上有了很大的发展。他对东林顾、高学术的得失，也即"阳尊而阴篡"的问题，作了全面的辨析，下面分四点来加以说明。

首先，就晚明学术而言，陆陇其认为东林学派最为近于"学术之正"，顾、高二人使得天下学者重新关注程朱之学，且痛陈阳明之学的弊病，学风为之一变，这些功绩不可不加以肯定：

> 晚明诸儒，学术之正，无如泾阳、景逸，其扶植纲常之念，真可与日月争光。其痛言阳明之弊，亦可谓深切著明矣。[①]
>
> 泾阳、景逸起而救之，痛言王氏之弊，使天下学者复寻程、朱之遗规，向之邪说诐行为之稍变。然至于本源之际，所谓阳尊而阴篡之者，犹未能尽绝之也。[②]

顾、高二人起来振作学风，虽说批判王学亦可谓"深切著明"，但还是不够彻底，特别是在"本源"上头依旧有着"阳尊而阴篡"，故不能算作真正的程朱之学。

其次，在《学术辨》之中，陆陇其曾围绕"本源地"问题，将顾、高之学与王学、朱学作了细致的比较：

> 泾阳、景逸深惩其弊，知夫知觉之非性，而无善无恶不可以言性，其所以排击阳明者，亦可谓得其本矣。然其学也，专以静坐为主，则其所重仍在知觉，

---

① 陆陇其:《答嘉善李子乔》,《三鱼堂文集》卷5,《陆陇其全集》第1册，第112页。
② 陆陇其:《学术辨》上,《三鱼堂文集》卷2,《陆陇其全集》第1册，第26页。

虽云事物之理，乃吾性所固有，而亦当穷究，然既偏重于静，则穷之未必能尽其精微，而不免于过不及。是故以理为外，而欲以心笼罩之者，阳明之学也；以理为内，而欲以心笼罩之者，高、顾之学也。阳明之病，在认心为性；高、顾之病，在恶动求静。……夫静坐之说，虽程朱亦有之，不过欲使学者动静交养，无顷刻之离耳，非如高子《困学记》中所言，必欲澄神默坐，使呈露面目，然后有以为下手之地也。由是观之，则高、顾之学，虽箴砭阳明多切中其病，至于本源地仍不能出其范围。①

顾、高虽然已经指出了王学的两大弊病——"知觉之非性"与"无善无恶不可以言性"，但还是因为在工夫论上是"静坐为主"，所以所重者依旧在知觉。陆陇其还指出，即使顾、高也强调"事物之理"的重要性，且认为"吾性所固有"需要去穷究，然而就是因为"偏重于静"，所以他们格致事物之理做不到精微，或过或不及。王阳明之学，讲的是心即理、心外无理，其弊病在于"认心为性"；而顾、高之学，讲的是"理为内"，埋在"吾性"，还是以心笼罩理，也即以静坐的方式在心上做工夫。所以，陆陇其认为东林之学并不是程朱正学。当然静坐之法，程、朱也曾讲到，然而只是要学者注意"动静交养"；至于顾、高所讲的静坐，诸如高攀龙《困学记》所说的"澄神默坐，使呈露面目"，还是在走阳明学者的老路，甚至近于禅宗的路子。

陆陇其还说：

我观高子之论学也，言一贯，则以为入门之学；言尽心，则以为尽心然后知性；言格物，则曰"知本之谓物格"。与程、朱之论往往龃龉而不合者，无他，盖欲以静坐为主，则凡先儒致知穷理、存心养性之法，不得不为之变易。②

---

① 陆陇其：《学术辨》中，《三鱼堂文集》卷2，《陆陇其全集》第1册，第29—30页。
② 陆陇其：《学术辨》中，《三鱼堂文集》卷2，《陆陇其全集》第1册，第29页。

> 大抵梁溪一派，看得性尽明白，却不认得性中条目。又阅其《静坐说》，乃知高子所谓性体，亦是指心，亦大异于程、朱矣。[①]

在他看来，高攀龙讲"一贯"则作为入门之学，讲"尽心"则作为"知性"的工夫，讲格物则强调"知本"等等，都与其"以静坐为主"的修养工夫相关，其实还是偏向于内在证悟本体，而对致知穷理、存心养性等偏向于外在的践履工夫不够重视，甚至变易得似是而非了。也就是说，高攀龙以静坐求得性体之证，乃是在心上求，故近于心即理，与程朱之即物穷理有"大异"，所以说难免重蹈阳明学的覆辙。

陆陇其也有直接指出高攀龙的"主静"与佛家的坐禅相近的：

> 盖《乐记》之"人生而静"，《太极图》之"主静"，皆是指敬而言。无事之时，其心收敛，不使他适而已，必欲人谢却事物，专求之寂灭，如佛家之坐禅一般也。高景逸不知此，乃专力于静，甚至坐必七日，名为涵养大本，而不觉入于释氏之寂灭，亦异乎朱子所谓静矣。此用力于静者，所不可不知也。[②]

陆陇其认为《乐记》与《太极图》说的主静，其实都是指敬，也即收敛人心不使其放逸，并非"谢却人事，专求寂灭"，与佛家说的坐禅完全不是一回事；然而高攀龙治学所讲主静，所谓"坐必七日"的"涵养大本"之方法，则与佛家坐禅的讲求"寂灭"比较接近，也就与朱子的"动静交养""敬该动静"比较远了。所以陆陇其认为，高攀龙与陆九渊、王阳明、刘宗周都是"收拾精神一路功夫"[③]，而高攀龙讲求的主静之学则"大体本于"罗洪先（念庵），因而难免近于佛禅外道。

再次，针对高攀龙对王学得失的辨析，陆陇其也作了详尽的辨析，指出其对王

---

① 陆陇其：《三鱼堂剩言》卷8，《陆陇其全集》第10册，第80页。
② 陆陇其：《答秦定叟书》，《三鱼堂文集》卷5，《陆陇其全集》第1册，第134页。
③ 陆陇其：《松阳钞存》卷下，《陆陇其全集》第10册，第79页。

学的认识有误以及辟王的不彻底性：

> 余尝闻高子景逸之言曰："姚江天挺豪杰，妙悟良知一洗支离，其功甚伟，岂可不谓孔子之学？然而非孔子之教也，今其弊昭昭矣！始也扫见以明心耳，究且任心而废学，于是乎诗书、礼乐轻，而士鲜实悟；始也扫善恶以空念耳，究且任空念而废行，于是乎名节、忠义轻，而士鲜实修。"
>
> 斯言似乎深知阳明之病者，然余不能无疑焉。既曰非孔子之教，又可谓孔子之学乎？学与教有二道乎？阳明之所谓良知，即无善无不善之谓也。是佛、老之糟粕也，非孟子之良知也，何妙悟之有？支离之弊，正由见闻未广、善恶未明耳。扫见闻、扫善恶以洗之，支离愈甚矣，功安在乎？徒见其流之弊，而未察其源之谬。比之龙溪、海门之徒，抉阳明之波者，虽若有间，而圣人之道终未明也。①

高攀龙肯定王阳明良知之学，认为"一洗支离，其功甚伟"。他反对王阳明也有两点：不讲闻见之知只讲明心，最终导致"任心而废学"，也就是说轻视了读书明理，也就难有实悟；讲求无善无恶，最终导致"任空念而废行"，也就是说轻视了名节忠义，也就难有实修。高攀龙还有为王学辩护的一面。他将孔子之学与孔子之教区分开来，说王学属于孔子之学，其学术还是正确的；但不符合孔子之教，其教人之法则有弊病。陆陇其则是一贯地严苛，他的辨析则可以分为四点：第一，认为学与教不可区分为二；第二，进一步分析，指出王阳明所说的良知讲求无善无恶，不是孟子所说的良知的本来含义了，所以说良知之学谈不上什么"妙悟"，反而是佛老之学的糟粕；第三，所谓的学术支离，陆王一系学者常常说朱学重闻见之学故而支离，陆陇其恰恰相反，认为正是闻见不广、善恶不明，才会支离，所以王阳明的学说只会导致更加支离，何来"一洗支离"之功？第四，高攀龙未能顺其流之弊而探

---

① 陆陇其：《王学质疑序》，《三鱼堂文集》卷8，《陆陇其全集》第2册，第254—255页。

其源之谬，所以高攀龙之学虽然与王畿（龙溪）、周汝登（海门）之类不同，但还是不能真正有助于圣人之道的讲明。

最后，陆陇其曾在与友人的书信之中，专门指出高攀龙之学与朱子之学的不同之处：

> 考其用力所在，质之紫阳，亦有不能无疑者。姑取高子书中数端言之，其《困学记》所谓"旅舍小楼，见六合皆心"者，朱子有此光景乎？其《行状》所谓"焚香兀坐，坐必七日"者，朱子有此功夫乎？其《遗疏》所谓"君恩未报，愿结来生"者，朱子有此等语乎？
>
> 又，朱子自云"平生精力，尽于大学"，而"格致"一章，则其教人起手之所在也。"良知"之家，所最不满于朱子者在此，景逸既尊朱子，而亦以古本为是，以不分经传为是，以格物为知本，此何谓也？又，阳明"无善无不善"之说，渊源告子，不知性之甚者也。景逸既深知其非矣，却又云："无善之说，不足以乱性，而足以乱教。"夫性与教，若是其二乎？既足乱教，而谓不足乱性，又何为也？此皆大纲所在，而相左如此，学者将何所取舍乎？①

此段文字论述较为完备。其一，指出高攀龙之学诸如"旅舍小楼，见六合皆心""焚香兀坐，坐必七日"，就修养工夫来说是以静坐为主，与王门后学中的某些学者类似，也与佛家的坐禅类似；而"君恩未报，愿结来生"则明显带有佛教的轮回思想，难怪刘宗周也对此有所批评而辨正了。②其二，高攀龙既然标榜朱子，而朱子四书学用的是《大学》改本，且强调"格致"一章为"教人起手之所在"；王阳明最不满朱子的也就是此处，故而主张用《大学》古本，淡化"格致"一章。也就是说，《大学》的改本、古本之争是朱、王异同的标志，然而高攀龙"既尊朱子，而亦以

---

① 陆陇其：《答嘉善李子乔》，《三鱼堂文集》卷 5，《陆陇其全集》第 1 册，第 112 页。
② 刘宗周：《书高景逸先生帖后》，《刘宗周全集》第四册，第 122—123 页。

古本为是"等等，则体现了在朱、王学术选择上的矛盾。其三，高攀龙"不足以乱性，而足以乱教"的说法，与将孔子之学与孔子之教区分开来其实是一贯的思路。在陆陇其看来，在辨析无善无恶说的时候，像高攀龙这样仅仅指出教法上存在的问题是不够的，还要从性学的根本处入手，将无善无恶列为告子一系的异端，从而彻底驱逐出儒学的道统。

因此，陆陇其对东林学派的顾宪成、高攀龙的评价就是：虽然在由王返朱之路上有功，但学术都不纯正，非"朱学之正脉"，也"未能脱姚江之藩篱"。他说：

> 窃尝谓有明诸儒，不特龙溪、绪山、心斋、东廓、念庵、近溪，显树姚江之帜，以与紫阳相角。即泾阳、景逸，亦未能脱姚江之藩篱，谓其尊朱子则可，谓其朱子之正脉则未也。①

> 景逸、泾阳，病痛尤多，其于阳明，虽毅然辟之，不少假借，然究其实，则有未能尽脱其藩篱者。其所深恶于阳明者，无善无恶一语，而究其所谓善，仍不出虚寂一途，言有言无，名异实同。②

顾宪成与高攀龙辟王不够彻底，留下了"不少假借"。即便是他们被后人评价最高的无善无恶之辨，即保存于顾、高文集的二人与管志道的著名论辩书信，在陆陇其看来仍旧不出"虚寂一途"。也就是说，顾、高反对无善无恶捉摸本体，然而他们自己的治学还有讲求虚无、寂灭之类近于禅学的一面，似乎也不过是五十步笑百步而已。

在两种回护、调停之中，陆陇其所批评的另一方面，是"以程、朱之意解姚江之语"，也就是如刘宗周之类学术主旨原本就偏向王学，又以朱学修正王学的学者。陆陇其考察了清初学界之后指出，当时持调停态度的主要有夏峰学派的开创者孙奇

---

① 陆陇其：《答嘉善李子乔》，《三鱼堂文集》卷5，《陆陇其全集》第1册，112—113页。
② 陆陇其：《答徐健庵先生书》，《三鱼堂文集》卷5，《陆陇其全集》第1册，第122页。

逢（征君、锺元）与蕺山学派的传人黄宗羲（梨洲、太冲）二人。他说：

> 阅《孙征君年谱》，叹近年来南方有一黄梨洲，北方有一孙锺元，皆是君
> 子，然天下学者多被他教得不清楚。[①]

黄宗羲、孙奇逢二人，在道德践履上都做得不错，所以说他们都是君子，而且门人
众多，一南一北影响都很大；但在学术上却主张调和于朱、王之间，所以说"天下
学者多被他教得不清楚"，于是陆陇其只得多加批评了。关于黄宗羲，他说：

> 黄太冲《学案序》述有明一代之儒者，可谓有功，而议论不无偏僻，盖以
> 蕺山一家之言，而断诸儒之同异，自然如此。……若蕺山先生者，以为兴起之
> 师则可，以为成德之师则不可，而太冲尊之太过，所以多费周旋。[②]

黄宗羲（太冲）是刘宗周的传人。陆陇其说他尊师太过，因为他以刘宗周一家的学
术史观编撰《明儒学案》，臧否有明一代学人，虽然有功但其议论却难免有所"偏
僻"。此处所谓偏僻具体指什么没有明说，据理推测，当是因为整部《明儒学案》
以王学的发展为中心，且对王阳明以及多数王门后学都有较高的评价，只对泰州王
门等少数有所批评。刘宗周及其蕺山学派属于王学一系，刘宗周虽然对王学有所辩
难，但还是未脱离王学，只能说以朱学来加以调和而已。[③] 陆陇其认为，从学术上
说，刘宗周只能称为"兴起之师"，对王门后学流弊的救治远远没有完成，所以还
不能称为"成德之师"。此处所谓"周旋"，就是在说黄宗羲因为尊崇其师刘宗周，
故而调停于朱、王二系之间。

---

① 陆陇其:《三鱼堂剩言》卷8,《陆陇其全集》第10册, 第83页。
② 陆陇其:《三鱼堂剩言》卷8,《陆陇其全集》第10册, 第80页。
③ 关于刘宗周的调和朱、王, 详见拙著《蕺山学派与明清学术转型》第二章第一节, 第133—143页。

另外还有一条陆陇其以朱学批评黄宗羲的记载：

> 太冲《与姜定庵书》云："致知之外，乃澄然未发之体。……吾之所致者在
> 澄然之体，由澄然而发见，发见者，无所容吾致也。"噫！如此说，则朱子"当
> 因其所发而遂明之"一语，如何解乎？①

黄宗羲对于致知的解释也偏向王学，故而讲求捉摸未发之体。这也是陆陇其所不能
认同的，因为朱子讲致知重在已发，在已发之中辨明其理。

关于孙奇逢，陆陇其再三称赞其人品：

> 鹿江村、孙征君皆一代伟人。其品人高，则所谓不忮不求、何用不臧者也；
> 其学之勇，则所谓未之能行、惟恐有闻者也。只是不虚心、不细心。②

孙奇逢（征君）与鹿善继治学都偏向王学，对朱学虽也有所向往，然而最终还持调
停态度，故陆陇其说他们为学"不虚心、不细心"。正好孙奇逢也著有学术史著作
《理学宗传》，与黄宗羲的《明儒学案》一样对王学有所回护，主张程、朱、陆、王
皆收，且象山、阳明后学也有附上，故陆陇其对此书大为不满。他说：

> 容城孙奇逢《理学宗传》一书，混朱、陆、阳明而一之，盖未知考正"晚
> 年定论"也。但慈湖、龙溪、近溪、海门则列在末卷《补遗》之中，盖亦知其
> 非矣。③

---

① 陆陇其：《三鱼堂剩言》卷5，《陆陇其全集》第10册，第45—46页。
② 陆陇其：《三鱼堂剩言》卷8，《陆陇其全集》第10册，第83页。
③ 陆陇其：《三鱼堂剩言》卷7，《陆陇其全集》第10册，第70—71页。与陆陇其看法相似的则又有另一理
　学名臣魏裔介："锺元亦心服泾阳者，然于阳明此处未敢公然勘破。"魏裔介：《与白涵三书》，《兼济堂文集》
　卷9，中华书局2007年，第227页。魏裔介原本非常敬重孙奇逢，后来有所不满，因为孙奇逢心顾宪成
　本有尊朱的意思，然却依旧停留于阳明心学的范围之中，且在《理学宗传》中又推崇王阳明太过了。

《理学宗传》卷二十六《王龙溪畿》之中，孙奇逢说："龙溪独持四无之说，……后传龙溪之学者流弊滋甚，因是遂疵阳明之学。嗟乎！岂阳明之过哉？亦由于传阳明者之过耳！"①也就是说，孙奇逢认为王畿"四无"说有过错，然而其过错在于传承王学的王畿，而不在于创立王学的王阳明。将王阳明与王门后学加以区分，持有这种态度的人极多，但陆陇其却认为这种态度就是调停朱王，故而极力反对：

> 大抵昔之为王学者，乐其病；今之为王学者，掩其病。
>
> 姚江一派学术，月异而月不同。正、嘉之际，其词诐；嘉、隆之际其词淫；万历以后其词邪；至今日其辞遁。②

在他看来，晚明之时从事王学的直接表现为喜好王学的那些弊端，到了清初之时从事王学的不敢明目张胆，则表现为掩饰王学的弊端。所谓"今日其辞遁"，也就是指调停、回护之类。

此外，需要补充的还有两点。一是陆陇其将陆世仪（桴亭）归入东林一路，由此提出批评："桴亭极尊程、朱，而亦不敢深辟象山、阳明，盖亦梁溪之派也。"③陆陇其认为陆世仪虽然宗程、朱，但却不敢深辟象山、阳明，大概是因为受到东林高攀龙一系的影响，由此亦可见其对东林学派的态度。

另外，也是关于主静以及心性之辨，陆陇其曾将高攀龙与刘宗周一并讨论：

> 大约自罗整庵痛言象山、阳明之后，如高景逸、刘念台，皆不敢复指心为性，但心性之辨虽明，亦不过谓心为气而性为理，心之中有性而性非即心云尔。

---

① 《理学宗传》卷26，《孙奇逢集》上册，中州古籍出版社，2003年，第1245页。
② 陆陇其：《三鱼堂剩言》卷8，《陆陇其全集》第10册，第84、85页。
③ 陆陇其还说："陆桴亭《性善图说》大旨谓心性之善。正要在气质上看，此只说得朱子不离气质一边，而略了不杂气质一边，此图甚不必作至论。"吴光西、郭麟、周梁：《陆陇其年谱》，第56页。由此可见，陆世仪对于朱子学的理解，陆陇其多有不认同之处。

其欲专守夫心以笼罩夫理则一也，特阳明则视理在心外，高、刘则视理在心内，高则以静坐为主，刘则以慎独为主。而谓无动无静，高则似周子主静之说，刘则似程子定性之说及朱子中和初说，而皆失其真。①

高攀龙与刘宗周（念台）都不敢直接"指心为性"，认为"心之中有性而性非即心"，但还是像王阳明一样，守着"心以笼罩夫理"与"理在心内"等观点。高攀龙的静坐等学说近似周敦颐，刘宗周的慎独等学说则近似程颢《定性书》、朱子《中和初说》。这些在陆陇其看来都不是朱子集大成之后的定论，所以高、刘之学"皆失其真"，不是正学。

三、陆陇其与汤斌的朱王之辨

在清初的尊朱辟王运动中，陆陇其与汤斌的学术争论，跟张烈、黄宗羲、汤斌、毛奇龄等人关于《明史·道学传》的废置问题的争论同样重要。他们的争论体现了尊朱辟王与朱王调和这两种对于程朱、陆王的门户之别的不同看法。如上所述，陆陇其虽曾有过由王返朱的心路历程，然到了四十岁之后，就是一个最为严格的尊朱辟王派的学者了。汤斌也是康熙朝的理学名臣，曾受学于清初王学三大儒之一孙奇逢，故而主张朱王调和。他认同程朱是儒学的正宗，然而一直到中年，他的为学似乎总是游离于朱王之间。他曾说："王文成致良知之教，返本归原，正以救末学之流弊。……夫学者于积重难返之际，深忧大惧，不得已补偏救弊，固吾道之所赖以存。学者先识孔、孟之真，身体而力行之，久之徐有见焉，未尝不殊途同归。"② 汤斌赞

① 陆陇其：《三鱼堂剩言》卷7，《陆陇其全集》第10册，第72—73页。
② 汤斌：《蕺山刘先生文录序》，《汤斌集》，中州古籍出版社2003年，第93页。类似的话在其论学的书信或文章之中极多，较有代表性的还有《学言》，《汤子遗书》卷1，《汤斌集》，第29页。

同刘宗周著作之中所体现的朱王贯通的思想，认为王学可以补朱学末流之弊，故而为学的关键只在于身体力行。

首先，简要介绍一下陆、汤二人的交游过程。据陆陇其《三鱼堂日记》的记载，陆、汤之间共有两次会面。康熙二十二年（1683）五月，陆陇其到北京；七月底，陆陇其与汤斌正式会面。日记中说：

> 廿七，汤潜庵来会。
>
> 廿八，往会汤潜庵。言《鲁斋遗书》……又言："'今学者好排击先儒，不知应如此否？'大抵为姚江而发。"①

前一天是汤斌主动前往陆的住处拜访，大约是因为万斯同等多人此日在陆处，故并未涉及论学。后一天陆陇其回访，先论及许衡（鲁斋）之书，然后汤斌说到如今有学者"好排击先儒"，问陆陇其"应如此否"。陆陇其自己说了一些什么，日记里未明确记载，只是认为汤斌所说的"先儒"指王阳明。

据《陆稼书先生年谱》的编撰者吴光酉在"癸亥二十有二年"之"七月，汤公潜庵来会"条下的长篇按语，汤斌所指的"今学者"乃指与陆陇其在师友之间的吕留良：

> 汤公天资朴茂，人品清高，为一代伟人。第其师门授受，犹不脱良知窠臼，所以卒不能接洛、闽之传。其所谓今学者，意概在石门，且藉以讽先生也。先生以未深交，弗与骤辨。他日以书论姚江之失，兼录旧作《学术辨》示之，冀其自悟耳。惜乎汤公晚年所学，一出于正，不久而殁也。②

---

① 陆陇其:《三鱼堂日记》卷8，《陆陇其全集》第11册，第255、256页。
② 吴光酉、郭麟、周梁:《陆陇其年谱》，第88页。

吴光西认为当时的汤斌"犹不脱良知家窠臼"，其为学依旧是朱王调和，而到了晚年则能"一出于正"，关键在于陆陇其以书信论辩王阳明（姚江）学术之失，以及赠送《学术辨》一书，使得汤斌幡然醒悟。至于汤斌所说的"今学者好排击先儒"，在吴看来则是指吕留良（石门），大约是因为陆陇其经常提及吕留良，以及此时吕留良死讯传来。当然也有可能是指张烈等人，因为张烈在《明史》馆中对于王阳明的批判态度，汤斌与陆陇其也都是熟悉的。故"今学者"究竟指何人，似乎难以断定，然而二人的论学使得陆陇其感觉有话说，则是一定的。

从七月底陆、汤会面，到十一月初二人书信论辩的发生，此间还有几件事情值得简略提及一下，因为对于陆陇其决定写信给汤斌详细陈述自己的学术主张，有着推波助澜的作用。其一，九月廿一日，张烈邀约。张烈"深以阳明之学为不是"，还说"在嘉、隆之际，其弊尤未见，而辟之也难；在今日其弊固已著，而辟之也易"。[1]陆陇其得到张烈的《王学质疑》一书的稿本，大约也在此日前后。其二，九月廿八，陆陇其赴杭籍京官徐潮（青来，1647—1715）处宴，席间与同为嘉兴籍的京官徐嘉炎（胜力，1631—1703）等人在朱陆异同问题上发生论争，也提及汤斌的一些观点：

> 廿八。赴徐潮席。徐胜力在坐，极言辟阳阴之非。主人之气甚谦，然亦似主阳明。述熊孝感之《寄史馆诸公书》，言阳明非正人，其意似以熊为过当。又述汤潜庵云：人言阳明初亦交通宁王，不知宁王一日未反，则尚是亲王，以亲王之礼待之，不可云交通。……又言汤极不喜东庄，言及阳明家庭之短。又言汤亦不喜许酉山之学。余略陈己意，然亦未能畅所欲言，大抵阳明行事之本末，非后人所能遥断，此只当据所传闻，疑则传疑可也，若其学术之误人，则不可不辨；且阳明若无一毫好处，则当时不能动得许多人，其为害反小。惟其原有好处，所以动得许多人，其为害反大。胜力又言："辨别异同，此教者事，不是学者事。"此言大非。若止作一场说话，则教者亦可不必；若论实用力，

---

[1]　陆陇其：《三鱼堂日记》卷8，《陆陇其全集》第11册，第259页。

则学者举足便要识路径，如何可不辨。①

由此可知，徐胜力对于陆陇其、吕留良以及汤斌等极为熟悉，故而在席间陈述了许多汤斌的观点。徐显然认同阳明学，故而对于熊赐履（孝感）的《寄史馆诸公书》的辟王主张以为过当；对于汤斌为王阳明辩护的一些观点则表示赞同，并称汤斌不喜吕留良等；最后还说"辨别异同，此教者事，不是学者事"，也即与汤斌一样，反对学者从事尊朱辟王的活动。于是陆陇其"略陈己意"，然因为主人徐潮似乎也主张阳明学，故"未能畅所欲言"。在陆陇其看来，王阳明之"行事之本末"不必多加辨析，需要辨析的只是其学术，且正因为王阳明之学并非"无一毫好处"，当时就引动得许多人，故"其为害反大"；作为学者必须"识路径"，故必须辨析清楚。此外，陆陇其当时还获得了应揖谦之子的书信，"始知应嗣寅之辩"，以及吕留良的同乡吴涵的"东庄凶闻已确，八月十三事也"。②两位友人都是倡导尊朱辟王的著名学者，故他们的死讯，会在陆陇其的心中引发波动。特别是吕留良，当时包括汤斌在内的京中学者多有论及，也当是因为他们听说了此讯息。

到了十一月初五，经过多日准备之后，陆陇其抱着"辨别是非者，又学者之急务也"③的态度，针对在他看来"学术尤偏"的朱王调和一系的代表人物汤斌，撰写了《上汤潜庵先生书》，并附上旧作《学术辨》，正式与汤斌论辩王阳明之得失；十一日，得到了汤斌的答复，即同样颇为详尽的《答陆稼书书》。关于陆、汤二人的书信论辩，吴光酉在《年谱》中有两条按语：

先生重汤公人品，第惜其学术犹偏，因致书以正之。并赠旧所作《学术辨》，意在卫道，兼哀汤公故也。④

---

① 陆陇其:《三鱼堂日记》卷8,《陆陇其全集》第11册，第262—263页。
② 陆陇其:《三鱼堂日记》卷8,《陆陇其全集》第11册，第262页。
③ 陆陇其:《上汤潜庵先生书》《三鱼堂文集》卷5,《陆陇其全集》第1册，第114页。
④ 吴光酉、郭麟、周梁:《陆陇其年谱》，第97页。

汤公复书，似亦知阳明学术之非，不复为之回护矣。谓学贵实践，不在多
言，亦是吃紧为人处。①

其实细读汤斌的回信，可以清楚地知道，他并不赞同陆陇其的观点，还在委婉迂回
地为王学进行辩护。陆陇其本人也在日记中说："大约余前书是《孟子》'好辩'章
之意，潜庵来书是《孟子》'反经'章之意。"②陆陇其承认自己的"好辩"，而汤斌
的回信只是强调了"反经"之意，也即只讲求如何恢复常道，而不多作辩驳。于是
陆、汤的论辩只有一来一往，便停止了。十一月十九日，陆陇其"赴汤潜庵酌"，
然而日记里只提及了二人讨论当时经筵日讲制度的改变，说到了"讲章前朝系内阁
参定，今则由翰林主张，无所忌讳"③。这当只是对于当时学风的一种担忧；不展开
朱王异同问题，似乎是怕影响了二人的情谊，何况该说的都已经说了。

　　到了康熙二十三年（1684）八月初六，汤斌即将赴任江苏巡抚的前夕，陆陇其
又主动拜会汤斌。④他们说到了苏州、松江两府的相关情形，因为当年陆陇其担任
知县的嘉定，就属于松江府。《年谱》对此作了较为详细的记载：

时汤公奉命出抚江苏，先生具述苏、松浮粮芦课之累，当以涨处补其坍处，
及抑浮靡、崇实学等事。汤公一一首肯。又言居官不可专听幕客之言。此辈代
他人之谋事，不无瞻前顾后。我惟置得失于度外，然后为国为民，可行己志。
汤亦以为然。⑤

陆陇其特别关心民生疾苦以及崇尚实学的教育问题，又提醒汤斌"不可专听幕客之

① 吴光酉、郭麟、周梁：《陆陇其年谱》，第102页。
② 陆陇其：《三鱼堂日记》卷8，《陆陇其全集》第11册，第263页。
③ 陆陇其：《三鱼堂日记》卷8，《陆陇其全集》第11册，第263页。
④ 陆陇其：《三鱼堂日记》卷8，《陆陇其全集》第11册，第274页。
⑤ 吴光酉、郭麟、周梁：《陆陇其年谱》，第117页。

言"等,都得到了汤斌的首肯。因为陆、汤二人在当时都属于循吏,官声都很好,故而在相关问题上能够惺惺相惜。此后二人再也没有往来了。

接下来详细分析陆、汤二人的书信论辩问题。陆陇其的《上汤潜庵先生书》主要讨论了四层意思:其一,只有朱子学为孔、孟之道,此外别无他者,强调了朱子学的唯一性。他说:

> 陇其尝窃以为孔、孟之道,至朱子而大明。其行事载于《年谱》《行状》;其言语载于《文集》《语类》;其示学者切要之方,则见于《四书集注》《或问》《小学》《近思录》;其他经传,凡经考定者,悉如化工造物,至矣,尽矣!不可以有加矣!学者舍是而求孔、孟之道,犹舍规矩、准绳,而欲成室也,亦理所必无矣。是故前朝以其书列于学宫,使学者诵而法之。其背叛乎此者,虽有异敏才智,必黜而罪之。[①]

陆陇其的理由就是孔、孟之道,在朱子那里"大明"。此处从"行事""言语""示学者切要之方"以及"经传"四个方面来加以论证,认为朱子学"至矣,尽矣","不可以有加矣",似乎沉浸到了深深的赞叹之中。于是说若有背叛,则无论其才智如何,"必黜而罪之",这当然就是指王阳明了。

其二,指出了尊朱与否在有明一代的国运之中的表现:

> 有明一代之制,无有善于此者。方其盛时,师无异教,人无异论,道德一而风俗淳,其明效大验,亦略可睹矣,虽百世守之可也。学者但患其不行,不患其不明;但当求入其堂奥,不当又自辟门户。
>
> 自阳明王氏,目为影响支离,倡立新说,尽变其成法,知其不可,则又为《晚年定论》之书,援儒入墨,以伪乱真。天下靡然回应,皆放弃规矩,而师

---

① 陆陇其:《上汤潜庵先生书》,《三鱼堂文集》卷5,《陆陇其全集》第1册,第114—116页。下同。

　　心自用，学术坏而风俗、气运随之，比之清谈之误晋，非刻论也。

朱子学在明朝被列为官学，这在陆陇其看来是最大的善政。因为朱子学盛行之时，即明前期，是"道德一而风俗淳"。到了明中后期，王阳明将朱子学视为"支离"，也即他所说的"析心与理为二"①，于是创立了致良知的新说；同时他担心在朱子学的背景之下其说"不可"，故又编了《朱子晚年定论》。这些做法就是陆陇其所说的"以伪乱真"，后果就是天下人"皆放弃规矩，而师心自用"，至于"学术坏"等等。此处陆陇其的话，虽说有点过头，但还是比较克制的。同样将阳明学比作魏晋清谈的顾炎武，也曾说王阳明"以绝世之资，倡其新说，鼓动海内，嘉靖以后，从王氏而诋朱子者始接踵于人间"②。二人的观点也是很接近的。

　　其三，如何正确看待王阳明本人。这其实是针对汤斌本人的，因为汤斌也注意到了阳明后学的流弊，只是对王阳明的评判持保留意见。陆陇其接着说：

　　　　今之君子，往往因其功业显赫，欲为回护，此诚尊崇往哲之盛心。然尝闻之前辈所纪载，其功业亦不无遗议。此姑无论，即功业诚高，不过泽被一时；学术之僻，则祸及万世。岂得以此而宽彼哉？且阳明之功，孰与管敬仲？敬仲之九合一匡，孟子犹羞称之，而况阳明乎？

清初还有许多儒者，对于王阳明多有"回护"，陆陇其认为是因其"功业显赫"，故此处提出要将功业与学术区分开来。且不说功业尚有可议之处，即便功业很高，也不过是"泽被一时"；而学术一旦流于邪僻，则"祸及万世"。他还提到了《孟子·公孙丑上》：即便管仲（敬仲）的功业达到了九合诸侯、一匡天下的地步，孟子也因其为霸道而非王道，对管仲羞于称道。更何况王阳明之功业，还远远不及管

---

①　王阳明：《传习录》，第135条，第212页。

②　顾炎武：《朱子晚年定论》，《日知录》卷19，《顾炎武全集》第19册，第729页。

仲呢！显然，陆陇其间接地对王阳明的功业也作了批判，似乎霸道之功业，与"以伪乱真"之学术同样无足称道。

其四，陆陇其在上述论证之中，其实已经构造了一对非此即彼的矛盾：或者尊朱"道德一而风俗淳"，或者"学术坏而风俗、气运随之"。于是到了清初，学者的选择也是唯一的了。他说：

> 故尝窃谓今之学者，必尊朱子而黜阳明，然后是非明而学术一，人心可正，风俗可淳。阳明之学不熄，则朱子之学不尊，若以诋毁先儒为嫌，则阳明故尝比朱子于杨墨，洪水猛兽矣。是以古之诋毁先儒者，莫若阳明也。
>
> 今夫黜阳明，正黜夫诋毁先儒者也，何嫌何疑乎？罗整庵之《困知记》、陈清澜之《学蔀通辨》，其言阳明之失，至详且悉，且皆好毁人而为哓哓耶？其亦不得已者耶！学术之害，其短端甚微，而祸最烈。故自古圣贤未尝不谦退贵忠厚，而于学问之同异，必兢兢辨之，其所虑远矣！

陆陇其反复论证，学者只有"尊朱子而黜阳明"，然后才能学术统一，"人心可正，风俗可淳"。此处的逻辑也是唯一的。至于诋毁先儒的嫌疑，则因为王阳明早已诋毁朱子，故而不必担心了。再说罗钦顺（整庵）与陈建（清澜）早有批判王阳明在先，所谓"学问之同异，必兢兢辨之"，故而陆陇其认为写信给汤斌，也极有必要。

简言之，陆陇其此信的主旨即上文提及的他独尊朱子论的一贯主张：无论王阳明功业如何，也无论王阳明学术的影响如何，只要与朱子学有所抵触，便要加以排黜。而在此预设之下，除了《上汤潜庵先生书》外，陆陇其还有一大段话将批评的矛头直指高攀龙与刘宗周。这些在上文之中都已经论述过，此处不表。

汤斌对陆陇其书信中的某些观点表示认可，说是"不易之定论""皆极精当"，这都是"体认功深"所得。他也认同程朱是儒学的正宗："知程朱为吾儒之正宗。欲求孔孟之道而不由程朱，犹航断港绝，潢而望至于海也，必不可得矣。"[1] 也就是说，对于尊朱，汤斌是认同的；但对于辟王，他则持保留意见：

> 若夫姚江之学，嘉、隆以来几遍天下矣。近来有一二巨公，倡言排之，不遗余力，姚江之学遂衰，可谓有功于程朱矣。然海内学术，浇漓日甚，其故何欤？盖天下相尚以伪久矣。巨公倡之于上，随声附和者多。更有沉溺利欲之场，毁弃坊隅，节行亏丧者，亦皆著书镂板，肆口讥弹，曰："吾以趋时局也！"

一方面，汤斌认同，晚明以来有几位排王学的巨公有功于儒学圣道；另一方面，他表示了对某些以排王学自居，"随声附和""肆口讥弹"者的不满。因为阳明学"遂衰"，然而"海内学术，浇漓日甚"，其原因就在于"天下相尚以伪久矣"，这些人只知道"趋时局"而已。这是汤斌的第一个观点，即对王学巨公之有功圣道表示认同，而对附和者提出批判。

接下来，汤斌分析了辟王者的心态：

> 亦有心未究程朱之理，目不见姚江之书，连篇累牍，无一字发明学术，但抉摘其居乡居家隐微之私，以自居卫道闲邪之功。夫讦以为直，圣贤恶之。惟学术所关，不容不辨，如孟子所谓不得已者可也。今舍其学术而毁其功业，更舍其功业而讦其隐私。岂非以学术精微，未尝探讨；功业昭著，未易诋诬；而发隐微无据之私，可以自快其笔舌？此其用心，亦欠光明矣！……责人者贵服人之心，自古讲学，未有如今之专以谩骂为能者也！

汤斌批判的对象是一部分的辟王者，他们其实并未认真研读程朱或王阳明之书，只是跟风附和，"连篇累牍"地讲一些门户之见的东西，甚至发人"隐微之私"，却以

---

[1] 汤斌：《答陆稼书书》，《汤斌集》，第189—190页。下同。

"卫道"自居。对此，他出于"不得已"而"不容不辨"，因为那些人不去辨析学术异同，而去诋毁王阳明的功业；甚至连功业也不讲，只是"讦其隐私"，确实其用心"亦欠光明"。在汤斌看来，这些人不愿读书，只愿"谩骂"，"自快其笔舌"，因为"学术精微"不愿去探讨，"功业昭著"不容易轻易诋毁。这里是汤斌的第二个观点，指出了"相尚以伪"者的弊病所在，而对于他们的用心不够光明之处，"不容不辨"。

最后，汤斌讲到了自己为什么不敢辟王，以及如何才能"明程朱之道"。他说：

> 来谕曰："阳明尝比朱子于洪水猛兽，是诋毁先儒，莫阳明若也，今亦黜。"夫毁先儒者耳，庸何伤？窃谓阳明之诋朱子也，阳明之大罪过也，于朱子何损？今人功业文章，未能望阳明之万一，而止效法其罪过，如两口角骂，何益之有？恐朱子亦不乐有此报复矣！
>
> 故仆之不敢诋斥阳明者，非笃信阳明之学也，非博长厚之誉也。以为欲明程朱之道者，当心程朱之心，学程朱之学。穷理必极其精，居敬必极其至。喜怒哀乐，必求中节；视听言动，必求合礼；子臣弟友，必求尽分。久之人心咸孚，声应自众。即笃信阳明者，亦晓然知圣学之有真也，而翻然从之。若曰能谩骂者即程、朱之徒，则毁弃坊隅，节行亏丧者，但能鼓其狂舌，皆将俎豆洙、泗之堂矣，非仆之所敢信也。

针对陆陇其书信中说的王阳明诋毁先儒的问题，汤斌也只好说是"阳明之大罪过"，然而这种诋毁又何损于朱子？所以他说，如今学者，不能只是效仿王阳明的诋毁先儒，不能"两口角骂"，而是应该认真读程朱之书，并且以实践去倡明程朱之学，这也即"心程朱之心，学程朱之学"。换言之，到了清初之时，程朱、陆王之异同，过多去论辩并无意义，诋毁与谩骂则更不可取。唯有以自身之躬行实践，方才能够引领那些"笃信阳明者""翻然从之"。真正能使学术风气发生转变的，只有以实学实行而服人心。

陆陇其虽然没有真正说服汤斌，但是汤斌也不再对陆陇其尊朱辟王之论多加批驳。后来汤斌的思想越来越倾向于朱学一面，晚清学者唐鉴将汤斌列入"翼道学案"，认为他"不主阳明"。[①]

总之，陆陇其对混淆朱王是非或主张朱王调和者都严加排斥，无论是东林、蕺山、夏峰等当时著名的学派，还是像汤斌这样持有调和态度的学者。他认为唯一正途就是宗朱："愚尝谓今之论学者无他，亦宗朱子而已。宗朱子者为正学，不宗朱子者即非正学。……朱子之学尊，而孔子之道明，学者庶乎知所从矣。"[②] 只有接续孔子道统的朱学才是正学，正本清源就必须尊朱辟王。

第三节　陈确对程朱陆王的超越及其学术趋向

朱陆之辨，到了晚明清初发展为程朱与陆王之争。学者或尊程朱，或尊陆王，或调和其间；即便不是致力于性理之学的学者，其为学也不能于程朱、陆王间无取舍。如顾炎武明言尊朱，颜元出于王学而依旧有王学的影子在，至于陈确则与颜元有些相似。陈确的所谓"反理学"，是通过文献之考据，辨析关于程朱、陆王的种种看法，这使得他对程朱、陆王的门户之超越，进入了一个新的阶段。此处论他对于程朱陆王之辨的总体看法，围绕《大学辨》一书的具体个案将在下文再展开。

---

① 唐鉴：《清学案小识》，第 45 页。
② 陆陇其：《经学》，《三鱼堂外集》卷 4，《陆陇其全集》第 2 册，第 464 页。

一、"不喜理学家言"

晚明清初的大多学者还继续停留在理学的阵营之中，不是从事王学就是转向朱学，而陈确（字乾初，浙江海宁人）是其中较为独特的一位——他自幼就"不喜理学家言"。他的同门黄宗羲称其为"理学中之别传"[①]，还说：

> 乾初读书卓荦，不喜理学家言，尝受一编读之，心勿善也，辄弃去，遂四十年不阅。……问学于山阴，先师深痛末学之支离，见于辞色。乾初括磨旧习，一隅三反。逮先师梦奠，得其遗书而尽读之，憬然而喻。取其四十年所不阅者重阅之，则又格格不能相入，遂见之论著。[②]

陈确"不喜理学家言"，即使受学于被称为宋明理学殿军的刘宗周之后，再去读理学家的著述，还是"格格不能相入"。清军攻占浙江之后，陈确隐居乡里，践履平实，开始对宋儒之学加以批判。[③] 梁启超、胡适、侯外庐、姜广辉等学者都将陈确归入时代先驱、反理学的思想家。[④] 王汎森先生则指出，陈确的这种表现体现了清初思想界的一个特色，即"形上玄远之学"趋于没落。[⑤] 其实作为清初著名的反理学学者，陈确对于聚讼纷纭五百多年的程朱、陆王之辨也有独到的看法。陈确的为

[①] 黄宗羲：《与陈乾初论学书》，《黄宗羲全集》第 10 册，浙江古籍出版社 2005 年，第 158 页。

[②] 黄宗羲：《陈乾初墓志铭》（四稿），《黄宗羲全集》第 10 册，第 375 页。标点有所改动。

[③] 陈确对宋儒的批判主要围绕"'本体'从佛氏脱胎来者""分气质之性与义理之性为二""无欲安可作圣"三个方面展开。详见拙著《蕺山学派与明清学术转型》，中国社会科学出版社 2014 年，第 327—353 页。

[④] 梁启超指出清初学术是对理学的反动，并将陈确与颜元、戴震归为一类，称时代精神之先驱（《中国近三百年学术史》第 12 章，《梁启超全集》第 12 集，第 446—448 页）。胡适《几个反理学的思想家》认为1600 年至今是反理学时期，并以颜元、戴震等为代表（载《胡适文存三集》，亚东图书馆 1930 年，第 111 页）。侯外庐《陈确哲学选集》强调陈确反对宋明理学（科学出版社 1958 年，第 2—4 页）。姜广辉《走出理学》指出称陈确为"反理学"更为贴切（辽宁教育出版社 1997 年，第 146 页）。

[⑤] 王汎森：《清初思想中形上玄远之学的没落》，台湾"中研院"《历史语言研究所集刊》第六十九本第三份，1998 年 9 月，第 582、562 页。

学，一般认为趋向于陆王心学[①]，然其早年也曾读过二程、朱熹的书，中年以后也未曾真正从事于陆王心学。因此，他的程朱、陆王之辨与当时专心于程朱或陆王的理学家都有很大的不同。

陈确对于程朱、陆王之辨的关注，当起于师从刘宗周之时。他在从山阴回海宁之后写的《秋游记》中说："壬寅，以祝子病，未买舟，而余杭鲍长孺适至。其学本程、朱，诋象山、阳明之说，而祝子喜象山。两家之论，是以未合。"[②]陈确身边的友人，或学宗程朱，或学宗陆王，往往一见面就论辩不已，多半不欢而散，故而引发他对此问题的思考。至于对此问题以及晚明清初学风的深度辨析，则还是在与张履祥（考夫）等浙西同门就《大学》真伪问题展开论辩之时。[③]张履祥在与友人的书信中直接道出自己对陈确为学之病的看法：

> 大抵近世学者信洛、闽不如信姚江，究而言之，信邹、鲁亦不如信姚江。非信姚江也，信其言之出入于释、老而直情径行，可以无所顾忌，高自许可，足以目无古人也。弟妄意乾兄学问，想见得力于姚江，而于洛、闽之书，盖尝读焉而未之详也，观其议论气象，实有似者。[④]

此处所谓近世学者就是指阳明后学，他们不信程、朱，也不信孔、孟；而陈确的为学是得力于王学，受到王学的影响而以己见去看古人。陈确自己对于张履祥的此类

---

① 钱穆《中国近三百年学术史》指出陈确辨《大学》"正是阳明良知学一极好之助论"（商务印书馆 2005 年，第 54 页）。王瑞昌《陈确评传》主张陈确的思想虽与正宗的陆王不同，但仍属心学一系（南京大学出版社 2003 年，第 418 页）。汤建荣《陈乾初哲学研究——以工夫实践为视阈》认为陈确是对阳明学、蕺山学的继承，并将其学归入心学一系（中国社会科学出版社 2010 年，第 298 页）。申淑华《素位之学——陈乾初哲学思想研究》认为陈确认同陆九渊、王阳明、刘宗周等心学家，其学属于心学（中国社会科学出版社 2012 年，第 27—29 页）。
② 陈确：《秋游记》，《陈确集》文集卷 8，中华书局 1979 年，第 204 页。
③ 陈确与张履祥《大学》真伪的论辩过程以及观点差异、学术影响的分析，详见拙文《陈确与张履祥〈大学〉真伪论辩之辨析》，《浙江学刊》2010 年第 2 期；拙著《蕺山学派与明清学术转型》，第 353—379 页。
④ 张履祥：《与吴裒仲四》，《杨园先生全集》卷 10，第 287 页。

说法非常不以为然，既不以张履祥之批判陆、王为然——"考兄至以象山、阳明之说，其流毒比之洪水猛兽，亦已过矣"①，又不以张履祥之将其归入陆、王为然——"弟之不足教，固亦已矣；至又罪及陆、王之学，此之洪水猛兽，此何语也？且弟之辨《大学》，于陆、王何与，而上累之耶？"②更进一步说，陈确不认为自己深陷王学之病，从王阳明那里学得了"妄言"，反而认为自己学王学"未熟""未深"，故"未得王氏之毫末"。他说：

> 尊意谆谆以弟之妄言累归狱于王氏，益为冤枉。来教云弟于王氏之书，诵之熟而信之深，故一种傲然自以为是，前无往圣，后无来哲，目前侪辈皆可弟子视之之意，有不自知其然而发现者。嗟乎！弟于王氏之学，正愧诵之未熟，信之未深耳。果诵之熟而信之深，则必不敢自以为是；果自以为是，则正其未得王氏之毫末者。阳明岂教人自是者耶？③

此前陈确说："弟向未尝读象山、阳明书，是夏始从舍侄处借《象山集》，从许欲尔借阳明《传习录》略读之。"④到了与张履祥论辩之时，陈确虽然读过陆、王之书，然而仍旧未觉完全切合于心，还有诸多"未许者"⑤，所以才强调自己论学的那些"妄言"与王阳明无关，不是王阳明所教。

---

① 陈确：《与吴裒仲书》，《大学辨二》，《陈确集》别集卷15，第579页。
② 陈确：《答张考夫书》，《大学辨三》，《陈确集》别集卷16，第590页。
③ 陈确：《答张考夫书》，《大学辨三》，《陈确集》别集卷16，第598—599页。
④ 陈确：《与吴裒仲书》，《大学辨二》，《陈确集》别集卷15，第579页。
⑤ 陈确：《答张考夫书》，《大学辨三》，《陈确集》别集卷16，第599页。

二、"诸儒未免杂禅"

宋代的朱陆之辨，也有从学风上来立说的，纷纷指责对方为禅学。朱熹常说陆学即禅学，如"胸中无奈许多禅何""只是禅""本是禅学"[①] 等等，因此张立文先生说："尽管朱陆之争的问题不断深入变更，但朱熹指摘陆学为禅学始终不变。"[②] 同样，陆九渊在给朱熹的信中说："尊兄两下说无说有，不知泄露得多少。如所谓太极真体、不传之秘、无物之前、阴阳之外、不属有无、不落方体、迥出常情、超出方外等语，莫是曾学禅宗，所得如此？"[③]

到了陈确那里，他则专门写了《禅障》一文来批判宋明理学。他说："宋明诸大儒，始皆旁求诸二氏，久之无所得，然后归本六经，崇圣言而排佛老，不亦伟乎！"[④]他指出，宋明理学家都曾经旁求于佛老二家，最后又回归于儒家经典并排斥佛老，就这一点而言，不是什么弊病，反而是其伟大之处。陈确接下来指出程朱之学多有禅障："然程、朱谓二氏之说过高，弥近理，则犹是禅障也。"[⑤] 还说周敦颐也落于禅障："非惟程、朱为然也。虽周子之言无欲，言无极，言主静，皆禅障也。"这么说来，只有从佛老二氏之学那里走出来才对，借鉴二氏之学则还是有问题的；问题在于无欲、无极、主静等命题，与禅学有关。这似乎与陆九渊指摘朱熹的说法极为相似。

陈确对禅障的批评，更集中在程颐、朱熹那里。他接着说：

> 朱子谓"静"字稍偏，不若易以"敬"字，善矣。而伊川每见人静坐，辄叹其善学。门人问力行之要，曰："且静坐。"朱子则教学者以半日静坐，半日

---

① 《朱子语类》卷124《陆氏》，中华书局1986年，第2978页。
② 张立文：《心学之路：陆九渊思想研究》，第237页。
③ 陆九渊：《与朱元晦》，《陆九渊集》卷2，中华书局1980年，第30页。
④ 陈确：《禅障》，《瞽言三》，《陈确集》别集卷4，第445页。
⑤ 陈确：《禅障》，《瞽言三》，《陈确集》别集卷4，第445页。

读书。其体"静"字，较周子弥粗，去禅弥近矣。曰"察识端倪"，曰"须先明一个心"，曰"非全放下，终难凑泊"，曰"略绰提撕"，曰"在腔子里"，曰"活泼泼地"，曰"常惺惺"，曰"颜子所乐何事"，曰"观未发前气象"，曰"性通极于无"，曰"才说性便已不是性"，曰"无善无恶"，曰"妄心亦照"，曰"无妄无照"，曰"心有所向便是欲"，曰"有所见便是妄"，曰"既无所向，又无所见，便是无极而太极"，如此等语，未可悉数，皆禅障也，皆尝习内典而阶之厉也。嗟乎！佛教之溺人，曾何时而已哉。

对程颐、朱熹的主敬说，陈确多有肯定。但是程、朱也说主静，提倡静坐。体静之说，在陈确看来就是禅障。他列举了十多个宋明理学的重要命题，其中大多为程朱一系的，少数如无善无恶之类则为陆王一系的，然而他都指为禅障，因为这些命题与禅学有关，也即"习内典而阶之厉也"。也正因为如此，陈确才会说："象山辟无极一书，辞虽少戆，而理较直。"[1]言说"无极"就落于禅障，所以他特别欣赏陆九渊辟无极的书信当中对朱熹的那些指摘。

其实所谓禅障，多半与理学家喜好谈论"玄远形上"的本体、讲求心学有关。陈确说："本体二字，不见经传，此宋儒从佛氏脱胎来者。"[2]程朱、陆王都好言本体，这种形上思辨以及许多相关命题确实都与佛学有着密切的关系，所以陈确的说法不无道理。

关于程朱经常指摘陆王为心学，陈确说：

> 乃一道着心字，便以西来直指之说诬之，是使后之学者绝口不敢言心学也，岂通理哉？弟观象山、阳明集中，亦并无直指心体之说；若其近似者，虽程、朱书中亦有之，岂独陆、王？凡论人须使心服，乃不当附和雷同以相毁诋，以

---

[1] 陈确：《答张考夫书》，《大学辨三》，《陈确集》别集卷16，第591页
[2] 陈确：《与刘伯绳书》，《瞽言三》，《陈确集》别集卷4，第466—467页。

西来罪陆、王，竟是莫须有之狱，岂止如来教所云"以嫌疑杀人"而已哉！[①]

陈确认为陆九渊与王阳明本人的集子中"并无直指心体之说"，至于"近似者"不但陆王有之，程朱亦有之。他这样说，主要在于强调程朱、陆王的后学，尤其是程朱后学，"不当附合雷同以相毁诋"，说到一个"心"字就直接归入禅学一路。

陈确指出了程朱、陆王都有落于禅障的一面，然而也说其中有问题但问题并不大。他说："即弟谓诸儒之学未免杂禅者，非全诋其为禅学也。"[②] 正如上文所述，理学的许多命题与禅学有关，所以程朱、陆王诸儒的议论难免夹杂禅学，其分辨只是或三分或七分而已。

他接着说：

> 今诸儒皆确然圣学，而其议论之夹杂，不能无近于禅者，亦不可诬也。虽诸儒之夹杂，实不害其为确然圣学；而后贤罔识，或反遗其确然圣学之实功，而深奉其夹杂禅学之虚论，则人心之蔽塞，圣路之榛芜，将何由而通辟哉？

陈确认为理学中夹杂禅学很正常，这一点不必过于在意；需要在意的是，作为后人，应该关注先儒之学当中"确然圣学之实功"。可惜的是，有些"后贤"没有辨析何为圣学、何为杂禅，最后只是"深奉其夹杂禅学之虚论"，从而导致了"人心之蔽塞"。

当然，导致出现弊病的责任在于后学而非先儒。就这一点而言，陈确的看法与其老师刘宗周接近，认为王学的问题在于王门后学。陈确说："王门言学，诚不为无罪。龙溪以下诸子，转说转幻，流而为禅者有之，要岂可以追戳阳明哉？"[③] 他也认

---

① 陈确：《答张考夫书》，《大学辨三》，《陈确集》别集卷16，第601页。
② 陈确：《与吴裒仲书》，《大学辨二》，《陈确集》别集卷15，第580页。此处"为"原作"非"，标点本注"疑当作为"，从语气看作"为"较合理。
③ 陈确：《答张考夫书》，《大学辨三》，《陈确集》别集卷16，第590页。

为王门有王畿（龙溪）这样的后学"窃其说之近似者，转相授受"，此为王阳明这样的圣贤的"不幸"。

三、"不同而同"

陈确在早年的《秋游记》之中就指出："鹅湖之会，二子胜心未去，不能相益，而只以相争，末已。今之贤者而又代为之争焉，愈末已。"① 他认为朱、陆鹅湖之会，双方都有好胜之心未能除去，所以"只以相争"而"不能相益"。这种相争已是本末倒置，至于后学又代朱、陆而重起相争，那就更是"末已"。陈确说："程、朱、陆、王虽其言学不无少异，而要其所为同者自在。世儒于程、朱、陆、王之学，曾未睹其万一，而纷纷然各以其私意轻相诋诽；于程、朱、陆、王奚损乎？多见其不知量耳。"② 陈确认为程、朱、陆、王"言学不无少异"，然而其中"同者自在"，后学未曾真正理解他们的学问，"各以其私意轻相诋诽"，只是不知量而已。所以说程、朱、陆、王"不同而同"，作为后学本不必相争，需要做好的还是个人的道德践履。

对于朱陆之辨的另一重要问题，即所谓尊德性与道问学，陈确的看法也与一般的理学学者不同。他说：

> 议者谓晦庵一于道问学而疑其支离，象山一于尊德性而疑其空寂，皆失其
> 实者。晦庵未尝不尊德性，象山未尝不道问学；但在象山则有尊德性而道问学
> 之意，在晦庵则有道问学而尊德性之意，此亦二贤之本末也。当时二子虽所见
> 不同，而立身行己并卓然无愧，所谓不同而同也；而传之后学则亦有毫厘千里

---

① 陈确：《秋游记》，《陈确集》文集卷 8，第 204 页。
② 陈确：《答张考夫书》，《大学辨三》，《陈确集》别集卷 16，第 591 页。

之谬，故当时皆断断持之耳，岂可独罪象山哉！ [1]

陈确对于此问题有着深入的认识，认为两派的不同只是尊德性与道问学的先后次序，然而更当看重的是其中的会通之处，即所谓"不同而同"。陈确还说："程、朱何尝不教人存心，王、陆何尝不教人穷理，从所言之异耳。有圣人者出，必能一之。" [2] 程朱、陆王在为学的目的上，其实相同，都是为了"立身行己"，他们自身的践履也都做得极好，只是方法略有不同：程朱重在"穷理"，强调即物穷理而后致知，然而也教人存心；陆王重在"存心"，强调发明本心或良知，然而也教人穷理。在陈确看来，这种方法上的不同并不重要，程朱、陆王的后学们太过看重的所谓"毫厘千里之谬"，如果有新的圣人出现，"必能一之"。似乎他自己的《大学辨》与《性解》等著作，就是在做"一之"的工作。

陈确反对"各护门户"。他说自己"于象山之说未许者十之三四，于阳明之说未许者十之一二，正不敢效时贤之各护门户，是则全掩其非者" [3]。关于陆九渊，他还说："昔象山尝自喜其文，如《辨无极》二书、《王荆公祠堂记》、《经德堂记》，沾沾示学者知之，若惟恐其言之不见知于世，当有不得已焉者。今观其文，《祠记》未能无偏；《辨无极》理甚正，顾于学亦无大关系。而余之所论，则似有大于是者。" [4] 陈确认为陆九渊沾沾自喜的那些文字，如《王荆公祠记》等"未能无偏"，《辨无极》可以肯定但对于为学而言"无大关系"，还不如其他陆氏自己未提及的文章更加重要。确实，从如何有用于为学的角度出发，陈确的这些评说比较公允客观。

陈确还说：

> 然弟于阳明子，惟"知行合一"之说，深信不疑；至其深信古本，及说

①　陈确：《答张考夫书》，《大学辨三》，《陈确集》别集卷 16，第 591 页。
②　陈确：《与吴裒仲书》，《大学辨二》，《陈确集》别集卷 15，第 579 页。
③　陈确：《答张考夫书》，《大学辨三》，《陈确集》别集卷 16，第 599 页。
④　陈确：《答朱康流书》，《瞽言四》，《陈确集》别集卷 5，第 475 页。

《尽心章》等处，私心亦深有未安。于程、朱，惟表章《大学》为圣经，窃以
为不然；而其他言学切实处，亦多有先得我心者。①

这么看来，陈确于王阳明只取知行合一之说，王阳明对《大学》古本、《孟子·尽
心章》的诠释则不取；于程朱之学只不取《大学》改本以及相关诠释，其他切实论
学则多取。陈确还说："象山、阳明孜孜反求，庶几近实，犹皆惑于《大学》之夸
文。习心之蔽，贤者不免，况其他乎！"②他认为程朱、陆王都深信《大学》，故为
《大学》所困所惑，其中的关键则是围绕格致的古本、改本之争。他说："朱、王格
致之说，大抵皆为《大学》所困。"③"陆、王亦尝言格致矣，虽所言与程、朱不同，
其深信《大学》则一也。程、朱之说非，则陆、王亦非矣。"④陈确对于王阳明"深
信古本"，"私心亦深有未安"，还说："独其尊信古本《大学》，则去程、朱之改本，
不能以寸。弟是以谓五百年来学者，大抵皆为《大学》所困，深可痛也。弟辨《大
学》，既异程、朱，亦倍陆、王矣。"⑤陈确认为，王阳明的古本之说与程朱的改本之
说，相差无几；北宋以来五百年的学者，都因为《大学》的所谓错简问题而困惑，
由之而导致为学方法上的异同纷纭。因此，陈确自己要走出一条不同于程朱、陆王
的新路。

陈确对尊朱学者的门户之见很不以为然。他说："今学者守一程、朱而废千古，
诚非弟之愚所可解。"⑥"惟是世儒习气，敢于诬孔、孟，必不敢倍程、朱，时为之痛
心。"⑦"学者读得程、朱语录数十条，佥谓道已在是，一切都不须理会。"⑧他认为，

---

① 陈确：《与吴裒仲书》，《大学辨二》，《陈确集》别集卷15，第579—580页。
② 陈确：《老实说》，《陈确集》文集卷11，第257页。
③ 陈确：《答张考夫书》，《大学辨三》，《陈确集》别集卷16，第591页。
④ 陈确：《答张考夫书》，《大学辨三》，《陈确集》别集卷16，第590页。
⑤ 陈确：《答张考夫书》，《大学辨三》，《陈确集》别集卷16，第601页。
⑥ 陈确：《与吴裒仲书》，《陈确集》文集卷3，第117页。
⑦ 陈确：《与黄太冲书》，《陈确集》文集卷4，第147页。
⑧ 陈确：《与张考夫书》，《陈确集》文集卷2，第114页。

当时学者的思想受到程朱之学的禁锢已形成一种习气，信程、朱远远超过了信孔、孟，几近于程、朱的奴隶。

关于门户问题，还可以从陈确论教其子读书的话中来考量：

> 小儿顽惰无成，不足仰副知己之望，至其所读书，则自幼习四书、五经，注不能舍程、朱而他往，要只是读死书耳！若言所学，则无论孔、孟，虽于程、朱、陆、王亦茫乎未睹其涯岸。而家庭言志，则又孟子所云：姑舍是，乃所愿则学孔子耳，虽不能至，私心向往之，实不遑有所爱惜去取于程、朱、陆、王之书也。①

他教导其子自幼读四书、五经，用的还是程、朱的注，而为学的标准则只是孔子而已，所谓"心向往之"，不敢有所爱惜而"去取于程、朱、陆、王"。

门户之见只能导致"长浮辨，堕实修"②，就不能虚心向诸儒学习了。只有去除门户，才能于程朱、陆王"取其所长，舍其所短"了。陈确说：

> 人非尧舜，安能每事尽善？立言亦然。……由此观之，自曾子、子思之论学，已不能无失中之弊，而况程、朱、陆、王乎！是以君子取其所长，舍其所短。诸子者，吾诚不能必其说之无不善也，而其所为善固已多矣。吾子若何舍其所善而攻其所不善也？苟徒舍其所善而攻其所不善，奚必诸子！虽圣如周、孔，犹将有遗议焉。求当于吾子之意，不亦难乎！故古圣之求善，若刍荛皆可师也。今人之求不善，虽载籍之贤者，犹若不足为吾之弟子也。此人心世道之所以日坏也。③

---

① 陈确：《答张考夫书》，《大学辨三》，《陈确集》别集卷 16，第 594 页。
② 陈确：《秋游记》，《陈确集》文集卷 8，第 204 页。
③ 陈确：《秋游记》，《陈确集》文集卷 8，第 204 页。

陈确认为曾子、子思的论学也不能无弊，何况程朱与陆王，所以后学当取程朱、陆王之"所善"，不当"攻其所不善"。"程、朱、陆、王，皆卓然为两代大儒；至其言学，皆不能无偏。学者正可剂其同异，以求大中。"① 可惜后学往往"舍其所善而攻其所不善"，似乎记载于书册的圣贤还不如他们的弟子。因此他指出，正是这种只会注意"不善"的为学路径，才导致了"人心世道"的"日坏"。陈确说："古之君子，皆以不同为同；而今之君子必欲以同为不同，惑亦甚矣。夫水火、异用也，而为既济。况同诵圣人之言，同行圣人之行者乎！呜呼！今之君子，何设心之隘也！"② 他认为，程朱、陆王"同诵圣人之言，同行圣人之行"，然而后学因其"惑"与"隘"，将同也辨析为不同了。

门户之见的另一表现为指摘对方先入为主。陈确强调不能这样"各是其说"，而要以孔、孟为"规矩准绳"。他在与张履祥论辩的书信里说：

> 尊教谓弟于洛、闽诸书，岂云不读，只是以先入者为主，而操我见以权衡之，未尝逊心抑志而奉之以为规矩准绳，如弟子之于先师也、子弟之于父兄也，故多见其可议耳。宗程、朱者，以此议王氏之学；宗王氏者，亦以此议程、朱之学，岂复有定论乎？善乎象山之答晦庵曰："甲与乙辨，方各是其说。甲则曰愿某乙平心也，乙亦曰愿某甲平心也。平心之说，终难明白，不若据事论理可也。"斯言当矣。③

在陈确看来，如果一定要说对方先入为主，那么双方都无法"平心"，论辩也就没有"定论"了。所以他引述陆九渊答朱熹的话，指出论辩双方不能各是其说，而要"据事论理"；应该抛开程朱、陆王的门户之争，而直接以孔孟为规矩准绳来作为

---

① 陈确：《与吴裒仲书》，《大学辨二》，《陈确集》别集卷 15，第 579 页。
② 陈确：《与吴裒仲书》，《大学辨二》，《陈确集》别集卷 15，第 580 页。
③ 陈确：《答张考夫书》，《大学辨三》，《陈确集》别集卷 16，第 599 页。

学真伪的判断。他说：

> 学道非情面间事，作好之与作恶，俱伤天理，惟是之从而已。凡儒先之言，一以孔孟之学正之，则是非无遁情，其互有是非者，亦是不掩非，非不掩是，夫而后古学可明也。若徒各傍门户，是此非彼，如斗蚁之归穴，莫肯认错，弟诚伤之，痛之！[1]

学习圣人之道，不能依傍门户而有成见，不能盲目相信程、朱，不可因为碍于程、朱的情面而不作自己的思考，一切都应该以孔、孟圣学为标准来进行判断。所以，陈确说："岂孔、孟之时，圣道独不明，程、朱而后，圣道独大明，故古人恒为其难，今人适为其易耶？"[2] 这说得十分在理。确实，尊朱学者难免有迷信程、朱的嫌疑，难免缺失独立判断。如果以孔、孟为准绳，那么程朱、陆王之得失，都可以明白了。

陈确说：

> 学何尝废准绳，要以孔、孟绳诸儒，则曲直立见。……要只奉孔、孟为规矩准绳而已，故知陆、王之得，亦未始不知陆、王之失；知程、朱之失，亦未始不知程、朱之得也。[3]

学风的最后一个问题，就是如何看待王阳明之"大声而疾呼"。晚明以来，陆王之学被诋毁为"猖狂恣肆"，如陈确的老师刘宗周就说："今天下争言良知矣，及其弊也，猖狂者参之以情识，而一是皆良；超洁者荡之以玄虚，而夷良于贼，亦用之者

---

[1]　陈确：《复张考夫书》，《陈确集》文集卷 3，第 132 页。
[2]　陈确：《与张考夫书》，《陈确集》文集卷 2，第 114 页。
[3]　陈确：《答张考夫书》，《大学辨三》，《陈确集》别集卷 16，第 602 页。

之过也。"①陈确的为学虽与老师不同，但自以为在老师的方向上前进，所以他也肯定王阳明"诚若有可罪者"。他说：

> 阳明子不翅如痌瘝之在身，不暇审择其音，大声而疾呼。今日说致良知，明日说知行合一，若不察其声而循其迹，诚若有可罪者。呜呼！是岂独阳明子而已，虽古圣人之所为，而一以常理求之，将不胜其罪。……庸庸之论，以象山、阳明之过于痛切，遂诋其为猖狂恣肆，为怒呼叫号，无儒者和平气象，是何异斑衣舞笑者之议疏衰哭泣乎？不情甚矣。②

陈确认为，王阳明提出致良知与知行合一等主张似过于急迫。所谓"不暇审择其音"，可能是指《大学》古本、《朱子晚年定论》之类，因此他才说王阳明"诚若有可罪者"。然而王阳明何以如此大声疾呼，"无儒者和平气象"？这还是因为陆九渊、王阳明一系的为学"过于痛切"，本不必太在意。陈确还说："阉然媚世，以为和平，非阳明之所不能，所不为也。良知谓何耳？阳明被谤，门人问其故，曰：'吾乡来犹带乡愿意，近见得良知亲切，始成一狂者。'呜呼！是未易一二为俗儒道也！"王阳明不是不能和平，而是不能"乡愿"；再说要让学者体会"良知亲切"，也不得不有所谓的"狂者胸次"，王学的气象也非"俗儒"可以理解的。

陈确在《大学辨》中指出程、朱的格致是禅学，那么他自己的诠释如何呢？他说："其曰，格致功夫，彻始彻终，必不可以格致为学之始。……心为一身之主，心正则格致皆正；心偏则格致皆偏，必不可先格致于正心者，亦理也。"陈确认为格致并不是程、朱所说的工夫之始，而是贯彻始终的工夫。这么说，格致与正心等不是一节接一节的工夫，而是一以贯之的工夫。他的观点明显接近于王阳明。陈确自己也明确说，就格物择善而言，他认同的是陆王之学：

---

① 刘宗周：《证学杂解·解二十五》，《刘宗周全集》第2册，第278页。
② 陈确：《答张考夫书》，《大学辨三》，《陈确集》别集卷16，第600页。

> 至于格物择善之功，宋、明以来儒者宜无过陆、王，但其所谓择，不同俗
> 学之琐屑耳。……今儒者之所为讲明之学，决非穷理择善之功可知，明道云：
> 只穷理便尽性至命，最见道之言。盖必知行俱到，而后可谓之穷理耳。弟尝窃
> 语同学，学固不可不讲，然毋徒以口讲，而以心讲；亦毋徒以心讲，而以身讲，
> 乃得也。……今以下学，而议象山、阳明之疏于穷理择善者，何以异此？^①

他认为，格物穷理与明善择善都是一贯的工夫，程朱俗学好讲学且执着于"琐屑"
处，陆王一系则重知行合一，重心讲、身讲，笃实与践履才是真正的格物与择善。
陈确接着说："若学者自以为是，而不复逊志于格物、择善之功，此正自绝于象山、
阳明者，而岂象山、阳明之学哉？"在他看来，那些自以为是、不能笃实于格物、
择善工夫的学者所从事的不是陆王之学。

陈确认同的格致也就是王阳明的知行合一。他说："阳明言格致，发明知行合一
之理，有功于天下后世甚大，与孟子道性善同功，后有作者勿可易矣。"^②上文说到，
陈确对王学并非全部认同，真正认同的只有知行合一。他在与友人的书信中说："然
弟于阳明子，惟知行合一之说，深信不疑。"^③"知行合一之言，则固百世不易也。"^④
甚至认为致良知三字也存在问题，"绝非阳明本旨"。他说：

> 致良知之说，至今日已不可方物，绝非阳明本旨，董萝石曰："所谓良知，
> 只是能知过；所谓致良知，只是能改过。"此阳明之旨也。良知未可谓知，必
> 实致其良知于行，然后可谓之知。此知行合一之说也。故阳明之言曰："知而不
> 行，只是未知。"此极真切语。即伊川伤虎之说，万无可疑者；而于伊川则信
> 之，于阳明则疑之，好恶之能蔽人，至于此乎？

---

① 陈确：《答张考夫书》，《大学辨三》，《陈确集》别集卷 16，第 592 页。
② 陈确：《答朱康流书》，《瞽言四》，《陈确集》别集卷 5，第 475 页。
③ 陈确：《与吴裒仲书》，《大学辨二》，《陈确集》别集卷 15，第 579 页。
④ 陈确：《答张考夫书》，《大学辨三》，《陈确集》别集卷 16，第 591 页。

　　良知犹言良心，致良知犹言尽心；而阳明子沾沾以致良知为言者，亦是牵于《大学》致知之说，而为之词耳。①

陈确认为，王阳明提出致良知是因为"牵于《大学》致知之说"，故不是为学的本旨，因为致良知必须知行合一。他还联系程颐"伤虎之说"，强调知行合一不只是王学的观点，也是程学的观点，那么尊程、朱的学者不信王阳明知行合一，以及因此而反对王阳明，就实在不可理喻了。比如张履祥极力反对"倡为知行合一之说"，认为"知行本二也，故言知先行后可也，言知行并进可也"②。张履祥认同朱熹的知行并进而反对王阳明的知行合一，陈确就去信驳斥："夫既曰知行并进，则必不可曰知先行后矣，此矛盾之说也。"③在陈确看来，知行并进就不可能有先后，其中必有矛盾，所以说张履祥等尊朱的学者不认同王阳明的知行合一只是"自锢于私意，不复体察耳"。

　　陈确还指出：

　　《中庸》已分知行，阳明子偏欲合知行;《大学》明言先后，阳明子偏言知行无先后。此岂徒驾为新谕以高出前人哉？皆不得已也。……故弟尝谓阳明子之合知行，决可与孟子道性善同功，但以之言学则可，以之说《大学》则断断不可，此亦阳明之一蔽也。弟非肯象山、阳明者，因兄诋訾二子之学，故略疏其大端如此；若铢称而寸较之，则象山、阳明之言，亦时有偏，此或其传习之讹，然弟亦不能尽为之讳也。④

他认为王阳明"合知行""知行无先后"的说法，可以与"孟子道性善"同为儒学

---

① 陈确：《答张考夫书》，《大学辨三》，《陈确集》别集卷 16，第 599—600 页。
② 张履祥：《与陈乾初一》，《杨园先生全集》卷 2，第 30 页。
③ 陈确：《答张考夫书》，《大学辨三》，《陈确集》别集卷 16，第 599 页。
④ 陈确：《答张考夫书》，《大学辨三》，《陈确集》别集卷 16，第 591—592 页。

一大功，但不必以知行合一诠释《大学》。至于陆王之学也有偏差，则可能是后学"传习之讹"，不过也不必"尽为之讳"；即便是陆、王自身的偏差，也不必多去计较。陈确接着还说《中庸》"不行由不明，不明由不行"等话，就是"知行合一之证"，"故合知行之言，亦千古不易也"，进一步强调知行合一可作为贯通古今儒学的宗旨。

四、陈确的学术趋向

陈确所谓"反理学"，其实反对的是程朱、陆王的门户之争，以及后学"各以其私意轻相诋诽"，因为二派之中"同者自在"，后学当取其所善去其所不善。一切当以孔、孟为规矩准绳，就陈确自己的《大学辨》与《性解》等论著而言，确实有一种儒家原教旨主义色彩；他提出的"素位"之学也有回归于原始儒家而重新思量的意味。至于陈确《大学辨》与《性解》之中的为学精神，则表现为跳出程朱、陆王义理之争而走向践履，并引入考据的方法来解决问题。这可以说正是当时学术风气从理学向朴学转型的体现。

陈确死后，黄宗羲为其四撰墓志铭，这在黄氏那里也极为罕见。从这四篇文稿来看，黄宗羲主要在反复思量如何评价陈确对刘宗周的承继，最后一稿指出陈确的论学"虽不合于诸儒，顾未尝背师门之旨"[1]。黄宗羲之所以能与张履祥等同门不同，对陈确以及上文提及的恽日初二人之学术多加肯定，则是因为其"一本万殊"的学术观："奈何今之君子，必欲出于一途，剿其成说，以衡量古今，稍有异同，即诋之为离经叛道，时风众势，不免为黄芽白苇之归耳。"[2]对于陈确以及同门之间的不同立场，赵园先生曾说：

---

① 黄宗羲：《陈乾初墓志铭》（四稿），《黄宗羲全集》第10册，第374页。
② 黄宗羲：《明儒学案序》（改本），《黄宗羲全集》第10册，第79页。

陈确辨《大学》尽管未出宋学矩矱，却无疑为明清之际疑经的空气所鼓励。黄宗羲肯定陈确的学术态度，也应与其时转移中的学术风气有关。当此学术转型、风尚转移之会，刘门弟子各自选择了自己的位置与姿态。①

总的来说，因为在程朱、陆王之辨问题上的学术趋向不同，陈确的相关论辩承继于师门又不固守师门。无论是陈确，还是黄宗羲、张履祥，他们都对明清之际的学术有着自己的反思，而在面对学术转型时选择了各自独特的学术路径。

陈确的基本学术趋向，其实还在于陆王心学。他自己也说："弟读言学书而随之以泪者，惟于阳明为然，是岂徒浮辞之相取哉？"② 这主要还是因为王阳明知行合一的宗旨切合于他自己的素位之学。他说：

> 素位是戒惧君子实下手用功处。子臣弟友，字字着实，顺逆常变，处处现成，何位非素，何素非道，虽欲离之，不可得矣。所谓慎独者慎此，所谓致良知者致此。知得素位彻是明善；行得素位彻是诚身，精微细密，孰过此乎？③

陈确认为刘宗周的慎独、王阳明的致良知都属于素位之学。素位之学不再标榜某一门户的主旨，而是强调个人的道德践履，强调人伦日用之中的戒慎恐惧。事事物物、时时处处都是儒者用工夫处，一时一刻都不能离开，这就是从知行合一发展而来的。在陈确那里的学术新趋向，除了重视道德践履之外，还有重视文献考据。陈确决定从源头下手，跳出程朱、陆王的困境，指出他们关于格致工夫之争的重要文献——《大学》——是一部伪书，撰写了《大学辨》系列论著。

---

① 赵园：《刘门师弟子——关于明清之际的一组人物》，载汕头大学新国学研究中心编《新国学研究》第 1 辑，第 195 页。
② 陈确：《答张考夫书》，《大学辨三》，《陈确集》别集卷 16，第 599 页。
③ 陈确：《与刘伯绳书》，《瞽言四》，《陈确集》别集卷 5，第 470 页。

第四节　是门户，是卫道，还是时代风气之转换？

关于门户问题，还要顺着陆陇其的问题继续谈：他是否如当时有些学者所指摘的那样，一生论学亦出于"门户之见"，方才显得如何严苛？似乎也不可简单论定。

陆陇其的后学张履（1792—1851）为其日记作序时说："公确守程、朱，其贬斥阳明及论梁溪、蕺山之偏，或颇以为过，然理之至当，不容有二。是非同异之界，辨之必明而持之必力，乃公卫道之志，则然非有门户之见存也。"①张履为陆陇其辩护，认为陆陇其的严苛只是出于拳拳的"卫道之心"，而非门户之见。因为至当之理，必然只有一种，那么也就必须在"是非同异之界"明辨之，这或可说是卫道之心，然不可说是门户之见。后人还有评价说："程、朱之统，自明薛敬轩、胡敬斋后，惟陆陇其能得其正宗。"②"有宋之朱子，即有今之陆先生也，与先生同时诸儒，以及后之继起者，间多不及先生之纯。"③这些身后定论，恐怕是陆陇其所最希望得到的了。

梁启超曾说陆陇其"门户之见最深最严"，"不惟攻击陆王，乃至高景逸、顾泾阳学风介在朱、王之间者，也不肯饶恕"④。王汎森先生也说："在清初，对王学形成最大压力的是陆陇其。陆氏以近乎传教士的热诚攻击王阳明学，并极力想将明之覆亡归罪于阳明学中人。"⑤确实，在清初学术史上，陆陇其就是以"卫道"的姿态、"近乎传教士的热诚"而著称的学者，攻击王学不遗余力。从其时代来看，则对顾、高与黄、孙等明清之际学者展开深辟与严辨，维护学术的纯正性是有必要的；从而将朱子学更多地引向道德践履一途，也是有意义的。董平先生也认为，陆陇其等人

---

① 张履：《三鱼堂日记序》，《陆陇其全集》第 11 册，第 1 页。
② 章梫：《任贤》下，《康熙政要》卷 4，第 227 页。
③ 唐鉴：《清学案小识》，第 4 页。
④ 梁启超：《中国近三百年学术史》第 9 章，《梁启超全集》第 12 集，第 400 页。
⑤ 王汎森：《清初思想趋向与〈刘子节要〉——兼论清初蕺山学派的分裂》，《晚明清初思想十论》，第 271 页。

的崇朱黜王，原是基于学术文化与时代政治之关系的深刻体认，故仍有其特殊的时代意义与价值。[1] 到了雍正朝，陆陇其因为"自幼以斯道为己任，精研程朱之学"[2]，而成为清代本朝第一个从祀孔庙的儒者。其《学术辨》等著作之中的独尊朱子论，对于朱子学的繁荣以及意识形态化起到了推波助澜的作用。从这些方面来看，研究陆陇其这位承上启下的理学家，从而进一步明晰十七世纪儒学如何发展演变，也是极有价值的。

事实上，清初朱子学独尊地位的确立，当是民间与官方共同推动的，或者说是他们共同所愿的，虽然其目的有异有同。其异一在反思明亡，一在重建官方意识形态；其同则在端正风俗、人心，整顿社会秩序。除了上述的吕留良与陆陇其，还有民间学者如张履祥、官方学者如熊赐履与张烈等人，甚至还有讲求考据的顾炎武等人。若对这些学者的尊朱之论加以比较，则可以更清晰地认识到，当时学者推崇朱子学，并不只是出于门户或卫道的目的，主要还是时代之学风之转换的缘故。

比如曾经说"三代以下，群言淆乱，折衷于朱子"[3] 的张履祥，就与陆陇其一样，对于东林学派持有严厉的批判态度。他曾多次说过：

> 东林诸公，表章程、朱之学，然与程、朱毕竟不同。盖其入门便从"静悟"二字用功，于圣门博文约礼、文行忠信、入孝出弟、守先待后之意，往往不合，有及此者，不以为粗浅，则以为支离。谁生厉阶，至今为梗，不能不罪姚江矣！[4]

在张履祥看来，东林学派已经开始由王学转向朱学，但是他们的学术尚不够纯正，仍旧讲"静悟"，而不去笃实于致知力行，不去从事孔子所说的"博文约礼""入孝

---

① 董平：《浙江思想学术史》，第 326 页。
② 《从祀大典》，载《陆陇其年谱》，第 199 页。
③ 张履祥：《备忘一》，《杨园先生全集》卷 39，第 1078—1079 页；另见祝洤：《淑艾录》，第 77 页下。
④ 张履祥：《备忘三》，《杨园先生全集》卷 41，第 1136 页。

出弟"等道德践履的工夫。

张履祥进一步还认为东林导致党争，也是因为学术不纯。他说：

> 东林诸君子有意救阳明之敝，其矜尚名节是已，然其流至于党争，则以取人不免偏重才气一边，而于黯然为己之功，不无少疏，至于释氏之书，则又未尝屏绝，以云救时可矣，明道或未也。①

> 东林诸公未尝得行其志，窃疑虽使得以有为，天下国家必将受其害。以其学术不纯，取人甚杂，不能行所无事，势必小人旅进，肆行无忌，其君子一死以自全，苍生不蒙其泽，宗社不奠其安者也。②

东林学派虽要救正王学弊病，但因为其学术不纯，故"矜尚名节"，最后就是党争误国。其人才都不能笃实于践履，学术上则近于佛学，留存了许多王学的弊病。张履祥还认为东林最后没有得志是好事；如得志，则将因为学术不纯而反生祸害。东林说的名节，"君子一死以自全"，苍生、宗社却没有什么好处。这些观点，自然还是对晚明的冷静观察，对东林之于学术、政治的利弊也有较为正确的认识。

张履祥还说：

> 程朱之门，多恭敬、撙节、退让之士，近世讲学之徒，躁竞而已矣！躁竞之士，罕不为小人，此病东林与姚江皆甚。③

也就是说需要以程朱之学来践行，培养"恭敬、撙节、退让之士"。无论东林还是王门，近世的讲学之徒尚"躁竞"，都有功利之心。这是张履祥所反对的。

---

① 张履祥：《愿学记三》，《杨园先生全集》卷28，第764页。
② 张履祥：《备忘二》，《杨园先生全集》卷40，第1112页。
③ 张履祥：《备忘四》，《杨园先生全集》卷42，第1202页。

张履祥批评东林学派学术不纯，主要是指讲求静悟、矜尚名节、躁竞功利这三点。所以说，虽然同样尊朱，但他是为了倡导思想的纯正与践履的笃实。

在官方学者之中，较早推尊朱子学且较有特色的是熊赐履。他强调儒门的正统问题，而所谓正统则又因为朱子教人的"下学上达，同条共贯"，故"万世而无弊"。他说：

> 程朱之学，孔孟之学也；程朱之道，孔孟之道也。学孔孟而不宗程朱，犹欲其出而不由户，欲其入而闭之门也。
>
> 洙泗之统，唯朱子得其正；濂洛之学，唯朱子汇其全。[1]

熊赐履认为要正学术之统，其实就是在说明程朱是孔孟的嫡传：无论是学还是道，程朱都是孔孟的嫡传。至于朱子，于孔孟之道统"得其正"之外，还于濂洛之"汇其全"，所以说"朱子乃三代以后，绝无仅有之一人"[2]。因此，熊赐履所撰《学统》一书，也就自然将朱子列入"正统"，而陆、王则被列入"杂统"。他还说："陆、王两家以其异于朱说者，亦不惮明辨深剖，要归一是。"[3]在他看来，陆王之学与朱子的正学不同，因此，他撰写了《闲道录》等著述，希望对朱王之辨等问题加以"明辨深剖"，"要归一是"。

为什么尊朱子一人？在熊赐履看来，朱子学本是孔孟正学，故"万世而无弊"。他说："自孟轲氏既没，圣学晦蚀，火于秦，杂霸于汉，佛老于六朝，诗赋于唐，至宋乃有濂溪、程、朱继起，伊洛渊源粲然可观。其后，为虚无幻妄之说，家天竺而人柱下，知统遂不可问矣。"[4]程、朱起而伊洛源远流长，除了说程、朱是孔孟之学

---

[1]　熊赐履：《闲道录》卷中，《四库全书存目丛书》子部第22册，第28—29页。

[2]　熊赐履：《闲道录》卷中，《四库全书存目丛书》子部第22册，第29页。

[3]　熊赐履：《与陈省斋》，《经义斋集》卷11，《四库全书存目丛书》集部第230册，齐鲁书社1997版，第376页。

[4]　魏裔介：《圣学知统翼录·序》，《四库全书存目丛书》史部第120册，第117页。

的真正继承者，还要强调程朱之学本身的笃实。他说：

> 晦庵教人，日用持循，勿凌勿怠，居敬以立其体，穷理以致其用，不越知
> 能饮食之常，直造神圣功化之极，洒扫应对，精义入神，下学上达，同条共贯，
> 虞廷之精一，孔门之博约，先后一揆，诚所谓万世而无弊者也。①

这一段话其实就是在说朱子教人，规矩、尺度分明，故后学能够以其为准绳而循序
渐进，而且为学落实于日用，从饮食之常到神圣功化之极，于洒扫应对之中贯注
"精义"，成就有体有用、下学上达之圣学。

　　而要将朱子定于一尊，就必须摒弃异学。熊赐履说：

> 道也者，生人之常理，天地古今所率由公共之物也，而何闲之有哉？曰：
> 闲者，卫也。所谓名教之干城，而斯文之砥柱焉者也。盖世衰道微，圣人不可
> 作矣，于是有起而乱斯道者，乱则变，必思所以正之。有乘而僭斯道者，僭则
> 篡，必思所以攘之；有因而附斯道、窃斯道者，附则淆，窃则伪，必思所以斥
> 之与所以除之。正其乱而危者安矣；攘其僭而弱者振矣；斥其附、除其窃，而
> 晦者明、混者清矣。②

熊赐履认为道是常理，与天地古今而"公共"；但是道也有衰微之时，便会有人起
来变乱，也会有人起来救正。具体而言，则有乘机僭越、篡取，有因而依附、窃取；
依附者加入则斯道混淆，窃取者成功则斯道伪诈。想要救治、纠正，就必须将依附、
窃取者正之、攘之、除之、斥之。熊赐履撰有《学统》《闲道录》等书，对于学术
之正邪的辨析特别重视。他曾说："愚自幼志学，辄不自揣度，毅然以崇正距邪为己

---

① 熊赐履：《答刘黎先》，《经义斋集》卷9，《四库全书存目丛书》集部第230册，第355页。
② 熊赐履：《闲先圣之道说》，《经义斋集》卷2，《四库全书存目丛书》集部第230册，第249页。

任，……坐此往往蒙好辩之讥，大为流俗所不喜，即经筵进说，反覆开陈，未尝不在道术是非、学术异同之际。"①

熊赐履接着还说：

> 勿论二氏之书，生平最所不取，即陆、王两家以其异于朱说者，亦不惮明辨深剖，要归一是。诸如百家众论，但关学问者，其毫厘千里，几微疑似之介，亦必研究到底，务与天下共见之，此亦海内学者所共知也。②

在他看来，陆王之学与朱子正学不同，所以他撰写著述对其中的问题加以"明辨深剖"，希望学术归于"一是"。至于其他的百家之议论，比如宋明以来各家之说，其中也有"毫厘千里"的差别，都必须研究到底，与天下学者共同探讨。其成果最后汇集为《学统》一书。熊赐履说：

> 后世邪说倡、异学炽，猖狂恣肆，波流云扰，圣门敬字，直破碎于浮屠拳棒下矣。即如有明之季，士大夫为王氏之学者，群居聚会膜拜，诵《金刚经》，谈《指月录》，依旧参和孔、孟，号称讲学，时人目之为白莲。③

他认为王学杂禅，就是晚明邪说、异学纷纷，乃至人心猖狂恣肆的根本原因，故而最后将其列入了"杂统"。

张烈倡导朱子学的独尊，其实也是从学风之端正出发的，故而他往往将王学与朱学进行对比。他说："乃知王氏之全非，盖与圣门背道而驰也。譬之言飞升者，立谈之顷，两股风生，皆虚诳耳。若朱子之言，如食可致饱，衣可御寒，宫室之蔽风

---

① 熊赐履：《与陈省斋》，《经义斋集》卷11，《四库全书存目丛书》集部第230册，第376页。
② 熊赐履：《与陈省斋》，《经义斋集》卷11，《四库全书存目丛书》集部第230册，第376页。
③ 熊赐履：《学统》卷九《伊川先生》，凤凰出版社，2011年，第140页。

雨，药饵之疗疾病，皆实用也。故曰：'道也者，不可须臾离也。'"① 由此可见，张烈完全将王学比作佛道异端，而朱子学则"皆实用"，如衣食、宫室、药饵一般，人人不可或缺。

张烈认为，只有学习朱子学无弊：

> 惟朱子善学孔子，循循畏谨，一字必求其安，一事必审其极，奉先圣之格言，佩前贤之遗矩，俯焉日有孳孳，死而后已者，此圣门家法也。学者沿是而谨守之，即使不皆进于高妙，要其恪遵往训，宁慎毋疏，敢于逞聪明，恣议论，蔑经侮圣者，无有矣。畏名教，惮公议，宁拘勿肆，敢于挟才任诈，恣欲败检者，无有矣。

在张烈看来，朱子是最善于学习孔子的。朱子一生治学严谨，后学如果严谨守卫朱子治学，那么即使不能进入高妙境界，也可以保证其道路的正确性。这里所说的"宁慎毋疏""宁拘勿肆"也可见其态度；至于"逞聪明，恣议论，蔑经侮圣者""敢于挟才任诈，恣欲败检者"，应该都是指王门学者，张烈依旧对他们持批评态度。

张烈还批判明清之际的学风："夫嗜欲机智之用其心，记诵辞章之芬其习，不知有学者，无论矣。幸知有学，又为王、陆所摄。先入为主，必有好高矜忮之心，无复从容巽顺之志，其取朱子，取其合于王、陆者而已。非朱子真面，即非孔子真面也。"② 他认为，只要流入陆、王，就一定有"好高矜忮之心"，也就无法踏实为学，而朱子之学则是孔子之学的真面目。张烈还说："数十百年之闲，此道须有焕然光昭之日，王学未有不废者。黜众说而定一尊，风同俗美，庶几其可见焉。"可见其自信，认为只要独尊朱学，就能够端正风俗与人心了。

对于朱学的推尊，除了清初的理学家之外，还有顾炎武、阎若璩等尊朱然而不

---

① 张烈：《王学质疑·自序》，第83页。
② 张烈：《王学质疑·自序》，第83页。

从事程朱理学的学者。顾炎武就说："两汉而下，虽多抱残守缺之人，六经所传，未有继往开来之哲；惟绝学首明于伊洛，而微言大阐于考亭，不徒羽翼圣功，亦乃发挥王道，启百世之先觉，集诸儒之大成。"① 阎若璩则说："朱子出而前乎朱子众儒之说，得朱子而论定。""昔人谓天不生仲尼，万古如长夜。愚则谓天不生宋儒，仲尼如长夜。"② 可见他虽然倡导经学，但是对汉唐经学并不满意，反而认为二程与朱子之理学方才是儒学之中的集大成者，"发挥王道"，对后世有启发之功。顾炎武批判陆王心学，自然也就力主推尊程朱理学了。

由上文可知，在清初由王返朱的学术思潮之中，民间与官方的学者都在推崇朱子学。他们对王学有着严苛的批判，而民间学者张履祥、吕留良还对回归朱学而实有王学因素的东林之学有着颇为严苛的批判。

① 顾炎武:《华阴县朱子祠堂上梁文》,《亭林文集》卷 5,《顾炎武全集》,上海古籍出版社 2011 年,第 182 页。
② 阎若璩:《潜邱札记》卷 4、卷 1,清康熙年间刊本。

第六章　程朱陆王之辨（四）：道统辨

清初时期的朱子学可以说是后阳明时代的朱子学，也可以说是满、汉民族文化夹杂之下的朱子学，所以其最为显著的特点有二：其一，为了重新梳理儒学道统，辨析儒学自身的正邪，张烈提出"朱陆同异，乃陆之异于朱耳"。他认为陆学"猖狂自恣""侮圣蔑经"故非正学，而张履祥"学术王霸"论、陆陇其"源流清浊"论也基于各自对宋明学术史的认识来维护程朱道统。官方学者熊赐履、魏裔介、张伯行等还特意编纂了《学统》《圣学知统录》《圣学知统翼录》《伊洛渊源续录》。关于这批学者的道统论，荒木见悟先生指出，他们全力追究造成道学、道统衰微的始作俑者，也即追究阳明学的责任，特别是将明亡主要归咎于阳明一派，据此来揭露阳明学具有与治统不符的毒素。[①] 其二，满族因为作为少数的"异族"统治中国，需要进一步阐明其"得天下之正"。康熙帝为了吸取明亡的教训，实现"治统、道统萃于一人"，特别看重朱子学道统对于统治的重要意义；他还抛出过"理学真伪论"，考问那些以道学、道统自居的理学名臣。故道统本就是一个缠绕在学术、道德、政治之间的复杂而重要问题。

---

① 荒木见悟：《道统论的衰退与新儒林的展开》，载吴震、吾妻重二主编《思想与文献：日本学者宋明儒学研究》，华东师范大学出版社 2010 年，第 41 页。

第一节　张烈、张履祥、陆陇其对理学道统的辨析

张烈强调程朱理学的道统，专门写了《朱陆异同论》一文，而其《王学质疑》与《读史质疑》也有诸多相关论证。他提出"朱陆同异，乃陆之异于朱耳"的主张，认为陆学有"猖狂自恣""侮圣蔑经"之失，故容易流于禅学；王学则是在明中叶后大行天下，与陆学一样变乱儒学而败坏名教。学界对于张烈的研究极少，故而极有必要以明清之际的程朱、陆王之辨为背景，将其朱陆异同论的特点加以重点说明。①

清初理学家辨正程朱理学的道统，较有特色的论点，除了张烈的朱陆异同论外，当数张履祥的"学术王霸"论与陆陇其的"源流清浊"论。他们分别基于自己对于宋明儒学学术史的认识，提出自己的独特观点。梳理他们议论的理据，可以更好地认识宋明儒学之内在理路。

一、张烈的"陆之异于朱"论

关于朱陆异同论本身的重要性，张烈认为这是一个关涉学术大是非、大利害的大问题，故必须加以辨正、讲明："朱、陆之辨，大是非、大利害存焉，又非独同异而已也。"②

首先，张烈特别强调"天下之道，不容有二"。他的《朱陆异同论》之所以在

---

① 论及张烈的研究专著主要有陆宝千的《清代思想史》（台湾广文书局，1978年）与王茂等的《清代哲学》（安徽人民出版社，1992年），论文主要有刘仲华《张烈尊朱斥王及其在清初学术重建中的境遇》（《石家庄学院学报》2012年第1期），然而对其朱陆异同论的思想特点、学术价值等，都没有充分的讨论。

② 张烈：《朱陆异同论》，顾宏义、严佐之主编，丁小明、张天杰撰：《历代"朱陆异同"文类汇编》第4册，上海古籍出版社2018年，第154页。此套书将相关文章汇为一册，对于探讨程朱、陆王异同论辩的学术史极有意义。笔者在参与编撰的过程中多受启发。

清初有鲜明的特点，是因为特别强调了朱学是唯一的正学。此文的第一句话，便开
宗明义说明了他的主张：

> 朱、陆同异，非其互为异也，乃陆之异于朱耳。天下之道，不容有二。①

很明显，张烈是站在朱学为儒学之正统的立场上来看朱陆异同问题的。他认为只有
朱学才是正学，天下的大道也只有一种，"不容有二"。那么凡是与朱学有异的都不
是正学；陆学与朱学有异，故而不是正学。他还说："若朱子之言，如食可致饱，衣
可御寒，宫室之蔽风雨，药饵之疗疾病，皆实用也。"②朱子之学也是包容一切的实
用之学，故而必须排斥陆学。朱陆之辨就是学术的正邪之辨，故而张烈要反复辨析，
不容置疑。

　　于是乎最为重要的一个问题，就是关于朱、陆两大系的异同。张烈对此作了详
尽的分析。先看其对朱学的看法，具体可分两个层面。其一，从学与行分别讲明朱
子之学自身的特点：

> 　　秦汉以来，学者未睹其要。惟朱子之书，广大精深，无所不备，而要归于
> 平淡切实，雍容详至，不敢为新奇可喜之论。
> 　　其躬行也，养于未发，省于方动，致谨于威仪言动之间，以达于家国天下
> 事物之变，一一务得其理，服官莅政，莫不竭尽诚意，致于君而利其民。③

在张烈看来，自从秦汉以来，除却朱子便没有其他学者能够真正一睹、证得孔子思
想的旨要了。而朱子之学，则具有"广大精深，无所不备"与"平淡切实，雍容详

---

① 　张烈：《朱陆异同论》，《历代"朱陆异同"文类汇编》第4册，第152页。
② 　张烈：《自序》，《王学质疑》，《历代"朱陆异同"典籍萃编》第3册，第432页。
③ 　张烈：《朱陆异同论》，《历代"朱陆异同"文类汇编》第4册，第152—153页。

至"两个特点。前者主要是说其学。"朱子之书"——确切地说，则当是朱子及其后学的著述——已经非常完备，对于四书等经典作了系统而完善的新诠，为后世儒者研读经典提供了门径。"广大精深"四字当是对"朱子之书"最好的形容。后者当是说其行。如以朱子之学来加以践行，当是"平淡切实"的，因为其在具体的操作层面多有说明，故而也就能从容、详尽。再结合朱子本人的躬行来讲，能从"威仪言动"到"家国天下"，一一追求"得其理"，"服官莅政"则做到"诚意"二字，于是能够"致于君"与"利其民"。

其二，张烈又提出了"学孔子者，舍是无由"的重要观点。他说：

> 观其自赞曰："从容乎礼法之场，优游乎仁义之府，是予盖有志焉，而力莫能与也。佩先圣之格言，奉前烈之遗矩，惟暗然而日修，或庶几乎斯语。"呜呼，何其言之似孔子也！下学上达，高至于圣神无难，而下不失为经明修行之士，天下之欲学孔子者，舍是无由矣。此非欲私一朱子而道之，在天下固如是而已矣。[1]

此处张烈引述朱子的《书画象自警》，认为此文所表达的志向与孔子是极其相似的。至于朱子之学由下学而上达，原本就是非常笃实的。学之而高则可至圣人，学之而下则也不失为通经明理、身修行实的士人。因此朱学必定是孔子所传的正学，学孔子也唯有从朱学入手，除此之外别无路径。在张烈看来，这并非门户之见，而是天下之道必然如此，是确凿的事实。

讲明朱学为唯一的正学之后，再看张烈对于陆学的评价：

---

[1] 张烈：《朱陆异同论》，《历代"朱陆异同"文类汇编》第 4 册，第 153 页。此处引文即朱熹《书画象自警》，其中多处文字有异："沉潜乎仁义之府，是予盖将有意焉""佩先师之格言，奉前烈之余矩"。《朱子全书》第 24 册，朱杰人等主编，刘永翔、徐德明点校，上海古籍出版社、安徽教育出版社 2002 年，第 4005 页。

> 使必舍是而求，非无新奇径捷之说，使人易知而乐从。而其失也，猖狂自恣，侮圣蔑经，未再传而已不胜其弊，陆子是已。[①]

离开了朱学这唯一的正学，那就都是张烈所谓的"新奇可喜之论"或"新奇径捷之说"。这些思想的特点就是从表面看来，"使人易知而乐从"，然而会有二失：一失之"猖狂自恣"，即从学者自身之言行而言，容易导致猖狂；另一失之"侮圣蔑经"，即从对圣人、经典的态度而言，容易侮毁圣人、蔑视经典。在张烈看来，陆学就是这样的，还未到其再传弟子，就已"不胜其弊"了。为什么会如此呢？张烈接着还有说明：

> 夫陆子直指人心，使人反而求之在己，似矣。然厌夫世儒之溺章句，忘本心者，而遂概举而屏除之，孤守一心，自以为足，曰："学者，学此而已；问者，问此而已。"甚至以为，"六经皆我注脚"。呜呼，是何言也！求之孔门，未尝有是说也。

他认为陆学最大的问题就是"直指人心"，与孔子所说的反求诸己有些相似，故而容易迷惑学者。再者，因为有些学者沉溺于章句之学，忘了反求本心，所以听从陆九渊，将经学章句一概摒弃不用，又陷入"孤守一心，自以为足"的弊病。学者、问者都只求"一心"，甚至还说"六经皆我注脚"，张烈强调，这样猖狂的言论，是孔门所未尝有过的。

接着，他分析了孟子、陆子二者"言心"的差别，从而进一步强调陆学"直指人心"的弊病所在：

[①]　张烈：《朱陆异同论》，《历代"朱陆异同"文类汇编》第 4 册，第 153 页。此处标点有改动，"非"字原在上句，然笔者现在认为当属下句。

> 孟子之言心，将拯人于功利嗜欲之中，而陆子之言心，将置人于好古敏求之上。故以子静之高明，已不免于自许太高，自任太过，有张皇遽迫之病。况其徒不及子静之天资，徒举师说而张大之，则浮游放荡，仅与末禅之无忌惮者同归而已矣，曾何益哉！

孟子论人心，是为了将人心从功利、嗜欲之中拯救出来；而陆九渊论人心，则放弃了孔子说的"好古敏求"，也即上文所说章句、经典之讲求。在张烈看来，陆九渊虽然"高明"，但还是"自许太高，自任太过"，容易导致"张皇遽迫"等弊病，也就是说总显得太过急切，修养工夫难以做得笃实。不如陆九渊天资"高明"的陆门后学，借着所谓师说而张扬，就"浮游放荡"，以至于流入禅学"无忌惮"的境地。

所以说，朱子之学，从其学来看则"广大精深，无所不备"，从其行来看则"平淡切实，雍容详至"，故而学之而高可至圣人，学之而下也不失为通经明理、身修行实的士人。陆九渊之学，一失之"猖狂自恣"，就往往言行猖狂；另一失之"侮圣蔑经"，侮毁圣人、蔑视经典，不求读书。这两大失误，导致的后果就是"直指人心"，或者说"孤守一心，自以为足"，工夫难以笃实，甚至流于禅学。所以张烈反复强调"天下之道，不容有二"与"学孔子者，舍是无由"，也就是说，儒门正学唯有朱学。

从朝代之治乱与学术之正邪，张烈引出《朱陆异同论》的第二个大问题，即"明之阳明，即宋之象山"。

朱陆异同，在明中叶转换成了朱王异同，故而学者为学，必然应当尊朱辟王。他说：

> 虽然，宋、元之世，天下方尊尚朱子，陆氏之学不行，故其害未著，而草庐吴氏，尚以陆学不显为憾。及乎明之中叶，陆学大行于天下矣。何则？明之

阳明，即宋之象山也。①

在张烈看来，在宋元之时，因为官方推尊朱子，所以陆学不行，比如吴澄就以陆学不得流行为遗憾。也就是说，总有一些学者偏好于陆学，期待着"陆学大行于天下"。到了明朝中期，陆学以王学的姿态，终于得以大行天下了。

　　张烈以朱陆异同的角度来看理学史，故而直接得出王阳明之学即为陆学的结论，此后便将矛头直接指向了王阳明。陆学大行于天下所造成的危害，也就以阳明出现前后来加以区别。他接着指出：

　　　　夫弘、正以前，尊程、朱之教若彼；隆、万以下，毁程、朱之祸若此。朱、陆得失，关乎治乱，彰彰较著，而说者欲调停而两存之，不亦谬乎！②

阳明之前，也即弘治、正德以前，学者尊崇朱子，国家得以教化；阳明之后，也即隆庆、万历以下，学者诋毁朱子，纷纷从事以王学面目出现的陆学，国家则祸害无已了。国家治乱前后判然，张烈认为就是因为朱、陆学术的得失，故而尊朱与尊陆、王之间，容不得"调停而两存"。

　　阳明之前后，学术上的差别究竟如何，他还有进一步的说明：

　　　　阳明以前，学者守朱学甚严，言纯师，行纯法，贤者穷理居敬，务惇于本实。而庸常之流，亦毋或有越于彝矩，即闾巷父老，往往诵习《小学》《性理》《纲目》诸书。当是时，风俗最为淳质，议论一于下，纪纲修于上，而天下号为治平，则朱学之效也。③

---

① 张烈：《朱陆异同论》，《历代"朱陆异同"文类汇编》第 4 册，第 153 页。
② 张烈：《读史质疑四》，《历代"朱陆异同"典籍萃编》第 3 册，第 470 页。
③ 张烈：《朱陆异同论》，《历代"朱陆异同"文类汇编》第 4 册，第 153—154 页。

在王阳明之前，学者们谨守朱学的藩篱，学术纯正，言行纯正，敦本务实；普通百姓也都诵读《小学》《性理》《纲目》等程朱理学相关的书籍，所以当时风俗淳厚、质朴，于是天下治平。这些都是朱学的功效。然而等到王阳明出现之后，这一切就发生了变化。文章接着说：

> 及阳明出，而以致良知为说，窃《大学》《孟子》之言，以文其佛、老之实，于宋则取象山，于明则取白沙，藉其杰爽之气，诡幻之智，俊伟之词，奋然而与朱子为难。盖世风渐下，人将生心，天下群不逞之徒，其不便于朱子之教，而欲甘心于正人者，往往有之矣，特未敢有显言叛之者。

此处张烈指出了王学的学术渊源，其中虽有《大学》与《孟子》，然更有佛、老与陆九渊、陈献章之学；再加之王阳明本人的"杰爽之气，诡幻之智，俊伟之词"，于是"便奋然而与朱子为难"。与学术之变换相应的，则是世风日下，学者生出异心。然还分了两种情况：如本心为"不逞之徒"，则不甘心从事朱学；如本心尚能趋于"正人"，则不敢明显叛离朱学。

学术与人心的相辅相成是阳明之学风行的关键，但是张烈切切强调的还是王阳明本人作为"祸首"的影响力，也即所谓"操戈树帜"：

> 自阳明操戈树帜，为天下祸首，于是魁桀黠猾之士相助为波涛，而庸愚下士尽从风而靡，五经、四书悉更面目，纲常名教为之扫地矣。
>
> 故一传而为王畿，则直言二氏而不讳；再传而为李贽，则尽诋古之圣贤，而取夫奸雄淫暴者以为法，虽其人已伏辜，而天下相与扼腕而叹慕之。[1]

王阳明倡导陆学，于是多有"魁桀黠猾之士"推波助澜，再有"庸愚下士"盲目跟

---

① 张烈:《朱陆异同论》,《历代"朱陆异同"文类汇编》第 4 册，第 154 页。

风，这才导致陆学大行于天下。之所以将王学归于陆学，此处虽说得不十分明白，但有两点学术上的问题已被提及：一是不重经典与名教；另一是"直言二氏"，以及诋毁古代圣贤，包括下文所说的"掊击朱子"。从张烈的表述来看，最为严重的问题还是后者，即容易滑入禅学的境地。王阳明本人对佛、老参杂还有所回避，传到王畿、李贽那里则直言不讳，以至于"取夫奸雄淫暴者以为法"，显然就是将儒学引入异端了。

张烈说：

> 当是时，以姚江为圣人，诵佛、老者为名士，掊击朱子者为高贤，诋诃传注者为俊杰，酗博狎谑者为风流。争自号于天下，曰："我学禅者也，学姚江者也。"既显遁于朱教之外，然后可以恣为浊邪而不愧。盖鄙俗之见，不可以欺圣贤，惟持高说以驾之，则名教不足束我，即无所不为，而不失为高士。

异端泛滥之后，自然就会尊王阳明（姚江）为新的圣人，以口诵佛、老的人为名士，以攻击朱子的人为高为贤。其学则诋毁圣贤，也诋毁先儒经典的传、注；其行则以"酗博狎谑"为风流。更有甚者，认为学禅就是学王阳明之学；自以为是圣学，而逃遁于朱子之教外，从事其"浊邪"勾当而不羞愧。有了王学作为可持的"高说"，就可以自以为"高士"，就可以不受朱学与"名教"的束缚，至于"无所不为"了。

王阳明作为"祸首"导致的"祸天下"，还有更严重的问题。张烈又说：

> 阳明驰骋异论，欲使人人为圣人，而适以便天下之不肖。及夫礼义之教泽已尽，贪诈之习俗已成，日嚣竞于功利嗜欲之内，不惟朱子之说不足以入之，即象山之本心，阳明之良知，亦视为浮尘土梗，邈乎其不相属矣。高谈妙悟，果何益乎？王弼、何晏，罪浮桀、纣。窃以为，阳明之祸天下，即怀山襄陵，

未足为喻。陆氏之学，不行于宋，而行于明，此其效然也。[①]

王阳明倡导的学术，远离朱子之学而为"异论"，其目的看似想要实现"人人为圣人"，结果却使得不肖之徒借此隐遁，最后则是"礼义之教泽"败坏殆尽，"贪诈之习俗"已经生成，人人都沉溺于功利、嗜欲。于是不单是朱子的学说不能进入其心，陆九渊的直指本心、王阳明的致良知等等，也都被当作"浮尘土梗"，人人只会谈论一些禅学的妙悟而已。

所以说，张烈撰写《朱陆异同论》的最终目标，并不指向陆九渊，而是王阳明。也就是说，王学的"新奇之论"放诞而自便，颇受人喜好，这才使得讲求读书与修身、坚持"循循善诱之遗矩"的儒门正学——朱子之学——者几乎"荡然无存"。张烈在《读史质疑》中就特别强调这一点：

> 其徒乐其诞而自便也，人人争为新奇之论，以扬其波而鼓其焰，圣门温良恭让之气象，儒者读书修身循循善诱之遗矩，荡然无存。于是人心乖张，发政害事，至于崩溃坏烂而后已。[②]

明中叶以来的人心变得乖张，最终导致的就是"发政害事"，最后就是国家崩溃、坏烂。然而陆学在宋、元尚可"不显为憾"，因为有朱学在，陆学未得大行；到了明中叶则形势大不同了，王学大行天下以至于"祸天下"。

那么当时学界的情形又如何呢？此问题又应当如何解决呢？张烈在《朱陆异同论》的最后指出：

> 我朝黜浮屏异，曩者诗张为幻之说，学者绝不经于耳。惜也士无深志，不

---

① 张烈：《朱陆异同论》，《历代"朱陆异同"文类汇编》第 4 册，第 154 页。
② 张烈：《读史质疑四》，《王学质疑》补，《历代"朱陆异同"典籍萃编》第 3 册，第 470 页。

朱不陆，而习为浮华无用之空言。此其尚沿于明末之习，不自觉知者也。广厉学宫，振兴绝学，尊朱子为法，俾一返于淳实，士心其允正乎！是所赖于维皇之作极矣。[①]

他认为朝廷罢黜浮言、摒弃异端，"诬张为幻之说"渐渐消声灭迹，然而明末以来"不朱不陆"的学说，好讲"浮华无用之空言"的积习，还在士人之中流传，尚不能觉知。故而必须严厉地排斥陆学，也即明中叶以来的王学，独尊朱子之学，方才能够真正返回淳厚、朴实的风俗，端正士人之心。在《王学质疑》中，张烈也有相似的说法："本朝厘正文体，朱注复兴，讲者称周、程、张、朱，而仍与王、陆并列，亦习气未尽也。"[②]"我朝鼎新文教，始有倡明程、朱之学者，而论者犹曲为阳明讳，欲挽朱、陆而一之。此不深究其本末，徒为世俗瞻循之态，非所语于学也。"[③]虽说朝廷已在倡明程、朱，但总有不愿放弃王学的学者想要"欲挽朱、陆而一之"，持调停的态度。

故张烈反复论证只是为了表明，在清初学术尚未厘正之时，必须极力尊朱辟王，必须在学术上"深究其本末"，也就是通过《王学质疑》这样的著作来细致地辨析程朱、陆王之异同，使得似是而非的学术无可逃遁。

总之，张烈撰写《朱陆异同论》，只是为了表明清初之时必须极力辟王，充分辨析以揭露王学的异端本质。明中叶，陆学以王学面目大行天下而朱学荡然无存，以至于"祸天下"，那么到了清初，此问题又应该如何处理呢？张烈认为，虽以倡明程、朱为己任，然又"欲挽朱、陆而一之"的调和态度也必须排斥，可以见其程朱道统之辨正上的严苛。

---

① 张烈：《朱陆异同论》，《历代"朱陆异同"文类汇编》第 4 册，第 155 页。
② 张烈：《王学质疑·自序》，《历代"朱陆异同"典籍萃编》第 3 册，第 431 页。
③ 张烈：《读史质疑四》，《王学质疑》补，《历代"朱陆异同"典籍萃编》第 3 册，第 472 页。

二、张履祥的学术王霸论

民间理学家张履祥由王返朱而后，就提出了独尊于朱子，对于明清之际那些王门后学好指摘朱子者非常反感。他说：

> 朱子于天下古今事理，无不精究而详说之，三代以下，群言淆乱，折衷于朱子而可矣！今之学者动好指摘朱子，此是何等心术。[1]

三代以下，必须折衷于朱子，因为朱子对于天下古今的事理，"无不精究而详说之"，也就是说只要依照朱子去做就是了。正是出于这种认识，他对于阳明学的批判是结合了宋、元、明三朝理学发展的历史来加以阐明的，而且他也认为王学与陆学在为学的气习上相似。张履祥提出学术上也有王、霸二道，那么朱学自然是王道，而陆、王则是霸道了。

首先，张履祥认为明代中叶学风的转变，一方面在于学术本身，而另一方面是社会风气、人情之变化使然。到了明末清初，如果学风不能有新的转向，"生心害事"就没有一个尽头了。他从学术史的角度，指出王学泛滥的深层根源：

> 朱子精微，象山简率，薛、胡谨严，陈、王放旷。今人多好象山，不乐朱子，于近代人物，尊陈、王而诎薛、胡。固因人情便简率而苦精详，乐放旷而畏谨严；亦百余年来，承阳明气习，程、朱之书不行于世，而王、陆则家有其书，士人挟册，便已沦浃其耳目，师友之论，复锢其心思，遂以先入之言为主。虽使间读程、朱，亦只本王、陆之意指摘其短长而已。谁复能虚心笃志，求所为穷理以致其知，践履以敏其行者？此中习尚不能丕变，窃忧生心害事之祸，

---

① 张履祥：《备忘一》，《杨园先生全集》卷39，第1078—1079页。

未有艾也。①

张履祥非常细致地梳理了宋明理学的发展历程，认为理学一系是从朱子的精微到薛瑄、胡居仁的谨严；心学一系则是从陆九渊（象山）的简率到陈献章、王阳明的放旷。发展到了明代中晚期，"人情便简率而苦精详，乐放旷而畏谨严"，就造成了程、朱之书不行而王、陆之书流行。张履祥、吕留良等人致力于刊行程朱遗书，其目的也就在于尊朱辟王。

张履祥进一步则联系学术史去推究王学的来源：

> 濂溪、明道之书，阳明也理会一过，却只长得他一边见识而已。伊川、考亭，则有意与之为难，故一切以己意排击，而不必当其情实。所以深恶之者何？濂溪、明道之言宽大，尽可从他假借；伊川、考亭之言紧严，假借不得，所谓"罪我者，其唯《春秋》也"。②

张履祥指出，王阳明虽然也从事圣人之学，但他对于宋儒有着自己的取舍，对周敦颐（濂溪）与程颢（明道）也下过一番功夫，但是在见识上只取其一边；对程颐（伊川）、朱熹（考亭）则只是"为难""排击"，不去深入其"情实"。究其原因，张履祥认为就是王阳明的骄吝使他喜欢从周敦颐、程颢的宽大言论中进行假借，从而申张己意。

结合整个中国学术发展脉络来衡量，张履祥把陆王之学定性为霸道之学：

> 治道有王霸，学术亦有王霸。陆象山、王阳明，儒家之桓、文也。霸者，尊周攘夷，名义岂不甚正？一时岂不有功于生民？然于王道，不啻碔砆之于美

---

① 张履祥：《备忘三》，《杨园先生全集》卷41，第1143页。
② 张履祥：《备忘录遗》，《杨园先生全集》卷42，第1204页。

玉也。①

　　百余年来，学术晦暝，邪说暴行塞乎天地，入于膏肓。窃谓姚江之教，如吴、楚称王，蛮夷猾夏，僭食上国。②

他认为在这百多年之中，陆王之学盛行而"僭食"了程朱之学，这就像春秋时期的齐桓公、晋文公以尊王攘夷的纯正名义去蚕食周王的天下。程朱之学就是王道，陆王之学则是霸道，甚至如吴楚为蛮夷一样，已经是异类、异教了。到了晚明，则"今日之言，不归王则归陆"，天下已经被蚕食殆尽，"学术晦暝"而国家"入于膏肓"。再就陆学与王学而言，张履祥更多批评的还是王学："然陆犹贤于王，陆则杀人报仇，王则行劫而已。"③ 这种认识可与张烈相比，虽然对陆王一系的弊病说得有些过头，但就学术上的特性的分析而言，也有一定的参考价值。

三、陆陇其的源流清浊论

　　陆陇其说："天下之盛衰，自道统之明晦始。君子之欲维持世教者，亦必自辨道统始。"④ 在他看来，只有明辨道统，才能国家强盛，教化敦厚；而明辨道统的关键，就在于尊程朱、黜阳明，因为传承孔孟道统的只有程朱之学：

　　考有明一代盛衰之故，其盛也，学术一而风俗淳，则尊程、朱之明效也；其衰也，学术歧而风俗坏，则诋程、朱之明效也。每论启、祯丧乱之事，而追原祸始，未尝不叹息痛恨于姚江。故断然以为今之学，非尊程朱、黜阳明

---

① 张履祥：《备忘录遗》，《杨园先生全集》卷42，第1199页。
② 张履祥：《答沈德孚二》，《杨园先生全集》卷4，第87页。
③ 张履祥：《备忘录遗》，《杨园先生全集》卷42，第1216页。
④ 陆陇其：《道统》，《三鱼堂外集》卷4，《陆陇其全集》第2册，第464页。

不可。①

若以有明一代的盛衰来看，其兴盛之时就是学术统一于程朱理学之时，所谓"学术一而风俗淳"；其衰败之时就是学术混乱，王阳明（姚江）及其后学诋毁程朱理学之时。天启、崇祯之际的祸乱，以及明朝的灭亡，也都归咎于王阳明的心学泛滥："明之天下不亡于寇盗，不亡于朋党，而亡于学术。学术之坏，所以酿成寇盗、朋党之祸也。"② 尊程朱、黜阳明这一学术问题成为关涉朝代之盛衰的根本，而所谓朋党之祸则又牵涉到了东林学派。

为了进一步阐明朱、王二学之不可调停，以及朱学与王学之根本性不同，陆陇其又提出必须明辨学术之源与流，也即明辨"立教之弊"与"末学之弊"。他说：

> 至论正、嘉风俗之坏，非姚江之过，学姚江之过。此今日调停朱、王者大抵如此立论，然仆则以为有不可调停者。风俗之坏，实始姚江，非尽其徒之咎也。若徒归狱龙溪辈而谓与姚江无干，则非惟不足以服龙溪，且将使天下学者，不见姚江之失，复从而学之，其害可胜道耶？大抵学术之弊，有自末流生者，有从立教之初起者。如学考亭不得，则流于腐，此自末流生者也。若姚江，则立教之初已诞矣，何待学之不得，而后流于诞？此不可同日而论也。③

当时就有人认为，正德、嘉靖时期风俗的败坏，以及王学的种种流弊，不是阳明本人的过失，而是学阳明的那些后学诸如王畿等人的过失。但陆陇其认为，不可将王学的流弊都归于王畿；"风俗之坏"本就应该追究到王阳明本人，使天下学者明晰王阳明本人学术之失误所在。故在对当时调停朱王者加以批判时，陆陇其提出要区

---

① 陆陇其：《周云虬先生四书集义序》，《三鱼堂文集》卷8，《陆陇其全集》第2册，第247—248页。

② 陆陇其：《学术辨》上，《三鱼堂文集》卷2，《陆陇其全集》第1册，第26页。

③ 陆陇其：《答同年藏介子书》，《三鱼堂文集》卷5，《陆陇其全集》第1册，第129页。

分学术的源与流，也即"立教之初起者"与"末流生者"。再以此来看朱学与王学，那么朱学即使有弊病，也是因为后学之学而不得其法，故其弊为"末流生者"；而王学的弊病，则是"立教之初"就已经诞生了，不必等到王门后学方才流弊滋生。所以，陆陇其说朱、王二学"不可同日而论"。

对此问题，陆陇其在《学术辨》中说得更为清楚：

> 或又曰："阳明之流弊非阳明之过也，学阳明之过耳。程朱之学，岂独无流弊乎？今之学程朱者，未必皆如敬轩、敬斋、月川之丝毫无疵也，其流入于偏执、固滞以至偾事者亦有矣，则亦将归罪程朱乎？"是又不然。夫天下有立教之弊，有末学之弊。末学之弊，如源清而流浊也；立教之弊，如源浊而流亦浊也。学程、朱而偏执固滞，是末学之弊也。若夫阳明之所以为教，则其源先已病矣，是岂可徒咎末学哉？[1]

当时还有人说，阳明后学有过失，程朱后学也有过失，阳明之学与程朱之学一样都因为后学的不当而产生了过失，因此也就不必苛责于王阳明本人了。陆陇其于是强调，必须区分立教之弊与末学之弊：末学之弊如水的源头清澈而其末流浑浊，程朱之学就是如此；立教之弊则如水的源头浑浊，那么末流无论如何也不可能清澈了，阳明之学就是如此。

陆陇其通过源与流的分辨，使得朱、王之是非更加明显。他的这些分辨，就是为了反对明清之际诸如东林之顾宪成、高攀龙以及黄宗羲、孙奇逢等对阳明心学持有回护态度或持有朱王调停态度的学者。最后，陆陇其留下的学术之正途只有一条，也即独尊朱子学而已。因为真正接续孔子道统的唯有朱子，唯有程朱之学才是正学。无论王阳明本人还是王门的诸后学，乃至顾、高与黄、孙，都当深辟；即便他们也尊朱子且是君子，也当严辨。

---

① 陆陇其:《学术辨》上,《三鱼堂文集》卷2,《陆陇其全集》第1册，第27页。

至于如何才算独尊朱子学，陆陇其也有说法：

> 以有明一代之儒论之，文清、敬斋所以确然为学者规矩准绳而无遗议者，以其所言所行，无非考亭而已。
>
> 整庵之学，最为近之，然其论理气，必欲舍朱子而自为一说，窃所不解。……非不好学深思，以羽翼圣道为己任，然窥其微旨，皆不免有自辟门户、自起炉灶之意，而不肯纯以朱子为师。何怪乎讲学者众，而学益晦乎？[①]

他真正肯定的明代学者几乎只有薛瑄（文清）与胡居仁（敬斋）二人，因为他们"所言所行无非考亭"，也即对朱子之学几无任何改换，且言行相顾而以践履闻名；甚至因尊朱而与王阳明曾有论辩的罗钦顺（整庵），在他看来也不当十分肯定，因为罗钦顺在论理气时"欲舍朱子而自为一说"，也就是说"不肯纯以朱子为师"。换言之，学者之言行，稍有偏离朱子而他求，便当评议了。无怪乎陆陇其说：

> 愚近年所见，觉得孟子之后至朱子，知之已极其明，言之已极其详。后之学者更不必他求，惟即其所言而熟察之、身体之。[②]

孔子、孟子而后只有朱子，其知"极其明"，其言"极其详"；后来的学者需要如薛、胡一般以朱子为规矩、准绳去"熟察之、身体之"，如此则能"是非明而学术一，人心可正，风俗可淳"[③]。以此标准来看学术思想，那么不但王学不可讲，而且诸多盘桓于朱、王二学之间者也都不可讲了，独尊朱子是唯一的出路。

陆陇其借源流清浊论所作出的这些具体的分辨，其实是针对清初主张朱王调和

[①]　陆陇其：《答嘉善李子乔》，《三鱼堂文集》卷5，《陆陇其全集》第1册，第111、113页。
[②]　陆陇其：《答某》，《三鱼堂文集》卷6，《陆陇其全集》第1册，第165页。
[③]　陆陇其：《上汤潜庵书》，《三鱼堂文集》卷5，《陆陇其全集》第1册，第115页。

的那些学者。诸如黄宗羲、孙奇逢等人，他们在《明儒学案》《理学宗传》等学术史著作之中对于朱、王二系多有调停，在陆陇其看来则对于程朱道统之尊多有伤害，故而提出必须严辨其源流，归咎于王阳明本人。

第二节　熊赐履、魏裔介、张伯行的"道统录"

清代初期的理学家们编撰了一批辨正、梳理儒家道统史、理学史的著作[1]，其中主要有熊赐履的《学统》、魏裔介的《圣学知统录》《圣学知统翼录》《希贤录》、张伯行的《道统录》《伊洛渊源续录》等等；汤斌的《洛学编》与张伯行的《道南源委》等著作，则是区域儒学的道统传承谱系的梳理。此外，李光地《榕村语录》中的《宋六子》《诸儒》《诸子》《道释》与《榕村续语录》中的《宋六子》《诸儒》《诸子》《异端》等篇、陆陇其的《道统》与《经学》等篇，是关于道统的论析。

相比而言，民间学者持朱王调和态度的著作，如孙奇逢的《理学宗传》与黄宗羲的《宋元学案》《明儒学案》，都是断代的儒学史，道统色彩不明显。官方学者则有着更强的道统意识，热衷于编撰诸如《学统》等书，强化朱子学在学术思想上的独尊地位。而熊赐履的《学统》一书，陆陇其等其他官方学者也十分重视，认为其"备载前贤壁立千仞之概，悠悠宇宙，固不乏人"[2]。

熊赐履的《学统》可以说是清初规模最为宏大的道统通史性著作，全书共有56卷，分为正统、翼统、附统、杂统、异统五个部分。正统收录孔子、颜子、曾子、子思子、孟子、周濂溪、程明道、程伊川、朱子，共9人；翼统收录闵子、冉子、端木子、有子、言子、卜子、董广川、韩昌黎、张横渠、邵康节、司马君实、尹和

---

① 史革新先生曾就这些著作有一个较为系统的梳理。史革新：《清代理学史》上册，第112页。

② 陆陇其：《答周好生》，《三鱼堂文集》卷7，《陆陇其全集》第2册，第218页。

靖、胡康侯、杨龟山、罗钟素、李愿中、张南轩、黄勉斋、蔡九峰、真西山、薛敬轩、胡敬斋、罗整庵，共 23 人；附统收录从冉畊、仲由、宰予到明代的曹端、吴与弼、蔡清、王廷相、吕柟、顾宪成、高攀龙等，共 178 人；杂统收录荀子、杨子、文中子、苏子、陆象山、陈白沙、王阳明，共 7 人；异统收录老子、庄子、杨子、墨子、告子、道家、释氏。此书的纂修体例，每个人先列本传，后附历代诸儒评论，最后是熊赐履本人的按语。

魏裔介的《圣学知统录》《圣学知统翼录》均为两卷。《圣学知统录》收录伏羲、神农、黄帝、尧、舜、禹、皋陶、汤、伊尹、莱朱、文王、太公望、散宜生、周公、孔子、颜子、曾子、子思、孟子、周濂溪、程明道、程伊川、张横渠、朱晦庵、许鲁斋、薛文清，共 26 人；《圣学知统翼录》收录伯夷、柳下惠、董仲舒、韩愈、胡瑗、邵雍、杨时、胡安国、罗从彦、李侗、吕祖谦、真德秀、赵复、金履祥、刘因、曹端、胡居仁、罗伦、蔡清、罗钦顺、顾宪成、高攀龙，共 22 人。《圣学知统录》与《圣学知统翼录》的纂修体例大体上与熊赐履的《学统》相似，都是先列本传，后附历代诸儒评论，最后是魏裔介本人的按语。魏裔介的《希贤录》的纂修体例则有所不同，全书共分五卷，收录了从颜渊、子路、闵子骞等孔子弟子，到左丘明、公羊高、孔安国、董仲舒等汉儒，再到周、程、张、朱等宋儒，最后是高攀龙、金正希等明儒，记载他们的言与行。

张伯行编的《道统录》上卷收录伏羲、神农、黄帝、尧、舜、禹、汤、文、武、周公、孔子及颜子、曾子、思子、孟子，共 15 人；下卷收录周敦颐、程颢、程颐、张载、朱熹，共 5 人；附录收录了皋陶、稷、契、益、伊尹、莱朱、傅说、太公、召公、散宜生、杨时、罗从彦、李侗、谢良佐、尹焞，共 15 人。其纂修体例是先列本传，后略述其言行，其后再杂列孔子、孟子、二程、张载、吕祖谦、朱熹、杨时等人的评论。此书原名《道统传》，为山西学者仇熙所著，时代不详。张伯行从书肆之中购得此书，在任职福建巡抚之时增订而成为《道统录》。① 《伊洛渊源续录》

---

① 张伯行：《道统录》，《四库全书存目丛书》史部第 124 册，第 653 页。

则仿朱子《伊洛渊源录》而作，体量较大，共有二十卷。其用意在于表彰朱门弟子与罗从彦、李侗等朱子的师长，最后还附录了无文字记述的弟子 89 人和叛徒 3 人。因为明代谢铎的《伊洛渊源续录》采录得未为完备，而薛应旂的《考亭渊源录》又采录得太过宽泛，故而张伯行重新纂修一部，对学统重新加以辨正。①

关于道统辨正的意义，熊赐履在《学统》的序中说：

> 斯道之在天壤，终古如是也，而率而由之，则存乎其人，人之至得，继天立极以充其量，斯道统攸属焉。统者，即正宗之谓，亦犹所为真谛之说也，要之不过"天理"二字而已矣。斯理本塞上下亘古今，而实体备于圣贤。②

在他看来，"统"就是正宗之意，也就是"天理"，是合理与合法的学说，具有永恒性、唯一性，所以任何人、任何学说，都应该折中于道统。张伯行在《道统录》中也说："道之在天下也，流动充满，弥纶布濩，偏东西朔南而无乎？不暨岂局一方哉？"③所谓道本是"流动充满"的，不是局限于一方的，道统的传承同样也就是具有公理意义的，是宇宙和人间的法则。

与宋明时期的道统类著作相比，魏裔介与张伯行的著作还从孔子更向上延伸。他们的道统都是从伏羲、神农、黄帝开始的，这当与清初官方将华夏文明向上延伸以求更好地寻求清朝统治的合法性相关。再来比较熊、魏、张三人的道统史著作，其中被列为正统、翼统的人物都不多。自宋代以下能被列入的都属于程朱学派，甚至可以说虽然孔子的地位不可动摇，但其处中心地位的人物却已经是二程与朱子了。至于熊赐履，则明确将陆九渊、王阳明列入杂统，几近于佛、老之列的异统了。所以说，这些道统史的著作，明显是为了维护程朱一系的儒学正统地位。

---

① 张伯行：《伊洛渊源续录》，《四库全书存目丛书》史部第 125 册，第 111—113 页。
② 熊赐履：《学统·序》，《学统》，凤凰出版社 2011 年，第 1 页。
③ 张伯行：《道统录·序》，中华书局 1985 年。

再看明代人物的取舍，明初最被推崇的有薛瑄。薛瑄，号敬轩，谥号文清，山西河津人。其学派史称河东学派，在明初以来的北方有相当大的影响；且在陈献章、王阳明之前，故被认为学术最为醇正。明末最被推崇的有顾宪成与高攀龙，也就是东林学派。熊赐履、魏裔介都将顾、高作为道统的终结。此处不得不提一下熊、魏二人与东林的关系。熊赐履的父亲熊祚廷曾师从高攀龙，而魏裔介则是东林"三君子"之一赵南星的外甥。东林领导了晚明的讲学之风、士风，这不用多说；关键是东林首揭以朱学来救正王学，对于这一点，虽然清初倡导尊朱辟王的后继者如张烈、陆陇其有所不满，但也不得不肯定其首义之功。

第三节　康熙帝与道统、治统合一论

清初的统治者，在巩固统治的过程之中，必须思考的就是统治思想与思想统治这两个问题。甚至可以说，清代的统治者在这两个问题上所作的努力，比之前的任何一个王朝都多，特别是如何处理清朝与明朝的承继关系，如何处理满、汉的民族关系等问题。汉族与周边少数民族之间的矛盾曾经长期存在，所谓"中国"与"夷狄"，在儒家看来主要还是一个礼仪文化的问题。称之为"夷夏之防"或"华夷之辨"，其核心就在于华夏文化传统。因此，清朝入关之后，必须解决满、汉之间的民族与文化的冲突与协调。这个问题能否解决好，除了看政治制度是否适当，以及崇儒重道的文化政策能否顺利推行外，还要看如何处理治统与道统的关系——也就是说，二者之间的关系因为清朝统治者的特殊性而变得更为重要了。所以康熙帝"道统在是，治统亦在是"理论之由来，颇为复杂。

一、"治统"与"道统"

康熙五十六年（1717），康熙帝颁布了一份长篇面谕，这一面谕也就是后来的遗诏的主体部分。在此文中，康熙帝首次公开提出"自古得天下之正，莫如我朝"。此文是康熙帝表明清朝的"正统"思想的一份关键性文书，其中说：

> 自古得天下之正，莫如我朝。太祖、太宗初无取天下之心。尝兵及京城，诸大臣咸奏云当取。太宗皇帝曰："明与我国，素非和好。今取之甚易。但念中国之主，不忍取也。"后流贼李自成攻破京城，崇祯自缢，臣民相率来迎，乃翦灭闯寇，入承大统。……我朝承席先烈，应天顺人，抚有区宇，以此见乱臣贼子，无非为真主驱除耳。[1]

对于治统的说明，后来的雍正帝与乾隆帝除了继承"以清代明"的合法性之外，还进一步将"正统"推衍到尧舜，加强文化的认同感。被收录进《大义觉迷录》的雍正帝的多件诏书，就是类似的思想，比如其中说：

> 明代自嘉靖以来，君臣失德，盗贼四起，生民涂炭，疆圉靡宁，其时之天地可不谓之闭塞乎？本朝定鼎以来，扫除群寇，寰宇乂安，政教兴修，文明日盛，万民乐业，中外恬熙，黄童白叟一生不见兵革。今日之天地清宁，万姓沾恩，超越明代者，三尺之童，亦皆洞晓，而尚可谓之昏暗乎？[2]
>
> 我朝肇基东海之滨，统一诸国，君临天下，所承之统，尧舜以来中外一家之统也，所用之人，大小文武，中外一家之人也，所行之政，礼乐征伐，中外

---

[1] 《圣祖仁皇帝实录》卷9，康熙五十六年十一月辛未条，《清实录》第6册，第695页。
[2] 《世宗宪皇帝实录》卷86，雍正七年九月癸未条，《清实录》第8册，第148页。

一家之政也。[1]

至于康熙帝的观点，来自顺治朝摄政的多尔衮等人。他们都一再强调清朝是承继明朝的，满族入主中原是帮助明朝"翦灭闯寇"，明朝臣民"相率来迎"，所以是"应天顺人"，"得天下之正"。崇祯帝被李自成逼迫而自缢，标志着明朝统治的结束；至于与顺治朝并存长达近二十年的南明政权，则已经不具有正统的资格了。

　　清廷采取了一系列的行动，来向中原臣民表示其与明朝的承继关系，也即"得天下之正"。对于明朝的陵寝，清朝一入关都加以保护，还派放官员专职以时致祭。康熙二十三年（1684），康熙帝第一次亲谒孝陵，"父老从者数万人，皆感泣"[2]；康熙三十八年（1699）第三次谒孝陵，御书"治隆唐宋"，给予明太祖极高的评价。《明史》中还说明太祖"以聪明神武之资，抱济世安民之志……崛起布衣，奄奠海宇，西汉以后所未有也"[3]。为了维护这种正统理论，清朝初期一直对修《明史》一事特别重视。不去说《明史》文字狱案件，只看官修《明史》历时之长，就可知其关涉正统论，故不得不从长计议。官修《明史》，一方面进一步梳理"清因明制"的历史与思想的依据，另一方面给予参与纂修的明遗民以出山的正当性，让他们参与反思明亡，并为殉明忠臣列传，其意义确实也是多方面的。不过，康熙帝晚年也曾批评明朝说："夫谗谄媢嫉之害历代皆有，而明末为甚，公家之事置若罔闻，而分树党援，飞诬排陷，迄无虚日，以致酿祸既久，上延国家。朕历观前史，于此等背公误国之人深切痛恨。"[4] 又说："明末朋党纷争，在廷诸臣置封疆社稷于度外，惟以门户胜负为念。不待智者，知其必亡。"[5] 当然，康熙帝批评的主要是万历、天启两朝，对崇祯朝则较为留情；对于党争的批评，也与士大夫原本所有的道统意识有关。

①　《世宗宪皇帝实录》卷 130，雍正十一年四月己卯条，《清实录》第 8 册，第 696 页。
②　王士禛：《池北偶谈》，中华书局 1982 年，第 74 页。
③　《明史》卷 3《本纪三》，中华书局 1974 年，第 56 页。
④　《圣祖仁皇帝实录》卷 153，康熙三十年十一月己未条，《清实录》第 5 册，第 693 页。
⑤　《圣祖仁皇帝实录》卷 154，康熙三十一年正月己卯条，《清实录》第 5 册，第 701 页。

　　治统问题解决之后，就是道统如何处理。在汉族传统文化之中，治统源于道统；道统立，治统才有了凭借。作为非汉族的"夷狄"，如何承继长达数千年的汉文化，如何发挥儒家思想特别是程朱理学之中的有利因素，如何把握道统与治统之间的关系，确实是大难题。顺治朝重新开科取士，康熙朝科举制度进一步调整。程朱理学在科举中的重要性越来越凸显，其在统治思想之中的核心地位也就逐步确立起来了。此后，理学也就成了清王朝进行思想统治的一种手段。作为儒学重要一支的程朱理学，之所以能在清朝统治思想中逐步占据核心地位，一方面是因为其维系社会伦理秩序的功能比陆王心学更具有效性与可行性，另一方面是因为程朱理学具有更为完善的道统思想。

　　道统之说，自唐代韩愈开始，到北宋二程正式提出，再到南宋朱熹加以进一步完善。于是，道统就成为程朱一系的理学家所讨论的重要命题，成为作为新儒学的理学的基本构成要素之一。[1]就程朱、陆王而言，朱子通过《伊洛渊源录》而构建起自周敦颐、二程到杨时、罗从彦、李侗再到朱熹本人的宋代道统谱系。但陆九渊不承认"有所受"，而说自己"因读《孟子》而自得之"[2]。陆九渊还说："退之言：'轲死不得其传。''荀与杨，择焉而不精，语焉而不详。'何其说得如此端的？"[3]"韩退之言：'轲死不得其传。'固不敢诬后世无贤者，然直是至伊洛诸公得千载不传之学，但草创未为光明，到今日若不大段光明，更干当甚事。"[4]他似乎对道统之说并不认同；至于所谓二程接续于孟子的"千载不传之绪"[5]，他自然更是反对了。王阳明则讲"夫学贵得之心，求之于心而非也，虽其言之出于孔子，不敢以为是也"[6]。到了何心隐、李贽等人，他们"不以孔子之是非为是非"，更必被视为"离经叛道"；

<hr />

① 张君劢先生认为新儒学有五种制度，包括道统论、反映受佛教菩萨观念影响的圣学、经典、新书院制度、新的为政和行政设施。张君劢：《新儒学思想史》，中国人民大学出版社2006年，第34页。

② 陆九渊：《语录下》，《陆九渊集》卷35，第471页。

③ 陆九渊：《语录上》，《陆九渊集》卷34，第410页。

④ 陆九渊：《语录下》，《陆九渊集》卷35，第436页。

⑤ 朱熹：《中庸章句序》，《四书章句集注》，中华书局1983年，第15页。

⑥ 王阳明：《传习录》，第173条，第311页。

他们对于道统学说也甚无兴趣。

历代儒者对于道统与治统的关系的解说，也曾强调治统与道统的合一，即"治教合一"。这可以说是儒家学者长久以来的一种政治理想，比如三代之尧、舜、禹、汤、文、武、周公、孔、孟，在此道统谱系中，只有周公以上是君师合一的，孔、孟都是君师分离、道统与治统分离的。《中庸》说："虽有其位，苟无其德，不敢作礼乐焉；虽有其德，苟无其位。亦不敢作礼乐焉。"道统与治统，政与教，位与德，分离已久。

虽然说明代理学"此亦一述朱，彼亦一述朱"，但是在"述朱"的背后，道统学说依旧在发展之中。薛瑄更是认为"周、程、张、朱之书，道统正传，舍此而他学，非学矣"[①]。道统学说在清初程朱一系的理学名臣那里得到了更为完整、丰富的诠释，而且这些诠释都在一步一步地靠近康熙皇帝统治的需要。再者，宋明以来对于孔庙祭祀、书院祭祀的重视，使儒家道统进一步强化，甚至带有宗教信仰色彩。康熙帝将朱子配享升格，这也当看作对道统说加以利用的具体行为。总之，到了康熙朝末期，最终形成了所谓道统与治统的合一，康熙帝也就成为"圣王合一"的一代明君。

二、"治统、道统萃于一人"

康熙帝为了得所谓的道统，主要有三个方面的表现：其一，主动学习、传承程朱理学；其二，领衔修纂具有道统色彩的儒学经典；其三，宣扬其道德与事功上的成就，并与经典相互印证。

首先来看第一点。康熙帝比顺治帝更为谙悉中国的传统文化，尤其是程朱理学，对于儒家"格君心"的理念也颇为重视。康熙帝早年的老师熊赐履说："至论根本切

---

① 薛瑄：《读书录》卷5，《正谊堂全书》，清同治五至九年福州正谊书局刊本。

要之地，端在我皇上之一身矣。"① 这一点自然得到了康熙帝本人的认可。他一方面反复说自己读书以求明理、实行："明理最是紧要，朕平日读书穷理，总是要讲求治道，见诸措施。故明理之后又须实行，不行，徒空谈耳。"② 另一方面则自视为道统的传承者：

> 先圣先师，道法相传，昭垂统绪，炳若日星。朕远承心学，稽古敏求，效法不已，渐近自然，然后施之政教，庶不与圣贤相悖。③

此处所谓"心学"即二帝、三王心传之学，也就是理学家经常说的道心、人心的十六字真言。康熙帝的这些说法，就是表示对程、朱所建构的道统心传之说的认可，对格君心的认可。只是到了圣明的君主那里，就不需要臣下来格君心，因为君主本人就已经在做格君心的工作了。康熙帝自己也表示，他经常钻研儒家经典，就是为了谋求"治道"："皆天德王道修齐治平之理，孜孜问学，无非欲讲明义理，以资治道。"④ 尤其是对程朱理学，康熙帝特别注意"体会古帝王孜孜求治之意"。他说："读《尚书》，于典谟训诰之中，体会古帝王孜孜求治之意，期见之施行。"⑤ 康熙帝读四书，再读《尚书》《周易》，都是在经典之中探求治道；所谓的心与理会，也都是理学修证体悟的方法。类似的说法，都是在强调他本人确实得到了理学的真传。

再来看第二点。康熙朝与明代永乐朝有些相似，都重视儒学经典的修纂。然而与明代不同的是，康熙帝本人亲自参与其中，并以撰写序言等方式来表达自己通过经典的修纂来传承道统的意思，因为经典修纂的过程本来就蕴含了道统史的意味。当然，修纂道统史并不是帝王的专权，比如还有熊赐履的《学统》与魏裔介的《圣

---

① 熊赐履：《应诏万言疏》，《经义斋集》卷1，《四库全书存目丛书》集部第230册，第221页。
② 《康熙起居注》第1册，康熙十二年八月二十六日条，第104页。
③ 《崇儒学第27》，《康熙政要》卷16，康熙二十五年条，第731—732页。
④ 《康熙起居注》第1册，康熙十六年五月二十九日条，第278页。
⑤ 《康熙起居注》第3册，康熙二十三年十一月初四日条，第115页。

学知统录》《圣学知统翼录》等。然而这些理学名臣的修纂工作，也是在康熙帝的范围之下完成的，或者说配合了帝王的道统史的建构，本就是御制经典的延伸。御纂经典主要有《朱子全书》《性理精义》《周易折中》《日讲四书解义》《日讲五经解义》等等，等到这些带着帝王权威的官方书籍的颁行天下，并在科举考试中加以运用，帝王以及道统意识影响之下的经典诠释自然也就得到了更为广泛的传播。

康熙帝对此有着明确的认识，他在《日讲书经解义序》中就说："朕万几余暇，读四代之书，惕若恐惧，爰命儒臣，取汉宋以来诸家之说，荟萃折衷，著为《讲义》一十三卷。"① 又在《日讲诗经讲义序》中说："朕志慕隆古淳穆之理。崇奖诗教，爰命儒臣辑成《诗经讲义》，日进于坐隅，朝夕观览，凡立说一准于考亭，而旁搜义蕴，兼及注疏，博综名物，亦参《尔雅》。"② 这些经典诠释，从表面上看都是康熙帝本人在"万几余暇"间，据读书思想完成的，采用了汉宋以来诸家之说，最后又准于朱子。这就意味着，康熙帝成了儒家经典的诠释者，也成了儒家道统的传承者。

康熙十六年（1677），康熙帝在《日讲四书解义序》之中表达了自己的看法：

> 朕惟天生圣贤，作君作师，万世道统之传，即万世治统之所系也。自尧、舜、禹、汤、文、武之后，而有孔子、曾子、子思、孟子；自《易》《书》《诗》《礼》《春秋》而外，而有《论语》《大学》《中庸》《孟子》之书，如日月之光昭于天，岳渎之流峙于地，猗欤盛哉！盖有四子而后二帝三王之道传，有四子之书而后五经之道备；四子之书得五经之精意而为言者也，……道统在是，治统亦在是矣。
>
> 诚因此编之大义，究先圣之微言，则以此为化民成俗之方，用期夫一道同风之治，庶几进于唐虞三代文明之盛也夫！③

---

① 《日讲经书解义序》，《圣祖仁皇帝御制文集》第 1 集卷 19，《景印文渊阁四库全书》第 1298 册，第 186 页。
② 《日讲诗经解义序》，《圣祖仁皇帝御制文集》第 2 集 31，《景印文渊阁四库全书》第 1298 册，第 633 页。
③ 《日讲四书解义序》，《圣祖仁皇帝御制文集》第 1 集卷 19，《景印文渊阁四库全书》第 1298 册，第 158—159 页。

此处，康熙帝已经明确表示了道统与治统合一的重要性，认为唯有道统与治统合一，才能真正实现"化民成俗"，实现"三代文明之盛"。当然，这不能直接解读为康熙帝已经以儒家道统的继承者自居，只是表明了他对圣人与圣人之学的向慕之意。"道统在是，治统亦在是"，指的就是四书、五经等圣人之学。康熙帝推崇孔子、朱子，甚至到无以复加的地位。道统、治统的合一，也就是君、师的合一，圣、王的合一："朕惟道统与治统相维，作君与作师并重。"①

第三点，也是最具说服力的一点，就是康熙帝治国六十多年，其自身的道德与事功赢得了中原大多臣民的认可。这就正好印证了儒家经典所说的道统与治统合一的时代来临。且看李光地的一段著名言论，其中说：

> 若夫穷性命之原，研精微之归，究六经之指，周当世之务，则岂特儒者之所用心，帝王之学，何以加此？
>
> 肆我皇上，天挺其姿，神授之职，生知乃复好古，将圣而又多能。然皆习焉而不留，过焉而遂化，诗文字画，历算工巧，莫不精其道焉，而无所滞于心。……非尧、舜之道，不使陈于前，非天人性命之书，不以游于意也。臣愚无知，窃谓皇上非汉、唐以下学，唐、虞三代之学也。
>
> 臣又观道统之与治统，古者出于一，后世出于二。孟子序尧、舜以来，至于文王，率五百年而统一续，此道与治之出于一者也。自孔子后五百年而至建武，建武五百年而至贞观，贞观五百年而至南渡。……孔子之生东迁，朱子之在南渡，天盖付以斯道而时不逢，此道与治之出于二者也。自朱子而来，至我皇上又五百岁，应王者之期，躬圣贤之学。天其殆将复启尧、舜之运，而道与治之统复合乎？②

---

① 《重修阙里圣庙告成遣皇子告祭文》，《圣祖仁皇帝御制文集》第 2 集卷 41，《景印文渊阁四库全书》第 1298 册，第 716 页。
② 李光地：《进读书笔录及论说序记杂文序》，《榕村全集》卷 10，《榕村全书》第 8 册，第 256 页。

李光地这段话自然有奉迎的成分，不过他的理论阐发是为了说明康熙帝秉帝王心法、以道统兼治统的实现。李光地阐述了道统与治统的关系及其演进。从尧、舜至周文王，道统、治统"出于一"；然孔子、朱子而来，汉光武帝（建武）、唐太宗（贞观）而来，每五百年转一次，道统与治统其实还是二分的，唯有康熙帝有了"道与治之统复合"的表征。其依据也有三，即"研精微之归，究六经之指，周当世之务"。这不是一般儒生所能做到的，而是帝王之学的本来。康熙帝正好就是"生知乃复好古，将圣而又多能"的帝王，又能由宋儒之学而上溯唐、虞三代之学统，最终到达道统与治统合一的尧、舜地步。李光地还指出："圣人在位，躬行心得以施教化，又官不及私昵，爵罔及恶德，人材安得不盛？"[1]反过来推论，康熙帝统治之下的繁荣就是"圣人在位"，也就是帝王"躬行心得"的结果。

熊赐履也曾说：

> 惟上有德政以导之，下有风俗以维之，渐摩诱掖，天下亦自无不可转移改易之人。此三代之所以化行而俗美也。若夫令下而从之者寡，法立而犯之者众，乃是居上者为之不得其方，行之未尽其诚。……天理、人情、圣学、王道、名教、国法，原是一事一物。[2]

他认为天下治乱、风俗递降的责任在于"居上者"；"居上者"需要对天理、人情、圣学、王道等有所体悟才行。

后来熊赐履草拟《大清孝陵圣德神功碑文》，其中就说到了"以道统为治统，以心法为治法"，"直接乎帝王之传而允跻于三五之隆"。[3]这不能直接理解为对康熙帝的赞颂，但可以说是对其所寄予的一种期望。到了康熙十二年（1673），熊赐履

---

① 李光地：《榕村语录》卷 27，《榕村全书》第 6 册，第 325 页。

② 熊赐履：《下学堂札记》卷 3，《四库全书存目丛书》第 22 册，第 69 页。

③ 熊赐履：《恭拟大清孝陵圣德神功碑文》，《经义斋集》卷 2，《四库全书存目丛书》集部第 230 册，第 243 页。

就直接赞叹:"皇上亶聪作哲,允接二帝三王之正统,诚万世斯文之幸也。"① 彭孙遹说:"皇上睿圣聪明,崇儒好学,道法、治法之统亶备于一身,作君、作师之功训行于万国,此千载一时,正学昌隆之会也。"② 魏裔介说:"我皇上继天立极,以君道二兼师道,以治统而续道统,士风复于淳古而民俗亦比屋可封矣。"③

当然,此时的康熙帝并不糊涂,有这样一段"颂圣"就被康熙帝批评:

> 翰林院掌院学士牛钮等启奏,经筵讲章"庶矣哉"二段内,颂圣处有"道备君师,功兼覆载"二语。上曰:"经筵大典讲章,须有劝戒箴规之意,乃为有益。此二语太过,着改撰。"④

作为君主,康熙帝当然知道臣下的颂圣何意,然而许多时候却还是接受了这样的说法。比如康熙帝南巡之时祭祀周公,诸臣议定礼仪时说:

> 道统之传,上自尧、舜,逮于周、孔。我皇上备尧、舜之德,明周、孔之道。⑤

康熙帝只是说"致祭周公,礼宜隆重,……以见朕尊崇先圣之意",而并未对臣下的阿谀提出异议。

到了康熙帝晚年,类似的赞叹也就更多、更自然了。康熙四十九年(1710),张玉书为编撰《康熙御制文集》之时在上书中说:"钦惟皇上圣德神功,卓越千古,道统治法,兼总百王。"⑥ 同样在这一时期,陈廷敬则说得更为直接:

---

① 《康熙起居注》第1册,康熙十二年十月初九日,第114页。
② 彭孙遹:《明史立道学忠义二传奏》,《松桂堂全集》卷35,《景印文渊阁四库全书》第1317册,第270页。
③ 魏裔介:《兼济堂文集》卷2,第56页。
④ 《康熙起居注》第2册,康熙二十一年八月初四日,第274页。
⑤ 《康熙起居注》第3册,康熙二十三年十一月十八日,第121页。
⑥ 张玉书:《修御制文集议》,《张文贞集》卷3,载《景印文渊阁四库全书》第1322册,第430—431页。

> 盖自周子、二程子、朱子而来，至于今五百年矣。我皇上论世知人，崇朱子之学，颂其诗，读其书，存诸德行，见于文章，举而措诸天下之民，使尧舜禹汤、文武之道，常在上而不在下，故道统之传，由下而归于上者，此正其时也。①

张伯行有一段话说得也差不多：

> 我皇上功业并于唐、虞，道德高乎孔、孟，阐往圣之微言，开万年之声教，且命儒臣纂修群书，是孔子集群圣之大成，朱子集诸儒之大成，而我皇上直集历代帝王、圣贤之大成也。②

这些儒臣并不是泛泛地说康熙帝道统、治统合一，而是特别从道统传承的谱系来说。因为康熙帝尊朱子之学，而朱子传孔子之学，故而道统之传如今就在康熙帝了；再者，康熙帝功业可"并于"尧、舜，自然就是圣王合一了。当然，这些都是为上呈给康熙帝的书作的序或奏折上的文字，颂圣也是必然的。

另有一次，康熙帝与李光地的问答就极有意思：

> "人老苦耄，国家事大，而朕年高，旦夕惴惴，深以为愚。"公曰："老而耄者，神志损耳，此在庸人则然。自古贤圣，年益高，德益邵，乌有是哉？"上曰："奈非贤圣何？"公曰："不自圣者圣益圣，不自贤者贤益贤。上兢业若此，斯清明在躬之本也。"③

---

① 陈廷敬：《癸未会试录序》，《午亭文集》，人民出版社2017，第513页。
② 张伯行：《奏为恭进濂洛关闽书籍折》，《康熙朝汉文朱批奏折汇编》第5册，第118—119页。按，《正谊堂续集》有《进濂洛关闽书表》，内容与此不同。
③ 李清馥：《榕村谱录合考》卷下，载《榕村全书》第10册，第307页。

李光地的回答很是巧妙，将康熙帝比作圣贤，故而年高而德劭。晚年的康熙帝显然也有以圣贤自居的意味了。

还有起居注官们在康熙五十六年（1717）时说：

> 臣等恭纪我皇上，圣德神功至五十有六年，敬瞻起居，恭聆训旨，德益以盛，治益以纯，心益以小，举尧、舜所谓惟危惟微、惟精惟一者，实有以体之于心，见之于身，施之于事，而治统、道统萃于一人，诚足以继天立极，轶三代而垂无穷也。[①]

他们一起为康熙帝称颂，认为其做到了尧、舜以来传心之真言，并且实在地在身心、政治之中体现出来，故而是将治统、道统集于一人，甚至远远超越了三代，真是所谓圣王合一。

此外有必要补充的是，因为清朝具有满族性，满族固有习俗中政教合一的传统，在某种程度上也有利于理学发挥更大的作用，促成道统与治统合一的局面。出身于满洲族的皇帝本身也就更乐于接受这样一种理论，努力达成这样一种政治传统。[②]

明代废除宰相，皇权高度集中，甚至以廷杖、诏狱来折磨士大夫，但也丝毫没有消减士大夫守护道统的热情。明代的皇帝其实只有治统，而没有道统；而到了清代，康熙帝集道统与治统于一身，最终导致士大夫借道统精神以批判政治的立足点和话语权缺失。孟森先生曾说："廷杖虽酷，然正人被杖，天下以为至荣，终身被人倾慕，此犹太祖以来，与天下争意气不与臣下争是非所养成之美俗；清君之处臣，必令天下颂为至圣，必令天下视被处者为至辱，此则气节之所以日卑也。"[③] 统治者以道统与治统的合一者自居，以圣王合一者自居，清代形成的这一传统历史影响深

---

① 《康熙起居注》第 8 册，康熙五十六年十二月二十九日条，第 462 页。
② 王胜军先生对此问题也有较为充分的讨论，值得关注。王胜军《清初庙堂理学研究》第六章第三节"宗教色彩与游牧传统下的满族性"，第 367—372 页。
③ 孟森：《明清史讲义》第 2 编第 1 章，第 85 页。

远。批判政治的正当性被剥夺，其实给士大夫带来的耻辱更胜于受廷杖、下诏狱，也就是所谓的"气节之所以日卑"也。姚念慈先生指出："玄烨自命在性理之学上体用兼备，以至于达到'独尊'，其实主要得之于政事上的自傲，……既不是理学义理上的发明，亦非涵泳性情上的体悟，但确是他统治多年的经验和心得。"[①] 故而康熙帝所谓道统与治统合一，其实就是因为他深谙帝王之学，而性理之学只是他自幼熟悉的一种治术而已。

---

① 　姚念慈：《再"自古得天下之正莫如我朝"》，《康熙盛世与帝王心术：评"自古得天下之正莫如我朝"》，生活·读书·新知三联书店 2015 年，第 247 页。

第七章　由王返朱转型中的学者心路

　　清初学术的大思潮有由王返朱的转型；思潮之中的理学家个体，比如张履祥、陆陇其、汤斌、李光地等人，后来大多主张尊朱，然而对于辟王却各自有着不同的态度。在他们自身的学术探索的心路历程之中，也存在着由王返朱的转型，其程度则多有不同，呈现出朱、王抉择的复杂性。比如陆陇其与汤斌并称"汤陆"，为清代本朝最早从祀孔庙的两位儒者，然从祀的时间却相差了一百多年，其中的缘故就值得就其本人之学术来加以探索。

　　不同的理学家之间，也会因为尊朱辟王思想的相互传播而彼此影响，从而推动由王返朱的转型，其中由民间向官方的传播居多。比如从辟王学的第一人张履祥到吕留良再到陆陇其，他们三人之间的交游，以及思想上的承继关系、尊朱辟王理论与实践，就是相互影响的难得个案。对这三人与时代思潮关系的研究，可以使我们对于清初学术转型的发生、发展过程产生更为具体、明晰的认识。

第一节　理学家自身由王返朱的历程

　　由王返朱其实不只是一时的学术思潮；在此思潮之中的学者们自身治学的心路，往往也会经历一个由王返朱的转换过程。

　　清初的理学家在其治学之初，多半读过明初的《四书大全》《性理大全》等朱学倾向的书，然而都以科举考试为目的，不曾深入研读；读到王阳明等人的心学著作，反而会深受其影响。对此问题，张履祥曾指出："百余年来，承阳明气习，程、朱之书不行于世，而王、陆则家有其书，士人挟册，便已沦浃其耳目，师友之论，复锢其心思，遂以先入之言为主。虽使间读程、朱，亦只本王、陆之意指摘其短长而已。"① 当时的士人读书，大多除了科举之书外，就是陆、王之书，程、朱之书甚至难以寻觅。对此，不只张履祥深有忧虑，陆陇其、汤斌、李光地等人也曾提及。最后，他们又受到时代思潮的影响，开始重新审视陆、王与程、朱的是非得失，这种思潮既有来自民间、乡野的，又有来自官方、庙堂的。

民间由王返朱的代表人物当是张履祥，还有如张履祥晚年的重要友人吕留良。吕留良人生的前半期与王学学者黄宗羲友善，后半期则特地邀请张履祥到他家处馆。他在与张履祥的书信中说："读手札所教，正学渊源，漆灯如炬，又今自喜瓦声叶响，上应黄钟，志趣益坚，已荷鞭策不小矣。……平生言距阳明，却正坐阳明之病，以是急欲求轩岐医治耳。"② 他认为自己仍有"阳明之病"，希望持程朱正学而"漆灯如炬"的张履祥能够救治其弊病。

官方由王返朱的代表人物则有陆陇其与李光地。陆陇其只是中下层的官员，而李光地是宰辅一级的朝廷重臣，他们二人的治学都经历了一个由王返朱的转换过程。此外，经历由王返朱的官方学者还有许多，而转型较为明显的则有与陆陇其尊朱辟王活动密切相关的张烈。张烈"初嗜阳明之学，后知其误，专守朱子家法，毅然以卫道为己任"③，最后著有《王学质疑》一书。张烈自己曾说：

> 愚成童时，先人教以程、朱之学，信之颇笃。弱冠，始闻王氏之说，翻然尽弃其学而学焉，沉浸于宗门者十五六年。及闻厚庵曹先生讲宋儒之学，锺陵熊夫子督学畿内，与相应和，于时学者皆始留心传注。愚随众观之，追维先人

---

① 张履祥：《备忘三》，《杨园先生全集》卷41，第1143页
② 吕留良：《与张考夫书》，《吕晚村先生文集》卷1，《吕留良全集》第1册，第2页。
③ 徐世昌：《清儒学案》卷23《孜堂学案》，第881页，北京，中华书局，2008。

之训，恍如隔世，徐徐理之，欣然不逆于心，久久脱洗，乃知王氏之全非。①

张烈也是由家中先人传授程朱之学，到了年轻之时却"翻然尽弃其学"而学王学，然后沉溺王学之流十五六年。一直到三十五岁左右，听了曹、熊二位讲宋儒之学，他才开始重新理会程、朱之书，慢慢"脱洗"王学的痕迹，最终发觉王学"全非"。

下面重点选取张履祥、陆陇其、汤斌、李光地等四人来对清初理学家经历的由王返朱心路转换加以讨论，分析他们心路转换的因缘与特点，希望从学者的个体层面对由王返朱转型有一个具体而微的研究。②

一、张履祥

张履祥在明朝是诸生，读了王学著作之后才开始"为圣贤之学"，明清鼎革之后又成为遗民。此时，他才注意到程朱、陆王之辨，于是开始研读朱学著作与反思明亡教训，最后选择由王返朱。然而他一生隐居于乡里，"声誉不出闾巷"③。他的著作当时仅《备忘录》等少量有所传抄、刊行，他的尊朱辟王思想主要通过吕留良等友人以及少数弟子传播。

张履祥经常向师友提起自己由王返朱的治学经历，如在《上山阴刘念台先生书》《答丁子式》《答徐重威九》等书信中都有较为详细的论述。对这一转向论述较为完整的还有《与张白方》：

弟自二十以后，因读《龙溪集》憬然有动于心，始知举业之外，有所为圣

---

① 张烈：《自序》，《王学质疑》，《历代"朱陆异同"典籍萃编》第 3 册，第 432 页。
② 关于理学家的由王返朱，学界少有论及，笔者曾以张履祥为个案展开研究，详见与肖永明先生合著的《张履祥由王返朱的心路历程及其对王学的批判》一文的前半部分，《西北大学学报》2010 年第 5 期。
③ 左宗棠：《张杨园先生〈寒风仁立图〉跋后》，《左宗棠全集》第 13 册，岳麓书社 1987 年，第 290 页。

贤之学。进而求之阳明"致良知"之说。已而得白沙、敬轩之书，则亦读之不厌。斯时志高气盛，以为圣贤可以指日而至，然反之于心，廓然荡然，若无所依据之处。既数年，乃得《近思录》而读之，因而渐有事与濂、洛、关、闽诸书。意中窃喜，以为若涉大水之有津涯，与历溪山之有途梁也。然反己自顾，则徒伤流俗之日深，与气质之益锢，回思昔日圣贤可为之志，则又忽然不知其何所去也。①

从这里可以看出，张履祥在二十岁之后才真正开始从事学术。其治学历程包含两个转向：其一，由举业之学转向圣贤之学，即理学；其二，由阳明心学转向程朱理学。其中阳明后学的代表之一王畿（龙溪）的《龙溪集》与朱子、吕祖谦选编的《近思录》二书起到了关键作用。这与明清之际访师、求书之不易有关。

对一个乡间儒者来说，由举业之学转向圣贤之学，无疑是人生的重大转折。这一转折对于张履祥来说，是从接触阳明学开始的。他在与友人的书信中回忆道：

> 祥幼而孤寒，又生下邑，既无父兄师友之教，初以举业分其志，家贫，弱冠授蒙，复以课读妨其功。二十四五闻"良知"之说而喜之，夙夜从事，时气高志锐，自以圣贤之域举足可至。②

张履祥晚年很后悔从事举业之学。张履祥父亲早逝，兄长从事于举业，也没有什么师友从事于理学，所以他"自七岁就塾，即授四书，旋复授经，师之为教，弟之为学，无非举业文字而已，却不知经书之传是何道理"③。张履祥人生的前二十多年都以举业之学为中心，一直到三十二岁最后一次参加科举考试。在他的前半生中，科

---

① 张履祥:《与张白方》,《杨园先生全集》卷 6, 第 147 页。
② 张履祥:《答丁子式》,《杨园先生全集》卷 4, 第 96—97 页。
③ 张履祥:《备忘二》,《杨园先生全集》卷 40, 第 1117 页。

举始终是一件大事。在此期间，张履祥虽然也读《四书大全》，但对程朱理学却没有什么感受。二十四五岁后仍去参加科举，但其治学重心却已经发生了转移。王阳明、王畿、陈献章、薛瑄等许多理学家的书，他都"读之不厌"，其中影响较大的还是王畿与王阳明。张履祥因为读《龙溪集》而"始知举业之外，有所为圣贤之学"①，进一步则求王阳明致良知之学，然后沉溺于"圣贤之域"，甚至认为圣贤"指日而至""举足可至"。王阳明的良知之学，对于张履祥来说，主要起到了"激发"的作用："'良知'之言，于初学之士志卑气恭及沉酣流俗而不能自拔，颇有激发处，未为无益。"②不过后来，他就因为自己沉溺过深而悔恨："由是信其所知以出，日常接物动多过失，甚至得罪名教，犹以心之所安，不知愧耻。"③从事良知之说，往往使儒者自以为圣贤即至，以至于忽视日常接物与礼教伦常而"不知愧耻"，可见阳明心学对人影响之深。

对于张履祥影响更为深刻的，却是由阳明心学转向程朱理学。对于从事阳明之学这一阶段，张履祥在晚年所作《惜往日》一诗中是这样描述的："此心非果欲为狂，信谓维皇授我良。读罢遗经旋内省，始知厥疾中膏肓。"④在此诗的小注中，他说自己"尝为'良知'之学十年"，在这十年中笃信良知而心似狂，但是内省后渐渐发觉"廓然荡然，若无所依据之处"。⑤张履祥对王学的怀疑，早在深入程朱理学之前就已经产生，"天牖厥衷，寻复自疑"⑥，不过还没有找到治圣贤之学的真正"津涯""涂梁"。真正使张履祥进入为学之门的是《近思录》，此书就是通向程朱理学的津梁。他读完《近思录》等书，"渐觉有所持循。因而进求濂、洛、关、闽诸书，由绎数年，心渐虚，理亦渐显"⑦。张履祥治学的最后立足点，就是程朱理学："一见

---

① 张履祥:《与张白方》,《杨园先生全集》卷 6, 第 147 页。

② 张履祥:《答徐重威九》,《杨园先生全集》卷 14, 第 412 页。

③ 张履祥:《答丁子式》,《杨园先生全集》卷 4, 第 97 页。

④ 张履祥:《惜往日》,《杨园先生全集》卷 1, 第 9 页。

⑤ 张履祥:《与张白方》,《杨园先生全集》卷 6, 第 147 页。

⑥ 张履祥:《答丁子式》,《杨园先生全集》卷 4, 第 97 页。

⑦ 张履祥:《答丁子式》,《杨园先生全集》卷 4, 第 96—97 页。

程、朱之书，深信而服膺之，譬如厌糟糠者，遇膏粱而大悦。"①

这一转向，关键还是在于他找到了格物这一治学门径。他说：

> 己丑、庚寅之间……季心爱我者也，规予曰："欲诚其意，先致其知，当努力于格物功夫。"予思之，深中予病，并佩服之。盖前时实从姚江入门，后来虽知程、朱之书为正，毕竟司马温公、刘元城之集着力处重。自此，则一意读程、朱矣。②

张履祥听从其友人的规劝，更加致力于程朱正学；在这之前，他还是于理学之外的司马光（1019—1086，谥温公）、刘安世（1048—1125，号元城）等人的文集用力太多。然而体会"格物功夫"只能在程朱之学中寻求，所以之后他就"一意读程、朱"，直到人生的终点。

转向程朱理学之后，张履祥回过头来反思阳明心学：

> 后读《近思录》以及程、朱诸书，渐觉二王之言，矜骄无实而舍之。及前后相见朋友之究心于释氏，与夫二三讲师其所称精微之指，多不能出于二王，可知姚江之教，较之释氏，又所谓"弥近理而大乱真"也。先儒有言："学者当如淫声美色以远之。"诚哉至教也。③

这里的"先儒有言"出自二程对《论语》"攻乎异端"的解释。④从如何才能真正从事圣贤之学来看，张履祥认为与佛学相比较，阳明心学"弥近理而乱大真"，更加容易迷惑儒者，所以"学者当如淫声美色以远之"。他完全将王学之害等同于佛学，

---

① 张履祥：《与吴裒仲九》，《杨园先生全集》卷10，第294页。
② 张履祥：《备忘一》，《杨园先生全集》卷39，第1080页。
③ 张履祥：《备忘一》，《杨园先生全集》卷39，第1073页。
④ 朱熹：《四书章句集注》，第57页。

认为两者都是影响儒者从事圣贤之学的"异端"。

张履祥虽然在思想学术上受到了其老师刘宗周的影响，但是后来却没有继续沿着心学一系继续发展。随着明朝灭亡，刘宗周去世，面对风俗、人心的败坏，究竟应该选择什么样的学术来实现儒者的抱负？张履祥与同门的陈确、黄宗羲有各自不同的看法。张履祥选择了由王返朱。他转向程朱之学后，与其老师之间的差异越来越大，对诚意、慎独等师说也有了不同的理解，对蕺山学进行了偏向于朱学的诠释。①

张、刘学术上的分别，主要在于如何看待王阳明。张履祥曾说：

> 延陵同学语予曰："先师于阳明，虽瑕瑜不掩，然未尝不深敬。而子何疾之深也？得毋同异？"予曰："何伤乎？孔子大管仲之功，而孟子羞称之，彼一时，此一时，道固并行而不悖也。"②

刘宗周仍敬重王阳明，认为王学瑕不掩瑜；张履祥则几乎全盘否定王学。为何有如此巨大的差别？张履祥将此与孔、孟对管仲的不同评价相比，原因就是"彼一时，此一时"。对于王学的态度，在不同的时期，有不同的表现。这也有一定的道理。张履祥到了后半生，面对明清鼎革的乱世，世道人心更非刘宗周生活的晚明时期可比，所以也就不得不进行更为彻底的批判。

张履祥问学蕺山之后，逐渐从阳明心学转向了程朱理学。张履祥这一阶段的思想状况，从二十多年后他对《问目》的自批中也可以看到。这一自批作于他的晚年，张嘉玲（1640—1674）问学之时。③在《问目》许多条目的自批中，有"言致知而不及格物，则汩没于'良知'而不觉者也"，"当时于朱子之书未尽读，故所见如此"，

---

① 张天杰：《张履祥所受刘宗周思想影响及其师门"补救"之功》，《湖南大学学报》2014年第3期。
② 张履祥：《备忘四》，《杨园先生全集》卷42，第1163页。
③ 何商隐：《问目小识》，载《杨园先生全集》卷25，第705页。

以及"亦不脱'良知'二字""'良知'之言也","此则惑于邪说,而不自知其失者"① 等等,可以看出张履祥一意程朱之后,对自己师从刘宗周这一阶段仍然不能脱去王学阴影而有不满。他的由王返朱,越近晚年,恪守朱学越严。后来,张履在与友人书信中说:

> 去冬所谕"喜怒哀乐未发以前"一段疑义,弟初于先师《语录》闻其说而悦之,已而证之朱夫子《与湖南诸公》一书,深悔前时所见之失。因以为定论,而反而求之日用之间,……②

可见学术转型之后的张履祥不再拘泥于师说,而是崇信于朱子,并落实于日用体察与践履。

张履祥自己的为学生涯,经历了一个由王返朱的心路历程。他本人对自己曾从事王学一直表示悔恨,但其实正是因为有此经历,他后来对于王学的批判才能够全面而深刻。他的批判则主要从道德践履的立场出发:"近世学者,祖尚其说,以为捷径,稍及格物穷理,则谓之支离烦碎。夫恶支离则好直捷,厌烦碎则乐径省,是以礼教陵夷,邪淫日炽,而天下之祸不可胜言。"③ 再者,师从刘宗周,也使得他对程朱、陆王的是非认识得更为清晰。晚年的刘宗周吸收了朱学的许多因素,对王学加以辩难。④ 对于张履祥评《传习录》,桐城派学者方东树认为:"自朱子而后,学术之差,启于阳明。而先生闲邪之功,其最切者,莫如辨阳明之失。惜所评《传习录》不见,然就其总评及集中所论,皆坚确明著,已足订阳明之歧误矣。"⑤ 可见张履祥评《传习录》对于尊朱辟王意义重大。唐鉴《清学案小识》将他与陆陇其并列入

---

① 张履祥:《问目》,《杨园先生全集》卷25,第687—697页。
② 张履祥:《与沈上襄》,《杨园先生全集》卷4,第81页。
③ 张履祥:《与何商隐一》,《杨园先生全集》卷5,第111页。
④ 张天杰:《刘宗周与朱子学——兼谈许孚远的朱学倾向及其对刘宗周的影响》,《福建论坛》2013年第10期。
⑤ 方东树:《重编张杨园先生年谱序》,载《杨园先生全集》附录,第1488页。

《传道学案》卷一，并在结语中说："障姚江之澜，直穷其窟……如先生者，真朱子后之一人已。"①在尊朱辟王思潮之中，张履祥堪称先驱，被梁启超称为"清儒中辟王学的第一个人"②。他对王学的批判还影响了吕留良、陆陇其等一大批理学家，他们的学术活动又进一步推动了清初尊朱辟王思潮的发展。

二、陆陇其

陆陇其是清初的理学名臣，在康熙朝被称为"本朝理学儒臣第一"③，到了雍正朝又成为清代第一个从祀孔庙的本朝学者。然而他只是一个中下层的官员，之所以受到如此礼遇，则是因为其尊朱辟王的学术影响迎合了当时的学术思潮。不过，陆陇其并非一开始就有明确的尊朱辟王倾向，而是经历了一番徘徊以及由王返朱的曲折，到了四十多岁才在吕留良的影响之下确立学术宗旨。

早年的陆陇其，"束发受书，即知崇尚朱子为入圣之阶"④，又因为从事举业的关系，虽然也熟悉程朱一系的学术，但是并未有精深、真切的体会，反而对陆王一系的学术有过一段研习的过程，甚至有所沉溺。顺治十五年（1658），陆陇其二十九岁，作有《书座右》，其中列举杨简、陆九渊、张九成（1092—1159）三人为官清廉，然后说："是三先生学术，皆偏僻不可为训，而其居官乃能如是。学程朱者，其可不知愧哉？"⑤可见陆陇其虽近于"学程朱者"，但对陆学一系的学者非常熟悉，很是欣赏。

到了康熙二年（1663），陆陇其三十四岁，完成了《增订四书大全》。该书对明

---

① 唐鉴：《清学案小识》，第 15 页。
② 梁启超：《中国近三百年学术史》第 9 章，《梁启超全集》第 12 集，第 398 页。
③ 吴光酉、郭麟、周梁：《陆陇其年谱》，第 1 页。
④ 吴光酉、郭麟、周梁：《陆陇其年谱》，第 30 页。
⑤ 吴光酉、郭麟、周梁：《陆陇其年谱》，第 18 页。

初的《四书大全》进行了增补。他在序中说:

> 《旧本四书大全》,余旧所读本也。用墨笔点定,去其烦复及未合者,又采《蒙引》《存疑》《浅说》之要者,附于其间。其万历以后诸家之说,则别为一册,不入于此。……然是时,虽粗知读书之门户,而程朱之语录、文集皆未之见;敬轩、敬斋诸君子之书,皆未知求;嘉、隆以后,阳儒阴释之徒,改头换面、似是而非者,尤未尽触其蔀。自庚戌以来,乃始悉求诸家之书观之,然后知向之去取未能尽当。①

陆陇其增订明初的《四书大全》,将明代蔡清(1453—1508)《四书蒙引》、林希元(1481—1565)《四书存疑》、陈琛(1477—1545)《四书浅说》对四书作解说的条目选摘辑入,又将万历朝之后的诸家学说另立一册。对于此时自己的学术,陆陇其曾有一个总结:只是"粗知读书之门户",因为程、朱的语录、文集他都还没有见到,薛瑄(敬轩)、吴与弼(康斋)等明代朱学代表人物的书他还没有意识到去寻求。然而在后来的陆陇其看来,当时最大的弊病在于他对嘉靖、隆庆以来"阳儒阴释之徒,改头换面、似是而非者,尤未尽触其蔀",也就是说对王阳明及其弟子的学说,有所沉溺而未予批判。这种情况的转变,则是在"庚戌以来",即康熙九年(1670),他四十一岁之后。

使得陆陇其坚定于程朱理学并开始批判陆王心学的转折点,是康熙十一年(1672)与吕留良的嘉兴之会。陆、吕二人之间的交游过程以及学术影响,详见下文的论述。总的来看,陆陇其与吕留良会于嘉兴,所谈主要内容之一就是尊朱辟王,这对陆陇其触动很大。这一年,陆陇其辑成《问学录》。《年谱》中说:

> 先生束发受书,即知崇尚朱子为入圣之阶,深恶讲家与作文之背注者。至

---

① 吴光酉、郭麟、周梁:《陆陇其年谱》,第23页。

是与石门语，益信吾道不孤，心理本同，不可别立宗旨厚诬天下也。遂辑成是录。嘉、隆以来阳儒阴释之学，悉抉其疑似而剖其是非，遁辞知穷，而学者得不惑于邪说矣。[①]

据吴光酉《陆稼书先生年谱》所载，直到四十岁前后，陆陇其还在朱、王学术间徘徊。此后三四年间，他结识了吕留良，受吕氏学术影响，方才成为朱学笃信者。也就是说，陆陇其的尊朱辟王主张，是从结识吕留良而变得坚定起来的。吕留良深刻影响了陆陇其的学术趋向。

还有一点需要补充的是，陆陇其的由王返朱，也与其本人考察"有明一代之盛衰之故"相关。他说：

余不敏，于学无所窥，少时闻阳明之名，而窃诵其言，亦尝不胜高山景行之思，而以宋儒为不足学。三十以来，始沉潜反覆乎朱子之书，然后知操戈相向者之谬也。然犹且信且疑，未敢显言于人。及考有明一代盛衰之故，其盛也，学术一而风俗淳，则尊程、朱之明效也；其衰也，学术歧而风俗坏，则诋程、朱之明效也。每论启、祯丧乱之事，而追原祸始，未尝不叹息痛恨于姚江，故断然以为今之学，非尊程、朱，黜阳明不可。[②]

对于是否需要彻底罢黜王学，独尊朱学，陆陇其三十岁时还有所疑虑。后来，他考证明代的盛衰原因，发现学术上独尊朱学，则学术统一风俗淳厚，国家强盛；诋毁朱学，则学术分歧，风俗坏乱，国家衰落。所以，他得出结论：必须独尊朱学，罢黜王学。

陆陇其对于王阳明学术看法的前后变化，也可以从他的两篇文章来看。顺治

---

① 吴光酉、郭麟、周梁：《陆陇其年谱》，第30页。
② 陆陇其：《周云虬先生四书集义序》，《三鱼堂文集》卷8，《陆陇其全集》第2册，第247—248页。

十八年（1661）陆陇其三十二岁时，作了《告子阳明辨》，其中说：

> 告子不是如禅家守其空虚无用之心，不管外面，只是欲守一心，以为应物之本，盖即近日姚江之学。然不能知言养气，故未免自觉有不得处。虽觉有不得，终于固守其心，绝不从言与事上照管。……大抵阳明天资高，故但守其心亦能应事。①

当时，他认为告子与王阳明很接近，都是"守其心"而"不管外面"，对王阳明的评价比告子略高。因为王阳明"天资高"，所以也能"应事"，在外王的事功方面取得不错的成就。吕留良读到此文时却说"吾未见其能应事也"，反而说阳明"通近侍、结中朝、攘夺下功、纵兵肆掠"②，对陆陇其文中观点作了批判。吕留良批阳明之彻底，影响了陆陇其。等到作《学术辨》之时，陆陇其对王阳明就几乎全都是批判之言：

> 王氏之学遍天下，几以为圣人复起。而古先圣贤下学上达之遗法，灭裂无余，学术坏而风俗随之。其弊也，至于荡轶礼法，蔑视伦常，天下之人恣睢横肆，不复自安于规矩、绳墨之内，而百病交作。③

与张履祥一样，陆陇其在学术上也将王学归入释老异端，认为王学造成了学者"师心自用"，使学术败坏，风俗也随之败坏，最后导致寇盗与朋党之祸，从而明亡。

陆陇其能成为理学名臣、清代第一个从祀孔庙的本朝学者，其尊朱辟王的学术影响是最主要的原因。陆陇其不但自己撰有《学术辨》《松阳讲义》等著作专门批

---

① 吴光西、郭麟、周梁:《陆陇其年谱》，第 18 页。
② 陆陇其:《松阳钞存》卷下，《陆陇其全集》第 10 册，第 319 页。
③ 陆陇其:《学术辨》上,《三鱼堂文集》卷1,《陆陇其全集》第 1 册，第 26 页。

判王学，还修订陈建的《学蔀通辨》，与其友人张烈的《王学质疑》一起予以刊行。康熙二十二年（1683），陆陇其与笃信王学的理学名臣汤斌就尊朱辟王问题开展学术论战。二人既有当面的学术争辩，又有多次的书信往来。[①] 这次论战对于清初的尊朱辟王运动有着重要的意义。唐鉴《清学案小识》将陆陇其、张履祥同列传道学案卷一，认为经过他们的力辨"而后知阳明之学，断不能傅会于程朱"，"蒙是编，自平湖陆先生始，重传道也。有先生之辨之力，而后知阳明之学，断不能傅会于程朱"。[②] 正因为陆陇其的"传道"之功，对于程朱、陆王之是非加以明辨，再加之其后李光地、张伯行等人继续尊朱辟王，程朱之学得以在康熙朝被确立为学术正统。

三、汤斌

汤斌是清代诸儒之中，继陆陇其之后亦即本朝第二个从祀孔庙的学者。他们除了学术上都有一定的建树之外，还在道德上备受称道。当时就常有人将陆、汤二人并称，如李光地就说"近时人物，如陆稼书、汤潜庵……皆真君子也"，还说陆"立品卓然"，汤"朴诚""乐善"。[③] 方苞（1668—1749）也说："汤斌实学躬行，与陆陇其相匹，而立朝大节，则尤彰显，故五十年来，学者号称'汤陆'。"[④] 然关于汤斌的学术取向之评价，学者似乎多有不同之见。

比如陆、汤二人从祀孔庙的先后问题：陆是在雍正二年，而汤则到了道光三年。于是孟森先生说："陆陇其笃守程朱，身殁未久而公论早定，……汤斌之人品未必下于陆陇其，然以其学尚陆王，在道光以前竟不能言从祀。"[⑤] 换言之，陆陇其与汤斌

① 吴光酉、郭麟、周梁：《陆陇其年谱》，第 88、97 页。
② 唐鉴：《清学案小识》叙，第 3—4 页。
③ 李光地：《榕村续语录》卷 9，《榕村全书》第 7 册，第 206 页。
④ 方苞：《请以汤斌从祀文庙及熊赐履郭琇入贤良祠札子》，《方苞集》集外文卷 2，上海古籍出版社 2008 年，第 573 页。
⑤ 孟森：《明清史讲义》第 4 编第 3 章，第 679 页。

就人品而言不分轩轾，汤斌之所以晚了上百年方才获得从祀，是因为其学术取向上崇尚陆王。

当然，更多的学者认为汤斌为学主张朱王调和。《四库全书》之《汤子遗书》提要说："斌之学源出容城孙奇逢，其根只在姚江，而能持新安、金溪之平。"①《清史稿》中说："斌笃守程朱，亦不薄王守仁。身体力行，不尚讲论，所诣深粹。"②梁启超先生的说法也差不多："内中如汤斌，如魏裔介，如魏象枢等，风骨尚可。但他们都是孙夏峰门生，半带王学色彩。"③

然而唐鉴却主动为汤斌作辩护，认为其"专主程、朱"而"不主阳明"。在其所著的《清学案小识》之中，唐鉴列陆陇其为《传道学案》之首，汤斌为《翼道学案》之首，对二人的评价都极高。《清学案小识》中说：

> 先生之言之教，专主程、朱无疑也。或谓其《上孙征君书》及褚怀葛、张仲诚、顾亭林等书，皆以阳明与朱子并论，而志学会约有致良知为圣学真脉之语，盖先生师事苏门，初不欲显违其师若友，而及其久而悔学，而成也则纯乎程、朱矣。……不主阳明可知矣，而后之称先生者，乃谓其初用阳明良知之言以立根脚。阳明顿悟，何根脚之有？不细读先生之遗稿，而妄加指议，先生有知，未必受其诬也。④

若综合而言，上述诸家评论的依据主要有三点：其一，汤斌曾师承于孙奇逢，并与之有较多的学术往还，如奉命编撰了《洛学编》；其二，汤斌在《上孙征君先生书》等诸多论学书信之中，都曾对王阳明致良知之学评价极高；其三，汤斌在《重修苏州府儒学碑记》等多篇文章以及《答陆稼书书》等少数书信之中，又强调了尊奉程

---

① 《集部别集类二十六》，《四库全书总目》卷173，《景印文渊阁四库全书》第4册，第582页。
② 《汤斌传》，《清史稿》卷265，第9934页。
③ 梁启超：《中国近三百年学术史》第9章，《梁启超全集》第12集，第403页。
④ 唐鉴：《翼道学案》，《清学案小识》卷3，第33页。

朱理学的重要性。因此，汤斌之学术取向较难辨认。然而康熙朝有着尊朱辟王的大环境，他又毕竟是康熙朝的理学名臣，故而他虽然不见得如唐鉴等人所说的那样在晚年迷途知返，决然地尊朱并几乎与阳明学无涉，但是中年以后也曾经历过一段由王返朱，以及在朱、王之间反复衡量的心路历程，这是可以确定的。

早年的汤斌除了致力于举业之学外，还对宋儒之学表现出浓厚的兴趣：十四岁时，"手录《太极图说》《通书》《定性说》《东西铭》，沉玩潜思"；二十一岁时，"于书无所不读，尤肆力经史及宋儒诸书"。[①] 在他那里，宋明儒学不仅仅是进身之阶，同时还是立身之基。

到了顺治十三年（1656），时年三十岁的汤斌任潼关道副使。在《潼关署中记》中，汤斌对阳明的学术与事功表现出较多的认同：

> 阳明先生自为驿丞，以总督四省，所在以讲学为务，挺身号召，远迩云从。当秉钺临戎，而尤讲筵大启，指挥军令。与弟子答问齐宣，直指人心。一念独知之微，以为是王霸义利人鬼关也。闻者莫不戚戚然有动于中。是时士习蔑裂于辞章记诵，安以为学？自先生倡，而天下始知立本于求心，始信人性之皆善，而尧、舜之皆可为也。[②]

至少到此时，王阳明其人其学已经成为汤斌关注的重点。他对于阳明心学的"直指人心"特别欣赏，并对"辞章记诵"之学多有反思。他认为，若想趋于尧、舜，还得从"立本于求心"开始，如此才更能体会人性之善。汤斌四十岁前后，开始师从于孙奇逢。他此时作有《上孙征君先生书》，其中也表现出对王阳明的更加推崇：

> 千古圣贤，心心相印，毫发不爽。《大学》之格物，即《中庸》之明善，

---

① 王廷灿：《年谱初本》，载《汤斌集》，第 1747 页。
② 汤斌：《潼关署中记》，《汤子遗书续编》卷 2，《汤斌集》，第 748 页。

《孟子》之义集，义理一而辞异。……朱子以古本有错简，为之改正补传，心良苦矣。然明德、新民、止至善各为一传，本末、格致、诚意各为一传，文义似为明晰，而下手头绪反不如古本之直截归一。此阳明古本之复，诚不容已。而非有意多事，起后人之争端也。

　　然亦有不稽之往哲，考之经传遂能处之咸宜者也。其或泛览博观，弊精耗神，本性汩没于汉简竹册之中，此则不善学者之过。阳明大声疾呼，拯其陷溺，溯流穷源，不得不归咎朱子。然究其为说，正以救其流弊，而非操戈。后人不察，或诋朱子为支离，或病阳明为虚寂，皆未睹《大学》之全者也。[①]

汤斌先说"千古圣贤，心心相印"，再对《大学》的"格物"进行解释，认为其与"明善""义集"是一致的。他接着强调王阳明恢复《大学》之古本，将格物的意思与诚意等打通，以及后来提出致良知的宗旨，这属于"直截归一"之功，也属于"溯流穷源"之功，故而并非对于儒学的入室操戈。当然，汤斌反对诋毁阳明为"虚寂"，也反对诋毁朱子为"支离"；认为关键在于像他这样反复研读《古本大学》，体会"一部《大学》皆格物"[②]而"格致诚正，所以修身，所以明德"这一贯通的道理。以此来看，在为学方法上，汤斌受到王阳明以及孙奇逢的影响极大，说是转换了治学之路径，亦似不为过。

　　汤斌曾作《学言》，对王阳明"致良知之教"作了极高的评价，同时也将王阳明与其后学作了区分：

　　王阳明致良知之教返本归原，正以救末学之流弊，然或语上而遗下，偏重而失中，门人以虚见承袭，不知所以致之之方。至王畿四无之说出，益洸洋恣肆，失其宗旨，其流弊有甚焉者。……夫儒者于积重难返之际，深忧大惧，不

①　汤斌：《上孙征君先生书》，《汤子遗书》卷4，《汤斌集》，第157页。
②　汤斌：《上孙征君先生书》，《汤子遗书》卷4，《汤斌集》，第156页。

得巳补偏救弊，固吾道之所赖存。学者先识孔、孟之真，身体而力行之。久之，徐有见焉，未尝不殊途同归。如颜、曾为大宗，而由赐、师、商各得圣人之一体。若学力不实，此心无主，徒从语言文字之末，妄分畛域。根柢未立，枝叶皆伪，其所谓不越功利词章之习，而欲收廓清宁一之功，恐言愈多而道愈晦，圣贤心传不见于天下后世也。①

类似的文献还有许多，如《孙征君先生文集序》：

> 古今诸儒，力有偏全，见有浅深，要以不谬，圣人为归。慈湖以传子静者，失子静；龙溪以传阳明者，失阳明。儒而杂禅，不可不辨。②

汤斌首先肯定王阳明致良知之教有"返本归原"、拯救末学之功，再说其有"语上而遗下，偏重而失中"的问题，这也是出于"补偏救弊"的不得已。接着，他强调作为学者应当注重身体力行，而不必"徒从语言文字之末，妄分畛域"。也就是说，关于朱子、阳明之异同，不必刻意多谈，所谓"言愈多而道愈晦"。最后重点指出阳明后学，诸如王畿等人，往往只得王阳明学术之一体，故而多有失传或偏见。特别是王畿有"儒而杂禅"的情况发生，"四无"说就是"洸洋恣肆，失其宗旨"的状况。由此可知，中年时期的汤斌，确实对于阳明学用力颇深。当然，他也留意到了阳明后学的流弊，故而将王阳明本人与其后学区分开来了。

不过关于汤斌之为学，还得注意到其中年以后返回程朱理学的一面。汤斌作为康熙朝的理学名臣，自然要注意表彰宋儒，特别是表彰程朱之正学。类似的文献也极多，特别是代表官方立场而写作的文章。比如《重修苏州府儒学碑记》说：

---

① 汤斌:《学言》,《汤子遗书》卷1,《汤斌集》,第29页。
② 汤斌:《孙征君先生文集序》,《汤子遗书》卷3,《汤斌集》,第91页。

　　宋濂、洛、关、闽诸大儒出，阐天人性道之源流，故天下知性不外乎仁义礼智，而虚无寂灭，非性也；道不外乎人伦日用，而功利词章，非道也。所谓得六经之精微，而继孔、孟之绝学，又岂汉以后诸儒所可及欤！

　　《宋史》"道学""儒林"厘为二传。盖以周、程、张、朱继往开来，其师友渊源不可与诸儒等耳，而道学、经学自此分矣。夫所谓道学者，六经、四书之旨体验于心，躬行而有得之谓也，非经书之外，更有不传之道学也。故离经书而言道，此异端之所谓道也；外身心而言经，此俗儒之所谓经也。宗洙泗而祢洛闽，人心之所以正也；家柱史而户天竺，世道之所以衰也。今圣朝尊礼先圣，表章正学，士子宜知所趋向矣。吾恐朝廷以实求而士子终以名应也，苟无骛乎其名而致力于其实，则亦曰躬行而已矣。①

　　对于宋代大儒，汤斌非常肯定。他甚至还肯定了《宋史》将道学与儒林二分，因为周、程、张、朱确实有着"继往开来"之大功劳，他们的师友渊源是不可以与其他诸儒相比的。再说宋儒的道学，得六经与四书的精微之旨，又得孔、孟的绝学，故而不是一般诸儒可比的。此外，汤斌一方面特别强调了儒门正学与佛学异端的区别，认为只有讲求洙泗、洛闽之学才能得人心之正，另一方面又特别强调了将经书上的道理"体验于心"的重要性，也即"躬行而有得"。他认为康熙朝"尊礼先圣，表章正学"，于是士子们不可以"骛乎其名"，而应当"致力于其实"，也就是"躬行"而已。至于如何才是躬行，汤斌强调的其实就是将朱子、阳明加以融会贯通的工夫。比如《睢州移建庙学碑记》中就说：

　　濂、洛、关、闽以来，大儒相继辈出。风会所值，指授各殊，而道本于心，先后若一。学者不体验于性情践履，与古人相见于精神心术之间，则为己功疏，屋漏难慊。即著书满家，于道无当也。惟知道之大原处于天，而体用具于吾心。

────────────

① 汤斌：《重修苏州府儒学碑记》，《汤子遗书》卷3，《汤斌集》，第132页。

存养省察，交致其功，信显微之无间，悟知行之合一。^①

此文也说到了宋代的濂、洛、关、闽等大儒，说他们"道本于心，先后若一"，也即学术的贯通性。然后指出为学必须"体验于性情践履"，方才能够见得古人的"精神心术"，否则即便"著书满架"，也是无补于道的。汤斌认为体用之间都应当注意"吾心"之"存养省察"，甚至还提出了"知行之合一"。这些说法当然有与朱子一致的地方，然更多的还是阳明心学的修养路径。当然，汤斌在这些代表官方学术的文章之中，一般不直接点出王阳明的名字，这也是一个值得注意的特点。

若说直接表达汤斌对于程朱、阳明之态度的，则有与康熙帝的奏对的记载：

又至《学言篇》，上阅数行，顾斌曰："汝试言此篇大意。"斌对曰："自周子至朱子，其学最为纯正精微，后学沉溺训诂，殊失程、朱精意。王守仁致良知之学，返本归原，正以救末学之失，但语或失中，门人又以虚见失其宗旨，致滋后人之议。臣窃谓先儒补偏救弊，各有深心，愿学者识圣之真，身体力行，久之当自有得，徒竞口语无益也。"上领之。^②

此段奏对文字，汤斌后来又特意记载下来。他虽也为王阳明辩护，但特别强调从周敦颐到朱子的这些宋儒之学"最为纯正精微"；王阳明致良知之学的兴起，是为了救正程、朱后学"沉溺训诂"之失。然而阳明学后来也产生了流弊，故而汤斌强调学者必须"身体力行"而求自得，不必在学术异同上作无益的论辩。

类似的看法，汤斌还在《理学宗传序》之中有过明确的表述：

---

① 汤斌：《睢州移建庙学碑记》，《汤子遗书》卷3，《汤斌集》，第130页。
② 《康熙起居注》，康熙二十二年四月初九日条，第374页。汤斌《乾清门奏对记》文字大体一致，仅少数字句略有不同，《汤斌集》，第129页。

> 至濂溪周子崛起，舂陵直接邹鲁。程、张、邵、朱，以至阳明，虽所至或有浅深，气象不无少异，而中所自得，心心相印，针芥不爽。

> 试由濂、洛、关、闽，以上达孔、颜、曾、孟，由孔、颜、曾、孟，而证诸尧、舜、汤、文，得其所以同者，返而求之人伦日用之间，实实省察克治，实实体验扩充，使此心浑然天理，而返诸纯粹。……不然，徒取先儒因时补救之言，较短量长，横分畛域，妄起戈矛，不几负先生论定之苦心乎？

汤斌此文至少包括了四层意思：其一，宋代周敦颐的崛起，接续了孔、孟的邹鲁之学，然后从二程、张载、邵雍、朱子到王阳明，学问有深浅，气象有差异，但其中的自得之处则是"心心相印"；其二，认为学者应当从宋儒的濂、洛、关、闽之学，上达孔、颜、曾、孟以及尧、舜、汤、文，这里未提及王阳明，值得注意；其三，强调学术上应当求其同者，而反求于人伦日用之间，做省察、体验之功；其四，因为包括王阳明等在内的先儒论学，都是"因时补救之言"，也即都有特殊的语境，故而后人不可过于"较短量长，横分畛域，妄起戈矛"。

从汤斌本人回忆其一生的为学经历，也可以看出他对于程朱之学逐渐有了更为深层的认识。他在与友人论学的书信中说：

> 仆学无原本，疏懒自废，二十年林泉，与渔樵为伍。时人以为淡于名利，似稍知道者，其实不然也。窃尝负笈百泉，侧闻绪论。学者首在志道而遗利，重内而轻外，以圣贤大道为必当，由异端邪径为不可蹈。其功在主敬穷理。程子曰："涵养须用敬，进学在致知。"此入道真诀也，惟在细心体认。[1]

早年的汤斌在为学之路上并无专门的师承，后来专门到百泉书院问学于当时主持书院讲学的大儒孙奇逢，从而对宋明理学有了更深的认识。然论为学之道，则强调义

---

① 汤斌：《答刘叔续书》，《汤子遗书》卷4，《汤斌集》，第185页。

利之辨以及圣学与异端之辨，其关键就在于"主敬穷理"，也即程朱之学是学者"入道真诀"。

到了康熙二十二年，汤斌五十七岁与陆陇其论辩学术异同之时，也有相似的表述。在给陆陇其的信中，汤斌更为详细地追述了自己的为学历程：

> 仆少无师承，长而荒废，茫无所知。窃尝泛滥诸家，妄有论说。其后学稍进心稍细，甚悔之。反复审择，知程、朱为吾儒正宗，欲求孔孟之道而不由程朱，犹航断港绝，潢而望至于海也，必不可得矣。故所学虽未能望程朱之门墙，而不敢有他途之归。……故仆之不敢诋斥阳明者，非笃信阳明之学也，非博长厚之誉也。以为欲明程朱之道者，当心程朱之心，学程朱之学。穷理必极其精，居敬必极其至。①

此处汤斌依旧说自己早年因无所师承而"茫无所知"，经过了"反复审择"方才知道程朱之学为"吾儒正宗"，并特别强调只有通过程、朱，方才可以进入孔孟之道，此外别无他途。言下之意，阳明学并非儒门正学之正途。他还说明了自己为什么"不敢诋斥阳明"：并非笃信阳明之学，也非为了博得长厚之人的名誉；只是因为要讲明程朱之道，必须用心去实行实学，而不必在言语上多加论辩，更不是"能谩骂者即程朱之徒"②。

在此书信最后，汤斌说：

> 仆年已衰暮，学不加进，实深自愧，惟愿默自体勘，求不愧先贤。或天稍假以年，果有所见，然后徐出数言，以就正海内君子未晚，此时正未敢漫然附和也。今天下真为程朱之学者，舍先生其谁归？故仆将奉大教为指南焉。道本

---

① 汤斌:《答陆稼书书》,《汤子遗书》卷5,《汤斌集》, 第189—190 页。
② 汤斌:《答陆稼书书》,《汤子遗书》卷5,《汤斌集》, 第190 页。

无穷，学贵心得。胸中欲请教者甚多，容专图晤，求先生尽教之。

汤斌说自己在学术上还未有足够的体验，故而"未敢漫然附和"，也就是说关于朱王异同之类的问题，他不敢多加论辩。至于说当时"真为程朱之学者"唯有陆陇其，或将向陆请教等等，当只是客气话。"道本无穷，学贵心得"八字，则是其为学的真正主张。

陆陇其在收到汤斌的回信之后，曾在日记中说："大约余前书是《孟子》'好辩'章之意，潜庵来书是《孟子》'反经'章之意。"[①]陆陇其承认自己的"好辩"，然而并未得到汤斌的积极回应，因为回信只是强调了"反经"之意。也就是说，汤斌只是讲求如何恢复常道、如何践行儒门正学，至于正学具体如何则不去多作辩驳。所以，陆、汤二人之为学其实大不相同。

为陆陇其作年谱的吴光酉则认为，正是经过了陆陇其的"力辨"，汤斌才不再为阳明学"回护"了。他在《年谱》的按语中说：

汤公复书，似亦知阳明学术之非，不复为之回护。……先生力辨王学之非，而天下学者晓然知阳明之无当于圣人之道，其学遂废。先生之功，不在孟子下。[②]

吴光酉另外还说"汤公晚年所学，一出于正"[③]等，则是将陆陇其与汤斌的论辩作为陆陇其使天下学者"晓然知阳明之无当于圣人之道"的一次努力，故而其功"不在孟子下"。这似乎有些推论过度了。应当说，从汤斌答复陆陇其的书信可以看出，汤斌晚年为学更加肯定程朱之学作为儒门正学的重要性，然反对门户之争的态度则

---

① 陆陇其：《三鱼堂日记》卷8，《陆陇其全集》第11册，第263页。
② 吴光酉、郭麟、周梁：《陆陇其年谱》，第102页。
③ 吴光酉、郭麟、周梁：《陆陇其年谱》，第88页。

还是依旧。

综合而言，汤斌一生之为学，有表现出由王返朱心路历程的一面，然而并不明显；或者说，到了中年以后，虽由阳明转向了程朱，但对阳明学的某些因素还持保留意见，还为阳明学偶作辩护。事实上，早年的汤斌虽也喜好宋儒之学，然并未有深入的探究，到了中年时期才通过阳明学对儒学有了更为真切的体认。特别是师从孙奇逢之后，汤斌对于儒学史也有了一定的研究，《洛学编》即是最显著的证明。中年、晚年时期，汤斌又转而特别推崇宋儒之学，对于程朱之学的主敬、穷理等观念多有讲求。客观地说，这既是其自身治学的选择，也是受康熙朝尊朱风气影响的结果。当然，他也会不失时机地为王阳明作辩护，然同时也指出了阳明学的诸多流弊。汤斌讲学，最为强调的是身体力行。先儒们的论学都是因所处时代而引发的，故只需身体力行来检验，而不必空口论说。所以，即便是到了晚年，汤斌也不想卷入朱王异同之类的门户之争。这正是他与陆陇其等其他理学名臣的不同之处。

值得补充的是，汤斌的弟子以窦克勤（1653—1708，字敏修，号静庵，河南柘城人）为最优，转向程朱更为明显。他晚年在家乡创建朱阳书院，弘扬朱子（紫阳）之学，并著有《理学正宗》一书。耿介为其作序说："孔孟以来言正宗者必以宋儒为断，而宋儒必以周、程、张、朱为归。"窦克勤自己也说："斯编以'正宗'名，崇正学也，崇正则邪说不能为之乱矣。""宋儒称孔孟嫡派，必以周、程、朱子为归。"[1]该书所录共十五人，其中宋代十三人，即周敦颐、程颐、程颢、张载、杨时、胡安国、罗从彦、李侗、朱熹、张栻、吕祖谦、蔡沈、黄幹；元、明各一人，即许衡、薛瑄。故此书尊程朱之道统已极为明确了。

---

[1]　窦克勤：《理学正宗叙》，《四库全书存目丛书》子部第 24 册，第 584、587 页。

四、李光地

李光地，康熙九年（1670）进士，由翰林院编修累官至直隶巡抚、吏部尚书、文渊阁大学士，真可谓位极人臣。特别是到晚年，他先后主持了《朱子全书》《周易折中》《性理精义》等书的编纂，成为清代朱学理学名臣的代表。然而在其看似一帆风顺的仕途与学历之中，他还是因为尊朱与尊王的方向问题，经历了一番由王返朱的曲折历程。

与陆陇其相似，李光地治学之初其实也是从程朱理学开始的，然而一直到五十岁左右，他都一直没有认真研读过朱学的著作。李光地说他家祭祀遵循朱子之礼："吾家遵程朱之教，祭自高祖以下，于官舍则立祠版，奉以行。"[1]关于自己的学术历程，他说："某年十八，手纂《性理》一部；十九，手纂《四书》一部。"[2]这里所说的《四书》与《性理》，当指明初所编的《四书大全》与《性理大全》。这两部书在清初从事科举的学子之中相当流行。另有一条回顾其学术历程的更为完整的记载："予十八岁看完《四书》，十九岁看完本经，廿岁读完《性理》；廿一至廿五岁，看陆子静、王阳明集及诸杂书。"[3]可见当时李光地对于程朱理学兴趣不大，只是大致读过一遍而已。读程朱一系的书不过两年多，他就去读陆九渊与王阳明等人的书了，而且似乎读陆王一系的书的时间更长，大概有五年。这里所说的杂书，则是指易学一类的书，其中也涉及对朱学的体认程度。还有一条记载更为详细地回顾了学术历程：

> 某少时好看难书，如乐书、历书之类。即看《易》，亦是将图画来画去，求其变化巧合处。于《太极图》，不看其上下三空圈，却拣那有黑有白、相交

---

[1] 李光地：《榕村语录》卷27，《榕村全书》第6册，第335页。
[2] 李光地：《榕村语录》卷24，《榕村全书》第6册，第244页。
[3] 李光地：《榕村续语录》卷16，《榕村全书》第7册，第336页。

相系处，东扯西牵，配搭得来，便得意，觉得朱子注无甚意味。及入馆，幸遇德子谔、徐善长两先生。辛未后，又得张长史、杨宾实，他们往复疑问，俱是从道理根源上寻求。因此想出见头来，再去看朱子书，方有滋味，有精采。[1]

李光地在此条中也说自己长期从事易学，然而一直对于朱子的注释没有太大的兴趣，认为朱子对《太极图》的注释"无甚意味"。后来进入翰林院，他遇见了多位一起探讨朱学的学者。到了康熙三十年辛未（1691）他近五十岁时，又有弟子向他问学，从"道理根源上寻求"。他这才去认真研读朱子的书，体会到朱学"有滋味，有精采"。李光地对朱学体会的前后变化，还有其他许多记录，如："少时只见得朱子好处在零星处，却不知其大处之妙。如今见得他大处之妙，转见得他小处有错。可见知其小处，便不能窥其大，知道大处，便小处都识得。"[2] 还说："看朱子《全集》，有一二年而识见顿异者，使天假之年，其进更当不已。"[3]

康熙九年（1670），李光地二十九岁，进入翰林院；一直到康熙二十八年（1689）四十八岁，前后二十年之间，他都徘徊于程朱、陆王之间。四十八岁之后的几年里，李光地才真正确定了他的朱学的倾向，开始学宗程朱。这里的关键之一，则是康熙帝的影响。康熙二十五年（1686）、二十六年（1687），康熙帝两度召见李光地以咨询易学，并擢任其为翰林院掌院学士。然而，到了康熙二十八年五月，李光地因为党争而被撤销了掌院学士之职，降为通政使。更为严重的是，康熙帝当众斥责他为"冒名道学"。康熙帝说："古来道学如周、程、张、朱，何尝不能文？李光地等冒名道学，自谓通晓《易经》卦爻，而所作文字不堪殊甚，何以表率翰林！"[4] 这一年九月，康熙帝明确指出，李光地属于当时朝臣之中的王学派："许三

---

① 李光地：《榕村语录》卷24，《榕村全书》第6册，第244页。
② 李光地：《榕村语录》卷19，《榕村全书》第6册，第118页。
③ 李光地：《榕村续语录》卷16，《榕村全书》第7册，第349页。
④ 《康熙起居注》，康熙二十八年五月初七日，第1870页。

礼、汤斌、李光地俱言王守仁道学，熊赐履唯宗朱熹，伊等学问不同。"①许三礼与汤斌都是清初王学代表人物孙奇逢的弟子，康熙帝将当时四十八岁的李光地放入王学的阵营，当是因为他与王学学者交往过多有关。在翰林院期间，李光地又曾与魏象枢（1617—1687）一起拜见过孙奇逢。当时孙已经八十岁了，李光地说："望其神气清健，如五六十岁，独两耳偏塞。然有所问叩，辄酬酢如应响，盖所谓能以目听者，古之真人与！"②孙奇逢在当时北方学者之中影响很大，朱学学者如魏象枢、孙承泽等也与之有一定的往来，李光地前去拜谒很正常。不过这也说明李光地当时对于王学还有相当的兴趣。至于说他"冒名道学"，显然是一时的气话。这当是缘于李光地的学术仍旧徘徊在朱学与王学之间，不够纯正；与朱学纯正的熊赐履相比，康熙帝自然不能满意。

此后几年中，主客观的多种因素使李光地不得不再次反思自己的学术趋向。李光地转向纯正朱学的努力，是从"理气先后之辨"开始的。康熙三十一年（1692），李光地五十一岁，完成了《初夏录》，其中有《太极篇理气先后说》。李光地说："理气安得无后先？近代多讥朱子不当以先后言理气……"下面列举罗钦顺、蔡清的理气说，并加以辨正。《榕村谱录合考》有按语说："公尚言：'五十岁以前，亦不免疑朱子理先于气之说。至五十一岁后，乃悟蔡、罗诸说之差。'"③

李光地还说：

> 先有理而后有气，有明一代，虽极纯儒，亦不明此理。……至五十一岁后，忽悟得三说之差，总是理气先后不分明耳。先有理而后有气，不是今日有了理，明日才有气。……理气固不可分作两截，然岂得谓无先后？如有仁之理，一感于事，便有温和之气。有义之理，一感于事，便有果决之气。④

---

① 《康熙起居注》，康熙二十八年九月十八日，第 1902 页。
② 李光地：《孙北海五经翼序》，《榕村全集》卷 12，《榕村全书》第 8 册，第 303 页。
③ 李清馥：《榕村谱录合考》卷下，载《榕村全书》第 10 册，第 227—228 页。
④ 李光地：《榕村语录》卷 26，《榕村全书》第 6 册，第 285、287 页。

这里所说的"三说",除了蔡清与罗钦顺外,还有薛瑄。这三位都是明代著名的朱学者,却认为朱子论理气关系处仍有弊病,故而分别加以辨析。李光地一开始也认同这些明儒的辨析,然而经过对朱子著作的一番认真研读之后,就认为这三位对朱子理气说的辨析并无道理。此后,他还多次强调朱子的理先气后说"断然无疑"。

这一阶段,李光地还对知行关系作了辨析。从此问题也可以看出他转向朱学的态度之坚决,表现出与王学彻底脱离关系的决心。在《尊朱要旨》一书之中,他在《知行一》中强调了朱子的知先行后说,并联系孔、孟之言论加以论证;在《知行二》中则对王学提出了批评:

> 王说之病,其源在心之即理,故其体察之也,体察乎心之妙也,不体察夫理之实也。心之妙在于虚,虚之极至于无,故谓无善无恶心之本,此其本旨也。其所谓心自仁义,心自恻隐、羞恶、辞让、是非,是文之以孔孟之言,非其本趣也。是故遗书史,略文字,扫除记诵见闻,以是为非心尔,非道尔。[①]

李光地对王学的批判从心即理说出发。王学只注意到"心之妙",而没有注意到"理之实",于是有了虚无的倾向,有了"无善无恶心之本"的说法;王学也讲四端,但只是沿袭孔孟,并未成为其学说的根本。陆王一系学者"遗书史,略文字",不讲"记诵见闻"之类的学问,其所讲心则非心、道则非道。李光地对王学的根本以及为学的方法,都有所批判。

李光地的由王返朱,经历了理论上的一番艰苦思辨,然后集中体现在各类著作之中。五十岁之后,李光地还完成了多种程朱之学相关的书,也可以看出他研读程朱之学的努力,如康熙三十四年(1695),五十四岁时完成了《朱子语类四纂》;康熙三十五年,五十五岁时完成了《程子遗书纂》。[②]康熙二十四年(1685)前后,李

---

① 李光地:《尊朱要旨·知行二》,《榕村全集》卷8,《榕村全书》第8册,第213页。
② 李清馥:《榕村谱录合考》卷上,载《榕村全书》第10册,第233、234页。

光地完成了《朱子学的》与《文略内外编》的编撰工作，但是到了五十岁之后，他又对这两种书进行了全面的修订。原因就是初编之时，其朱学未纯，书中又有王学的诸多因素存在。他将《朱子学的》修订之后，改题为《尊朱要旨》，后编入全集。李光地曾说："被德子谔、徐善长缠住讲四书、《易经》，也只就向来所见与之讲，而被善长在理道上驳问一二处，觉得不是，遂思索二三月，作《学的》以示之。渠以为得之，而不知非也。今乃俱改正，而善长不知也。"① 此处说到的就是修订《朱子学的》的情形，当是发现了其中的学术不纯，故而"改正"。初编本《朱子学的》的具体内容现已无可考索，而重订本《尊朱要旨》尊朱辟王的倾向非常明显。其实从二书的标题就可以看出李光地态度的变迁。至于《文略内外编》，后来被改编为《榕村讲授》，标题上看不出什么变化，其内容则大有变故。关于此书，《榕村谱录合考》有一条重要按语：

> 内编疑即《理学略》也。……卷三载陆文安、王文成二先生。迨后公刻
> 《榕村讲授》，大概皆本是篇。惟朱子、陆子、真西山三先生，录三两篇登入，
> 未若是编之多。是编盖就文集选入者，中有节录焉。至王文成公，只选五六篇，
> 《榕村讲授》则不登入，此亦公之晚年定论也。②

最后修订而成的《榕村讲授》成稿于康熙三十七年（1698）③，当时李光地已经五十七岁，已经完成了朱学的转向。《榕村讲授》一书，将原先选入的五六篇王阳明的文章全部摈弃不用，可见其辟王之严苛。对此问题，陈祖武先生也有关注。他认为，李光地对此书的修订是"为了掩饰自己这一段在程朱、陆王间徘徊的学术经历"④。其实，李光地删改旧著，以及晚年种种尊朱辟王的学术活动，并不能简单看

---

① 李光地：《榕村续语录》卷16，《榕村全书》第7册，第336页。
② 李清馥：《榕村谱录合考》卷上，载《榕村全书》第10册，第152页。
③ 李清馥：《榕村谱录合考》卷上，载《榕村全书》第10册，第236页。
④ 陈祖武：《清儒学术拾零》，湖南人民出版社2002年，第149页。

作权宜之计，也不能理解为迎合康熙帝，而是经过一番研读，真心服膺于朱学。这番修订也是从学术的传承来考量的，否则他只需毁灭旧著即可，又何必去删订改正呢？

值得注意的是，李光地由王学转向朱学之后，对于朱学的一个关键问题——格物说——以及《大学》古本依旧持保留态度。这说明他的学术转向，外在因素只是一个契机，内在因素即学术的理路才最根本。他说：

> 格物之说，至程、朱而精，然"物有本末"一节，即是引起此意。物，事即物也；本末始终，即物中之理也。格之，则知所先后，而自诚意以下，一以贯之矣。象山陆子看得融洽，未可以同异忽之。

> 朱子解"物"字，亦言事物之理，可见"物"字兼事也。《章句》"表里精粗"四字，似不如"本末""终始"之为亲切。然精即本，粗即末，表即终，里即始也。《大学》除此处，别无"物"字，而道理又极完全。以此诠格物之义，则程朱之义益明，而古注、涑水、姚江之说皆绌矣。[1]

李光地虽然认同朱子的格物之说，但也认同陆九渊的看法，并指出不可以因朱陆异同而忽视了陆九渊的"融洽"之处。陆学的说法究竟如何，李光地在另一处说："陆象山《答赵咏道书》，引《大学》从'物有本末'起，至'格物'止，引得极精。而'物'字便是一个，把物之本末，事之终始讲究明白，便知所先后。未有知本末终始，而尚倒置从事者。知所先后，便有下手处，岂不近道。"[2] 李光地认为格物就是格事物之中的理，物之理与事之理都应当看重。那么，物有本末的"物"与格物的"物"就是一个；同样，物有本末与事有终始都需要讲明其中的理。如此看来，《大学》古本"一以贯之"，本来就没有什么阙处。李光地指出，朱子《补传》中"表里精粗"等说法，还不如《大学》古本里的"本末""终始"等说得亲切。也就

---

① 李光地：《榕村语录》卷1，《榕村全书》第5册，第19页。
② 李光地：《榕村语录》卷1，《榕村全书》第5册，第18页。

是说，李光地虽然认同朱子的格物说，并指出到了程、朱那里，《大学》的义理才"益明"，司马光（涑水）与王阳明（姚江）的学说与程、朱相比都是相形见绌的，但是李光地同样强调了《大学》古本的价值，并认为朱子的《补传》没有什么必要。那么关于《大学》，他是否认同王阳明的学说呢？关于此问题，更为完整的论述在其《大学古本私记》的两篇序言之中。康熙五十五年（1716）八月，李光地七十五岁时，《大学古本私记》完成。在《旧序》中，李光地说：

> 地读朱子之书垂五十年，凡如《易》之卜筮，《诗》之雅、郑，周子无极之旨，邵子先天之传，呶呶纷挐，至今未熄，皆能烛以不惑，老而愈坚。独于此书，亦牵勉应和焉，而非所谓心通而默契者。①

这里说到他对于朱子的其他各种书以及各种解说都非常佩服，因为朱子能够"烛以不惑"，唯独朱子的《大学》之说，有不能"心通而默契"的地方。他还说："《大学》一书，二程、朱子皆有改订，若见之果确，一子定论便可千古，何明道订之，伊川订之，朱子又订之？朱子竟补格物传，尤启后人之疑。"② 李光地认为，《大学》的篇章顺序，宋儒以及明儒都有所改订，这就有问题了；至于朱子的《补传》，则更是徒增问题。

又过了几年，关于《大学》之说，李光地依旧坚持原来的观点。他在《新序》之中说：

> 《大学》古本，自二程兄弟所更既不同，朱子考订又异。学者尊用虽久，而元、明以来，诸儒谨守朱说者，皆不能允于心，而重有纂置者、为异论者，又无足述也。愚思朱子所补，致知格物一传耳，然而诚意致知，正心诚意，其

---

① 李光地：《大学古本私记旧序》，《榕村全集》卷10，《榕村全书》第8册，第262页。
② 李光地：《榕村语录》卷1，《榕村全书》第5册，第22页。

阙自若也。其诚意传文释体，迥然与前后诸章别，来学之疑，有由然已。余姚王氏古本之复，其号则善，而说义乖异，曾不如守旧者之安。欲为残经征信，不亦难乎？夫程、朱之学，得其大者以为孔、孟之传，盖定论也。程子之说格物，朱子之说诚意，圣者复起不能易焉，而余姚皆反之。编简末事，又何足以云；文章制度，今古异裁。以晚近体读古书，则往往多失。何则？其详略轻重，离合整散，不可以行墨求，必深探其本指者，古人之书也。《大学》之宗，归于诚意。格物、明善者，其开端择术事耳。朱子亦言之，而不能无疑于离合整散之间，是以有所更绲。今但不区经传，通贯读之，则旧本完成，无所谓缺乱者。若大义一惟程、朱是据，污不至阿其所好，或以为习心人之先者，不知言者也。①

李光地指出，王阳明恢复古本"说义乖异"。这"乖异"当是指下文所说的"格物"与"诚意"等条目，王阳明都提出了与程、朱相反的解释。所以李光地认为，王阳明提出恢复古本即便有道理也不值得关注，以免受到"乖异"的学说的影响。由此看来，李光地的古本之说与王学一系的看法还是有很大不同的。从最后的结论来看，李光地认为朱子的《补传》是多余的，因为《大学》的古本或是说旧本原来就"无所谓缺乱者"。他还指出，《大学》不必区分经与传，《大学》之宗旨"归于诚意"。这两点也与朱子重格物有所不同。不过，李光地也强调，就"大义"而言，"一惟程、朱是据"。也就是说，程朱一系的理学义理，他基本上都是认同的，只是在细节的处理上他有不同看法而已。

经过多年的努力，他终于被认为"才品俱优"，成了康熙朝朱学的代表人物。康熙四十五年（1706），李光地完成《朱子礼纂》②；康熙四十五年至五十一年（1712），承修《朱子全书》③。他死之后，还赢得了康熙帝的高度评价。后人评价李光地的学

---

① 李光地：《大学古本私记序》，《榕村全集》卷10，《榕村全书》第8册，第263—264页。
② 李清馥：《榕村谱录合考》卷上，载《榕村全书》第10册，280页。
③ 李清馥：《榕村谱录合考》卷上，载《榕村全书》第10册，第277、293页。

术，极少提及其由王返朱的一段经历，当是因为后来康熙帝对其学术的重新评定。如阮元（1764—1849）说："文贞一代伟人，立功名于当世，其学以子朱子为宗，得道学正传。"① 唐鉴也说："谭经讲学，一以朱子为宗。其所以学朱子者，曰诚，曰志敬，曰知行。"②

比较而言，张履祥与陆陇其的由王返朱较为相似，而且陆陇其是在张履祥与吕留良等发生于民间的尊朱辟王思潮影响之下，才开始由王返朱的，故而他们的思想较为接近。张履祥的人生一半在明一半在清，三十四岁时经历的明清鼎革是其人生最大的事件，也是促使其反思人生与学术的关键点。进入清朝之后，他就再三强调王学之弊。再看陆陇其，他对程朱与陆王之异同曾有所反思，然而一直处于不得要领的状态，经过四十三岁时与吕留良的嘉兴之会，"志始坚，不可复变"，可见吕留良的引导之力。张、陆二人转向程朱理学都较为彻底，转型之后都开始大力辟王学，有大量相关的学术活动。二人相比而言，隐居乡野的遗民理学家张履祥生前几乎没有什么著作流传，死后四十多年才有少量《全集》在浙西一带流传，所以他的尊朱辟王思想在当时的影响较小；陆陇其因为有官方的身份，学术活动更多，影响范围更广。至于尊朱辟王的学术思想，则张履祥较为全面、深刻，陆陇其较为粗浅；张履祥重在道德践履，陆陇其重在明辨道统。所以李光地将陆陇其归入"村学究"，也就在所难免了。

李光地的由王返朱与张履祥、陆陇其二人有所不同。第一，转换的因缘不同。李光地徘徊于陆王、程朱之间的时间更为长久，到了五十岁才开始反思自己的学术趋向，而且他的反思更多来自外在的政治压力，即推尊朱学的康熙帝的影响。值得说明的是，李光地虽然受到外在影响而反思朱学，但其学术选择大体还是主动的、理性的。后来，他的尊朱辟王反过来影响了康熙朝朱学的发展进程。第二，与张、

---

① 阮元:《畴人传》卷40，载《榕村全书》第10册，第360页。
② 唐鉴:《清学案小识》卷6，第168页。

陆二人相比，李光地的由王返朱并不彻底。他到了晚年依旧对陆九渊的评价很高，多处采纳其学说；他对朱学也并非全然接受，如对朱子的《格物致知补传》就一直不认同，认为《大学》的古本"一以贯之"，并"无所谓缺乱者"。陈祖武先生曾有评论："尊朱的倾向固然很鲜明，但是不唯摆脱了前人的窠臼，而且较之同时朱学中人如张烈、陆陇其辈的一味诋斥陆王学术，显然要冷静得多，理智得多。"[1]确实，李光地即便经历了痛苦的由王返朱，且身处康熙朝理学的漩涡中心，也依旧冷静、理智，可以说尊朱较强，辟王则较弱。第三，对于程朱、陆王异同的辨正，有考据学方法的运用。李光地对于自己考据方面的成就也相当看重。他曾说："陆稼书清品，读书又正，只是少思，便精采少。请教他甚多，都无发明。"[2]还说："读书人不思经义，株守传注，字字胶执，牵经合传，甚至并传意亦失之，如近世陆稼书、吕晚村、仇沧柱等，真村学究。名为遵程朱，何尝有丝毫发明？"[3]如果与张履祥、吕留良、陆陇其等人相比，李光地在学术上多有发明；就推尊程朱而言，因为引入了考据学的方法，所以其朱学也就有了自己的面目。

第二节　理学家之间由王返朱的互动

明清之际，盛行已逾百年的阳明心学开始显露出种种弊端，东林、蕺山等学派的学者都已经开始了对王学的修正。作为"清儒中辟王学的第一个人"，又是蕺山学派之中由王返朱最为明显的学者，张履祥的尊朱辟王在当时产生了较大的影响。其尊朱辟王思想，主要通过吕留良而影响了被称为"本朝理学儒臣第一"[4]的陆陇

---

① 陈祖武：《清儒学术拾零》，第 148 页。
② 李光地：《榕村续语录》卷 16，《榕村全书》第 7 册，第 346 页。
③ 李光地：《榕村续语录》卷 16，《榕村全书》第 7 册，第 352 页。
④ 吴光酉、郭麐、周梁：《陆陇其年谱》，第 1 页。

其。研究张履祥的尊朱辟王思想，就必须联系吕留良与陆陇其，进而来看他们与整个清初由王返朱转型之间的关系。

本节主要研究张履祥对于清初学术的具体影响，重点考察了张履祥、吕留良、陆陇其三人之间的交游，以及思想上的承继关系、尊朱辟王理论与实践，梳理了张履祥、吕留良、陆陇其与清初由王返朱转型之间的关系。对于这三人与尊朱辟王思潮关系的研究，可以使我们对于清初学术转型的一个重要方面，即由王返朱的发生、发展过程，产生更为具体、明晰的认识；也可以使我们对于张履祥尊朱辟王的意义，对于张履祥、吕留良、陆陇其这三人在清初理学史上的地位，认识得更为清楚、准确。[1]

一、交游

吕留良是张履祥晚年最重要的友人之一，二人共同推进了清初的尊朱辟王思潮。

在顺治九年（1652）之前，张履祥就与吕留良的兄长吕瞿良（？—约1649）有所交往。张履祥于康熙十年（1671）在《与吕仁左》书中说："不佞栖息语溪之日，足下未生也，尊君年方少，而志行有高于人。时宾客满堂，而于不佞殊不落落，故仆亦雅爱重之。至壬辰之岁，携家以归，而尊君亦已下世矣。……是以年来足下过从，不佞未尝不以故人之子弟相处，其视一日之长，意校殷殷也。今足下举动若此，非特自待过于菲薄，亦使不佞有何心颜以对生死之交乎？"[2] 其中壬辰年即顺治九年。从此书信可知，张履祥与吕留良的四兄，即吕仁左之父吕瞿良，有所交往。张履祥可能参加过语溪吕家的结社活动，"予又赴语水社，甚愠，几见绝"[3]。吕留良的三兄

---

[1]　关于张履祥、吕留良、陆陇其三人之间交游的研究，参见容肇祖《吕留良及其思想》，《辅仁学志》1936年 5卷1—2期；《容肇祖集》，齐鲁书社1989年，第479—583页。笔者在参考之余作了大量增补。

[2]　张履祥：《与吕仁左》，《杨园先生全集》卷14，第422页。

[3]　张履祥：《言行见闻录一》，《杨园先生全集》卷32，第882页。

吕愿良（1602—1651）举办过澄社，吕愿良之子吕宣忠（1625—1646）等举办过征书社，吕家的结社活动在浙西影响较大。但是张履祥对于结社活动所表现出来的文人声气极为不满。又据吕留良《质亡集小序》："四兄念恭，讳瞿良。崇祯间社盟声气，哄然互竞，吾兄独不屑一顾。"[1] 在反对结社这一点上，吕瞿良与张履祥气味相合，于是二人可能因此成为朋友。

除了吕瞿良，张履祥还跟与吕留良关系亲密的吕宣忠、孙子度也有所交往。吕宣忠，字亮工，是吕留良之侄，但年龄却比他还大。吕宣忠、吕留良二人经常一起读书、会友以及从事抗清活动。张履祥与吕宣忠认识，应该也是在吕愿良等人主办的结社活动之中。二人交往具体情况目前无法考证，但张履祥有《吊吕亮公文》，其中说：

> 呜呼！亮公，河山洒血，纲常信舌，谈笑蹈刃而志不折！非由天植之性独得其厚，何以死生之际不丧其节？嗟乎，士固有死，处死为难！慨正气之不立，人匪石其如磐。值大命之倾泛，譬百草之遇寒。未严霜之数至，已并时而摧残。彼荟蔚之名彦，肆显重其如山。窃声称于平世，既府廪而藏奸。识羞耻之何事，亦君国之非关。苟荣禄之不失，又安顾夫旧颜？固宜儒生慷慨，奋国士之烈，而以属夫冥顽。予独悲人物之欲尽，而临风其潸潸。[2]

对于吕宣忠为抗清而死节，张履祥由衷赞许，认为儒生就应该慷慨赴死，只是感叹人物之凋零，不免又有悲伤。正是因为吕宣忠，张履祥才对曾经与吕宣忠一起抗清的吕留良十分推崇，愿意结交。

孙子度，名爽，别号容庵，明末时为诸生，是澄社中的重要人物，也是征书社的发起人之一。他是吕留良早期的重要友人。孙子度与吕宣忠一样，积极投身于抗

---

① 吕留良：《质亡集小序》，《吕晚村先生续集》卷3，《吕留良全集》第 1 册，第 347 页。

② 张履祥：《吊吕亮公文》，《杨园先生全集》卷 22，第 638 页。

清斗争。吕宣忠被清军杀害之后，孙子度过着清苦的隐居生活。顺治四年（1647），张履祥曾拜访过他："丁亥，余访于家，问所以不授徒之故。曰：'已绝意进取，而教人举业，是嫠妇为人作嫁衣裳也，吾耻之。'"① 在教授举业的问题上，张履祥与孙子度的看法相同，都反对自己在清朝不从事举业而又教授学生举业。对于遗民之名节的重视，也是促成张履祥与孙子度以及之后的吕留良交游的一个重要因素。当然，张履祥与吕留良之间的交游，原因除了遗民之间声气相应之外，更重要的还是在于学术上的追求。

前文曾提到，张履祥与吕留良的交往应该始于康熙三年（1664）。那年冬开始，吕留良多次聘请张履祥到他家处馆而被辞却，于是就不别请塾师，虚席以待，直至康熙八年（1669），张履祥才正式到吕留良家处馆。

吕留良对张履祥的向往，是受他同样从事程朱之学、非程朱之书不读的姐夫朱洪彝的影响。张履祥对他的学术也比较了解。朱洪彝认为："二程夫子，明道几于化矣，吾辈不能学。伊川有辙迹可守。朱夫子之学，笃实精微，学者所宜宗主。"对于这一看法，张履祥非常赞同，并记录在《言行见闻录》之中②，这对吕留良从事于程朱之学有一定影响。吕留良为了进一步医治"阳明之病"并深入钻研程朱之学，力请于程朱之学有"躬行实得"的张履祥到家中处馆。

康熙八年（1669），张履祥开始在语水吕留良家处馆，一边教授吕留良的儿子吕无党、吕无贰，侄儿吕仁左等，一边与吕留良相与论学。张履祥一生的处馆生涯中，在吕家是难得的比较愉快的几年："方此梧桐露冷，丛桂芬舒，明月在庭，吟声达户，冠童相对，各无愁心，兴味殊不易得也。"③ 一则吕家几位子弟如吕无党等颇为优秀；另一则吕家藏书丰沛，又有吕留良、王锡阐等"诗书师友，日相敦勉"，共同尊朱辟王，学术有成。

---

① 张履祥：《言行见闻录三》，《杨园先生全集》卷33，第942页。
② 张履祥：《言行见闻录一》，《杨园先生全集》卷31，第883页。
③ 张履祥：《与吕无党一》，《杨园先生全集》卷14，第426页。

　　张履祥的晚年一直处于贫病之中，多依靠吕留良等友人对他的照顾。他在与吕留良的书信中就说：

　　　　连岁灾歉，既无禄仕之义，复绝上下之交，自分沟壑无疑。承兄与商隐岁致粟米兼金，疾病则加之以药物，因得稍延视息，德至渥矣，赐至重矣。①

吕留良与何商隐在灾害之年就送他粮食与金钱，而吕留良又在张履祥全家有疾病的时候给以药物和医治，如康熙十一年（1672），吕留良就曾为张履祥之妻治病。②

　　而且，因为家贫，张履祥在吕留良家的东庄处馆的时候，还将自己的两个儿子也带过去一起教学，并且度过了一段较为优游又教学相长的时光。他在与另一友人的信中说："家贫，长者未能使之负笈从师，幼者复不能延师于家。昨岁曾以谋之用兄，……将欲借东庄书屋，携两稚诵习其间，而自举火以食。"③这样在教授吕家子弟的同时，也解决了自己两个儿子的学习问题；不过，他又为了不过多连累吕留良而"自举火以食"。

　　在吕留良而言，更为重要的还是张履祥对他的三次规劝，而且其目的都在于敦促其专心学术。首先，张履祥劝吕留良不再从事行医。吕留良当时是浙西的名医，后人曾为其编有《东庄医案》，张履祥却说：

　　　　仁兄文章可追作者之林，德谊足希贤哲之位，先代传书既富，而生生之资又足，无求于人。年来徒以活人心切，亟亟于医，百里远近，固已为憔悴疾疢之托命矣。但自仁兄而论，窃恐不免隋珠弹雀之喻也。……儒者之事，自有居广居、立正位而行大道者，奚必沾沾日活数人以为功哉？若乃疲精志于参苓，

①　张履祥:《与吕用晦七》,《杨园先生全集》卷7，第200页。
②　张履祥:《与何商隐六十二》,《杨园先生全集》卷5，第142页。
③　张履祥:《与凌渝安四》,《杨园先生全集》卷6，第176页。

消日力于道路，笑言之接不越庸夫，酬应之烦不逾鄙俗，较其所损抑已多矣。况复絜长短于粗工，腾称誉于末世，尤为贤者所耻乎？弟固于知交之欲以岐黄之道行世者，往往谏止，而于仁兄弥切切也。非不知衰病余生，缓急幸有赖籍，然不敢以私利忘公理也。仁兄往岁尝与祥言，于击干之书连屋，亦既夙有是意矣，何以久而未决也？①

吕留良家资充足，不需要为治生奔走，本当致力于"儒者之事"，但是行医却多有妨碍，所以张履祥殷殷劝勉。吕留良得张履祥这书信之后，第二年就谢却医药之事了。他在《答某书》中说："自别后，医药之事，凡外间见招者，一切谢却，已一年矣。只知交及里中见过有不能辞者，间一应之。初亦未尝计及医品损益。但于斯有未能自信处，恐致误人，以此谢却耳。不意其已有合于良箴也。今岁屈致考夫兄在舍，求其指教，冀于身心间稍得收拾，未知有受益之地否耳。"②吕留良早在张履祥到他家处馆前一年就已经不再从事行医，并且感受到张履祥的劝勉实为"良箴"，而张履祥对他"身心收拾"等方面也多有助益。

其次，吕留良是清初评选时文的名家，后来之所以发生"曾静、吕留良文字狱"，起因就是曾静读到吕留良所评选的时文集子。张履祥与其交往之后，就劝其放弃评选八股时文。张履祥见到吕留良评选之书，立即去信批评：

案头忽见《天盖楼观略》之颜，深疾修己不力，无一可为相观之益，而复直谅不足，不能先事沮劝，坐见知己再有成事遂事之失。……往时尝止兄之学医，实惧以医妨费学问之力。今去此又几春秋矣。自兹以往，少壮强力，更有几何？诚虑行年即若卫武，已去其半。中夜以兴，虽若横渠，犹将不及，堪为若此无益身心，有损志气之事，耗费精神，空驰日月乎？……何况制举文字益

---

① 张履祥：《吕用晦二》，《杨园先生全集》卷7，第195页。
② 吕留良：《答某书》，《吕晚村先生文集》卷1，《吕留良全集》第1册，第12页。

下数等，兄岂未之审思耶？[①]

张履祥认为人生苦短，即使像《国语·楚语》中所记载的卫武公那样活到九十五岁，现也已经去了其中一半，所以不应该在这些事情上空费精神了。这些劝勉，当时的吕留良可能不以为然，有所辩解，但后来他就信服张履祥之言了。吕留良的弟子陈鏦在《大题观略序》中就提到吕留良一直记得张履祥规劝的话，并且吕留良说："非吾友，谁与语此。小子识之，张先生之言是也。吾未之能改也。存此以志吾过。吾偶止此矣。"[②]就吕留良评选时文的目的，其子吕无党在所撰《行略》中说："其议论无所发泄，一寄之于时文评语，大声疾呼，不顾世所讳忌。穷乡晚进有志之士，闻而兴起者甚众。"[③]吕留良评选时文，一方面借以寄托自己的思想，另一方面也是为了对程朱之学加以辨析。他自己曾说："某喜论《四书章句》，因从时文中辨其是非离合，友人辄怂恿批点，人遂以某为宗宋诗、嗜时文，其实皆非本意也。"[④]他憎恶"时文选家"之称，说"'选家'二字，素所愧耻"[⑤]。因为张履祥的规劝和别的因素影响，吕留良于康熙十二年（1673）之后就不再评选时文，他在《与某书》中提及"拙选止于癸丑，以后不复从事矣"[⑥]。吕留良人生最后的十多年，专心选刊程朱之书，倡导程朱之学。

最后，康熙十二年（1673），当吕留良留在南京久久不归的时候，张履祥又劝吕留良不要广交游、昭声闻。他写信给吕留良说：

　　　　但游通都之会已阅三朔，南北人士往来繁庶，交游必日广，声闻必日昭，恐兄虽欲自晦亦不可得。迂鄙私忧，诚及于此。以兄高明，固已洞察微隐，无

① 张履祥：《与吕用晦四》，《杨园先生全集》卷7，第197页。
② 陈鏦：《大题观略序》，转引自卞僧慧：《吕留良年谱长编》，第236页。
③ 吕葆中：《行略》，《吕晚村先生文集》附录，《吕留良全集》第2册，第865页。
④ 吕留良：《答张菊人》，《吕晚村先生文集》卷1，《吕留良全集》第1册，第31页。
⑤ 吕留良：《答许力臣》，《吕晚村先生文集》卷2，《吕留良全集》第1册，第73页。
⑥ 吕留良：《与某书》，《吕晚村先生文集》卷2，《吕留良全集》第1册，第75页。

俟多言。种种多怀，不敢赘及。[1]

身逢乱世，"若天地闭、贤人隐之世，出而在外者，率皆无耻小人"[2]，所以，应该隐居起来韬光养晦。吕留良为了销售自己所评选刊刻的时文而久留南京，这在张履祥看来是十分违背儒者出处的原则的，而且违背了吕留良取字"用晦"的初衷。吕留良的回信没有保存下来，但他在《与董载臣》中提及此事："仆在此，只得书集多种为快。所遇人物，大约世情中汩没多少好才质。最上不过志在记诵词章而已。都会杂沓，诚然无人，诚足坏人。张先生所虑'同流合污，身名俱辱'，其言固自不刊，但学者自问何如，正要此间试验得过。"[3]一方面，吕留良赞同张履祥乱世之中不应在都会多有逗留的看法，另一方面，他也有不同的看法，即儒者可以利用"杂沓"的都会来检验自己的修为如何。不过，吕留良在这年的年末就回到了语水家中。

陆陇其，原名龙其，字稼书，谥清献，浙江平湖人。他小吕留良一岁，后死十一年。他是清初著名的官方理学家，但受吕留良的影响非常之多。早在康熙十年（1671），陆陇其正式认识吕留良之前，他所辑的《四书讲义续编》就已经多取吕留良之说。[4]

康熙十一年（1672），陆陇其与吕留良会于嘉兴。私淑陆氏的吴光酉所编辑的《陆稼书先生年谱》中记载："先生访吕石门于禾郡，彼此恨相见之晚。一时往复，皆关学术人心。详《卫滨日钞》中。"[5]陆陇其的《卫滨日钞》一书，后改名为《松阳钞存》，主要就是记录吕留良当时与他交谈的内容。就二人这次会面，吕留良之子吕无党在《行略》中也有提及："于禾，遇当湖陆稼书先生，语移日，甚契。稼书商及出处，先君曰：一命之士，苟存心于爱物，于人必有所济。君得无疑误是言

① 张履祥：《与吕用晦七》，《杨园先生全集》卷7，第199页。
② 张履祥：《备忘四》，《杨园先生全集》卷42，第1168页。
③ 吕留良：《与董载臣》，《吕晚村先生文集》卷4，《吕留良全集》第1册，第138页。
④ 吴光酉、郭麟、周梁：《陆陇其年谱》，第29页。
⑤ 吴光酉、郭麟、周梁：《陆陇其年谱》，第30页。

与?"① 可见二人论学很是默契，并且谈到了出处等许多问题。陆陇其在《松阳钞存》中说：

> 余于壬子五月，始会东庄于郡城旅舍，谆谆以学术人心为言。曰："今之人心大坏，至于此极，皆阳明之教之流毒也。"又曰："泾阳、景逸之学，大段无不是。然论心性，则虽甚辟阳明，而终不能脱阳明之藩篱。"又曰："东坡学术尤误人，好其学者，戏谑游荡，权诈苟且，无所不可，故人多乐而从之。今之聪明才俊，而决裂于廉耻之防者，皆以东坡为窟穴者也。若程朱之教行，则人不可自便，此所以恶其害己而去之。朱子《杂学辨》最有功于世。"又曰："今日为学，当明可不可之界限，古人大则以王，小则以伯，犹有所不可，况其他乎?"又曰："考夫虽师念台，而不尽从其学。考夫之于念台也，犹朱子之于籍溪、屏山、白水乎? 非延平之比也。"一时之言，皆有关系，余所深佩服者。②

当年吕留良（东庄）、陆陇其在郡城嘉兴论学，吕留良的话主要有三层意思：其一，指出人心之坏是因为阳明学的流毒；其二，东林学派的顾宪成（泾阳）、高攀龙（景逸）二人所讲的朱子学"大段无不是"，唯有论心性虽有辟王阳明的，但还是不能脱离阳明学的"藩篱"；其三，程朱之学讲明则可明"界限"，使人在出处、辞受等问题上"不可自便"。这些思想在当时的陆陇其看来都是关系学术人心的，故而他深为佩服，对他后来也倡导独尊朱子学有着重要的影响。

吕留良与陆陇其的这次会面，关系重大。据吴光酉《陆稼书先生年谱》所载，直到四十岁前后，陆陇其尚在朱、王学术间徘徊。此后三四年间，他结识吕留良，受吕氏学术影响，方才成为朱学笃信者。关于这一点，陆陇其本人也不讳言。康熙二十二年（1683）十月，当陆陇其在京中获悉吕留良去世的凶讯，他曾撰文祭奠。

---

① 吕葆中：《行略》，《吕晚村先生文集》附录，《吕留良全集》第 2 册，第 872 页。
② 陆陇其：《松阳钞存》卷下，《陆陇其全集》第 10 册，第 319—320 页。

《陆稼书先生年谱》记载："闻吕君晚村之变，为文哭之。"下面注明：

> 吴容大邀先生酌，言晚村凶闻已确，八月十三日事也。先生太息久之。盖先生于晚村，出处虽不同，而任道之心则一，恃为辟邪崇正之助，一旦云亡，哀可知矣。……又言晚村自甲辰以后，行事最笃实。阅数月遇有南旋之便，为文以哭之，兼与长君无党书以致奠焉。[①]

陆陇其在祭文中说：

> 陇其不敏，四十以前，亦尝反复于程、朱之书，粗知其梗概。继而纵观诸家之语录，糠秕杂陈，瑊玞并列，反生淆惑。壬子癸丑，始遇先生，从容指示，我志始坚，不可复变。[②]

由此文可知，陆陇其的尊朱辟王思想，就是从结识吕留良而变得坚定起来的。吕留良深刻影响了陆陇其的学术趋向。

陆陇其在与吕留良之子吕无党的书信中说："不佞服膺尊公先生之学，有如饥渴，所不同者出处耳。闻卜痛悼，非为私悲，为斯道恸。"并且劝吕无党编辑吕留良的遗书出版，"宜辑其关系世道者汇为一书，如河津《读书录》，余干《居业录》之例"。后来吕无党刊刻了吕留良的《四书讲义》等书，吴光酉就认为这是听从了陆陇其的建议："今刊行晚村《四书讲义》，是无党奉先生之教而衷集以垂世者。先生之不负良友在是，而有造后学亦在是矣。"[③]这在陆陇其看来也是不负好友、造就后学之举。后来，具有尊朱辟王思想的《吕晚村先生四书讲义》一书流传颇广。

---

① 吴光酉、郭麟、周梁：《陆陇其年谱》，第94页。
② 陆陇其：《祭吕晚村先生文》，《陆陇其全集》第2册，第369页。
③ 吴光酉、郭麟、周梁：《陆陇其年谱》，第96页。

二、思想继承

陈祖武先生认为，张履祥晚年"遂以恪守朱学深刻影响吕氏父子与浙西诸儒"，"吕留良之学，受张履祥影响极深。清初浙西诸儒，以表彰朱学而足以同浙东王学大儒黄宗羲相颉颃者，当首推张履祥"。①

对吕留良的后半生来说，张履祥是影响他最深的人物之一。钱穆先生就曾经指出，吕留良人生的前期是："课儿读书于家园之梅花阁，与鄞县高旦中、余姚黄梨洲、晦木兄弟、同里吴自牧、孟举诸人以诗文相唱和。"后期则是："归卧南阳村，与桐乡张考夫、盐官何商隐、吴江张佩葱诸人，共力发明宋学，以朱子为归。"② 吕留良的人生前后期虽不能说绝然不同，但可以说差异很大。在与黄梨洲即黄宗羲交游的时期，他尊朱辟王的趋向还不是很明显，但已经形成。就吕留良与黄宗羲交恶一事，大多学者认为主要是因为二人在学术上的分歧：吕留良从偏向黄宗羲所笃信的王学立场，转向了程朱之学。③ 到了与张履祥交游的时期，吕留良不但尊朱辟王趋向日益明显，落实在敦请张履祥批《传习录》，与张履祥一起选刊程、朱等先儒遗书等行动之中，而且在他后期所评选的时文及与友人的书信文章之中，尊朱辟王的思想也日益深刻、成熟起来。

吕留良是张履祥晚年最重要的友人之一，而且在张履祥后半生所致力的辟王学、兴朱学的学术活动中，吕留良也是他最为有力的一个合作者。张履祥对吕留良评价颇高："用晦兄高明之识，旷达之度，既足超越伦等，兼其晰理必精，嗜贤如渴，祥

① 陈祖武：《清初学术思辨录》，中国社会科学出版社 1992 年，第 132 页。

② 钱穆：《中国近三百年学术史》，第 77 页。

③ 黄宗羲与吕留良交恶，相关论文较多，其中较为重要的有：容肇祖《吕留良及其思想》，《容肇祖集》，齐鲁书社 1989 年，第 479 页；徐正、蔡明《吕留良与黄宗羲交游始末》，《宁波师范学报》1986 年增刊；费思堂《黄宗羲与吕留良》，吴光主编《黄宗羲论》，浙江古籍出版社 1987 年，451 页；方祖猷《黄宗羲与吕留良争论的实质及其思想根源——兼论胡翰十二运对黄氏的影响》，《宁波大学学报》，1988 年第 1 期；陈居渊《清初的黄、吕之争与浙东学术》，《中共宁波市委党校学报》2004 年第 6 期。

两载相依，殊觉瞠乎其后。"[1] 他也对自己的门人说起过吕留良的聪慧："吕先生明敏过人，案上积书数本，不出终日已阅遍矣。"[2] 就个人才学来说，也许吕留良比张履祥更高一层，只是吕留良沉溺于诗文唱和、行医或时文评选等杂务之中，不能专一于程朱之学，故在理学成就上并不突出。就辟王学的坚决态度与理论深度来说，吕留良不如张履祥。

陆陇其在尊朱辟王思想的形成过程中，通过吕留良而受到了张履祥的间接影响，并且就张履祥的思想与吕留良之子吕无党等有过一定的交流。陆陇其在此过程中，感受到张、吕二人论阳明之严，由此而知"无处可置阳明"。

康熙十一年（1672），陆陇其与吕留良的嘉兴之会上，吕留良就说起了张履祥。陆陇其记载说：

> 张考夫亦极称《实录》讥阳明警敏机械之言，谓当时士大夫中，固多有识者。考夫、东庄之论阳明比予更严，予初未见《实录》耳。所谓天资高者，有中行、狂狷、善人，实无处可以置阳明。[3]

并且其中小注："考夫先生，名履祥，前明诸生，隐居桐乡，深于理学，著有《杨园集》。"接着还引吕留良的话："考夫虽师念台，而不尽从其学。考夫之于念台也，犹朱子之于籍溪、屏山、白水乎？非延平之比也。"吕留良赞同张履祥所指出的《明实录》中说王阳明"警敏机械"隐含讥讽，并且欣赏张氏虽然师从刘宗周却不因此沾染王学。在陆陇其看来，张履祥与吕留良都比他更加严格地批判王阳明之学。从这些地方都可以看出吕留良积极向陆陇其介绍张履祥的理学思想，并且重点突出其尊朱辟王的一面。

---

① 张履祥：《答叶静远一》，《杨园先生全集》卷2，第37—38页。
② 张履祥：《训门人语三》，《杨园先生全集》卷54，1476页。
③ 陆陇其：《松阳钞存》卷下，《陆陇其全集》第10册，第319页。

康熙二十六年（1687）四月，陆陇其偶然见到张履祥的《备忘录》一册，认为"其笃实正大，足救俗学之弊"。他立即写信给吕无党，其中就说："惠教行略，喜尊公先生正学不坠，得箕裘而益振，……更有望者，张考夫先生遗书，未有刊本。表章之责，非高明而谁哉？"《陆稼书先生年谱》中夹有小注："石门为考夫门人。"①这里说吕留良是张履祥的门人，应该是年谱编撰者的失误，可以称门人的应该是吕留良之子吕无党；而吕留良是张履祥晚年的友人，虽然在思想上吕留良受张履祥的影响很大。不过从这里可以看出，陆陇其本人还是比较了解张、吕两家的关系的，并且期望吕家能够尽早刊刻张履祥的遗著，从而更加有利于尊朱辟王思想的传播。另外，陆陇其《三鱼堂日记》中也曾记载读张履祥《备忘录》，与其弟子"共看，甚快"②。

两年后，康熙二十八年（1689）三月，陆陇其与吕无党见面，吕无党就说起张履祥还有《家训》一书，并且还说："考夫为人，以谦让为主，于老生多推以为胜己，于后生多方鼓舞。然少分寸，老生少年，往往居之不疑，反成病痛。此先君所不以为然也。"③这应该就是吕无党对陆陇其关心张履祥遗书的反应，所以才说到《家训》。陆陇其很有可能也因此而读到了张履祥的《家训》，即《训子语》一书，另外也感受到了张履祥的谦让之风。

对于陆陇其来说，更为重要的还是吕留良本人的直接影响。吕留良改变了陆陇其的学术趋向，使得陆陇其后半生全心致力于尊朱辟王运动。从《祭吕晚村先生文》之中可以看出，陆陇其对吕留良和他的辟王主张推崇备至。陆陇其说：

> 先生之学，已见大意，辟除榛莽，扫去云雾，一时学者，获睹天日，如游坦途，功亦巨矣。天假之年，日新月盛；世道人心，庶几有补。而胡竟至于斯

---

① 吴光酉、郭麟、周梁：《陆陇其年谱》，第 151 页。
② 陆陇其：《三鱼堂日记》卷 8，癸亥正月十六，《陆陇其全集》第 11 册，第 247 页。
③ 吴光酉、郭麟、周梁：《陆陇其年谱》，第 165 页。

耶？自嘉、隆以来，阳儒阴释之学起，中于人心，形于政事，流于风俗。百病杂兴，莫可救药。先生出而破其藩，拔其根，勇于贲、育。我谓天生先生，必非无因，而胡遽夺其年耶？[1]

陆陇其对于吕留良的尊朱辟王思想作了高度的评价，并且指出其对于当时学术界的重要意义。

而且，陆陇其后来对于吕留良多有推崇和维护。《陆稼书先生年谱》中有这样一段话：

> 赴吴志伊、万季野、贞一、姜西溟、冯鲁公、陈葵献、张汉瞻、公酌。贞一极言石门之失，先生曰："此皆石门前半段事。"又言石门之攻阳明也，即所以攻梨洲。先生谓此言尤过。[2]

这里提到的贞一即万言，万斯年之子、万斯同之侄，与父、叔同受教于黄宗羲。因为吕留良与黄宗羲后来交恶，所以黄宗羲的弟子们对吕留良多有攻击之词，而陆陇其则对吕留良多加维护。

当然，陆陇其并非对吕留良的主张全都赞同。前文说到过就出处的问题，他们二人看法本来就不同。与吕留良坚持做一个反清的遗民不同，陆陇其选择了仕清。另外，陆陇其还认为吕留良身上有"傲辟"之病。《年谱》中说："近日魏冰叔，汪苕文，顾宁人，可谓卓然矣。而皆不免傲辟之病，以其原不从程、朱入也。吕石门从程、朱入矣，而不免此者，则消融未尽也。"[3]这里的魏冰叔即魏禧，汪苕文即汪琬，顾宁人即顾炎武。在陆陇其看来，这三人因为不从程朱之学进入，所以就难免

---

[1]　吴光西、郭麟、周梁：《陆陇其年谱》，第94—95页。
[2]　吴光西、郭麟、周梁：《陆陇其年谱》，第104页。
[3]　吴光西、郭麟、周梁：《陆陇其年谱》，第67页。

有傲辟之病；而吕留良身上仍有一些傲辟，则是因为还有部分王学的弊病还没有消融干净。但是，陆陇其又说吕留良"自甲辰以后，行事最笃实"①，也就是说，康熙三年甲辰（1664），即吕留良三十五岁之后，由傲辟而渐趋笃实。

吕留良对陆陇其的影响，主要就是坚定了他尊朱辟王的信心。陆陇其早年曾写过《告子阳明辨》，其中对王阳明多有称赞。这在论学中遭到了吕留良批评：

> 余于辛丑、壬寅间，有告子、阳明之辨。谓告子不是如禅家，守其空虚无用之心不管外面，只是欲守一心以为应事之本，盖即近日姚江之学。然不能知言、养气，则心不能应事，故自觉有不得处。虽觉有不得，终固守其心，绝不从言与气上照管。殆其久则亦不自觉有不得，而冥然悍然而已。以冥然悍然之心而应事，则又为王介甫之执拗矣。故告子者，始乎阳明，终乎介甫者也。大抵阳明天资高，故但守其心，亦能应事。告子天资不如阳明，则遂为介甫之执拗。又告子天资高强，故成执拗，若天资柔弱者，则又为委靡矣。故为阳明之学者，强者必至于拗，弱者必至于靡。东庄见而评之曰："百余年来，邪说横流，生心害政，酿成生民之祸，真范宁所谓罪深于桀、纣者。虽前辈讲学先生，亦尝心疑之，然皆包罗和会，而不敢直指其为非，是以其障益深而其祸益烈。"读此为之惊叹，深幸此理之在天下终不得而磨灭，亦世运阳生之一机也。②

从这里可以看出，陆陇其的《告子阳明辨》还在突出阳明的"天资高"，虽然也批评了阳明之学"终固守其心"。而吕留良则直指阳明之学"罪深于桀、纣"，这一观点使陆陇其"为之惊叹"。吕留良类似的主张在《松阳钞存》中记载颇多。正是吕留良的影响，结束了陆陇其在朱、王学术间徘徊。

关于吕留良在学术上对陆陇其的影响，钱穆先生曾指出："晚村尝与陆稼书交

---

① 陆陇其：《三鱼堂日记》卷8，癸亥十月廿七日，《陆陇其全集》第11册，第262页。
② 陆陇其：《松阳钞存》卷下，《陆陇其全集》第10册，第318—319页。

游，论学甚洽。其后稼书议论，颇有蹈袭晚村。"而且就"蹈袭"这一问题，钱穆先生在小注中说："稼书《松阳讲义》十二卷，其间称引晚村者不下三四十处，迹尤显也。"①《松阳讲义》是陆陇其最重要的著作之一，其中重要观点多有来自吕留良；另外前面提到的《松阳钞存》与《问学录》，则以记录吕留良与其论学的言论为主。此外，陆陇其在给张烈《王学质疑》所作的序中说："近年惟吾浙吕子晚村，大声疾呼，毅然以辟阳明为己任。先生与之不谋而合如斯，信乎德之不孤，而道之不可终晦也矣。"② 由此可见，陆陇其的辟王学几乎都以吕留良为标准。

三、对由王返朱转型的影响

明代中后期，王学风行，成为儒学中的显学。《明史·儒林传》就说："宗守仁者曰姚江之学，别立宗旨，显与朱子背驰，门徒遍天下，流传逾百年，其教大行，其弊滋甚。嘉、隆而后，笃信程、朱，不迁异说者，无复几人矣。"③ 到了明末，王学过分强调主观、师心自用的弊端日益显现。为了挽救学术，东林学派开始向朱学回归，从外部出发对王学加以批判；蕺山学派的刘宗周则是从内部出发，对王学加以修正，这一修正由黄宗羲、陈确等人延续，直至清初，所以梁启超就说："明清嬗代之际，王门下惟蕺山一派独盛，学风已渐趋健实。"④ 东林、蕺山两派其实都属于朱王调和论。

张履祥的时代，已经产生了总结明代学术的教训的必要，"豪杰之士，必有起而任斯道之责者"⑤。或者说，张履祥自己就是以这样的人物自期的，他也确实为之

① 钱穆：《中国近三百年学术史》，第84—85页。
② 陆陇其：《王学质疑序》，《三鱼堂文集》卷8，《陆陇其全集》第2册，第255页。
③ 《儒林一》，《明史》卷282，第7222页。
④ 梁启超：《中国近三百年学术史》第5章，《梁启超全集》第12集，第347页。
⑤ 张履祥：《答叶静远一》，《杨园先生全集》卷2，第38页。

努力并且取得了一定的成就。他对于王学激烈而深刻的批判，有力地推动了清初尊朱辟王之风的兴起。张履祥虽然师从刘宗周，却由王学而返朱学，并且以强硬的态度开始力辟王学，成为"清儒中辟王学的第一个人"。不过一心以明之遗民自居、隐居乡里的张履祥"声誉不出闾巷"①，只有《备忘录》等少量著作有所传抄、刊行，所以他的尊朱辟王思想只是在友人与弟子之间传播，在当时的影响并不广。

吕留良也是一位遗民学者。他受到张履祥的影响和帮助，选辑、刊行二程、朱子等先儒著作，特别是以尊朱辟王的思想去评选时文。他的思想产生了广泛的影响，从而也有力地推动了由王返朱转型的发展。"天下读其书者，如拨云雾而睹青天，其复见所谓廓如者乎。"②除了吕氏门人，后世学者也多有论及其对于朱子学的推动。之后的戴名世说："吾读吕氏之书，而叹其维挽风气，力砥狂澜，其功有不可没也。……而二十余年以来，家诵程、朱之书，人知伪体之辨，实自吕氏倡之。"③隐居深山的王夫之，在其《搔首问》中也提到了吕留良："近有崇德人吕留良字用晦，极诋陆王之学，以卫朱子之教，是已。"④可见其尊朱辟王影响范围之广。

当时就有学者指出：

> 紫阳之学，六传以及方侯成，道靖之变，而其统遂绝，河汾崛起，曲高和寡，而陈公甫、王伯安遂鼓偏执之说以乱之，学士大夫从风而靡，虽胡振斋、罗整庵力加攻诋，义甚正而力或末之逮也。至吕晚村氏，始大声疾呼，以号于一世，……率其同志，精思力究，南方风气，为之一变。⑤

朱熹（紫阳）的理学流传至明初的方孝孺（1357—1402，著有《侯成集》等），靖

---

① 左宗棠：《张杨园先生〈寒风伫立图〉跋后》，《左宗棠全集》第 13 册，岳麓书社 1987 年，第 290 页。
② 陈锬《弁言》，载吕留良：《四书讲义》卷首，第 2 页。
③ 戴名世：《九科大题文序》，《戴名世集》，中华书局 1986 年，第 102 页。
④ 王夫之：《搔首问》，《船山全书》第 12 册，岳麓书社 1996 年，第 646 页。
⑤ 李文照：《王元复传》，转引自王俊义：《清代学术探研录》，中国社会科学出版社 2002 年，第 141 页。

难之变后有薛瑄（山西河津人）的河汾之学兴起。但是程朱之学很快就被陈献章、王阳明的心学替代了，一直到吕留良大声疾呼之后，局面才扭转，可见吕留良的尊朱辟王确实影响较大。在张履祥开风气之后，吕留良进一步倡导程朱之学，以重振学风。不过就清初而言，可见当时吕留良的书风行海内，且真正起到了推尊朱子学、维挽风气的作用。

最后，由王返朱转型由深受张履祥、吕留良影响的陆陇其发扬光大。与常年隐居乡里的遗民学者张履祥、吕留良不同，跻身于清廷的陆陇其在清初尊朱辟王思潮中发挥了更大的作用。陆陇其出仕于清廷，虽然官居不高，但是有将尊朱辟王思想在士林之中进一步扩展的机会。他的主要学术活动有两方面：一是撰写、修订、刊行辟王学的学术著作；另一是与王学学者进行学术论辩。陆陇其与王学名臣汤斌论辩，与辟王学者张烈交往，以及撰写《学术辨》并修订、刊行《学蔀通辩》与《王学质疑》等辟王学著作，使得尊朱辟王思潮逐步扩展至庙堂之上，因此他在清初尊朱辟王思潮中发挥的作用自然也就比张履祥、吕留良更大。陆陇其是理学名臣，又成为清代第一个从祀孔庙的学者，其尊朱辟王的学术影响就是最主要的原因。乾隆三年（1738）御赐碑文，也肯定了他的尊朱辟王之功："研清圣学，作洙泗之干城；辞辟异端，守程朱之嫡派。"[1] 陆陇其本传说：

> 陇其自幼以斯道为己任，精研程朱之学。两任邑令，务以德化民。平身孝友端方，言笑不苟。其所著述，实能发前人之所未发，弗诡于正，允称纯儒，宜配飨俎豆。[2]

由此可知，陆陇其获得的殊荣，与其学术上的努力有着重要的关系。

---

[1] 吴光酉、郭麟、周梁：《陆陇其年谱》，第 2 页。
[2] 李桓：《国朝馆陆陇其本传》，《历代"朱陆异同"典籍粹编》第 3 册，第 356 页。

晚清学者唐鉴著《清学案小识》将陆陇其列为第一人，他说：

> 蒙是编，自平湖陆先生始，重传道也。有先生之辨之力，而后知阳明之学，断不能傅会于程朱；有先生之行之笃，而后知程朱之学，断不能离格致诚正，而别为宗旨；有先生之扶持辅翼于学术败坏之时，而后知天之未丧斯文。有宋之朱子，即有今之陆先生也。与先生同时诸儒以及后之继起者，间多不及先生之纯，而能遵程朱之道，则亦先生之心也。①

正因为陆陇其的传道之功，以及之后熊赐履、张伯行等人的继续尊朱辟王，使得程朱之学在康熙朝被确立为学术正统。而王学则渐趋式微，乾隆时期编撰《四库全书》对清初王学著作的收入就相当之少。

清初的由王返朱转型，张履祥发其端，吕留良将其拓展，而到陆陇其等学者那里则达到了高潮，最终王学式微而朱学重新成为学术正统。在整个由王返朱过程之中，这三位学者起到了至关重要的作用，所以他们之间的交游、思想承继与相关的学术活动，可以说是清初尊朱辟王思潮发展的一条主线。把握这一主线，我们就对清初由王返朱转型有了更为具体、明晰的认识。值得注意的是，张履祥于尊朱辟王的开创之功，在以往相关问题的研究之中往往被学界忽视。其实在三人之中，张履祥可以说是在理学思想上最为全面、精深、纯粹的一名儒者，更为值得关注。

总之，尊朱辟王本是弥漫于清初的时代风气，在民间学者那里发端，而官方又将之意识形态化了。陆陇其之所以提出独尊朱子且辟王特别严苛，乃是受到了张履祥、吕留良这两位民间学者的直接影响，也与熊赐履等官方学者的影响以及康熙帝对朱子的推崇有一定的关系。他自己也说："今天子敦崇正学，程朱之说复行于世。"② 若一定要说通过陆陇其的努力，民间学者的尊朱辟王思想被"收编"而成为

---

① 唐鉴：《清学案小识叙》，《清学案小识》，第3—4页。
② 陆陇其：《周永瞻先生四书断序》，《三鱼堂文集》卷8，《陆陇其全集》第2册，第246页。

官方意识形态的组成部分，似也不为过，然而他由王返朱的转型毕竟还是出于学术选择的自觉。[1]

---

[1] 杨念群先生曾指出，双方在同样借助于某个古典思想媒介表达自己的批评意图时，士人的一方常常会面临最终被王权话语收编的危险。杨念群：《何处是江南》，生活·读书·新知三联书店 2010 年，第 392 页。

第八章　由王返朱转型中的实学实行

清初的学者不得不反思明亡的教训。作为学者，其反思自然还在于学术：除了为学方向上的转换，也即由王返朱之外，还有治学态度上的转换，也即由玄虚而转向笃实。这也是明清之际学术转型的一个特别重要的方面，其中最为关键的就是批判晚明以来的空虚学风，即反对空疏、虚浮的学术，提倡实学。[①] 所谓实学，包括道德践履、经典考据、经世致用三个方面。

萧一山《清代通史》之中有一段非常出名的话，比较了明末与清初学风的差异："夫有明末之空疏，始有清初之敦实；有明末之蔑视读书，始有清初之提倡经术；有明末之轻忽践履，始有清初之注重躬行；在在皆明学反动之结果也。"[②] 学风由明末之空疏转向清初之敦实，而提倡经术与注重躬行也都是敦实学风的表现。这一敦实学风的形成，则还是对明代学术进行彻底反思的结果。所以萧一山、梁启超等人说清初学术是对明学之反动，而对此反动做出主要贡献的还是明之遗民。明遗民对清代学术产生了至关重要的影响，钱穆对此有很高的评价：

> 明末遗民，他们虽含荼茹薛，赍恨没世，而他们坚贞之志节，笃实之学风，已足以深入于有清一代数百年来士大夫之内心，而隐然支配其风气。……明末一般社会风气之堕落，学者之空虚欺诈，名士之放诞风流，经历亡国之惨

---

① "实学"一词，在这里采用姜广辉先生《"实学"考辨》中的归纳："实学"标示着一种学术取向，即首先要学者具有立身的根基（"德行"），要精通治国安民的理论（"经学"），并具有治国安民的才能（"用世"）。姜广辉：《走出理学》，第33页。

② 萧一山：《清代通史》，第753页。

祸而态度激变。刻苦、坚贞、强毅、笃实、博综，遂为晚明遗老治学为人共有之风格。①

明遗民在志节与学风上都深刻影响了整个清代学术史。特别是在明清鼎革之际，明遗民治学将学风从空虚、放诞中解救出来，形成笃实、博综的清初经世致用思潮，意义非常之大。

对晚明的空虚学风，清初学者多有批评，如顾炎武就说："以明心见性之空言，代修己治人之实学。肱股惰而万事荒，爪牙亡而四国乱，神州荡覆，宗社丘墟。"②顾炎武将明亡归于士人空谈心性，所以他一生提倡实事求是之学，著《音学五书》《日知录》等开清代朴学之风。在清初学术中以注重实学、实习为特色的颜李学派，其创始人颜元有批评宋明儒者的名言："宋、元来儒者却习成妇女态，甚可羞。无事袖手谈心性，临危一死报君王，即为上品矣。"③这也是对晚明崇尚空谈的士大夫最形象的描绘。颜元反对性理之学，也反对著书之空虚。他说："道不在《诗》《书》章句，学不在颖悟诵读，而期如孔门博文、约礼，身实学之，身实习之，终身不懈者。"④他提倡事物之教、六艺之学，讲求各种具有实际功用的学问。颜元之学经过其弟子李塨的宣传，"发扬震动于时"，成为清初最具影响力的崇实学派。除了上面提到的顾炎武、颜元之外，清初各家各派的治学都有崇实的特点，如孙奇逢劝学者多在日用伦常上用功，李颙劝学者反身于实践之功等。由此可以看出，推动清初学风由虚返实，这是一代士人的共识。

在由王返朱的学术转型之中，主张尊朱辟王的理学家成为学界的主流。他们在学风上的共同倾向是从玄虚走向笃实，也就是说讲求实学与实行。其具体表现则主要有三点：一是普遍重视个人的道德践履；二是主张以经学补济理学，部分理学家

① 钱穆：《国史大纲》，商务印书馆1996年，第852页。
② 顾炎武：《夫子之言性与天道》，《日知录》卷7，《顾炎武全集》第18册，第307—308页。
③ 颜元：《学辨一》，《习斋四存编》，上海古籍出版社2000年，第90页。
④ 颜元：《上太仓陆桴亭先生书》，《习斋四存编》，第86页。

有经史考据的著作；三是倡导经世致用，官方的理学家多为经世之能臣，民间的理学家也多有从事下层的乡村社会的经世实践。

第一节 "行己有耻"：对道德践履的特别重视

说到清初学者重躬行与践履，有必要重提一下顾炎武。为了救治晚明学术弊病，他不但提出回归经学，也即"博学于文"，还提出重视自身的道德践履，也即"行己有耻"。他说：

> 愚所谓圣人之道者如之何？曰"博学于文"，曰"行己有耻"。自一身以至于天下国家，皆学之事也；自子臣弟友以至出入、往来、辞受、取与之间，皆有耻之事也。耻之于人大矣，不耻恶衣恶食，而耻匹夫匹妇不被其泽，故曰："万物皆备于我，反身而诚。"呜呼！士不先言耻，则为无本之人；非好古而多闻，则为空虚之学。以无本之人而讲空虚之学，吾见其日从事于圣人，而去之弥远也。[①]

士大夫学圣人之道，其本在于修身知耻，也即"反身而诚"；如为学而不反于身，则为空虚之学。顾炎武也看到了当时学风的空虚，故倡导践履之笃实。

清初的理学家普遍重视个人的道德践履。虽然主张朱王调和的孙奇逢与汤斌等都以践履笃实而著称，但是总的来看，还是主张尊朱辟王的理学家在践履方面更为特出。而关于践履的重要性，清初理学家认为理学本当践履，反对空谈性命之学，相关的言论也颇为丰富。比如熊赐履曾说："道不虚悬，故经非空设，意必明体达

---

① 顾炎武：《与友人论学书》，《亭林文集》卷3，《顾炎武全集》第21册，第93页。

用，切实躬行？乃得与于斯文之列与。"①魏象枢也说："海内讲学家，高谈生命，动称儒者。于人往往无所济，欲立欲达，卒托空谈而已。"②下面就以尊朱辟王的理学家之中，民间的张履祥与官方的陆陇其为代表，谈谈他们关于笃实践履的思想。

一、张履祥的崇实

钱穆先生在《〈清儒学案〉序目》计划中将《杨园学案》列第三。他说："杨园践履，笃实明粹，亦清初之吴康斋也；而身当易世，痛切明夷，其贞晦之操，深潜之节，尤为过之。"③还有张舜徽先生，他对张履祥更是推崇备至，在许多地方都曾提及。如在《清儒学记》中，他将张履祥列为第二。他说：

> 在明末清初，北方有孙奇逢，南方有张履祥，都是艰苦卓绝、壁立千仞的人物。特别是张履祥，除践履笃实，卓然为一时人师外，学问渊远，识议通达，在博文、约礼方面，取得了巨大成就，远在三百余年前的封建学者中，是崇实黜虚的典范，很少有人赶上他。④

作为得风气之先的遗民学者之一，张履祥"崇实黜虚"，对晚明的学风之空疏、虚浮多有批评。他说："古之教人，仁义道德而已矣；今之教人，声色货利而已矣。古之学者以实行，今之学者以空言。"⑤这里的古之学者当指孔、孟与程、朱，他们重视仁义道德与实行；但是晚明这些今之学者、王学末流就只是谈论心性之空言，追

---

① 熊赐履：《庚辰科会试策问五道》，《澡修堂集》卷4，《四库全书存目丛书》集部第230册，第516页。
② 魏象枢：《赈施录序》，《寒松堂全集》，第363页。
③ 钱穆：《中国学术思想史论丛》卷8，第543页。
④ 张舜徽：《清儒学记》，齐鲁书社1991年，第56页。
⑤ 张履祥：《备忘四》，《杨园先生全集》卷42，第1180页。

逐于声色货利。张履祥在与友人信中也指出："近来学者，多务虚意而无笃行，好趋高明而遗平实。"① 明末的学者好"趋高明"，其实则"务虚意"而已；为学为人都缺乏笃实之言行，最后造就一堆空疏无用之学术，于家于国全然无益。张履祥说：

> 学者于先哲遗书，但当笃信而敬守之，求其有益于己，方得长进。才有意于訾驳儒先，即此一念，已不可以对圣贤矣，更何读书学问之可言？②

在他看来，理学历经宋代以来先哲的发挥，已经没有什么剩余，只需要依照先哲所言切实践履可以了。明代学者往往喜欢著述，"徒乱人意，无益于学也。好立文字，是学人一种通病"③。晚明学者所立的文字，在他看来都无益于学术，甚至有悖先儒。他还说："好议论先儒而申己说，世之为良知之学者，无不中此病。"④ "伤悼百有余岁，学术不明，邪说肆出。……向往正学者，正宜洗心涤虑，体究濂、洛、关、闽之遗书，以求得乎孔、孟之正传，见诸躬行而无所愧怍焉。"⑤ 张履祥反对著述，晚明一百年间"邪说肆出"，就是指王学著述。他自己则"信而好古"，恪守程朱一系的学说，认为讲求正学，通过濂、洛、关、闽而上溯孔、孟，并见之于躬行，以免猖狂无忌、似是而非之习。

张履祥身处乱世，因此特别讲求实学、实才，"但处今之世，自非实学、实才不足有济"⑥。张履祥治学，反对晚明学风之虚浮，强调实学："为学最喜是实，最忌是浮。"为学先要忠信，而"忠信只一实字"。他进一步解释说：

> 故敬曰"笃敬"，信曰"笃信"，行曰"笃行"，好曰"笃好"，无所往而不

---

① 张履祥：《答吴仲木九》，《杨园先生全集》卷3，第55页。
② 张履祥：《备忘三》，《杨园先生全集》卷41，第1122页。
③ 张履祥：《备忘二》，《杨园先生全集》卷40，第1087页。
④ 张履祥：《备忘录遗》，《杨园先生全集》卷42，第1201页。
⑤ 张履祥：《与唐灏儒四》，《杨园先生全集》卷4，第79—80页。
⑥ 张履祥：《答吴文生》，《杨园先生全集》卷9，第263页。

用是实也。其为人也厚而重，君子之徒也，本于一实。其为人也轻而薄，小人之徒也，本于一浮。[①]

实与浮，也是判断君子与小人的标准。在治学中，处处要求笃、求实。在他看来，这是学问的根本所在。

具体而言，实学当能实行，也就是所谓的践履笃实。张履祥说："读书不能长进，只是不能实求之身。"[②] 强调读书要讲求实学，就是要处理好心之读书与身之践履的关系。张履祥说：

> 学问之士，素位而行，处富厚从富厚做功夫，处贫困从贫困做功夫，方是实用其力，方见有得力处，否则道理终在书册上也。[③]

为学要从实际出发，安于富厚或贫困，又要落到实处。若没有"实用其力"，则道理还停留在书册之上，毫无意义。他还说："道理须是举目可见，举足可行，方是实理。功夫须是当下便做得，方是实功。道在迩而求诸远，事在易而求诸难，则惑之甚也。"[④] 只有实践而来的道理能够实地见得其中的可行性，才是实理、真理。欲明理就要去明实理，欲做就要去做实功。张履祥以其实学来反对求远、求难的虚学。事无大小，都应讲求"实做"。他认为：

> 凡事无大小，言之极易，实做便难。在吾人存心，要当以易让人，以难自处。譬如行路，脚踏实处便稳，若稍着不实处，便有倾跌之患。行事稍有不实，

---

① 张履祥:《初学备忘上》,《杨园先生全集》卷36，第998页。
② 张履祥:《初学备忘下》,《杨园先生全集》卷37，第1008页。
③ 张履祥:《答吴汝典四》,《杨园先生全集》卷14，第399页。
④ 张履祥:《备忘四》,《杨园先生全集》卷42，第1187页。

异时败坏未有不于此也。[1]

能不能着实，将言论落于实处，这是判断学问真伪的标准："或言学问真伪，予曰：'无多言。凡事认真，凡事着实，是真。凡事苟且，不认真，是伪。'"[2] 所以，不需要空谈学问真伪，不需要多说事大事小，只要认真、着实去做，就能够判断出其中的真伪。张履祥还说："凡做一项人，须要实心实力，尽得此项人底道理始得。不论做官、做工、做男子、做女人。"[3] 不管从事什么职业，也不管是男是女，凡是人就应该"实心实力"去做，才能明白为人的道理。他还说：

> 见地要高明，践履要笃实，所谓"知崇礼卑"也。二者不可偏于一隅，见地有余而践履不足，鲜不流于禅；践履可观而见地卑下，则止于乡曲而已。学问之事，只"知崇礼卑"一语尽之。[4]

为学"见地要高明"，为人"践履要笃实"。两者相结合，将为学与为人统一起来，才能避免学"流于禅"，"止于乡曲"。

张履祥反对心学一系好说本体的玄虚之学，认为"本体不假修为"；本体就在工夫之中，需要讲求的就是如何在日用之中践履。他说："一一从自身体验，人伦日用处心动念果从那一边发，则为舜之徒、为跖之徒，判然知所适从矣。"[5] 在人伦日用处体验道，也就是注意庸言、庸行，即以笃实之心来对待自己的一言一行。他还说："除却庸言、庸行，更无性命之理。今见高明者，既遗日用事物，而别求一种学问。其稍务践履者，又不免阘茸鄙琐，无超然之意。"[6] 张履祥一反晚明以来自以为

---

① 张履祥：《备忘一》，《杨园先生全集》卷39，第1058页。
② 张履祥：《备忘三》，《杨园先生全集》卷41，第1142页。
③ 张履祥：《备忘三》，《杨园先生全集》卷41，第1149页。
④ 张履祥：《备忘三》，《杨园先生全集》卷41，第1136页。
⑤ 张履祥：《备忘一》，《杨园先生全集》卷39，第1077页。
⑥ 张履祥：《备忘一》，《杨园先生全集》卷39，第1055页。

高明，空谈性命之理而遗弃日用事物的王学末流。他认为，性命之理就在庸言、庸行之中，空谈性命者，往往忽视践履；践履而不读书穷理者，往往粗鄙猥琐。所以，必须将人伦日用的庸言、庸行与性命之理相贯通，在践履的工夫中体悟本体的超然。也只有这样，才能避免陷于"邪说暴行"之中。张履祥说：

> 邪说暴行，不必奇特看了。弑父与君，只举其极重耳。凡不轨于圣贤中正之道者，皆是也。圣贤之徒，只是"庸言之信，庸行之谨"而已。默自检点，吾人日用之间，喜怒哀乐发不中节处，其为邪说暴行，不已多乎？[①]

圣贤也是从"庸言之信，庸行之谨"做起的。如果日用之间不加检点，喜怒哀乐发不中节处，就是邪说暴行。极罪极恶的弑父、弑君就根源于此。所以，必须注意对平时言行的检点："可言也不可行，君子弗言；可行也不可言，君子弗行。只此检点，庶乎鲜失矣。"[②]也就是说，日用中注意检点工夫，就能够防止德行有失。具体而言，则对一日之间的每时每事都有其要求：

> 吾人一日之间，能随时随事提撕警觉，便不到得汩没。当睡觉之初，则念鸡鸣而起，为善为利之义。平旦，则念平旦之气，好恶与人相近否？日间，则念旦昼之所为，不至梏亡否？以至当衣则思"不下带而道存"之义，临食则念"终食不违"之义。及暮，则思"向晦宴息"，以及"夜以继日"，"记过无憾"之义。如此，则庶几能勿忘矣乎！若其稍忘，即当自责自讼不已。[③]

从早晨起床一直到晚上睡觉，与人相处、一日所为、穿衣吃饭，白天黑夜的每一件

---

① 张履祥：《备忘二》，《杨园先生全集》卷40，第1104页。
② 张履祥：《备忘三》，《杨园先生全集》卷41，第1146页。
③ 张履祥：《备忘四》，《杨园先生全集》卷42，第1175页。

事都要提撕警觉，也就是说随时随事去做德性实践的工夫，只有这样笃实践履，才能够真正至于道。

张履祥所提倡的实学，就是"明理在适用"；学问的切实，必须能讲求适用。他说：

> 读书所以明理，明理所以适用。今人将适用二字看得远了，以为致君泽民，然后谓之适用。此不然也。即如今日，在亲长之前，便有事亲长之理；处宗族之间，便有处宗族之理；以至亲戚、朋友、乡党、州里，无一不然；以至左右仆妾之人，亦莫不然。此际不容一处缺陷，处之当与不当，正见人实际学问。[①]

学问讲求适用，但并不是说只有"致君泽民"的大事才算适用。张履祥所强调的适用，从人伦日用开始：家庭、宗族、亲戚、朋友、乡党、州里等等，事事处处都能体现适用。这些都是实际的学问。所以"家国一理，事无大小，处之各得其道，方为实学"[②]。学问之实、道理之明，不在于事之大小，而在于是否适用。家与国的关系，致君泽民与人伦日用的关系，在第二章探讨张履祥的济世思想的时候已有论述，这里不再多谈。应该说两者在他的思想中得到了很好的统一，即他主张将致君泽民的济世落实在人伦日用，即宗族、乡里的具体社会实践之中。

而且，明理的关键就是要在人伦日用之中求其适用。张履祥说："欲诚其身，必先明乎善，须是切实下手。切实无他，只在日用动静，事事求其当理，而不轻放过而已。"[③]"敛华返实，从庸德、庸言上用一番朴诚功夫，以救当世诐淫邪遁之人心。庶不负天生吾等为读书学问中人，亦六阳从地起之意也。"[④]张履祥治学在工夫论上就是讲一实字，就是"敛华返实"，从虚浮走向笃实，在庸德、庸言上下功夫。道

---

① 张履祥：《答颜孝嘉》，《杨园先生全集》卷 13，第 367 页。
② 张履祥：《答徐重威七》，《杨园先生全集》卷 14，第 410 页。
③ 张履祥：《与徐敬可九》，《杨园先生全集》卷 8，第 225 页。
④ 张履祥：《答徐敬可十八》，《杨园先生全集》卷 8，第 231 页。

与理本来就应该体现在人伦日用的事事物物之中，所以要在其中用功。而且，"功夫愈切实则心愈虚，心虚而后能从善"①。切实功夫能够使心体虚明，进一步向善，使德性得到提升。张履祥认为："'主忠信'，立德之基；'见善则迁，有过则改'，修德之事。日用之功，此为切实。"②在日用之中做到主忠信与迁善改过，这就是儒者立德与修德的具体功夫，也就是说要将理适用于平实的言行之中。

张履祥的学术趋向于实学，"明理在适用"则进一步补充说明如何实践理学。学术要切实地落在人伦日用之中，将高明的见地化为践履的笃实，将为学与为人统一起来。综合这两者，我们可以看到，张履祥的实学还是以道德论为核心，所以他虽然在知行关系上已经对程朱之学有所发展，但是就实践对于认知的重要性这一问题没有进一步展开理论探讨。之后兴起的颜李学派的实学、实习思想就比张履祥更为完善，达到了一个新的高度，并且已经到理学领域之外了。不过，在清初的遗民理学家之中，张履祥的实学思想，相对于程朱理学格物穷理的思想显然有了新的发展；特别是其践履笃实的观念，更是对清初崇实黜虚学风的兴起有着较大的推动作用。

张履祥是推动清初学风转向的先驱之一，其论学多与当时世人不同：

> 世人论学，多说做圣人；仆只说士希贤，贤希圣。世人多说六经注我，我注六经；仆只劝人读书。世人多说精一执中；仆只说逊志时敏，允怀于兹。下士晚闻道，聊以拙自修。③

从王学的迷雾中走出来后，张履祥不再多说做圣人，只说希贤、希圣，劝人读书；也不去讲求容易陷入虚浮的"精一执中"，只讲求"逊志时敏，允怀于兹"。从他对

---

① 张履祥:《备忘二》,《杨园先生全集》卷40，第1085页。
② 张履祥:《备忘三》,《杨园先生全集》卷41，第1145页。
③ 张履祥:《答徐重威十二》,《杨园先生全集》卷14，第415页。

自己一生治学的总结中，我们可以看出，其人其学真不愧为践履笃实的表率。

二、陆陇其论实理、实事、实学、实行

陆陇其是清初理学家之中道德践履最为笃实的一位，以清官著称。这也是他后来能够成为第一个入祀孔庙的清代儒者的根本原因。

推尊朱子之后，学者需要的就是以朱子之所言来察识，来身体力行。陆陇其说：

> 愚近年所见，觉得孟子之后至朱子，知之已极其明，言之已极其详，后之学者更不必他求，惟即其所言而熟察之、身体之。[1]

> 吾辈今日学问，只是遵朱子，朱子之意即圣人之意，非朱子之意即非圣人之意，断断不可错认了。但有一说，未有朱子《章句》《或问》时，这章书患不明白；既有朱子《章句》《或问》，这章书不患不明白，只怕在口里说过了，不曾实在自家身心上体认，则书自书，我自我，何益之有？[2]

陆陇其还说："今须逐一扫去异说，归于正义，方见子思吃紧为人之意，方见程子所谓'其味无穷，皆实学也'。"[3] "所学者，人伦事物之理，本于天命之性是也。若一切记诵词章、虚无寂灭，皆是学其所学，非吾所谓学。"[4]陆陇其反对一切记诵词章之学与佛老虚无寂灭之学，因为这些学问"学其所学"，然其所学皆非朱子之学。

陆陇其推崇朱子学，讲求实理于实事，也就是人伦日用当中的道德践履。他首先强调理之实：

---

① 陆陇其：《答某》，《三鱼堂文集》卷6，《陆陇其全集》第1册，第165页。
② 陆陇其：《松阳讲义》卷1《大学之道章》，《陆陇其全集》第3册，第2页。
③ 陆陇其：《松阳讲义》卷2《天命之谓性章》，《陆陇其全集》第3册，第56页。
④ 陆陇其：《松阳讲义》卷4《子曰学而时习章》，《陆陇其全集》第3册，第161页。

> 以理言之，则天地之理至实，而无一息之妄。故自古及今，无一物之不实，而一物之中，自始至终皆实理之所为也。以心言之，则圣人之心亦至实，而无一息之妄，故从生至死，无一事之不实，而一事之中，自始至终皆实心之所为也。单说实理，则实心包在内了。①

正是因为自古至今，天地之理原本"至实"而"无一息之妄"，所以天地万物也为实。有"实理"而有"实心"，于是圣人之心能够至实，所以从事之事也为实事。

陆陇其反对将道、理讲得过于玄虚，也就是说反对直接讲求性、道等本体，倡导以下学求上达。他说：

> 性、天道，夫子不是不言的，亦不是常言的，要玩注中"罕言"二字。看学者火候到时，方与之言，若火候未到，则不轻与言，故曰"罕言"。……若使夫子早与言性、天道，则亦不知其妙，如此非徒不知其妙，而强探臆度，反将文章切实工夫不去着力，便躐等而无成了。惟起初不言，专教他在文章上作工夫，讲求其理，省察于身。博学、审问、慎思、明辨、笃行者，皆只是文章，直至工夫既久，方才使理会性、天道，所以便能豁然贯通。②

关于性、天道之类上达的工夫，陆陇其认为孔子"不常言""不轻与言"，就是为了避免弟子"强探臆度"，"躐等而无成"。圣人教人专在"文章上作工夫"。"文章"在陆陇其的诠释之下，就是外"讲求其理"，内"省察于身"。等到这些下学工夫到家了，自然就能理会性、天道。他说："盖孔子之时，未有虚无寂灭，自托于上达之说，故孔子教人，只从下学说起，使其循序渐进。"③谈论本体，容易走向虚无、寂

---

①　陆陇其：《松阳讲义》卷3《诚者自成也章》，《陆陇其全集》第3册，第130页。
②　陆陇其：《子贡曰夫子之文章》，《松阳讲义》卷6，《陆陇其全集》第3册，第260页。
③　陆陇其：《问学录》卷3，《陆陇其全集》第10册，第232页。

灭，容易自以为已经上达，所以正统的儒家学说都是重视下学的。下学有循序渐进之途径，自然能够上达。陆陇其还说：

> 圣人一生，只做得下学工夫，……下学，即是《大学》之三纲领、八条目，《中庸》之尊德行、道问学，《论语》之博文约礼、愤忘食、乐忘忧。只管下学，自然上达，不是下学外，别有个上达；又不是下学中，便有上达，是下学熟便能上达。
>
> 圣人只是这下学，一部五经、四书都是说下学，若不从下学入手，纵智勇绝世却是门外汉。[1]

在他看来，圣人所做的都是下学工夫；五经、四书也都在说下学，所以《大学》的三纲八目、《中庸》的尊德性与道问学、《论语》的博文约礼等等，都属于下学。只要笃实去做下学工夫，不必讲求上达而"自然上达"。

因此，陆陇其反对王阳明的《大学》诠释重在诚意、正心两目，认同朱子之学重在格物，也就是在处事、接物：

> 朱子《白鹿洞学规》无诚意、正心之目，而以处事、接物易之，其发明《大学》之意，可谓深切著明矣。盖所谓诚意、正心者，非外事物而为诚、正，亦就处事、接物之际而诚之、正之焉耳。故传释"至善"，而以仁、敬、孝、慈、信为目，仁、敬、孝、慈、信皆因处事、接物而见者也。圣贤千言万语，欲人之心、意范围于义理之中而已，而义理不离事物。明乎《白鹿洞学规》之意，而凡阳儒阴释之学，可不待辨而明。[2]

---

[1] 陆陇其：《莫我知也夫章》，《松阳讲义》卷9，《陆陇其全集》第3册，第368—370页。
[2] 陆陇其：《读朱子白鹿洞学规》，《三鱼堂文集》卷4，《陆陇其全集》第1册，第71—72页。

朱子的《白鹿洞学规》顺着格物穷理讲下去，将诚意、正心解释为处事、接物之际的诚与正，至善也落实于处事、接物。陆陇其认同朱子的诠释，还强调"义理不离事物"。他还说：

> 盖言性道，或疑其迂远，而道不可离之意，犹未甚显。言中和，则必不能不谓之大本达道，而不可离明矣。
>
> 天地位，只是大纲都好了，故致中便能如此，此尚未难。万物育，是天下事事都好了，须致和方能如此，此最是难事。虽云"体立而后用行"，然用行更难于体立。①

他将《中庸》之中的性、道都解释为事物之中"不可离"。"中和"虽然也是"大本达道"，但还是不可离的，甚至"天地位""万物育"都要落实于"天下事事"。对此，吴光西说："讲学者率言体立则用自行，先生独谓用行更难于体立。发先儒所未发，非阅历之深，体认之精者不及此。"② 当时理学家好谈论本体，认为"体立"之后"用"自然能行；陆陇其则认为"用行更难于体立"，所以如何使得"用行"，也就是如何做好下学工夫，才是最为关键的。

正是因为"只管下学，自然上达"，所以陆陇其认为道、理、太极，都要在人伦日用之间讲求。他在《太极论》中说：

> 论太极者，不在乎明天地之太极，而在乎明人身之太极。明人身之太极则天地之太极在是矣。……学者诚有志乎太极，惟于日用之间时时存养，时时省察，不使一念越乎理，不使一事悖乎理，不使一言一动之逾乎理，斯太极者存焉。……是故善言太极者，求之远不若求之近；求之虚而难据，不若求之实而

---

① 陆陇其：《三鱼堂剩言》卷 6，《陆陇其全集》第 10 册，第 57—58 页。
② 吴光西、郭麟、周梁：《陆陇其年谱》，第 124—125 页。

可循。①

陆陇其的《太极论》提出"明人身之太极",认为宋儒论太极重在理性思辨,有玄虚的可能。所以,他要讲求太极在于人伦日用之中,时时注意存养与省察,使得所有念虑、言动都合乎天理,这才可以说"人身之太极"存在了。陆陇其的太极论,就是将玄虚的太极落到了近处、实处,从而成为平时的躬行践履的道德指南。

类似的思想在其《松阳讲义》之中也有所表述,如:

> 天下原没有高奇的道理,只是人伦日用间,有个天然恰好之则。②
>
> 盖道者,日用事物当然之理,乃人所必由之路,一事离道,这一事便不成事了;一物离道,这一物便不成物了。③
>
> 盖此道常昭著于日用常行之间,初无高远难行之事。若欲离人事而求之高远,便非所以为道,所谓"道在迩而求诸远"也。……可见道不外人伦日用之间,人之所以为人,全在乎此,不可须臾离。今日学者病痛不在远人,只患在于当知当行之道,不肯去笃实用功。全被气禀、物欲做主,是将不得为人,岂但远人而已,切宜猛省。④

陆陇其所说的"天然之则""当然之理",也就是道;"只是人伦日用间",也就是"日用常行之间"的事与物,那么就需要在当知当行之道上去"笃实用功"。

陆陇其认为,学不是为了求"干禄"。他在《松阳讲义·自序》之中就说:"即圣贤之言,引而归之身心,不徒视为干禄之具。"⑤再如《子张学干禄章》中说:

---

① 陆陇其:《太极论》,《三鱼堂文集》卷1,《陆陇其全集》第1册,第1—3页。
② 陆陇其:《淇澳二节》,《松阳讲义》卷1,《陆陇其全集》第3册,第25页。
③ 陆陇其:《道也者节》,《松阳讲义》卷2,《陆陇其全集》第3册,第58页。
④ 陆陇其:《道不远人章》,《松阳讲义》卷2,《陆陇其全集》第3册,第96、99页。
⑤ 陆陇其:《松阳讲义序》,《陆陇其全集》第3册,第1页。

可见学不可一念涉于干禄，古之圣贤，身居富贵，皆是不求而自至，其胸中未尝有一毫希觊之念也。自圣学不明，士束发受书，便从利禄起见，终身汲汲，都为这一个禄字差遣，一部五经、四书几同商贾之货，只要售得去便罢了，未尝思有益于身心，有用于天下，真是可叹！今日学者须先痛除此等念头，将根脚拨正了，然后去用工，才是真学。不然，即读尽天下之书，譬如患病之人，日啖饮食皆助了这病，毫无益于我。①

陆陇其对于当时读书人将五经、四书视为科举之工具，读书只为求谋取功名之类的现象痛心疾首。他认为，读书必须"有益于身心，有用于天下"，也就是要修身、齐家、治国、平天下，可惜有抱负的读书人太少了。陆陇其还说："不知读书之法，视圣贤之书不过干禄之具，而不实体之身心，不实验之人情世变，窃其皮肤润色为文章，谓可取富贵如拾芥，不自觉其傲且骄，反不如不读书之人，犹知有所畏惧。"真正的读书，也就是求一个实字，即"实体之身心""实验之人情世变"。具体而言，《松阳讲义》里还有关于什么是"学"的细致辨析：

开口说一个学字，要讨个着实。……若不讨个着实，则此等字面皆可谓异学所借。要讨着实，须将《大学》八条目细细体认，方有主张。然《大学》八条目亦何尝不可借，如象山、阳明辈，皆是借《大学》条目作自己宗旨。又须将朱子《章句》《或问》细细体认，然后此一个学字有着落。大抵学也者，博学、审问、慎思、明辨、笃行是也；所学者，人伦事物之理，本于天命之性是也。若一切记诵词章、虚无寂灭，皆是学其所学，非吾所谓学。②

讨论《论语》之首章，陆陇其就指出学必须"讨个着实"；如不求实，就会被诸如

———————————

① 陆陇其：《子张学干禄章》，《松阳讲义》卷5，《陆陇其全集》第3册，第219页。
② 陆陇其：《子曰学而时习之章》，《松阳讲义》卷4，《陆陇其全集》第3册，第160—161页。

佛学、王学等"异学"所假借，异端邪说趁机而入。至于什么是实，他认为就是要讲求下学工夫。也就是说，学、问、思、辨、行都要与人的身心修养结合起来，只有这样才是实。

《松阳讲义》里还进一步阐明了如何实学、实行。他说：

> 这一章是子夏想实行之人，因思实学之重。……大抵天下无实行之人，则不成世道，然实行必由乎实学。若不学而徒言行，则所谓行者岂能丝毫无欺，或反做成病痛。故自古笃行之人皆好学之人，未有不穷理不读书而能笃行、笃行而一无病痛者也。①

实行必由实学而可得；所谓实学，则必须穷理、读书。陆陇其接着说："至若后世训诂、记诵、辞章之学，夸多斗靡，而无益于伦纪，非子夏所谓学。"在他看来，对于人伦日用无所益处的训诂、记诵、词章之类都不是真正的学。当然也不是说这些学都毫无意义，只是不能作为下学之根本而已。陆陇其还说：

> 须知吾人不可不敦者，实行；不可不务者，实学。若不从实行上着力，虽终日讲学，与不学者何异？与夸多斗靡之学何异？然或但知实行而不知实学，或反以实学为支离，则又不免走入荆棘中去，须是以实学去做实行，方得为宇宙间全人。②

也就是说，实学必须能实行。只是讲学而不能实行，那与记诵、词章之类的学又有什么区别呢？反之，实行也必须知实学，不可如陆、王一般，将学视为"支离"。所以他倡导"以实学去作实行"，像这样努力，才能成为"宇宙间全人"。

---

① 陆陇其：《子夏曰贤贤易色章》，《松阳讲义》卷4，《陆陇其全集》第3册，第178页。
② 陆陇其：《子夏曰贤贤易色章》，《松阳讲义》卷4，《陆陇其全集》第3册，第179—180页。

此处还有必要补充一条。陆陇其说：

> 《易》言"敬以直内，义以方外"，亦是交相培养。若轻视外与末，岂程子
> 所谓"体用一原"者乎？圣贤之学，虽云美在其中，则自然畅于四肢、发于事
> 业，然欲其中之充实，非内外、本末交相培养不可。①

除了学与行相互结合，还有践履"内外""本末"的"交相培养"，这也就是上面所
指的内在的对于理的体认与外在的对于事的体察。这一说法可以补充实学与实行的
相关含义。

总之，陆陇其反对晚明王学的空谈心性、本体等形上玄远之学，也反对训诂、
词章之学；其理学转向现实，转向人伦日用之中的践履笃实，极力提倡实学、实行，
并身体力行。关于陆陇其理学之实，陈来先生指出："陆陇其强调实行实学，反对空
谈心性，反对太极玄想，要求使学问向人的道德实践方面发展，表现出他与早期朱
学的差别，可以说他是属于清初理学内部的实践派。"②应该说，陆陇其所倡导的朱
学，并不是简单回复到宋代的朱学：它深受明清之际崇实黜虚思潮的影响，不是理
论型的，而是一种实用的、经世的实践型朱学。当然就陆陇其的个人努力而言，这
也只属于理学内部的调整。

第二节　"修己治人之实学"：对经世致用的专门讲求

有学者谈到清初的经世思潮时说，顾炎武、黄宗羲、王夫之等清初诸大家丰富

---

① 陆陇其：《读呻吟语疑》，《三鱼堂文集》卷4，《陆陇其全集》第1册，第90页。
② 陈来：《中国近世思想史研究》，第304页。

而深刻的学术思想，无不深受经世思潮的滋养；清初思想家的努力，在某种程度上是从复兴儒学传统的高度上去扫除轻视功利、空谈义理的性理之学。① 确实如此。清初的学者，特别是转向程朱一系的理学家，都积极从事于经世致用之学。官方的理学家，如熊赐履、陆陇其、李光地，多为经世之能臣；民间的理学家，如张履祥、陆世仪，也多有从事下层的乡村社会的经世实践。

经世之风兴起，自然还是因为晚明学术空虚。关于此，最著名的一段话还是来自顾炎武："刘、石乱华，本于清谈之祸，人人知之。孰知今日之清谈有甚于前代者。昔之清谈谈老庄，今之清谈谈孔孟，未得其精而已遗其粗，未究其本而先辞其末。不习六艺之文，不考百王之典，不综当代之务，举夫子论学、论政之大端一切不问，而曰一贯，曰无言，以明心见性之空言，代修己治人之实学。股肱惰而万事荒，爪牙亡而四国乱，神州荡覆，宗社丘墟。"② 王门后学之中确实有一批人走向清谈儒学，所以到了清初，学者多有"以明心见性之空言，代修己治人之实学"之心理。理学家们的想法也是如此。比如陆陇其，在为官之前，他就已经有了经世之志。当然，这也与清廷的科举改革有关。康熙三年（1664），清廷将制科由八股改为策论，于是陆陇其"参取《性理大全》《文献通考》《大学衍义补》《治平略》等书，手自抄撮，分门聚类，汇成一编。古今得失异同，了如指掌，非仅空言，可资实用"③。陆陇其后来担任过嘉定知县与灵寿知县，都颇有政绩，成为清代清官的代表；其经世能力也可以说是理学家中的代表。

民间理学家之中，以经世著称的有张履祥与陆世仪。因为陆世仪的经世思想与活动学界关注较多，故此处重点谈谈张履祥。④ 张履祥讲求践履笃实，在人伦日用之中经世，在乡村治理之中济民。这也就是张履祥最终能够在去世二百多年后被列

---

① 冯天瑜、黄长义：《晚清经世实学》，上海社会科学院出版社 2002 年，第 19 页。

② 顾炎武：《夫子之言性与天道》，《日知录》卷 7，《顾炎武全集》第 18 册，第 307—308 页。

③ 吴光酉、郭麟、周梁：《陆陇其年谱》，三十五岁条，第 24 页。

④ 陆世仪与陈瑚等民间理学家的经世活动，参见王汎森《清初的下层经世思想》，《晚明清初十论》，第 331—368 页。

为圣贤，入祀孔庙，成为清廷所认可的理学大儒之缘由。

张履祥认为，纲常就是经世的根本。他说："故纲常者，经世之本。父子君臣之道得而国治，犹恒星不忒，而五气顺布，四时序行也。"[①] 所以，他花费大量心血编撰《言行见闻录》《经正录》《近古录》《近鉴》等著作，作为"匹士庶人"的借鉴。他在《近古录自序》中说明了编辑此书目的："抑使后人稽览，知畴昔之世，教化行而风气厚，其君子野人，各能砥砺整束，以章国家淳隆之治。"[②] 这些著作在当时也有刊刻流布，对于整风俗、正礼教，应该说还是起到了一定的作用。

组织葬亲社，是张履祥移风易俗的济世实践之中非常重要的一个方面。当时嘉兴地区"惑于风水之说，又有阻葬浇风，多停柩数十年"[③]，更严重的是"有积数世，至于朽败而不葬者"[④]。停柩不葬虽也有因为家庭贫贱的，但主要还是因为迷信风水。张履祥等人组织葬亲社活动，在举行岁会时为葬亲者提供由社员汇集而来的吊仪，以供资助和劝勉。葬亲社第二次活动时，还悬挂孟子像并行礼，讲解《吕氏乡约》与宣读《禁作佛事律》《禁火葬示》。通过多年的葬亲社活动，因"惑于风水、阴阳拘忌，而怠缓其事者"中有几十家先后举葬，"于是仁人孝子闻风激劝者，不可枚举，薄俗为之一变焉"[⑤]。可见，张履祥恢复葬制的实践取得了一定成效。

张履祥作为传统儒者有一种理想：

> 尝思数十百里之内，交游亲戚，凡为父兄之欲训淑其子弟者，率以同志散处其间，应自有移风易俗之渐，而吾辈渐摩切磋于中，亦何忧己之学问不增，而道德不成也。[⑥]

---

① 张履祥:《经正录序》，《杨园先生全集》卷15，第461页。

② 张履祥:《近古录序》，《杨园先生全集》卷16，第486页。

③ 苏惇元:《张杨园先生年谱》，《杨园先生全集》附录，第1500—1501页。

④ 陈世傅:《丧葬杂录小引》，载《杨园先生全集》卷51，第1433页。

⑤ 苏惇元:《张杨园先生年谱》，载《杨园先生全集》附录，第1501页。

⑥ 张履祥:《与吴裒仲六》，《杨园先生全集》卷10，第290页。

在理想状况中，儒者可以从修身、齐家到治国、平天下，那么在宗族、乡党之中进行移风易俗的实践是其中很重要一环，是将学问、道德与经邦济世结合的重要途径。张履祥通过葬亲社做了初步的尝试，而进一步实践却更难了。

张履祥还对嘉兴地区农事、水利等方面的发展提出了可行的措施，另外还提出了一些与治乡相关的治国之道，其中也有独到的见解。张履祥躬耕多年，还撰写了总结杭嘉湖一带农业生产经验与农业管理思想的著作《补农书》，在《赁耕末议》《授田额》等相关论著中讨论田制、租赁——这些都具有济世的现实意义。张履祥校订涟川沈氏《农书》，然后增添大量内容而撰成《补农书》，提出以桑蚕生产代替稻谷生产等农业经营方向上的改变，还提出要重视计算生产成本和提高生产效能等。这些经验与思想的总结，对于当地农业发展起到了一定的推动作用。《补农书》中贯穿了张履祥"耕读相兼"的治生思想。他一再强调"能治生则能无求于人，无求于人则廉耻可立，礼义可行"①，这一点也是他写作《补农书》的目的。士人通过农业生产实践而认识社会，提高道德修养，这样的农业活动既是格物的工夫，又是济世的实践。

在张履祥所生活的明清之际，浙北一带水旱频繁，这在他的《桐乡灾异记》中有详细记载。②另外，他写过《祷雨疏》与《祷雨文》，更为重要的还有《与曹射侯论水利书》这一水利专论。张履祥一生都十分关注水利问题，认为"水利不讲，农政废弛"③是明朝亡国的一个重要原因："水利之不讲，未有如本朝之甚者也。国以民为本，民以食为天，此事不讲，四海安得不困穷乎？"④因此，他指出：

> 荒政兴工役一条，是两得之道。而工役之兴，莫善于治水利。修利堤防，开通障塞，非独一时饥民可以得食，亦使永远水旱不能为灾，虽灾亦不甚也。

---

① 张履祥：《备忘一》，《杨园先生全集》卷39，第1043页。
② 张履祥：《桐乡灾异记》，《杨园先生全集》卷17，第516—518页。
③ 张履祥：《备忘录遗》，《杨园先生全集》卷42，第1203页。
④ 张履祥：《备忘一》，《杨园先生全集》卷39，第1068页。

施糜粥末矣，糜粥施于老弱及疾病者，为可耳。①

治水利既是赈灾的良策，又是永远免除灾害的良策。张履祥在与张佩葱关于兴水利以赈饥民的讨论中说："吾人挟策读书，每事当用心讲求，若此亦其一也。"② 可见关注水利，也是儒者济世之心的根本。张履祥进行实地考察，提出了非常具体的浙北地区治水的方案。在《与曹射侯论水利书》中，他提出嘉兴地区地势西南高而东北低，治水的关键是根据地势进行疏浚；而且应当要有远虑，在"未灾之时，戮力而营本"，按照"先后之始"分区分期进行。③ 张履祥的这个水利方案后来被清朝官员柯耸采纳，得到实施并初见成效。④

关于治国，张履祥反思明亡教训，提出了一系列治乡与治国相结合的改革方案：

富者田连阡陌，贫者无立锥，以至游民日众，陵暴横行，虽有尧、舜，无以使老有所终，壮有所养，幼有所长。有王者起，田制必当变。学校不以孝弟忠信造士，而相率为浮文以坏乱其心术，学校必当变。取士不以实行，而专以艺文，不足以得贤才，科举必当变。自一命以下，至于杂流，俱命自朝廷，虽舜、禹为选司，无以知人，铨法必当变。职事相牵制，虽有才能不得展舒，官制必当变。入任之后，无论贤不肖，一概资格序转，贤者壅于上达，不肖者优游以取高位，资格必当变。养兵以病民，而兵不足用，军政必当变。一州之土物，自足养一州之人民，而使西北必仰给于东南，赋法必当变。士人不知法令，他日无以守官，掾吏世其家，得以因缘为奸。当仿进士观政、监生历事之例，自京朝以至郡邑，使生员、贡士主文移、狱讼、钱谷之事，而去其吏员、掾吏

---

① 张履祥：《备忘一》，《杨园先生全集》卷 39，第 1072 页。
② 张履祥：《备忘一》，《杨园先生全集》卷 39，第 1070 页。
③ 张履祥：《与曹射侯》，《杨园先生全集》卷 6，第 167—171 页。
④ 苏惇元：《张杨园先生年谱》，载《杨园先生全集》附录，第 1499 页。

等而下之，衙役必当变。①

他在这里从田制、学校、科举、官制、资格、军政、赋法、衙役八个方面，分析了明末社会政治制度的弊病，从而提出了比较全面的改革方案。虽然其中的某些观点看起来有点迂腐，但是可以从中看出张履祥治国平天下的襟怀。在他看来，国之兴亡的关键在于"一君德，二人才，三庶政"②，而其中"重农、兴学、讲武，庶政之纲也"③。庶政之一的讲武，引起了张履祥等士人的特别关注。书生谈兵也是明之遗民的共同爱好，如顾炎武、陆世仪等都很重视兵制。张履祥重视兵制也与清初浙北一带盗贼蜂起有关。《上本县兵事书》中说："近岁盗贼多起，妖言流闻，以致上下忧疑，远迩惊震，则所宜预计以为之备者，人人知兵为急矣。"④他提出淘汰旧兵，招募新兵并进行严格的训练，从而全面提高军队士气，增强战斗力；此外，在学校恢复射圃并教习行军用师之道，培养"入则儒臣，出则大将，上以为国家之用，下亦可以守州里"的文武全才。这些都是"天下长治而不乱，即乱而不至于不可救者"的治平之长久预计。⑤张履祥还著有《保聚事宜》《保聚附论》，提出"保聚"的乡村治安方案，包括严保甲、备器械、谨约法、审地利、养壮佼等多条具体措施。"家与家相保，人与人相聚也。幸而免兵灾，过乱世，太平复见，坟墓家室、宗族邻里如故，皆保聚之力。"⑥此外，他在《上陈时事略》中又提出"罢乡兵之虚名，行训练之实事"，特别重视练兵，《备忘录》中也多有关于军政的论述，这些都可以看出张履祥对兵制的重视。

张履祥的农事、水利之论以本地乡里为中心，治国之论大多也与治乡相联系。他认为："家国无二理，治家与治国亦无二道。不必有赫赫之功、昭昭之名，只君明

①　张履祥：《愿学记三》，《杨园先生全集》卷28，第767页。
②　张履祥：《备忘一》，《杨园先生全集》卷39，第1066页。
③　张履祥：《备忘一》，《杨园先生全集》卷39，第1068页。
④　张履祥：《上本县兵事书》，《杨园先生全集》卷15，第445—448页。
⑤　张履祥：《上本县兵事书》，《杨园先生全集》卷15，第445页。
⑥　张履祥：《保聚事宜》，《杨园先生全集》卷19，第577页。

臣良，庶政修举，时和年丰，太平无事，便是舒长景象。"① 传统儒家强调治家与治国的一致性，张履祥的经世也是从这一点出发的。这也与他身处乱世有关："天下治则公卿大夫得以无事，乱则庶人宜以有言。"② 正因为是乱世，所以作为庶民也应该有所言，更何况一个儒者。不过这些所言所行离朝政较远，张履祥的经世还是保留为一个遗民所应当的程度。至于后人将张履祥塑造成清初的理学大儒，则与他的本意有所偏离了。

第三节　"经学即理学"：以经典考据来辨明理学

说到考据学与理学的关系，自然要提到顾炎武提出的"经学即理学"。这一观念之所以后来引起重视，是因为当时的学术确实就是这样发展的，也就是说从理学到考据学确实有其内在理路。余英时先生曾说："'经学即理学'却建立在一个过分乐观的假定之上：即以为六经、孔、孟中的道或理只有一种正确的解释，经过客观的考证之后便会层次分明地呈现出来。事实上，问题决不如此简单。清代经学考证直承宋、明理学的内部争辩而起，经学家本身不免各有他自己独特的理学立场。理学不同终于使经学也不能一致，这在早期尤为明显。一个人究竟选择某一部经典来作为考证的对象往往有意无意之间是受他的理学背景支配的。"③

经典的考据是否能够辨明理学的问题尚难以定论，然而当时的学者大多有其理学立场。无论其治学在于理学还是经学，他们都不约而同地想要回归经典，并用考证或近似考证的方法来探讨理学的问题。如果从理学家的立场来看，他们的主张实

---

① 张履祥：《备忘一》，《杨园先生全集》卷39，第1047页。
② 张履祥：《上陈时事略》，《杨园先生全集》卷15，第448页。
③ 余英时：《清代思想史的一个新解释》，《论戴震与章学诚：清代中期学术思想史研究》，第346页。

际上还是以经学补济理学，部分理学家则有经史考据的著作。

首先，还是要说到顾炎武。其治学以考据为主，就程朱、陆王而言则倾向于程朱。他对于明清之际的理学也有自己独特的思考，除了上文论及的朱陆异同问题之外，还提出了"经学即理学"：

> 理学之名，自宋人始有之。古之所谓理学，经学也，非数十年不能通也。故曰："君子之于《春秋》，没身而已矣。"今之所谓理学，禅学也。不取之五经而但资之语录，校诸帖括之文而尤易也。①

全祖望对顾炎武的这段话曾有一番解释："谓古今安得别有所谓'理学'者，经学即理学也。自有舍经学以言理学者，而邪说以起，不知舍经学则其所谓理学者，禅学也。"②顾炎武以考据来辨析，故指出理学之名从宋代开始；宋以前也有讲求义理的学问，然都包括于经学之中。这一考据，其实是为了说明宋元之理学尚有经学之根底；晚明之讲理学者，只读《四书大全》以及《语录》之类，不重经学，故近于禅学："一时人士尽弃宋元以来所传之实学，上下相蒙，以饕禄利而莫之问也。呜呼，经学之废，实自此始。"③那么要将理学之中的正学重新加以弘扬，就必须再次重视经学。

与顾炎武相似，钱谦益也说："诚欲正人心，必自反经始；诚欲反经，必自正经学始。"④他还说：

> 今之学者，陈腐于理学，肤陋于应举，汩没锢蔽于近代之汉文唐诗。当古学三变之后，茫然不知经经纬史之学，何处下手。由是而之焉，譬之驾无舵之

---

① 顾炎武：《与施愚山书》，《亭林文集》卷3，《顾炎武全集》第21册，第109页。
② 全祖望：《亭林先生神道表》，《鲒埼亭集》卷12，《全祖望己汇校集注》，第27页。
③ 顾炎武：《四书五经大全》，《日知录》卷18，《顾炎武全集》第18册，第714页。
④ 钱谦益：《新刻十三经注疏序》，《牧斋初学集》卷28，第851页。

身以适大海，挟无衡之称以游五都，求其利涉而称平也，不已难乎？俗学之敝，莫甚于今日。①

钱谦益称晚明之理学为俗学，其俗就是因为没有"反经"；不知经经纬史之学，也就不能经世致用。

再看对于理学发展的历程作过梳理的黄宗羲。他说：

奈何今之言心学者，则无事乎读书穷理，言理学者，其所读之书不过经生之章句，其所穷之理不过字义之从违。薄文苑为词章，惜儒林于皓首，封己守残，摘索不出一卷之内。其规为措注，与纤儿细士不见长短！天崩地解，落然无与吾事，犹且说同道异，自附于所谓道学者，岂非逃之者之愈巧乎？吾观诸子之在今日，举实为秋，搞藻为春，将以抵夫文苑也；钻研服、郑，函雅故，通古今，将以造夫儒林也。由是而敛于身心之际，不塞其自然流行之体，则发之为文章，皆载道也；乖之为传注，皆经术也。将见裂之为四者，不自诸子复之而为一乎？②

黄宗羲批判晚明以来讲心学者不读书穷理，讲理学者只读章句之书、只穷字义之理，以至于格局越来越小，甚至"天崩地解，落然无与吾事"，讲道学而"逃之者愈巧"。不能任事，则为学又有何用？所以他要学者"钻研服、郑，函雅故，通古今"。钻研经典是身心修养的需要，也是载道与经术的需要。

反经，到底是回归两汉、六朝，还是唐、宋之经学？倡导古学的钱谦益崇尚的已经是汉人了，他说："六经之学，渊源于两汉，大备于唐、宋之初，……学者之治

---

① 钱谦益：《颐志堂记》，《牧斋初学集》卷43，第1115—1116页。
② 黄宗羲：《留别海昌同学序》，《黄宗羲全集》第10册，第645—646页。

经也，必以汉人为宗主。"① 观点相似的还有以考据著称的阎若璩：

> 汉承秦火之后，而诸儒存亡继绝不遗余力，传《易》者有田何，传《书》者有伏胜，《诗》有申公，《礼》有高堂生，《春秋》有胡母生，皆各执一经，以相授受，而马融、郑康成书始兼群经而纂释之，其网罗遗逸，博存众家，意深远矣！……宋大儒始以其自得之见，求圣人之心于千载之下，然虽有成书而多所未尽。②

阎若璩十分推崇汉代的经学，其或"各执一经，以相授受"，或"兼群经而纂释之"；对宋代经学的"自得之见"则认为"虽有成书而多所未尽"，显得对汉、宋经学有所轩轾。顾炎武则说："经学自有源流，自汉而六朝而唐而宋，必一一考究，而后及于近儒之所著，然后可以知其异同、离合之指。"③ 其实顾炎武对于十三经或四书之中的具体经典都有具体的主张，或两汉，或魏晋，或宋元，都有所取舍；从经学之源流来考究，自然不会轻易分别汉、宋。

再看治学以理学为主的学者，他们也开始强调回归经典。清初的理学家，无论民间还是官方，大多都开始重视经典；当时似乎极少抵制经典考据的学者了。大多学者虽讲经学，但重在朱子等宋儒的经学。比如吕留良就说："盖宋人之学，自有轶汉、唐而直接三代者。"④ 受吕留良影响极大的陆陇其曾说：

> 六经者，圣人代天地言道之书也。六经未作，道在天地。六经既作，道在六经。自尧、舜以来，众圣人互相阐发，至孔子而大备。不幸火于秦，微言大义，几于湮没。至汉兴，诸儒索之于烬煨之余，得之于屋壁之中，收拾残编断

---

① 钱谦益：《与卓去病论经学书》，《牧斋初学集》卷 79，第 1706 页。
② 阎若璩：《经学》，《潜丘札记》卷 4，康熙年间刊本。
③ 顾炎武：《与人书四》，《亭林文集》卷 4，《顾炎武全集》第 21 册，第 139—140 页。
④ 吕留良：《答张菊人书》，《吕晚村先生文集》卷 1，《吕留良全集》第 1 册，第 32 页。

简，相与讲而传之。于是言六经者，以为始于汉矣，然汉儒多求详于器数，而阔略于义理。圣人之遗言虽赖之以传，而圣人之精微亦由之而湮，历唐及宋，至濂、洛、关、闽诸儒出，即器数而得义理，由汉儒而上溯洙泗，然后圣人之旨昭若白日，而六经之学于是为盛。是故，汉、宋之学不可偏废者也，然其源流得失不可不辨矣。①

陆陇其与吕留良稍有不同，与顾炎武较为相似。陆陇其对汉、宋经学都有所肯定，虽然从语气上来看是认为宋代经学更为重要。因为汉儒只是保存了六经并且"求详于器数"，最为重要的"圣人之精微"的义理被汉儒给湮没；宋儒则将义理加以讲明，使得"圣人之旨昭若白日"。这一说法可证其理学家的本色。

再如汤斌，他说：

> 总而论之，汉儒去古未远，师友转相传授，渊源有自，后儒因之。若文质三统，马融之说也；九六老变，孔颖达之说也；河洛表里之符，宗庙昭穆之数，刘歆之说也；五音六律十二管，还相为宫，郑康成之说也。是知汉儒之学，长于数，得圣人之博。宋自周、程、张、邵，逮于朱、蔡，天地阴阳之奥，道德性命之微，深究其妙，不泥前人之说，其学也得圣人之约。合二者而一之，然后得圣人之全。经若偏主一家，是汉儒、宋儒之经，而非圣人之经也，岂深于经者哉！②

汤斌认为汉代经学的特点是"师友转相传授，渊源有自，后儒因之"，故而"长于数，得圣人之博"；宋代经学的特点则是"深究其妙，不泥前人之说"，故而于"天地阴阳之奥，道德性命之微"有所得，"得圣人之约"。想要将博、约合二为一，从

① 陆陇其：《经学》，《三鱼堂外集》卷4，《陆陇其全集》第2册，第461—462页。
② 汤斌：《十三经注疏论》，《汤子遗书》卷5，《汤斌集》上册，第241—242页。

而"得圣人之全",就需要汉、宋并重,只有这样才是完整的经学。

李光地也说:

> 解经在道理上明白融会,汉儒自不及朱子。至制度名物,到底汉去三代未远,秦所渐灭不尽,尚有当时见行的。即已不存者,犹可因所存者推想而笔之,毕竟还有些事实。不似后来礼坏乐崩,全无形似,学者各以其意杜撰,都是空言。此汉儒所以可贵。①

李光地认为,汉代去古未远,考据制度名物"毕竟还有些事实",魏晋以后则"礼坏乐崩",学业只是"各以其意杜撰",所以都是空言而已;至于讲明道理,则"汉儒自不及朱子"。究其本意还是汉、宋并重。

可见清初之时,关于如何反经,学者还是较为理性的。只是发展到了后来,理学之风逐渐衰退,考据学蔚为大观,倡汉抑宋的主张自然就占了上风;又因为理学潜而不伏,以至于演绎成了汉、宋之争。

清初理学家的经学,其重心自然在于朱子学与四书学,或者说他们倡导的就是以经学补济理学,以真切的体证经典补济真切的道德践履,从而也使程朱理学得以更好地发展。关于六经与四书的轻重,朱子本人曾说:"六经、《语》、《孟》,皆圣贤遗书,皆当读,但初学且须知缓急。《大学》《语》《孟》最是圣贤为人切要处。"②

清初的尊朱学者,无疑进一步发挥了朱子的这一看法。张伯行说:

> 朱子曰:读五经,用功多,得效少;读四书,用功少,得效多。朱子一生之功尽在四书。自有朱子之《集注》,而孔、曾、思、孟之道始如日月之经天、

---

① 李光地:《榕村语录》卷19,《榕村全书》第6册,第120页。
② 黎靖德编:《朱子语类》第1册,中华书局1986年,第244页。

江河之行地矣。①

张伯行十分肯定朱子的看法，又进一步强调朱子本人对于四书学的功绩：经过朱子的发挥，四书才如"日月之经天、江河之行地"。

再如刁包（1603—1669，字蒙吉，直隶祁州人）说：

> 四书者，吾人之布帛粟菽，不可一日无者也。使非考亭为之注，谁知其为古今第一要典也？虽然，考亭注四书，盖欲使字字句句皆可见诸行也。今之学者，类言遵朱矣，遵之训诂而为文，非遵之以步趋而为人也。②

刁包也肯定四书的重要性，认为"不可一日无"，也认为只有经过朱子的注释，四书才能成为"古今第一要典"。不过刁包还曾说：

> 得《小学》之旨，然后可以肆力于四书。未有不解《小学》，而能读四书者也。不解《小学》而读四书，只是举业。得四书之旨，然后可以肆力于五经。未有不解四书而能读五经者也。不解四书而读五经，只是尘编。得五经之旨，然后可以肆力于诸史。未有不解五经而能读史者也。不解五经而读诸史，只是玩物丧志。③

针对清初的学风，他强调朱子注四书在于"见诸行"。所谓先得《小学》之旨，然后才可以肆力于四书，就是在强调践履的重要性；再者得四书之旨，然后才可以肆力于五经，当也是因为践履。刁包所认可的读四书、五经与诸史的顺序，与他重

---

① 张伯行：《庚寅辛卯壬辰癸巳》，《困学录集粹》卷6，同治五年福州正谊书局重刊本。
② 刁包：《潜室札记》卷上，《丛书集成初编》第660册，中华书局1985年，第7—8页。
③ 刁包：《潜室札记》卷下，《丛书集成初编》第660册，第49页。

视践履有关；因为其程朱理学的立场，故而认为不重身心践履而读书就是"玩物丧志"。

熊赐履毕生致力于理学，然而也曾说：

> 问圣王为治，必本经术以立教，夫经而曰术，定非无用之物可知矣。盖经犹义也，义著于篇，道之可见者也。道不虚悬，故经非空设，意必明体达用，切实躬行，乃得与于斯文之列与。[1]

"道不虚悬"，离开了经学，那么圣人之道就会落于空虚。圣王之治、圣人之道，都是"明体达用"之学，也是"切实躬行"之学。对于经学的重要性，熊赐履还指出：

> 经学之不明，不独异端害之也，即训诂家亦有过焉。盖自考亭而后，鲁、邹、濂、洛之绪已较然矣，而学者又从而推衍之，衍之不已，乃至辗转胶辀，愈烦愈支，骈枝累架之病，实不能免，宜无足以服异学者之心矣。且夫训诂亦何可少也，学者由其说以求古圣贤之微指，将造道入德之方于是乎在，其功岂不与作者等哉？然而微言大义具载遗经，苟非有近里体验之功以相验证，仅沾沾焉剽窃涂抹、蠹食蛆长于编摹帖括之间，无论其未必皆是也，即是亦奚足贵乎？况乎护同伐异，长傲遂非，立言浸多，去道益远。呜呼！此今昔之所同讥，而吾党之最宜痛自刻责者也。[2]

自朱子之后，因为异端之学的戕害，也因为训诂章句之学自身带来的影响，在熊赐履看来，宋末以来的学者推衍经学，"辗转胶辀，愈烦愈支"，从而导致"经学之不明"。熊赐履指出训诂之学不可少，阐发遗经之微言大义也需要训诂，但最为关键

---

① 熊赐履：《庚辰科会试策问五道》，《澡修堂集》卷4，《四库全书存目丛书》集部第230册，第516页。
② 熊赐履：《四书绪言序》，《经义斋集》卷3，《四库全书存目丛书》集部第230册，第264页。

的却是要有"近里体验之功"。他反对的除了"剽窃涂抹""编摹帖括"之类的为学外，还有"护同伐异""长傲遂非"之类。总的来看，熊赐履所讲的经学，也就是以经学补理学；经学成败的关键在于践履。

为理学本身而倡导读经的还有魏象枢。他说：

> 六经，皆治世之书也。自仲尼没而微言绝，七十子丧而大义乖，裂经毁传，儒术几绌焉。秦灰既烬，典册无复存者。汉有天下，广求遗篇，摭拾秘卷，召诸儒讲同异，一时贤良蔚起，家尚专经。《易》有十三家之说，《书》有二十九卷之文，高堂戴氏《礼》鸣，申培、辕固、韩生以《诗》鸣，胡母生、董仲舒以《春秋》著，制氏、王禹以《乐》著，麟麟炳炳，如日月之经天，江河之行地。……经之存亡，视乎人心。古学者三十而通六经，非泥经以求经也。即吾心以会圣人之经，能贯通一心于六经，统汇六经于一心。心之太极非《易》乎？心之中非《书》乎？心之是非非《春秋》乎？心之敬且和非《礼》与《乐》乎？勿得歧四经而用之，听污隆于古今也，是在善读经者。[1]

魏象枢认为六经是治世之书。汉儒将六经传承下来，其功绩自然也是他所认可的。然而关于六经当如何解读，则其所倡导的解经方法，明显属于理学家义理解经的路子。魏象枢反对拘泥于经典本身，提出"吾心以会圣人之经"，以一心来贯通、统汇六经，所以还是以经学来济补理学。

有类似看法的还有李光地：

> 夫子删《诗》《书》，定《礼》《乐》，赞《周易》，修《春秋》，使门弟子琴瑟歌舞，习礼不辍，使身心性命之学，与《诗》《书》、六艺之义，一以贯之，

---

[1] 魏象枢：《经学对》，《寒松堂全集》，第612—613页。

粲然具备。①

在李光地看来，孔子当年删定六经，就要求弟子讲求"身心性命之学"；六经之义与礼乐射御书数的"六艺"义当是"一以贯之"的，其核心还是身心的践履。陆陇其也有类似说法："本领工夫，一在多读书，五经、《性理》、《通鉴》皆是要熟读精思的；一在身体力行，圣贤说话句句要在身上体认，要在身上发挥，不可只在口里说过。"②

清初以治理学为主的学者，其实也都对经史之学有所钻研。不必说对于考据学颇有研究的李光地等人，就说以理学著称的孙承泽、张履祥、张尔岐（1612—1678）、陆陇其、方苞等人，其一生对于经学也颇有研究。

孙承泽其实也是清初较早提倡程朱理学的学者，也是以经学的研究来推动理学的学者。他著有《益智录》《学典》《学约》《学约续编》《明辨录》等阐发程朱义理的书，也著有《尚书集解》《诗经朱传翼》《春秋程传补》《五经翼》等考据经典文本的书。孙承泽的解经路子近于宋儒，甚至可以说就是为了对朱子经学作一些补充。比如其《尚书集解》，"所解多从蔡《传》，参以东莱，其有不合者，正以仁山、白云两先生。要归之明显畅达而止"③。他自己在《诗经朱传翼》的序中说：

余注《诗》有年，凡三易稿。始取小序与朱子之说并列，每篇之首定其是非，通章大义业已了然。又就《集传》略为推衍，以畅其旨。朱子注经之法，不以己意解经，而以经还经。余原学焉，不敢以己意衍传，而以传还传。俾学者观小序之说如是，朱子之说如是，上合之于经文，固有不费词说洞然于心而无疑者矣。……毛氏之罪，岂在辅嗣下，朱子辟之，厥功伟矣。故翼朱者，翼

---

① 李光地：《榕村续语录》卷1，《榕村全书》下册，第9页。
② 陆陇其：《子曰学而不思则罔章》，《松阳讲义》卷5，《陆陇其全集》第3册，第214页。
③ 孙承泽：《尚书集解序》，《尚书集解》，康熙年间北京孙氏刻本。

经也。吾党其共勉焉。①

孙承泽著此书的目的更为明确，就是为了对朱子的《诗集传》"略以推衍，以畅其旨"，而且就方法而言也是学习朱子"不以己意解经，而以经还经"。他对于朱子的《诗经》之学也充分给予肯定，认为朱子否定毛亨《诗传》"厥功伟矣"，所以他本人进一步去"翼朱"而又"翼经"。

在民间最为倡导尊朱辟王的张履祥，其一生经学著述不多，可独立成书的只有《读易笔记》一卷，相关的则还有《丧葬杂录》一卷与《丧葬杂说》《答张佩葱》等礼学类著述，然而其代表作《备忘录》四卷之中却有大量谈论如何读经、如何解经之类的文字。②

张履祥认为四书与经、史都非常重要，他说：

> 世儒于四书、经、史，莫不读诵，乃终其身，不知道理所在何也？一种人是求诸高远，以为道理不止如此；若其下者，则以为此特作举业文字而已，所以鲜能知味。苟能反求诸其身，未尝不易简如天地，昭明如日月也。③

他认为当时读四书与经、史的学者，大多不能反求于自身，或求得太过高远，或认为经史只是为了科举服务，这样读书确实一辈子都无法明白经典之中的道理。张履祥还说：

> 一日之间，讲解经书极是切实之益，当专心致志而听之，体之于心，验之于身。……当专以经书正文为主，平其心、定其气，熟于口、审于思，沉潜反

---

① 孙承泽：《诗经朱传翼序》，《诗经朱传翼》，康熙年间北京孙氏刻本。
② 对于张履祥与经学，何明颖先生曾有所研究，详见何明颖《晚明张杨园先生学术思想研究》第四章第五节之二，台湾花木兰出版社 2009 年，第 273—287 页。
③ 张履祥：《初学备忘下》，《杨园先生全集》卷 37，第 1011 页。

复，融会贯通，则义味自有亲切处，然后攻之先儒注释，以证其得失浅深。①

张履祥的解经，很明确也是从其理学修养出发的，只是讲解得非常亲切，认为先当反复于正文，然后再读先儒的注释；读注释是为了证实自己在正文当中的体会的得失。

张履祥重视经史，还可以从他为儿子所做的详细读书规划之中看出来：

> 吾请于先生，预为十年之序，始受《小学》，次《大学》《论语》《孟子》《中庸》，次《诗》《书》《礼记》《周易》《春秋》，次《近思录》、范氏《唐鉴》《大学衍义》，以及《性理》《通鉴纲目》等书。②

张履祥所作十年规划，首先还是朱子等编的《小学》，再是四书，接着是五经，然后又是朱子等编的《近思录》、北宋范祖禹编的《唐鉴》与南宋真德秀编的《大学衍义》，最后是明代编的《性理大全》与朱子编的《通鉴纲目》两种史书。这一书目明显是从理学修身的角度来作经典的选择。

可与张履祥的书目作一对比的则有张尔岐，他在日记里记录了一个读书计划：

> 自今以往，业有定纪，不敢杂。首《大学》，次《论语》，次《中庸》《孟子》，次《诗》，次《书》，次《易》，次《春秋》，次《周礼》《仪礼》《礼记》。……日有定课，不敢息。经自日一章至日三章。史自日一卷至日二卷，视力为准。其修其废，各详于册。③

---

① 张履祥：《初学备忘上》，《杨园先生全集》卷36，第997页。
② 张履祥：《示儿》，《杨园先生全集》卷14，第439页。
③ 张尔岐：《日记又序》，《蒿庵集·蒿庵集撷逸·蒿庵闲话》，齐鲁书社1991年，第76页。

他还曾说："学者治经，必先四子，……士不通经术，通经术而不本之四子，固不备于体，不适于用矣。"①张尔岐读经史的计划，也从四书开始，然后才是五经，只是就礼学颇为重视，将三礼一一列入；其所为治经，目的也在于修身。张尔岐理学与经学兼通，著有《仪礼郑注句读》，然其书中广采汉儒郑玄《三礼注》、唐儒贾公彦《仪礼疏》、元儒吴澄《仪礼考注》等，"取经与注，章分之，定其句读"②。对于此书，顾炎武曾有作序："济阳张尔岐稷若笃志好学，不应科名，录《仪礼》郑氏注，而采贾氏、陈氏、吴氏之说，略以己意断之，名曰《仪礼郑注句读》。……后之君子，因句读以辨其文，因文以识其义，因其义以通制作之原，则夫子所谓以承天之道而治人之情者，可以追三代之英，而辛有之叹，不发于伊川矣。如稷若者，其不为后世太平之先倡乎？"③

理学家之中，对经学下过大功夫的还有陆陇其。陆陇其精于四书与礼学，对四书下过的功夫最多。他多次研读明代胡广等人编撰的《四书大全》，然后对此书加以删订，最后完成了《增订四书大全》四十卷："《四书大全》一书，间有繁芜，尚多缺略，因标其精要，采《蒙引》《存疑》《浅说》诸书之有合于《章句集注》者附焉。自戊戌年始，凡六阅寒暑，至是而成。"④到了晚年，陆陇其又著有《松阳讲义》十二卷。此书是他在任灵寿知县时与诸生讲论的记录，选取了四书之中的一百十八章加以讲解，将朱子的《四书章句集注》与明代的《四书蒙引》《四书存疑》等书加以贯通，可以说是陆陇其四书学的精义所在。陆陇其另有《四书讲义困勉录》三十七卷、《续困勉录》六卷，分学、问、思、辨、行五类专解四书。陆陇其对于礼学也多有钻研，《读礼志疑》六卷是其丁忧在家期间，为其子讲解《仪礼》《礼记》时所作。四库馆臣说："是编以三礼之书多由汉儒采辑而成，其所载古今典礼，自明堂清庙、吉凶军宾嘉以及名物、器数之微，互相考校，每多龃龉不合。因取郑、

① 张尔岐：《王摅公四书详说》，《蒿庵集·蒿庵集摭逸·蒿庵闲话》，第 79 页。
② 张尔岐：《仪礼郑注句读序》，《蒿庵集·蒿庵集摭逸·蒿庵闲话》，第 58 页
③ 顾炎武：《仪礼郑注句读序》，《亭林诗文集》卷 2，《顾炎武全集》第 21 册，第 82 页。
④ 吴光酉、郭麟、周梁：《陆陇其年谱》，三十四岁条，第 22 页。

孔诸家注疏，折衷于朱子之书，务得其中。并旁及《春秋》律吕，与夫天时、人事可与礼经相发明者，悉为采入。其有疑而未决者，则仍旧阙之。……然孔疏笃信郑注，往往不免附会，而陈澔《集说》尤为舛陋，陇其随文纠正考核，折衷其用意，实非俗儒能及。"①陆陇其还著有《古文尚书考》一卷，四库馆臣称此书"大旨惟据朱子告辅广之言，以申古文尚书非伪"②。陆陇其非常强调各种经典对于教养的意义，他说：

> 至于庄、孝、慈、举、教，这几个字，都要求其根本、节目，若只空讲过，也不中用，……庄之节目，则须将《曲礼》《玉藻》诸篇，细玩古人容貌、颜色、辞气之妙；孝字，则要将《孝经》反复玩味；慈也、举也、教也，则须把《周礼》一书，熟考其教养之方与夫用人取士之制，方才这几个字都见实际有下手处。③

这就是说，诸如庄、孝等道德修养之形成，都要通过相关经典的研习，讲求其中的具体细节，方才能够有实际的"下手处"。

还有康熙朝后期的方苞（号望溪，桐城人），他曾得到李光地的赏识，兼通理学与经学，对于经学曾下过一番功夫。据其年谱记载：

> 循览《五经注疏大全》，以诸色笔别之，用功少者亦三四周，其后昆山刻《通志堂宋元经解》出，先生句节字划，凡三次苾萝，取其粹言而会通之，二十余年始毕。唐、宋以来诂经之书，未有闻而不求，得而不观者，偶举一节，前儒训释，一一了然于心，然后究极经文所以云之意，而以义理折中焉。年

---

① 《四库全书总目提要·读礼志疑》，文渊阁四库全书本。
② 《四库全书总目提要·古文尚书考》，文渊阁四库全书本。
③ 陆陇其：《季康子问使民以敬》，《松阳讲义》卷5，《陆陇其全集》第3册，第224页。

三十以前，有《读尚书偶笔》《读易偶笔》《朱子诗义补正》。①

方苞后来成为著名的古文家，但他的经学也值得特别关注。方苞治经，其重心在于唐、宋以来，重义理而不重考据，与后来的吴、皖二派还是大有不同的。他的经学著作，除了《读尚书偶笔》《读易偶笔》《朱子诗义补正》，还有《丧礼或问》《周官辨》《周官析疑》《仪礼析疑》《礼记析疑》等治礼之书，成为清初"三礼"学中的卓然一家。其他再如张烈精通于易学，并著有《读易日钞》六卷，这是其除《王学质疑》之外最为重要的著作。张烈"于诸经尤精于易"，当然其易学的特色"亦以朱子《本义》为宗"②。

---

① 苏惇元辑：《方苞年谱》，载《方苞集》附录一，上海古籍出版社 1983 年，第 868 页。
② 《孜堂学案》，《清儒学案》卷 23，第 881 页。

结　语　明清学术转型之中的理学再思考

研究明清时期的学术流变，关涉宋元明清的理学发展史与明清两代的学术史。其中还有两个特别突出的问题需要再作思考：一是，从理学到朴学，从义理之学到清代考据之学，作为这一个大转型的一部分的义理之学内部的转型，也即清初理学由王返朱转型本身的意义何在？二是，理学是否真的彻底地转变为考据之学了？考据学与理学之间的关系如何？考据学兴起之后的理学依旧是士大夫个体修身的依据；而作为官方意识形态重要组成部分的朱子学，又是如何存在的呢？

要回答这些问题，也就有必要简要地阐述一下学界对于由王返朱与从理学到朴学二者的研究，看看学界对于明清学术转型问题，特别是就义理到考据间的错综复杂关系，有些什么不同的观点。

一、"反动"说

论及明清学术转型，最有代表性的还是梁启超先生的"反动"说："从顺治元年到康熙二十年约三四十年间，完全是前明遗老支配学界。他们所努力者，对于王学实行革命。"[①] 在他看来，清代学术都是对明代王学的"革命"，也就是"反动"；当然革命也可以包含改良，即"内中也有对王学加以修正者"。这样来看，清初理学的转向，就是整个"反动"过程的第一步：

----

① 梁启超：《中国近三百年学术史》第5章，《梁启超全集》第12集，第347页。

　　　　王学反动，其第一步则返于程朱，自然之数也。因为几百年来好谈性理之
　　学风，不可猝易，而王学末流之敝，又已为时代心理所厌，矫放纵之敝则尚持
　　守，矫空疏之敝则尊博习，而程朱学派，比较的路数相近而毛病稍轻。①

走出第一步的由王学转向程朱之学之后，才有第二步的由朱学转向考证学。这样一
来，清初理学内部的转向，只是明代学术转为清代学术的中间环节。梁氏还说："故
当晚明心学已衰之后，盛清考证学未盛以前，朱学不能不说是中间极有力的枢纽。"②
在他看来，明代学术的标志是王学，清代学术的标志是考证学，明清之际的程朱之
学则是两者之间的枢纽。原因也很简单：如果直接转到考证学，则转不过弯来。所
以用理学自身中比较笃实的朱学来临时替代一下比较空疏的王学，然后接着才是更
加笃实的考证学正式登场。

　　"反动"说基本可以解释清初理学由王返朱转向的意义，所以也比较流行。比
如萧一山先生的《清代通史》就沿用了这一观点，他在比较了明末与清初的学风差
异后说："夫有明末之空疏，始有清初之敦实；有明末之蔑视读书，始有清初之提倡
经术；有明末之轻忽践履，始有清初之注重躬行；在在皆明学反动之结果也。"③很
明显这是对梁启超"反动"说的简单袭用，如此解释学术史的类似情况还有许多。
萧一山进一步说明：

　　　　清初为明学反动期，亦即经学启蒙期。其间大师，首攻理学，以经学相号
　　召者，则昆山顾炎武也。炎武博极群书，深恶明人之空疏，大唱"舍经学无理
　　学"之说，教人以博学为先。又好金石、音韵之学，而于音韵尤精，开一代研
　　究之端绪，故顾炎武在清代经学中，堪称开山之祖焉。同时太原阎若璩著《尚

---

①　梁启超：《中国近三百年学术史》第 9 章，《梁启超全集》第 12 集，第 397 页。
②　梁启超：《中国近三百年学术史》第 9 章，《梁启超全集》第 12 集，第 403 页。
③　萧一山：《清代通史》，华东师范大学出版社 2006 年，第 753 页。

书古文疏证》，力攻晚出《古文》与《孔传》之伪，原原本本，推求实证，开
清代考证之先声；且《古文》之伪既明，渐开学者疑经之风，而研究之兴味益
浓。其时德清胡渭著《易图明辨》，证明《河图》、《洛书》、先天太极之学，皆
出于"养生家"之依托，而非羲、文、周、孔之旧，使理学之信仰，根本动摇，
与若璩之《疏证》，于清学皆深有影响。故顾、阎、胡三人，足为清初经学家
之领袖，而为正统派不祧之宗焉。

这一说法中比较重要的有两点：一是明清之际的学风确实是由明代的空疏转向清代
的敦实，注重践履的程朱之学与注重实证的考据之学都是敦实学风的表现；另一是
清代学术的形成，确实与清初学者特别是遗民学者反思明亡、明代学术有关，清初
学者"明亡于学术"这一结论对于学术的影响实在是非常之大。但是，梁启超的
"反动"说并不能解释从理学到朴学这一转向的根本原因，也不能解释一般所谓理
学史都是从宋元到明末，而清代理学几乎就没有什么影响的原因。

二、从"包孕"与"每转益进"到"内在理路"说

因此，还有必要介绍钱穆与余英时师生的观点。钱穆先生对于明清之际学术流
变的看法在其与梁启超先生同名的名著《中国近三百年学术史》中并没有清晰表达，
不过书中也说到了东林学派思想中已经蕴含了考证因素等观点。比较清晰展开他的
思想是在《〈清儒学案〉序》之中。论及清初，钱穆先生认为其第一阶段为"晚明
诸遗老"继东林之学而起，然而学风却发生了重大的变化。他说：

> 一曰晚明诸遗老，当明之末叶，王学发展已臻顶点，东林继起，骎骎有由
> 王返朱之势。晚明诸老，无南无朔，莫不有闻于东林之传响而起者。故其为学，
> 或向朱，或向王，或调和折衷于斯二者，要皆先之以兼听而并观，博学而明辨，

故其运思广而取精宏，固已胜夫南宋以来之仅知有朱，与晚明以来仅知有王矣。抑且孤臣孽子，操心危而虑患深，其所躬修之践履，有异夫宋明平世之践履。其所想望之治平，亦非宋明平世之治平。故其所讲所学，有辨之益精，可以为理学旧公案作最后之论定者；有探之益深，可以自超于理学旧习套而另辟一崭新之蹊径者。不治晚明诸遗老之书，将无以知宋明理学之归趋。①

这里他指出由王返朱的趋势是从明末东林学派开始的，并且有向朱、向王、调和折中三种情况。他还指出这些遗民儒者能够做到"兼听而并观，博学而明辨"，因此"运思广而取精宏"，也就能够超越南宋至明初"仅知有朱"或晚明以来"仅知有王"的局限。也就是说，遗民学者的精英超越了朱、王门户，再加之"操心危而虑患深"，故而能够在"躬修之践履"与"想望之治平"等方面都远远超越了宋、明。遗民儒者不但对理学作了最后之论定，而且已经可以超越理学而另辟蹊径——这里说的"蹊径"也就是后来的考据之学。钱穆先生一直认为学术是有其连续性的，后来的学术都包孕在先前的学术之中，而且后来的学术也并不彻底蔑弃先前的学术。所以，他不赞成"清代乃理学之衰世"这一说法。他认为：

宋元诸儒，固未尝有蔑弃汉、唐经学之意。……清代经学，亦依然沿续宋元以来，而不过切磋琢磨之益精益纯而已。理学本包孕经学为再生，则清代乾嘉经学考据之盛，亦理学进展有之一节目，岂得据是而谓清代乃理学之衰世哉？②

清代的经学考据之学只是延续宋元以来的学术，理学之中本来就包孕经学，考据之

---

① 钱穆：《〈清儒学案〉序》，《中国学术思想史论丛》卷8，第544页。
② 钱穆：《〈清儒学案〉序》，《中国学术思想史论丛》卷8，第544页。

学是理学的自然发展。而且,"学术之事,每转而益进,途穷而必变"①。因此从理学到朴学很自然,而且理学也并未在清代消亡,只是随时代发生了变化而已。学术还是其本身,名称与特征却有所差异。

钱穆先生的"包孕"与"每转益进"说到了余英时先生那里,就发展成了"内在理路"说。余英时先生的内在理路说指出清初的考证学源自理学内部的争辩。他总结了明清之际的学术后说:

> 六百年的宋、明理学传统在清代并没有忽然失踪,而是逐渐地溶化在经史考证之中了。由于"尊德性"的程、朱和陆、王都已改换成了"道问学"的外貌,以致后来研究学术思想史的人已经分辨不出它们的本来面目了。②

他在《从宋明儒学的发展论清代思想史》与《清代思想史的一个新解释》等文章中指出,考证是理学发展的内在要求,程朱、陆王的义理之争"无可避免地要逼出考证之学来"③。文章中列举了陈确、胡渭、王懋竑、阎若璩、毛奇龄等人为了解决程朱、陆王之辨的理学难题而采用考据学的事情,确实很有说服力。余英时先生以内在理路解释学术史,确实解决了许多难题,所以他的观点也到处被袭用。

但是还有一个问题,梁启超、钱穆与余英时三位先生都还没有解决得很完善,那就是:理学在清代是不是就变成了考证之学? 除了考证之学之外,还有理学存在吗?

---

① 钱穆:《〈清儒学案〉序》,《中国学术思想史论丛》卷8,第545页。
② 余英时:《论戴震与章学诚:清代中期学术思想史研究》,第353页。
③ 余英时:《论戴震与章学诚:清代中期学术思想史研究》,第332—335页。

三、清代理学之演进以及考据、义理之关系

关于清代理学的发展演进，其实钱穆先生已经讲到，故而先来完整地看一下钱先生的论述。

在《〈清儒学案〉序》之中，他说"清代理学，当分四阶段论之"。第一阶段就是上文已经论及的"一曰晚明诸遗老"的清初阶段，大约为顺治到康熙前期。此处从理学思潮本身再来加以概括，其中的问题有三：一是总的趋势，也即由王返朱，并且在遗民儒者之中其实有向朱、向王、调和折中三种情况。二是认为遗民儒者能够超越南宋至明初"仅知有朱"或晚明以来"仅知有王"。也就是说，遗民学者的精英超越了朱、王门户，然后对理学作了最后之论定，此处当指黄宗羲的《明儒学案》与《宋元学案》之类的著作。三是，认为遗民儒者之中，还有超越于理学而另辟蹊径的，也就是包孕出考据之学的情况。其实这一部分学者，诸如顾炎武、黄宗羲、阎若璩、胡渭等人，都曾对理学有过极大的关注；或者以余英时等先生的说法，他们为了解决理学问题而转出了考据之学。

第二阶段为康熙中后期以及雍正时期，士大夫已经渐渐远离了晚明诸遗老之志节，而满族统治者也以倡导正学的姿态牢笼人心，于是理学道统与"刀锯鼎镬"一样成为"压束社会之利器"。钱穆先生说：

> 遗民不世袭，中国士大夫既不能长守晚明诸遗老之志节，而建州诸酋乃亦倡导正学以牢笼当世之人心。于是理学道统，遂与朝廷之刀锯鼎镬更施迭使，以为压束社会之利器。于斯时而自负为正学道统者，在野如陆陇其，居乡里为一善人，当官职为一循吏，如是而止。在朝如李光地，则论学不免为乡愿，论人不免为回邪。此亦一述朱，彼亦一述朱。
>
> 往者杨园、语水诸人谨守程朱矩镬者，宁有此乎？充其极，尚不足追步许衡、吴澄，而谓程朱复生，将许之为护法之门徒，其谁信之？其转而崇陆王者，

感激乎意气，磨荡乎俗伪，亦异于昔之为陆王矣。①

在这一阶段，其实在钱穆先生看来，当时的理学家有三种：第一种是自认为是道统之担当然而"在野"的学者如陆陇其等，为居乡的善人与居官的循吏，"如是而止"，在学问上并无大的发明；第二种是同样自认为是道统之担当的"在朝"的学者如李光地，他的学问"不免为乡愿"，再加之人品问题，同样评价不高；第三种就是"转而崇陆王者"，此处未点名，当是指汤斌、彭定求、李绂等人，"感激乎意气，磨荡乎俗伪"，也就是说仅仅为了反批评而做点学问，同样没有什么发明。前两种属于"此亦一述朱，彼亦一述朱"的朱子学者，钱穆认为不如张履祥（杨园）、吕留良（语水）等晚明诸遗老一代；至于他们自负道统为朱子学"护法"，也是不敢相信的。换言之，第二阶段的理学没有什么大的成就，虽然看似兴盛之极，理学道统无法满足一代学人，也就必然转向他途了。

于是到了第三阶段乾隆、嘉庆时期。钱穆先生说：

又其次曰乾嘉。理学道统之说，既不足厌真儒而服豪杰，于是聪明才智旁进横轶，群凑于经籍考订之途。而宋明以来相传八百年理学道统，其精光浩气，仍自不可掩，一时学人终亦不忍舍置而不道。故当乾嘉考据极盛之际，而理学旧公案之讨究亦复起。徽、歙之间，以朱子故里，又承明末东林传绪，学者守先待后，尚宋尊朱之风，数世不辍。通经而笃古，博学而知服，其素所蕴蓄则然也。

及戴东原起而此风始变。东原排击宋儒，刻深有过于颜、李，章实斋讥之，谓其饮水忘源，洵为确论。然实斋思想议论，亦以东原转手而来。虫生于木，还食其木，此亦事态之常，无足多怪。理学本包孕经学为再生，今徽、歙间学者，久寝馈于经籍之训诂考据间，还以视夫宋明而有所献替，亦岂遽得自逃于

①　钱穆：《〈清儒学案〉序》，《中国学术思想史论丛》卷8，第544—545页。下同。

宋明哉!

　　故以乾嘉上拟晚明诸遗老，则明遗之所得在时势之激荡，乾嘉之所得在经籍之沉浸。斯二者足以上补宋明之未逮，弥缝其缺失而增益其光耀者也。

乾嘉时期的儒者，其中的"豪杰"，也即"聪明才智旁进横轶"的儒者，无法屈服于在上一阶段之中被官方所左右的道统之说，故而选择了"经籍考订之途"。也就是说，一部分极有才华的儒者，不愿从事理学，便转而从事考据之学。这是第一层意思。其次，钱穆先生特别强调相传八百多年的理学道统之说，因为其中的"精光浩气，仍自不可掩"，故而极有才华的学者也不愿意真正"舍置而不道"，于是用考据的方法来"讨究"理学的那些旧公案。特别是朱子故里的徽州、歙县一带的学者，如江永、汪绂等人，"通经而笃古，博学而知服"，以考据方法研究朱子学以及理学旧公案依旧颇有成就。这一阶段，还有戴震（东原）这样的儒者兴起，"排击宋儒"，超过了颜元、李塨等清初学者；章学诚（实斋）对其有讥讽，因为戴震所从事的考据之学，其实渊源于宋儒以来的理学，故不能"自逃于宋明"，也即"理学本包孕经学为再生"。最后，钱穆先生还比较了遗老、乾嘉理学上的成就。认为前者因为"时势之激荡"故而极有成就，后者因为"经籍之沉浸"故而极有成就。也就是说，清初之理学与清中叶融入考据方法之理学，都是对宋明理学的极有价值的补充，"弥缝其缺失而增益其光耀"。

　　第四阶段则为道、咸、同、光时期。钱穆先生说：

　　又其次则曰道、咸、同、光。此际也，建州治权已腐败不可收拾，而西力东渐，海氛日恶。学者怵于内忧外患，经籍考据不足以安定其心神，而经世致用之志复切，乃相率竞及于理学家言，几几乎若将为有清一代理学之复兴；而考其所得，则较之明遗与乾嘉皆见逊色。何者？其心意迫促，涵养浮露，既不能如晚明诸遗老之潜精抑彩，敛之有以极其深，又不能如乾、嘉诸儒之优游浸渍，涉之有以穷其广。徒欲悬短绠而汲深井，倚弱篙而渡急湍，则宜乎其无济也。量斯时之所至，其意气发舒，若稍稍愈乎顺、康、雍之惨沮郁纡则已耳。

要之，有清三百年学术大流，论其精神，仍自沿续宋明理学一派，不当与汉唐经学等量并拟，则昭昭无可疑矣。

这个阶段号称"理学之复兴"，也即同、光"理学中兴"。唐鉴、曾国藩等人倡导理学，其原因主要在于"西力东渐"，迫于内忧外患而需要倡导正统的儒学。他们感觉考据之学无用，不能"安定其心神"；相比而言，"理学家言"之中有助于经世致用的东西更多一些。然而在钱穆先生看来，晚清时期的理学，比清初遗老、乾嘉学者都要逊色许多，因为他们"心意迫促，涵养浮露"，不如遗老之学精深，又不如乾嘉之学广阔。

所以总的来说，钱穆先生认为有清一代三百年，其中的"学术大流"、学术精神，仍旧延续了宋明理学一派。也就是说，清代学术的主体还是理学思潮；即便是经籍考据之学，其实也是由理学包孕而出，且多有从事理学旧公案之考辨者，故而应当与汉唐经学区别开来。

认为清代学术的主体仍为理学的，还有萧一山先生。关于理学的影响力，他说：

> 清初学者，力挽明季之学风以返于宋，其尊程朱者十之八九，不尊程朱者，十之一二而已也。
>
> 清代理学虽云衰歇，而程朱一派之潜势力，实未尝一日衰也。夫村塾蒙师，几无一不知有程朱章句集注者矣，而于经学最盛时代之经师及其著书，则除中流以上人物外，盖罕有知之者。①

清初之思潮，则是返回于宋学，其主体为尊程朱一派；甚至整个清代理学，程朱一派的势力也是"未尝一日衰也"。因为有科举考试，所以村塾蒙师一直都在讲授程

① 萧一山:《清代通史》第7篇第33章，华东师范大学出版社2006年版，第795—796页。

朱的章句集注之学，因此通过科考而成为官吏的士大夫们自然也深受程朱理学的影响。梁启超先生也说："依然是'程朱中毒'。因为个个都从八股出身，从小读熟的《集注》《或问》早已蟠踞住他们的下意识。"① 即使是在经学最盛的乾嘉时期，考据学家的著作其实只有中流以上的少数人物知晓，在下层的塾师中则没有什么影响。故而萧一山先生还指出：

> 清代虽以汉学为名，其实仍程朱一派尊经笃古之流风；惟益缩其范围于名物训诂之间而已。然则清学者，树汉学穷经之旗帜，用宋儒读书之精神以成立。②

清代的汉学，仍是程朱一派"尊经笃古"之学术的流风余韵，只是缩小到了名物训诂之间。清儒的考据之学，号称汉学，然而其根本在于宋儒的"读书之精神"。其实这在上文讲述钱穆先生观点的时候也已经提及，比如戴震之学其实渊源于朱子学。章学诚也说：

> 其与朱氏为难，学百倍于陆、王之末流，思更深于朱门之从学。充其所极，朱子不免先贤之畏后生矣。然究其承学，实自朱子数传之后起也，其人亦不自知也。③

章学诚强调戴震与朱子为难，然而他的学术根源还在于朱子，只是自己不知道罢了。其实这一点与王阳明有些相似：王阳明一辈子致力于朱子学的探究，从朱子学之中冲出来而开创其心学，然一生还在思考如何与朱子学协调的问题；戴震一辈子也对

---

① 梁启超：《戴东原哲学》，《梁启超全集》第 12 集，第 207 页。
② 萧一山：《清代通史》第 7 篇第 31 章，第 750 页。
③ 章学诚：《朱陆》，《文史通义校注》卷 3，叶瑛校注，中华书局 1985 年版，第 264 页。

朱子学多有探究，最终开创他的新义理之学，但他不再考虑与朱子学的协调，甚至否认其学术与朱子学的关系。戴震自己则说："故训明则古经明，古经明则贤人圣人之理义明，而我心之所同然者，乃因之而明。"[1] 他强调的是考据学与义理学之间的关系，考据是为了"圣人之理"，这其实就是他与朱子学相通的地方。

钱大昕也曾对考据学与义理学的关系作过较多论述：

> 国朝通儒，若顾亭林、陈见桃、阎百诗、惠天牧诸先生，始笃志古学，研覃经训，由文字、声音、训诂，而得义理之真。……尝谓六经者，圣人之言，因其言以求其义，则必自诂训始。谓诂训之外别有义理，如桑门以不立文字为最上乘者，非吾儒之学也。[2]

清朝的"通儒"如顾炎武（亭林）等人的学术兴趣，已经从理学转移到了古学上，也即汉、唐注疏之学，然而他们注重的是从文字、声音、训诂之中重新获得孔、孟"义理之真"。故钱大昕还说："有文字而后有诂训，有诂训而后有义理。训诂者，义理之所由出，非别有义理出乎训诂之外者也。"[3] "夫穷经者必通训诂，训诂明而后知义理之趣。"[4] 与钱大昕同时的王鸣盛则说："大约学问之道，当观其会通。知今不知古，俗儒之陋也；知古不知今，迂儒之癖也。心存稽古，用乃随时，并行而不相悖，是谓通儒。"[5] 王鸣盛也精于考据，特别强调的同样是"通儒"；"知今不知古"是"俗儒"，"知古不知今"是"迂儒"。换言之，空发议论者是"俗儒"，斤斤计较于古人字句之考据出不来者是"迂儒"。稍晚一些的翁方纲的一段话更有代表性：

---

① 戴震：《题惠定宇先生授经图》，《戴震文集》卷 11，中华书局 1980 年，第 168 页。
② 钱大昕：《臧玉林经义杂识序》，《潜研堂文集》卷二十四，《嘉定钱大昕全集》（增订本）第 9 册，凤凰出版社 2016 年，第 364 页。
③ 钱大昕：《经籍籑诂序》，《潜研堂文集》卷二十四，《嘉定钱大昕全集》第 9 册，第 366 页。
④ 钱大昕：《左氏传古注辑存序》，《潜研堂文集》卷二十四，《嘉定钱大昕全集》第 9 册，第 361 页。
⑤ 王鸣盛：《唐以前音学诸书》，《十七史商榷》卷八十二，《嘉定王鸣盛全集》第 6 册，陈文和主编，中华书局 2010 年，第 1150 页。

> 考订之学，以衷于义理为主，其嗜博嗜琐者非也，其嗜异者非也，其矜己
> 者非也。不矜己，不嗜异，不嗜博，不嗜琐，而专力于考订，斯可以言考订矣。
> 考订者，对空谈义理之学而言之也。凡所为考订者，欲以资义理之求是也。而
> 其究也，惟博辨之是炫，而于义理之本然反置不问者，是即畔道之渐所由启
> 也。……故曰：考订之学，以衷于义理为主。①

作为精通考订之学的学者，钱大昕、翁方纲都强调了文字训诂、考订之学必须以义
理为主，于是对求异、求博、求琐等加以批评。翁方纲认为，这些不顾义理的考据，
往往会导致"畔道"，故而他要反复强调考据学为义理学服务的道理。

关于宋明理学、心学在清代延续的两种形式，冯友兰先生也曾讲过。他指出：

> 宋明人所讲之理学与心学，在清代俱有继续的传述者，即此时代中之所谓
> 朱学家也。但传述者亦只传述，俱少显著的新见解。故讲此时代之哲学，须在
> 所谓汉学家中求之。盖此时代之汉学家，若讲及所谓义理之学，其所讨论之
> 问题，如理、气、性、命等，仍是宋明道学家所提出之问题。其所依据之经
> 典，如《论语》《孟子》《大学》《中庸》等，仍是宋明道学家所提出之四书也。
> 就此方面言，则所谓汉学家，若讲及所谓义理之学，仍是宋明道学家之继续
> 者。……汉学家之义理之学，表面虽为反道学，而实则系一部分道学之继续发
> 展也。②

冯友兰的看法，其实与钱穆、萧一山等人一致，一方面认为清代依旧有讲程朱理学、
陆王心学的学者，但是他们往往只是"传述"，少有"显著的新见解"；另一方面，
则认为清代的义理之学虽是汉学家在寻求，然而他们讨论的问题都是宋明道学家所

---

① 翁方纲：《考订论上之一》，《复初斋文集》卷7，《续修四库全书》第 1455 册，第 412 页。
② 冯友兰：《中国哲学史》下册，华东师范大学出版社 2000 年，第 302 页。

提出的问题，他们依据的经典如四书也是宋明道学家所提出的经典，简言之，清代在义理上有创见的学者，即汉学家，所讲的还是宋明道学家的继续。所以说，清代的理学有两种讲法：一是传述宋明，一是依据考据学而讲义理。显然冯友兰先生与梁启超、钱穆等人，更看重的是后者。钱穆先生还曾指出："汉学诸家之高下浅深，亦往往视其所得于宋学之高下浅深以为判。"① 宋学的水平，也即宋明理学的水平，在某种程度上确实局限了汉学家们考据学的水平。梁启超先生有一句很著名的话："一个个都是稀稀薄薄朦朦胧胧的程朱游魂披上一件郑许的外套。"② 说的也是以考据方法来讲宋学之义理的汉学家。

事实上，以考据学、汉学来讲义理而比较有创见的学者并不多，甚至讲考据学的学者也不多。梁启超先生早年曾在《论中国学术思想变迁之大势》中指出，即便是乾嘉时期的考据学，"其学实仅盛于江左，江左以外各省学子，虽往往传习，然不能成家"③。艾尔曼先生也指出，清代的大多数士大夫没有参与或推进考据学的发展；真正从事考据的学者其实人数不多，只占士大夫阶层的极小部分。④ 也就是说，从事考据的学者，其实主要就集中在江南一带。安徽、江苏、浙江的学者群体在官方的支持之下，逐渐形成风气，也取得了相当不错的成就，后人在总结一代之学术的时候，也就留下了考据学几乎可以作为代表的刻板印象。

四、理学存在的多元形态

除了考证之学是理学发展的一种新的学术形态之外，至少还有两种形态的理学存在。应该说，将作为思想意识的理学的存在作一多元化理解，就自然会明白当有

---

① 钱穆：《中国近三百年学术史》，第 1 页。
② 梁启超：《戴东原哲学》，《梁启超全集》第 12 集，第 207 页。
③ 梁启超：《论中国学术思想变迁之大势》，《梁启超全集》第 3 集，第 96 页。
④ 艾尔曼：《从理学到朴学：中华帝国晚期思想与社会变化面面观》，赵刚译，江苏人民出版社 1995 年，第 2 页。

多种形态的理学存在。一是作为士大夫修身依据的实践理学。传至宋明的或清代本朝的大多数家规家训类作品，都带有浓重的朱子学色彩。如朱子及其弟子所编的《家礼》到了清代，被收入于官方编撰的《性理精义》之中，于是朱子的礼学思想得以应用于庶民阶层，成为一种普遍的社会生活方式，这对于指导实践的意义是巨大的。[①] 而且这种实践理学，内则修身外则济世，成为每一位儒者所必须遵循的一种价值观念，这是考据学所无法取代的。比如桐城派理学家方东树对于汉学的批评，其实就强调了程朱之学的实践意义：

> 实事求是，莫如程朱，以其理信而足可推行，不误民之兴行，然则虽虚理而乃实事矣。汉学诸人，言言有据，字字有考，只是纸上与古人争训诂形声，传注驳杂，援据群籍，证佐数百千条，反之身己心行，推之民人家国，了无益处，徒使人狂惑失守，不得所用。然则虽实事求是，而乃虚之至者也。[②]

程朱理学的实事求是精神，落实于百姓日用常行，故而说虽是虚理但可以推行于实事；考据学家争论的"训诂形声"之类，与日用几乎无涉，很难"反之身己心行，推之民人家国"，故反而是空虚的学问。甚至吴派考据大师惠栋的父亲惠士奇也有"六经尊服郑，百行法程朱"的手书楹联。[③] 然而必须承认，在清代多元的理学学术中，探讨理气心性这一形态的本体论理学，可以说已经基本结束。作为一种学术，理学从宋代发展到明清，经历了一个由本体到工夫的过程：宋代重在本体的辨析，明代重在工夫的辨析。明末清初的理学家们进一步将理学工夫论加以发明，理学已经成为一种践履的学问，理学研究的重心已经从明道走向了践道。这种讲求工夫论的理学继续将理学实践于人伦日用之中，甚至可以说，在整个清代都还在继续发展；

---

① 毛国民：《朱熹〈家礼〉庶民化及其对清代的影响》，《朱子学刊》2016 年第 1 期；和溪：《朱子〈家礼〉冠婚制度的沿革及影响》，《福建论坛》（人文社会科学版）2018 年第 3 期。
② 方东树：《汉学商兑》卷中之上，漆永祥汇校，北京联合出版公司 2017 年，第 57—58 页。
③ 江藩：《宋学渊源记》卷上，商务印书馆 1937 年，第 2 页。

特别是清初与晚清，应该是实践理学的两大高峰时期，对于理学如何指导道德践履，依旧有一定的新的探索。

另一是以科举考试、书院教育为主要载体且与国家政治制度密切关联的官方理学。理学在清代是官方意识形态的主要组成部分。康熙朝兴起了尊朱辟王思想运动，王学逐渐式微，到雍正朝基本就没有什么影响；再看乾隆时期编撰的《四库全书》，其中被收入的阳明心学类著作相当之少。也就是说，进入雍正朝之后，学术活动不再像宋、明以及清初的顺、康朝那样表现为程朱、陆王之争，作为学术的理学活动渐渐进入暗流，不再能引起士大夫过多的关注。然而程朱理学依旧是科举考试的重要教材，诸如《四书章句集注》等书，士大夫自然都诵读过，并且被要求体验之于身心。即便是到了晚清，"旧式书院以程朱理学课士，新式学堂也以恪守程朱理学为教育宗旨"①。再者，程朱理学还会通过《圣谕广训》以及乡规民约之类的宣讲，作为礼教的重要组成部分，深入地影响到社会生活的各个层面。所以说，不管程朱之学变得如何僵化、空洞，作为官方意识形态以及纲常礼教的理学，其实还是存在于整个清代的，甚至成为一种内化的文化心理结构。葛兆光先生指出："事实上还是官方认可的以儒家经典为依据的、以程朱理学对经典的解释为主的、作为道德伦理教条的意识形态话语笼罩着整个思想界。"②

所以说，有清一代学术的主体，显然还是理学；无论是国家层面的政治意识形态，还是个体层面的道德践履，其核心思想都可以说是朱子学，这是考据学无法取代的。这种说法，似乎与一般的对于清代学术的认识有所区别。比如梁启超先生在《清代学术概论》之中将清代学术分为启蒙期、全盛期、蜕分期、衰落期，认为"清代思潮"是"对于宋明理学之一大反动，而以'复古'为其职志也"，故而其中的脉络即为"正统派"考证学的发生、发展与衰落。③若是以考据学为清代学术之主

① 张昭军：《清代理学史》下册，广东教育出版社 2007 年，第 557 页。
② 葛兆光：《中国思想史》下，复旦大学出版社 2009 年，第 412 页。
③ 梁启超：《清代学术概论》，《梁启超全集》第 10 集，第 216—220 页。

体，则对于理学很难有一个正确的认识。更早的还有江藩，他对于整个宋学的鄙夷，也是形成对清代学术失实认识的一个关键：

> 宋初承唐之弊，而邪说诡言，乱经非圣，殆有甚焉。如欧阳修之《诗》，孙明复之《春秋》，王安石之《新义》是已。至于濂、洛、关、闽之学，不究礼乐之源，独标性命之旨，义疏诸书，束置高阁，视如糟粕，弃等弁髦。盖率履则有余，考镜则不足也。
>
> 元、明之际，以制义取士，古学几绝。而有明三百年，四方秀艾，困于帖括，以讲章为经学，以类书为博闻，长夜悠悠，视天梦梦，可悲也夫！①

在江藩看来，宋明诸儒之学，都是不尊汉儒的义疏之学，"不究礼乐之源，独标性命之旨"，还有"以讲章为经学，以类书为博闻"，甚至"邪说诡言，乱经非圣"，故而都不是纯正的儒学。只有到了清代，"尊崇汉儒，不废古训"，方才重新回到"讲诵之声，道路不绝，可谓千载一时"的新境界。其实当时对于汉学家的批评也一直存在，比如有上文提及的方东树，再如凌廷堪："不明千古学术之源流，而但以讥弹宋儒为能事，所谓天下不见学术之异，其弊将有不可胜言者。"②

不过学界对于清代学术的印象，梁启超的说法影响巨大，钱穆等人的说法则关注者不多。所以说，想要给予清代理学一个客观的评价，则还当搁置一下江藩的汉学几乎笼罩一代学术的论断以及梁氏的四分期之说才行，这一点也是必须明确的。当然，考据学在清代取得了惊人的成就，文字、音韵、天文、理算以及典章制度等方面的学问的复兴与繁荣，都是值得肯定的。胡适先生指出："中国旧有的学术，只有清代的'朴学'确有'科学'的精神。"③然而考据学也与理学有着密切的关联，

---

① 江藩纂、漆永祥笺释：《汉学师承记笺释》上册，上海古籍出版社 2013 年，第 12、15 页。
② 凌廷堪：《大梁与牛次原书》，《校礼堂文集》卷 23，中华书局 1998 年，第 200 页。
③ 胡适：《清代学者的治学方法》，《胡适全集》第 1 卷，安徽教育出版社 2003 年，第 371 页。

故而过分凸显考据学，也会失之偏颇。其实在晚明与晚清，士大夫接受西学的时候常提格物致知，在某种意义上就是以朱子学的精神因素来对接西学。比如，利玛窦说："夫儒者之学，亟致其知致其知当由明达物理耳。……吾西陬国虽偏小，而其庠校所业，格物穷理之法，视诸列邦为独备焉。"① 晚清的理学中兴，在对接西学层面上的意义也值得特别加以重视。也就是说，朱子学对于考据学的影响与其对于西学的影响，在道问学的层面上，都有值得思考的地方。当然也有必要提一下，与朱子学相关的纲常名教，对于接受西方民主、自由等观念，也会起到排斥作用，这就是所谓中西体用之争。所以说，重新认识清代的理学，还有许多尚未得到充分认识的多重意义存在。

五、由王返朱的意义何在？

最后再来概述一下由王返朱学术转型的意义何在。

学界还有关于"近世"的说法。有学者认为近世从宋代开始，然而更多的学者认为从晚明开始。因为晚明发生了"天崩地坼"的重大社会转型、社会变迁——无论是政治上、经济上还是思想学术上，故而晚明才是中国社会近世的开始。② 再就是因为晚明有了西学东渐，中国不得不进入全球的视野；海禁—朝贡体制被突破之后，中国被卷入全球化贸易之中。这些对于中国的影响也是前所未有的了。③ 也就是说，中国社会从传统向近现代的转型，确实是从晚明开始的，而思想学术上的转型更为明显。这一近世从晚明诸儒"明亡于学术"的反思开始，一直到晚清、民国，其实是一个学术多元发展的历史时期。明清之际的学者有着先后学者都缺乏的、难

---

① 利玛窦：《译几何原本引》，《利玛窦中文译著集》，第 298 页。
② 关于转型与变迁问题，可参见张显清主编：《明代后期社会转型研究·导论》，中国社会科学出版社 2008 年；万明主编：《晚明社会变迁：问题与研究·绪论》，商务印书馆 2005 年。
③ 樊树志：《晚明大变局》，中华书局 2018 年。

得的对于学术的自觉、自省意识，他们反省明代学术，然后上溯宋元甚至更远，旁涉政治、经济甚至更广。所以，明清之际出现了学术多元发展的趋势，除了程朱理学、陆王心学等理学之外，还有考据之学、西学等。这一趋势虽然在乾嘉时期有所减缓，但是到了晚清、民国又得以加速发展；其实一直到现在，都还处在一个学术多元的时期。

如果从学术多元化的角度来看，清初理学由王返朱的转向更有着深层次的意义。由于王阳明所说的良知具有二重性，容易造成师心自用等弊病①，因此将阳明学作为个体实践的理学或官方意识形态的理学都不适合。无论是作为实践的还是官方的理学，都必须有一个外在的"天理"的标准，有一个彻上彻下、内外结合的人伦规范，符合这些需要的还是程朱之学。理学思想由阳明学而返回朱子学，更能够适应清代多元的学术环境；而且程朱理学本身也比阳明心学更具有多元发展的可能性，可以发展出多种理学学术思想。所以，结合上述多种因素来看，清初理学内部发生的由王返朱的转向就是学术的必然；程朱理学作为清代学术发展的底层暗流一直在不断涌动，这也是学术的必然。

这次转向之后，由于朱子学的某些特征，学者们的兴趣在继续保持多元发展的同时，虽然绝大多数士人因受科举考试等影响而继续研习朱子学，但是朱子学自身的发展依旧难以取得突破。故而为了解决宋明以来义理之学所遭遇到的种种难题，以江南地区为主的第一流人才部分转向了考据之学。其中的原因很多，就程朱理学本身而言，背后隐含着理学与政治的复杂关系。比如因为雍正、乾隆二帝对于理学的兴趣不大，其经筵日讲的内容就已经逐渐增多程朱理学之外的经典，讲学方式也由义理转向考据；曾静、吕留良文字狱案，也在一定程度上影响了帝王对于程朱理学的兴趣；陆陇其与汤斌在雍正朝分别从祀孔庙，说明清廷对尊朱辟王与朱王调和二系分别给予了重视；《四库全书》的编撰又是一个重要的官方因素：这些都导致了走向考据学的速度加快。当然，学术的多元依旧是清代中后期的一个特点，程朱理

---

① 杨国荣：《王学通论：从王阳明到熊十力》，华东师范大学出版社 2008 年，第 182 页。

学的官学地位也依旧没有大的改变，只是知识精英的兴趣多已不在于此而已。到了晚清时期，则有汉宋之争到汉宋并重以及今古文之争，还有同、光时期所谓理学中兴。唐鉴、倭仁、罗泽南、曾国藩、左宗棠等都对程朱理学发生兴趣，他们的理学中兴承继了清初程朱理学的许多因素，对于清初的理学家评价也极高，比如唐鉴有《清学案小识》等理学史著述，左宗棠则将张伯行的《正谊堂全书》补编完成。所以说晚清的理学中兴，正好是对清初理学繁荣的一个重要回响，那是理学学术与实践价值的又一次重要体现。

程朱理学在乾隆朝又渐趋衰落，考据学则如日中天，成为有清一代学术的代表。那么，陆陇其等人如此努力去推进由王返朱还有什么意义？是不是仅仅作为理学到朴学的准备？这当是另一问题，此处不作展开。然而，关于十七世纪的程朱学派之学术贡献，陈荣捷先生认为不仅在于有助实证风尚的形成，还在于"实复苏程朱思想之真精神，以及纵属简接，亦有贡献于随后儒学之发展"。[①] 或许可以说，儒学的真精神，还是体现在为人为学都堪称楷模的陆陇其之类的理学家身上，其流风余韵从清初一直影响到清末，就是明证。

[①]　陈荣捷：《〈性理精义〉与十七世纪之程朱学派》，载《朱学论集》，华东师范大学出版社 2007 年版，第 272 页。

参考文献

一、基本文献

1. 周敦颐:《周敦颐集》,陈克明点校,中华书局,1990 年

2. 张载:《张载集》,章锡琛点校,中华书局,1981 年

3. 程颢、程颐:《二程集》,王孝鱼点校,中华书局,1978 年

4. 朱熹:《朱子语类》,黎靖德编,中华书局,1986 年

5. 朱熹:《四书章句集注》,中华书局,1987 年

6. 朱熹:《朱子全书》,朱杰人、严佐之、刘永翔主编,上海古籍出版社、安徽教育出版社,2002 年

7. 陆九渊:《陆九渊集》,钟哲点校,中华书局,1980 年

8. 蔡模:《近思续录》,华东师范大学出版社,2015 年

9. 陈献章:《陈献章集》,孙通海点校,中华书局,1987 年

10. 王阳明:《王阳明全集》,吴光、钱明、董平、姚延福编校,上海古籍出版社,1992 年

11. 王阳明:《传习录》,吴震解读,国家图书馆出版社,2018 年

12. 王畿:《王畿集》,吴震编校,凤凰出版社,2007 年

13. 高攀龙:《高子遗书高子未刻稿》,《无锡文库》第四辑,凤凰出版社,2011 年

14. 刘宗周:《刘宗周全集》,吴光主编,浙江古籍出版社,2007 年

15. 钱谦益:《牧斋初学集》,钱曾笺注,钱仲联标校,上海古籍出版社,2009 年

413

16. 孙奇逢:《孙奇逢集》, 张显清主编, 中州古籍出版社, 2003 年

17. 恽日初:《刘子节要附恽日初集》, 林胜彩点校, 钟彩钧校订, 台湾"中研院"文哲所, 2015 年

18. 刁包:《潜室札记》,《丛书集成初编》第 660 册, 中华书局, 1985 年

19. 陈确:《陈确集》, 中华书局, 1979 年

20. 黄宗羲:《黄宗羲全集》, 沈善洪主编、吴光执行主编, 浙江古籍出版社, 1985 年

21. 黄宗羲:《明儒学案》, 沈芝盈点校, 中华书局, 2008 年

22. 黄宗羲、全祖望:《宋元学案》, 陈金生、梁运华点校, 中华书局, 1986 年

23. 黄宗羲:《黄梨洲文集》, 陈乃乾编, 中华书局, 1959 年

24. 张履祥:《淑艾录》, 祝洤编纂,《四库全书存目丛书》子部第 29 册, 齐鲁书社 1997 年

25. 张履祥:《杨园先生全集》, 陈祖武点校, 中华书局, 2002 年

26. 张尔岐:《蒿庵集·蒿庵集摭逸·蒿庵闲话》, 张翰勋等点校, 齐鲁书社, 1991 年

27. 顾炎武:《顾炎武全集》, 黄珅、严佐之、刘永翔主编, 上海古籍出版社, 2012 年

28. 魏裔介:《兼济堂文集》, 魏连科点校, 中华书局, 2007 年

29. 魏裔介:《圣学知统录·圣学知统翼录》,《四库全书存目丛书》史部第 120 册, 齐鲁书社, 1995 年

30. 魏裔介:《论性书·致知格物解·静怡斋约言录》,《四库全书存目丛书》子部第 20 册, 齐鲁书社, 1995 年

31. 魏裔介:《樗林闲笔·樗林偶笔》,《四库全书存目丛书》子部第 113 册, 齐鲁书社, 1995 年

32. 魏裔介:《希贤录》,《四库全书存目丛书》子部第 154 册, 齐鲁书社, 1995 年

33. 魏象枢:《寒松堂全集》, 陈金陵点校, 中华书局, 1996

34. 王夫之:《船山全书》,岳麓书社,1996年

35. 张烈:《王学质疑》,清同治五年至九年福州正谊书局刊本

36. 耿介:《敬恕堂文集》,梁玉玮,孙红强,陈亚校点,中州古籍出版社,2005年

37. 王弘撰:《山志》,中华书局,1999年

38. 毛奇龄:《西河集》,《景印文渊阁四库全书》第1321册,台湾商务印书馆,1983—1986年

39. 汤斌:《汤斌集》,范志亭、范哲辑校,中州古籍出版社,2002年

40. 吕留良:《吕留良全集》,俞国林编,中华书局,2015年

41. 吕留良:《四书讲义》,俞国林点校,中华书局,2017年

42. 朱彝尊:《曝书亭集》,《景印文渊阁四库全书》第1318册,台湾商务印书馆,1983—1986年

43. 陆陇其:《陆陇其全集》,张天杰主编,中华书局,2020年

44. 徐乾学:《憺园集》,《续修四库全书》第1412册,上海古籍出版社,1995年

45. 彭孙遹:《松桂堂全集》,《景印文渊阁四库全书》第1317册,台湾商务印书馆,1983—1986年

46. 王士禛:《池北偶谈》,靳斯仁点校,中华书局,1982年

47. 熊赐履:《经义斋集·澡修堂集》,《四库全书存目丛书》集部第230册,齐鲁书社,1997版。

48. 熊赐履:《闲道录》,《四库全书存目丛书》子部第20册,齐鲁书社,1995年

49. 熊赐履:《下学堂札记》,《四库全书存目丛书》子部第22册,齐鲁书社,1995年

50. 熊赐履:《学统》,徐公喜、郭翠丽点校,凤凰出版社,2011年

51. 熊赐履、李光地:《御纂朱子全书》,《景印文渊阁四库全书》第720—721册,台湾商务印书馆,1983—1986年

52. 颜元:《习斋四存编》,陈居渊导读,上海古籍出版社,2000年

53. 陈廷敬:《午亭文集》,人民出版社,2017年

54. 吴之振、吕留良、吴自牧：《宋诗钞》，管庭芬、蒋光煦补编，中华书局，1986 年

55. 张玉书：《张文贞集》，《景印文渊阁四库全书》第 1322 册，台湾商务印书馆，1983—1986 年

56. 李光地：《榕村全书》，陈祖武点校，福建人民出版社，2013 年

57. 李光地：《御纂性理精义》，《景印文渊阁四库全书》第 719 册，台湾商务印书馆，1983—1986 年

58. 库勒纳、李光地：《日讲春秋解义》，《景印文渊阁四库全书》第 172 册，台湾商务印书馆，1983—1986 年

59. 邵廷采：《思复堂文集》，祝鸿杰点校，浙江古籍出版社，2010 年

60. 张伯行：《正谊堂文集附续集》，清同治五至九年福州正谊书局刊本

61. 张伯行：《道统录》，清同治五至九年福州正谊书局刊本

62. 张伯行：《困学录集粹》，清同治五至九年福州正谊书局刊本

63. 张伯行：《伊洛渊源续录》，清同治五至九年福州正谊书局刊本

64. 张伯行：《续近思录》，清同治五至九年福州正谊书局刊本

65. 张伯行：《朱子语类辑略》，清同治五至九年福州正谊书局刊本

66. 戴名世：《戴名世集》，王树民编校，中华书局，1986 年

67. 严鸿逵：《朱子文语纂编》，清康熙五十九年刊本

68. 《圣祖仁皇帝御制文集》，《景印文渊阁四库全书》第 1298—1299 册，台湾商务印书馆，1983—1986 年

69. 《圣祖仁皇帝圣训》，《景印文渊阁四库全书》第 411 册，台湾商务印书馆，1983—1986 年

70. 《圣祖仁皇帝庭训格言》，《景印文渊阁四库全书》第 717 册，台湾商务印书馆，1983—1986 年版

71. 《康熙朝汉文朱批奏折汇编》第 5 册，档案出版社，1984 年

72. 朱轼：《驳吕留良四书讲义》，《四库未收书辑刊》陆辑叁册，北京出版社，

2000 年

73. 方苞:《方苞集》,刘季高校点,上海古籍出版社,2008 年

74. 张廷玉:《明史》,中华书局,1974 年

75. 《康熙起居注》,徐尚定标点,东方出版社,2014 年

76. 《大义觉迷录》,《近代中国史料丛刊》第 36 辑,文海出版社,1973 年

77. 李清馥:《闽中理学渊源考》,凤凰出版社,2011 年

78. 凌锡祺:《尊道先生年谱》,《北京图书馆藏珍本年谱丛刊》第 69 册,北京图书馆出版社,1999 年

79. 吴光酉、郭麟、周梁:《陆陇其年谱》,中华书局,1993 年

80. 张师栻、张师载:《张清恪公年谱》,《北京图书馆藏年谱珍本丛刊》第 86 册,北京图书馆出版社,1999 年

81. 袁枚:《袁枚全集》,王志英主编,江苏古籍出版社,1993 年

82. 王锬:《四书绎注》,《四库禁毁书丛刊》经部第 8 册,北京出版社,2000 年

83. 全祖望:《全祖望集汇校集注》,朱铸禹汇校集注,上海古籍出版社,2000 年

84. 永瑢等:《四库全书总目提要》,《景印文渊阁四库全书》第 1—9 册,台湾商务印书馆,1983—1986 年

85. 祝洤:《下学编》,《四库全书存目丛书》子部第 29 册,齐鲁书社,1997 年

86. 祝洤:《日新书屋稿》,清道光十四年刊本

87. 昭梿:《啸亭杂录》,何英芳点校,中华书局,1980 年,

88. 王应奎:《柳南随笔续笔》,王彬、严英俊点校,中华书局,1983 年

89. 蒋良骐:《东华录》,林树惠、傅贵九校点,中华书局,1980 年

90. 王鸣盛:《嘉定王鸣盛全集》,陈文和主编,中华书局,2010 年

91. 钱大昕:《嘉定钱大昕全集》(增订本),陈文和主编,凤凰出版社,2016 年

92. 翁方纲:《复初斋文集》,《续修四库全书》第 1455 册,上海古籍出版社,1995 年

93. 章学诚:《文史通义校注》,叶瑛校注,中华书局,1985 年

94. 江藩:《汉学师承记笺释》,漆永祥笺释,上海古籍出版社,2013 年

95. 唐鉴:《清学案小识》,商务印书馆,1935 年

96. 钱仪吉:《碑传集》,中华书局,1993 年

97. 贺长龄、魏源:《清经世文编》,中华书局,1992 年

98. 曾国藩:《曾国藩全集》(第 20 册),唐浩明整理,岳麓书社,1985 年

99. 左宗棠:《左宗棠全集》(第 13 册),林鸣凤等整理,岳麓书社,1987 年

100. 李元度:《国朝先正事略》,易孟醇点校,岳麓书社,2008 年

101. 严辰:《桐乡县志》,清光绪十三年刊本

102. 徐珂:《清稗类钞》,中华书局,1981 年

103. 《钦定皇朝通志》,《景印文渊阁四库全书》第 645 册,台湾商务印书馆,1983—1986 年

104. 《清会典事例》,中华书局,1991 年

105. 《清实录》,中华书局,1985 年

106. 章梫:《康熙政要》,台湾华文书局,1969 年

107. 《清史列传》,王钟翰点校,中华书局,1987 年

108. 赵尔巽:《清史稿》,中华书局,1977 年

109. 徐世昌:《清儒学案》,陈祖武点校,中华书局,2008 年

110. 刘承干:《明史例案》(民国四年吴兴刘氏嘉业堂刊本),文物出版社,1982 年

111. 卞僧慧:《吕留良年谱长编》,中华书局,2003 年

112. 《嵩阳书院志》,中州古籍出版社,2003 年

113. 《清代文字狱档》第九辑(增订本),上海书店出版社,2011 年

114. 《续修四库全书总目提要》(经部),中华书局,1993 年

115. 《历代朱陆异同典籍萃编》(第三册),严佐之、戴扬本、刘永翔主编,丁红旗、罗争鸣等点校,上海古籍出版社,2017 年

116. 《历代朱陆异同文类汇编》(第四册),严佐之、顾宏义主编,丁小明、张天杰点校,上海古籍出版社,2017 年

二、研究专著

1. 盛朗西：《中国书院制度》，上海书店，1934 年

2. 陆宝千：《清代思想史》，台湾广文书局，1978 年

3. 黄云眉：《史学杂稿定存》，齐鲁书社，1980 年

4. 张忱石：《学林漫录》，中华书局，1981 年

5. 侯外庐、邱汉生、张岂之：《宋明理学史》，人民出版社，1984 年

6. 杨向奎：《清儒学案新编》，齐鲁书社，1985 年

7. 詹海云：《陈乾初大学辨研究》，台湾明文书局，1986

8. 容肇祖：《容肇祖集》，齐鲁书社，1989 年

9. 陈鼓应、辛冠洁、葛荣晋：《明清实学思潮史》，齐鲁书社，1990 年

10. 张舜徽：《清儒学记》，齐鲁书社，1991 年

11. 陈祖武：《清初学术思辨录》，中国社会科学出版社，1992 年

12. 王茂、蒋国保、余秉颐、陶清：《清代哲学》，安徽人民出版社，1992 年

13. 许苏民：《李光地传论》，厦门大学出版社，1992 年

14. 邓立光：《陈乾初研究》，台湾文津出版社，1992 年

15. 杨国桢、李天乙：《李光地研究》，厦门大学出版社，1993 年

16. 宫衍兴、王政玉：《孔庙诸神考》，山东友谊出版社，1994 年

17. 艾尔曼：《从理学到朴学》，江苏人民出版社，1995 年

18. 高翔：《康雍乾三帝统治思想研究》，中国人民大学出版社，1995 年

19. 姜广辉：《走出理学》，辽宁教育出版社，1997 年

20. 张祥浩：《王守仁评传》，南京大学出版社，1997 年

21. 张书才：《纂修四库全书档案》，上海古籍出版社，1997 年

22. 牟宗三：《心体与性体》，上海古籍出版社，1999 年

23. 余英时：《论戴震与章学诚：清代中期学术思想史研究》，生活·读书·新知三联书店，2000 年

24. 郑宗义:《明清儒学转型探析:从刘蕺山到戴东原》,香港中文大学出版社,2000 年

25. 牟宗三:《从陆象山到刘蕺山》,上海古籍出版社,2001 年

26. 陈祖武:《清儒学术拾零》,湖南人民出版社,2002 年

27. 冯天瑜、黄长义:《晚清经世实学》,上海社会科学院出版社,2002 年

28. 王俊义:《清代学术探研录》,中国社会科学出版社,2002 年

29. 林存阳:《清初三礼学》,社会科学文献出版社,2002 年

30. 陈来:《中国近世思想史研究》,商务印书馆,2003 年

31. 杨国荣:《王学通论》,华东师范大学出版社,2003 年

32. 吴震:《阳明后学研究》,上海人民出版社,2003 年

33. 王瑞昌:《陈确评传》,南京大学出版社,2003 年

34. 王汎森:《晚明清初思想十论》,复旦大学出版社,2004 年

35. 邓洪波:《中国书院史》,东方出版中心,2004 年

36. 林国标:《清初朱子学研究》,湖南人民出版社,2004 年

37. 董平:《浙江思想学术史:从王充到王国维》,中国社会科学出版社,2005 年

38. 萧一山:《清代通史》,华东师范大学出版社,2006 年

39. 张君劢:《新儒学思想史》,中国人民大学出版社,2006 年

40. 陈荣捷:《朱学论集》,华东师范大学出版社,2007 年

41. 史革新:《清代理学史》(上册),广东教育出版社,2007 年

42. 鄞州区政协文史委:《史心文韵:全祖望诞辰三百周年纪念文集续编》,宁波出版社,2007 年

43. 张立文:《心学之路:陆九渊思想研究》,人民出版社,2008 年

44. 朱华忠:《清代论语学》,巴蜀书社,2008 年

45. 杨菁:《李光地与清初理学》,台湾花木兰文化出版社,2008 年

46. 杨菁:《清初理学思想研究》,台湾里仁书局,2008 年

47. [美]狄百瑞:《儒家的困境》,黄水婴译,北京大学出版社,2009 年

48. 何明颖：《晚明张杨园先生学术思想研究》，台湾花木兰文化出版社，2009 年

49. 姚才刚：《儒家道德理性精神的重建：明中叶至清初的王学修正运动研究》，中国社会科学出版社，2009 年

50. ［美］包弼德：《历史上的理学》，王昌伟译，浙江大学出版社，2009 年

51. 王进兴：《优入圣域：权力、信仰与正当性》，中华书局，2010 年

52. 杨念群：《何处是江南：清朝正统观的确立与士林精神世界的变异》，生活·读书·新知三联书店，2010 年

53. 余龙生：《陆陇其与清初朱子学》，吉林人民出版社，2010 年

54. 程水龙：《理学在浙江的传播》，上海古籍出版社，2010 年

55. 汤建荣：《陈乾初哲学研究：以工夫实践为视阈》，中国社会科学出版社，2010 年

56. 孟森：《明清史讲义》，商务印书馆，2011 年

57. 钱穆：《国史大纲》，九州出版社，2011 年

58. 钱穆：《中国学术思想史论丛》，九州出版社，2011 年

59. 钱穆：《中国近三百年学术史》，九州出版社，2011 年

60. 林庆彰：《清初的群经辨伪学》，上海华东师大出版社，2011 年

61. ［美］史景迁：《雍正王朝之大义觉迷》，温洽溢、吴家恒译，广西师范大学出版社，2011 年

62. 吴震：《传习录精读》，复旦大学出版社，2011 年

63. 汪学群：《中国儒学史》（清代卷），北京大学出版社，2011 年

64. 戴维：《论语研究史》，岳麓书社，2011 年

65. 申淑华：《素位之学：陈乾初哲学思想研究》，中国社会科学出版社，2012 年

66. 张天杰：《蕺山学派与明清学术转型》，中国社会科学出版社，2014 年

67. 章太炎：《章太炎全集》，上海人民出版社，2014—2017 年

68. 朱鸿林：《儒者思想与出处》，生活·读书·新知三联书店，2015 年

69. ［日］伊东贵之：《中国近世的思想世界》，杨际开译，台湾大学出版中心，

2015 年

70. 王胜军:《清初庙堂理学研究》,岳麓书社,2015 年

71. ［日］冈田武彦:《王阳明与明末儒学》,吴光、钱明、屠承先译,钱明校译,
重庆出版社,2016 年

72. 方遥:《清初福建朱子学研究》,中国社会科学出版社,2016 年

73. 黄圣修:《一切总归儒林:〈明史·儒林传〉与清初学术研究》,台湾新文丰出版
公司,2016 年

74. 梁启超:《梁启超全集》,汤志钧、汤仁泽编,中国人民大学出版社,2018 年

三、相关论文

1. 方祖猷:《黄宗羲与吕留良争论的实质及其思想根源:兼论胡翰十二运对黄氏的
影响》,《宁波大学学报》,1988 年第 1 期

2. 李纪祥:《清初浙东刘门的分化及刘学的解释权之争》,《第三届华学研究会论文
集》,台湾中国文化大学,1992 年

3. 魏伟森:《宋明清儒学派别争论与〈明史〉的编纂》,《杭州大学学报》,1994 年
第 1 期

4. 王汎森:《清初思想中形上玄远之学的没落》,台湾"中研院"《历史语言研究所
集刊》第六十九本第三份,1998 年 9 月

5. 何俊:《论东林对阳明学的纠弹》,《浙江大学学报》,2000 年第 4 期

6. 曹江红:《黄宗羲与〈明史·道学传〉的废置》,《中国社会科学院研究生院学
报》,2002 年第 1 期

7. 赵园:《刘门师弟子:关于明清之际的一组人物》,《新国学研究》第 1 辑,人民
文学出版社,2005 年

8. 陈居渊:《学术、学风与黄宗羲吕留良关系之新解》,《史学史研究》,2006 年第
2 期

9. 朱昌荣:《20世纪中国大陆清初程朱理学研究回顾》,《中国史研究动态》, 2006年第 3 期

10. 黄晓荣:《新朱子学还是阳明后学：高攀龙哲学新解》, 上海师范大学博士学位论文, 2008 年

11. 吴海兰:《试析清初〈明史·理〉的论争》,《南开学报》, 2011 年 4 期

12. 肖永明、张天杰:《清初理学转向与张履祥"敬义夹持"的道德修养工夫》,《伦理学研究》, 2011 年第 6 期

13. 刘仲华:《张烈尊朱斥王及其在清初学术重建中的境遇》,《石家庄学院学报》, 2012 年第 1 期

14. 王胜军:《〈正谊堂全书〉编刻与鳌峰书院关系考论》,《江西教育学院学报》, 2013 年第 2 期

15. 张天杰:《刘宗周与朱子学：兼谈许孚远的朱学倾向及其对刘宗周的影响》,《福建论坛》, 2013 年第 10 期

16. 张天杰:《张履祥所受刘宗周思想影响及其师门"补救"之功》,《湖南大学学报》, 2014 年第 3 期

17. 李卓:《折衷朱王 去短合长：高攀龙格物思想平议》,《江海学刊》, 2014 年第 5 期

18. 陈维昭:《日藏稀见八股文集〈一隅集〉考论》,《复旦学报》, 2017 年第 5 期

后　记

　　本书为本人硕士阶段、博士后阶段以及国家社科基金项目研究阶段，共计三阶段、十多年的相关研究成果的阶段性总结。

　　关于本书的因缘，似乎可以从我在岳麓书院攻读硕士研究生的时候说起。那时我就已经开始了以张履祥的尊朱辟王思想为中心的研究，后来也就顺势逐渐延展而涉及吕留良、陆陇其、熊赐履、魏裔介、李光地、张烈、汤斌等清初学术界的众多人物；对于他们的思想作一个整体性的研究，也是当年计划的一部分。但在博士阶段，又被刘宗周这位学术与人格更具魅力的人物吸引，于是展开了蕺山学派五十多万字的研究。尊朱辟王的问题搁置了一段时间，直到去复旦大学哲学学院做博士后之际，方才回头再来小心收拾，完成了本书的主体部分。幸运的是，这个研究还先后入选了国家博士后基金的一等资助项目与国家社会科学基金的一般项目，于是可以多去开展一些实地调查，多去购买一些研究资料，当然也必须做更多的工作了。在完成博士后出站报告十多万字之后，还继续增补了大量的论证，最终完成了这部三十多万字的书稿。总体来说，这个研究项目也算是晚明清初学术史之中，对于尊朱辟王相关问题的一个较为翔实完备的研究了。

　　记得是在 2013 年的 3 月，第一次来到复旦大学，第一次看到高耸入云的光华楼："卿云烂兮，糺缦缦兮。日月光华，旦复旦兮。"当时还特意去找了老校门，虽是近年来复建的，但它还是比相辉堂等老建筑更有标志意义的所在。我是在职做博士后，但因为刚入职杭州师范大学不久，尚未开始担任教学任务，故也可以请假出来全心全意地继续深造一番。到了复旦，很快就办理了住宿手续，住进了花花草草之间群猫出入的博后楼。然后就是做了两件事情：其一是将文科图书馆，以及哲学、历史、文学、历史地理等院系的资料室，全都一一"扫荡"。虽然没有时间读多少，但其中有些什么好书大体算是知道了；部分则复印，部分则抄录，感觉收获极大。另一就是根据公布的本科生、研究生的各种课表，前去旁听了哲学系多位老师的课程，比如合作导师吴震老师的课，还有徐洪兴、林宏星、张汝伦等慕名已久的老师的课，都去领略一番：或豪放，或婉约，或激情如排山倒海，或细腻如绵里藏针；如何提升素养，如何拓宽视野，如何诠释文本，如何解析论点。这些不同风格的老师，带来了不同的经验与启示。作为高校教师、人文学者，应该如何展开自己的学术生涯，其实就是从自己接触那些名师的过程当中日渐习得的。此外，哲学博士后流动站经常还有叶晓璐老师组织的沙龙活动、中西哲博士后的讲座与张庆熊老师的点评。不同的学术背景，轻松自在的讨论，都让人收获极大。哲学系也有两次大型的学术会议，正好也赶上了，借此感受了国内、国际的许多学术大咖的风采。复旦大学不同院系之间，还有多如牛毛密雨的讲座，无论哲学、历史、文学还是其他学科，也都可以选择一些学术明星，前去领略一番。与年轻人一起去抢座位，仿佛回到了年轻的时光。遗憾的是，两年左右，时光匆匆，校园里的花与猫，还有山环水抱、回廊曲折的燕园风情都尚未看够，就要出站了。

感谢博士后合作导师吴震老师，从选题到写作全过程的悉心指点，令我受益良多。感谢复旦博后站的张庆熊老师，还有徐洪兴、林宏星、张汝伦等老师，在开题、中期、答辩之际的指导。此外还得到了董平老师的指引，关于以浙江为中心的清初学术思想的研究，董老师的著作带给我最多的启发。还要感谢硕、博期间的导师肖永明老师，我现在所做的各种研究、所写的各种著作，似乎都发端于岳麓山下那千年庭院的六年滋养。此外还有何俊、徐公喜、陆永胜等老师，他们的相关著作以及学术会议之间的偶然点拨，也让我多有收获。也要特别感谢编辑老师的辛勤劳动。其他还有许多一时之间未曾想到的师友，对于你们的帮助，我也一直心存感念！

因为近年来的工作越来越忙碌，增加了不少新的学术研究与古籍整理的项目，所以本书目前的完成质量还不太理想，幸好在此问题延长线上的新的研究还在继续。本书关于尊朱辟王的研究，可以算是正在进行的国家社科基金重点项目"明清朱子学史"的一个阶段性成果，同时也期待接下来还能就明清朱子学史、阳明学史等相关问题再作视野更为宏阔的新研究，也请学界同仁一如既往地给予支持！

近日常听的歌是刀郎的《翩翩》："谁不是错过了四下报更的鼓声，总有人偷偷拨弄镜月的指针，罂缶的酒瓶化来绮纨与楼阁，绿芭蕉红樱桃孑然一身的过来人……"有时候也在想，这一辈子的选择，是否算是正确？这一本本的著作，是否真有什么价值？成为名师、成为经典，全都不必去想，因为想了也没用，更何况名师与经典，五十年后能被记得的还有多少？长江后浪推前浪，一辈新人换旧人，被超越是必然的，被忘却也是必然的。绮纨与楼阁原本就是虚幻，唯有孑然一身悄悄离去才是唯一的真实。静听鼓声，凝视指针，姑且不去多想，毕竟书中的古人，他们的悲欢离合与苦思冥想，都还是吸引我去阅读、去讲述的。那就继续做好当下该做的一切吧！

张天杰

2023 年 9 月 15 日